EDUCAÇÃO DE 0 A 3 ANOS

SOBRE AS AUTORAS

Elinor Goldschmied é reconhecida na Europa no campo do gerenciamento de creches. Possui experiência de muitos anos como consultora para serviços oferecidos às crianças no Reino Unido, na Itália e na Espanha. Realizou diversos filmes e vídeos sobre o desenvolvimento infantil, o cuidado e a educação nos primeiros anos da infância.

Sonia Jackson é uma expoente no campo da assistência social, conhecida internacionalmente por suas pesquisas sobre o bem-estar infantil. Iniciou o primeiro curso interdisciplinar de graduação em Estudos Sobre a Primeira Infância na Universidade de Bristol. Atualmente é *Professorial Fellow* no Instituto de Educação da Universidade de Londres.

G623e   Goldschmied, Elinor
        Educação de 0 a 3 anos : o atendimento em creche / Elinor Goldschmied, Sonia Jackson ; tradução Marlon Xavier. – 2. ed. – Porto Alegre : Artmed, 2006.
        304 p. : il. p&b ; 23 cm.

        ISBN 978-85-363-0694-0

        1. Educação infantil – Creches. I. Jackson, Sonia. II. Título.

CDU 373.22

Catalogação na publicação: Júlia Angst Coelho – CRB 10/1712

EDUCAÇÃO DE 0 A 3 ANOS
O ATENDIMENTO EM CRECHE

2ª edição

Elinor Goldschmied
Sonia Jackson

Consultoria, tradução e supervisão desta edição:
Marlon Xavier
Mestre em Psicologia Social e da Personalidade pela PUCRS.
Professor de Psicologia na UNESC.

Reimpressão 2012

2006

Obra originalmente publicada sob o título
People under three: young children in day care
ISBN 0-415-30566-7

© 2004 Sonia Jackson and Elinor Goldschmied
All Rights Reserved. Authorised translation from the English language edition published by Routledge, a member of the Taylor & Francis Group.

Capa
Gustavo Macri

Preparação do original
Edna Calil

Leitura final
Maria Rita Quintella

Supervisão editorial
Mônica Ballejo Canto

Projeto e editoração
Armazém Digital Editoração Eletrônica – Roberto Vieira

Reservados todos os direitos de publicação, em língua portuguesa, à
ARTMED® EDITORA S.A.
Av. Jerônimo de Ornelas, 670 - Santana
90040-340 Porto Alegre RS
Fone (51) 3027-7000 Fax (51) 3027-7070

É proibida a duplicação ou reprodução deste volume, no todo ou em parte, sob quaisquer formas ou por quaisquer meios (eletrônico, mecânico, gravação, fotocópia, distribuição na Web e outros), sem permissão expressa da Editora.

SÃO PAULO
Av. Embaixador Macedo Soares, 10.735 - Pavilhão 5 - Cond. Espace Center
Vila Anastácio 05095-035 São Paulo SP
Fone (11) 3665-1100 Fax (11) 3667-1333

SAC 0800 703-3444

IMPRESSO NO BRASIL
PRINTED IN BRAZIL
Impresso sob demanda na Meta Brasil a pedido de Grupo A Educação.

Dedicatória

Para nossos netos e seus pais.

Somos culpados de muitos erros e faltas, mas nosso pior crime é abandonar as crianças, negligenciando a fonte da vida. Muitas coisas de que precisamos podem esperar. A criança, não. Seus ossos estão se formando, seu sangue está sendo produzido e seus sentidos estão se desenvolvendo neste momento. Para ela não podemos responder "Amanhã". Seu nome é "Hoje".

Gabriela Mistral

Prefácio à segunda edição

Quando nos pediram para preparar uma nova edição de *Educação de 0 a 3 anos: o atendimento em creche*, a princípio ficamos em dúvida se o livro ainda tinha algo de útil a dizer a educadores da primeira infância, face às mudanças rápidas pelas quais o campo do cuidado infantil vem passando no século XXI.

Decidimos sanar essa dúvida convidando um pequeno grupo de pesquisadores e pessoas que trabalham com creches, expoentes no campo da primeira infância, para um seminário no apartamento de Elinor Goldschmied em frente ao Tâmisa. Nesse ambiente calmo e agradável, cercados por *cestos de tesouros* e brinquedos de riqueza e variedade que gostaríamos de encontrar em todos os lugares, relemos o livro capítulo por capítulo. Nosso objetivo era refletir se, nas opiniões dos presentes, o livro ainda tinha uma contribuição a oferecer e, em caso afirmativo, quais mudanças e acréscimos seriam necessários para dar conta dos desenvolvimentos ocorridos ao longo de 10 anos desde sua primeira publicação.

A opinião unânime de nossos consultores foi que, apesar do campo ter de fato se transformado, o livro ainda ocupava um lugar único na esparsa literatura sobre creches para crianças menores de 3 anos. Mais especificamente, ele combinava uma fundamentação teórica sólida com a prática cotidiana de uma forma que poucos outros textos haviam experimentado. Animadas por essa confirmação e auxiliadas pelos conselhos recebidos daqueles que participaram do seminário, começamos a revisão. Tentamos o máximo possível manter a personalidade característica da primeira edição, somente efetuando mudanças que pareciam necessárias para atualizar o texto.

Enquanto escrevemos, a terminologia está em transição, com "cuidado de crianças" substituindo "creche" em documentos oficiais e "creche diurna" sendo gradualmente trocada por "unidade de primeira infância" ou "centro de cuidado de crianças". De modo similar, profissionais que atuam em creches e gerenciadores de centros* usam muitas denominações de cargo diferentes. Não tentamos ser consistentes em relação a isso, pois todos esses termos continuam a existir simultaneamente.

A natureza sexista da língua inglesa impõe dificuldades aos autores. "Ele ou ela" torna-se repetitivo quando usado muitas vezes, mas "eles"**, às vezes usado como forma de contornar o problema, tem um efeito despersonalizante. Procurávamos nos referir a crianças individualmente, enfatizando suas personalidades. Neste livro, seguimos a convenção da primeira edição, imaginando a criança como menino ou menina em capítulos alternados (exceto quando uma criança específica é descrita). Pela convenção, deveríamos ter utilizado o mesmo princípio ao nos referirmos às educadoras, mas isso nos pareceu desnecessário, pois sabemos que sua grande maioria é constituída de mulheres, e há pouca probabilidade de que isso mude em um futuro próximo. Obviamente, tal fato torna ainda mais importante para as mulheres que trabalham com crianças pequenas conscientizarem-se de como foram influenciadas por estereótipos tradicionais de gênero, para que possam evitar a transmissão de atitudes que perpetuam desvantagens.

Além das pessoas citadas nos agradecimentos da primeira edição, gostaríamos de agradecer a ajuda prestada, para esta revisão, por Margaret Boushel, Wendy Clark, Elaine Farmer, Harley Hughes, Sarah Long, Tricia Maynard, Peter Moss, Sue Owen, Julie Selwyn, Kay Sargent e Nigel Thomas. Ann Robinson gentilmente tomou para si a tarefa de checar e revisar a lista de organizações úteis. Derek Greenwood, como anteriormente, ofereceu apoio e estímulo incansáveis, além de abastecimento infindável de chá e café.

Somos especialmente gratas àqueles que acharam tempo em suas agendas extremamente cheias para participar do seminário e nos beneficiar com seu conhecimento e experiência: Naomi Eisenstadt, Gillian Pugh, Bernadette Duffy, Peter Elfer, Juliet Hopkins e Dorothy Selleck. Agradecemos às creches que nos permitiram observar seu trabalho, especialmente ao Thomas Coram Early Childhood Centre.

Esta nova edição foi preparada por Sonia Jackson, tendo Elinor Goldschmied como consultora, e deve enormemente à paciência e à confiança incansáveis de nossa editora, Edwina Welham, a quem apresentamos nossos mais sinceros agradecimentos.

---

* N. de T. No original, respectivamente, *childcare, day care, day nursery, early childhood unit, childcare centre, nursery workers* e *centre managers*. A tradução para o português é complicada, principalmente em função do uso de *care* e *nurse*, e do vocábulo "creche" ser deveras abrangente em português.

** N. de T. *They*, em inglês um pronome neutro em relação a gênero.

Agradecimentos

Ao longo dos anos nos quais este livro foi desenvolvido e finalmente escrito, muitas pessoas nos deram ideias e influenciaram nosso pensamento, algumas das quais não estão mais aqui para receber nossos agradecimentos, em particular Susan Isaacs, Donald Winnicott, Anna Freud, Jack Tizard e Brian Jackson. Obrigada ainda pelas conversas que muito agitavam nossos pensamentos a Leonard Davis, Kay Carmichael, Thelma Robinson, Katrine Stroh, Anita Hughes, Denise Hevey, Sue Dowling, Miriam David e Michael Duane.

Retiramos exemplos de bom exercício da profissão em muitos *settings* diferentes de creches, onde trabalhamos ou servimos como consultoras, no Reino Unido e no exterior, que incluem creches em 35 cidades italianas, especialmente Milão, Arezzo, San Giovanni Valdarno e Cinisello Balsamo. Entre outras pessoas, Mima Noziglia, Mara Mattesini, Anna Mallardi, Luciana Nissim e Elda Scrazella, na Itália, Ethel Roberts, Pat Coe e Linda Osborn, na Inglaterra, e Irene McIntyre, na Escócia, tornaram possível testar ideias básicas que muitas vezes envolviam um distanciamento considerável da prática vigente.

Outra fonte importante de novas ideias, provadas na prática, foram os projetos de desenvolvimento efetuados ao longo de quase 10 anos por estudantes do diploma interprofissional em Trabalho com Crianças Pequenas e Famílias, da Universidade de Bristol. Eles mostraram o que pode ser feito com poucos recursos desde que combinados com convicção e entusiasmo. Todos os membros do curso são organizadores ou gerenciadores de serviços para a primeira infância, com muitos anos de experiência; suas contribuições para este livro não podem no momento ser separadas por pessoa, mas agradecimentos especiais são devidos a Peter Fanshawe, Chris Leaves, Marion Taylor, Sylvia McCollin, Phil Lyons, Judith Chinnery, Fiona Stuart e Val Bean.

O curso deve seu início a uma conversa em Copenhague com Bill Utting, e sua realização ao apoio de colegas do Departamento de Serviço Social da Universidade de Bristol, especialmente Annette Holman, e mais tarde Renee Daines, Walter Barker, Roger Clough, Allan Brown e Cherry Rowlings. Obrigada ainda a Christopher Beedell, que supervisionou o *fellowship* em Serviço

Social Pessoal de Elinor em Bristol, durante o qual foi feita a primeira versão do vídeo *Treasure Basket* (Cesto de Tesouro), chamada de *Infants at Work* (Crianças Trabalhando).

Brenda Wright e John Robinson são os primeiros gerenciadores em serviços sociais a perceber a necessidade de treinamento apropriado e interdisciplinar para as educadoras – o que levou a uma colaboração de longa duração que muito beneficiou os estudantes, o curso e o serviço de creches em Leicestershire. Muitas ideias trabalhadas nesta parceria estão presentes neste livro.

Em capítulos específicos, apoiamo-nos diretamente no trabalho de Judy Hackett, Sue Finch, Veronica Sherborne e Christine Leaves. Somos gratas também pelos conselhos e comentários gerais a respeito das versões iniciais do livro a Doroti Rouse, Mary Fawcett, Rebecca Abrams, Diane Ryken, Linda Osborn, Sophie Levitt, Pat Coe, Brenda Wright, Diane Houston, Dominic Abrams e Natasha Burchardt, bem como a Ellen Jackson pela ajuda com o índice.

Além dos contatos profissionais, muito do que colocamos neste trabalho vem de nossa experiência pessoal como mães e avós trabalhadoras. Agradecemos aos nossos filhos e netos pelos prazeres e ansiedades que nos trouxeram. Talvez a mente de uma criança sempre seja impenetrável para os adultos, mas é na intimidade da vida familiar que se pode chegar mais perto dela.

Produzir um livro envolve ainda uma boa dose de bagunça doméstica – a mesa da cozinha coberta de papéis por semanas a fio, processadores de texto e impressoras fazendo barulho em horas esdrúxulas da noite e da manhã, longas ligações telefônicas em momentos inconvenientes. Derek Greenwood e Seth Jackson, os que mais sofreram com isso, mostraram uma tolerância incansável e forneceram muita ajuda prática.

Nosso maior débito é mútuo: nenhuma de nós teria pensado em escrever este livro sozinha e, se soubéssemos que tipo de compromisso estávamos selando, teríamos pensado duas vezes!

Sonia Jackson
Elinor Goldschmied

Sumário

Prefácio à segunda edição vii
Agradecimentos ix
Introdução 13

1. A creche no contexto 19
2. Organizando o espaço para viver, aprender e brincar 33
3. O educador-referência 53
4. Gerenciando e trabalhando em uma creche 71
5. Bebês em creches 97
6. O *Cesto de Tesouros* 113
7. O segundo ano de vida 129
8. O brincar heurístico com objetos 147
9. Crianças em seu terceiro ano de vida 161
10. Hora da refeição 183
11. No espaço externo 195
12. Conectando os dois mundos da criança 219
13. Crianças em dificuldades 237

14. Protegendo as crianças 257

15. Olhando para o futuro 275

Sugestões de leitura 279
Vídeos 281
Referências 283
Organizações relacionadas a crianças pequenas e a suas famílias 290
Índice onomástico 295
Índice analítico 298

Introdução

Uma sociedade pode ser julgada pela sua atitude em relação a suas crianças pequenas, não somente no que se diz sobre elas, mas também em como essa atitude é expressada no que lhes é oferecido ao longo de seu crescimento. Acerca desse critério, no Reino Unido, progredimos mais nos últimos cinco anos do que na totalidade dos 30 anteriores. O campo dos serviços para a primeira infância transformou-se, mas as árvores são ainda deveras esparsas e apenas rebentos em sua maioria, vulneráveis aos ventos de crises econômicas ou aos caprichos de políticos.

Apesar dos grandes avanços em nosso conhecimento acerca de como um bebê se desenvolve desde antes do nascimento até a maturidade, neste país estamos ainda longe de dar sério reconhecimento à importância dos primeiros três anos. A ausência, ao longo da maior parte do século XX, de quaisquer políticas coerentes para os cuidados e a educação da primeira infância colocou quase todo o fardo da criação da próxima geração sobre os ombros de pais jovens, em condições sociais que criaram altos níveis de estresse, tanto econômico como psicológico. O baixo valor auferido a essa tarefa vital continua a se refletir no *status*, nos salários, nas condições e na falta de oportunidades de trabalho para aqueles que lidam com o cuidado diário de crianças em vários serviços e instituições.

À época em que este livro foi originalmente escrito, a maior parte do cuidado em creches para crianças com menos de 3 anos era oferecida por creches, geridas pela prefeitura, para crianças severamente desfavorecidas, e por creches domiciliares* privadas que recebiam um apoio mínimo das autori-

---

* N. de T. No original, *childminders*. A palavra pode referir-se também ao que se costuma traduzir como "mães-crecheiras", pessoas que cuidam de crianças em seus próprios domicílios.

dades locais. Com exceção de alguns centros familiares e creches combinadas* que ofereciam cuidado e educação infantil no mesmo local, a educação não era vista como parte do trabalho de uma funcionária de creche. Embora um número crescente de mães trabalhasse fora de casa, ainda havia uma opinião difundida de que isso não deveria ocorrer, e, caso ocorresse, os pais eram os responsáveis por tomar quaisquer providências que pudessem para o cuidado das crianças.

Tudo isso mudou, ao menos em princípio, com a eleição do governo trabalhista em 1997; pela primeira vez foram oficialmente reconhecidas a realidade do trabalho feminino e a grande importância dos primeiros meses e anos da vida das crianças para futuro desenvolvimento e aprendizagem. Os eventos mais significativos foram o anúncio de uma National Childcare Strategy (Estratégia Nacional para o Cuidado Infantil), em 1998, e a transferência de responsabilidade pelos serviços para a primeira infância, do sistema de serviços sociais do Departamento de Saúde para o sistema educacional. Isso não representa mais do que um primeiro passo, mas podemos ter esperança de que sinalize um movimento em direção ao fim da cisão perniciosa entre cuidado e educação, que tem impedido o desenvolvimento de nossos serviços para a primeira infância por tanto tempo.

Outros progressos importantes foram o estabelecimento das Early Years Development and Childcare Partnerships (Parcerias para o Cuidado e o Desenvolvimento Infantil nos Primeiros Anos) em cada prefeitura (*local authority*), e o investimento de bilhões de libras no Sure Start Programme (Programa Começo Assegurado), que representa a primeira iniciativa nacional dirigida especificamente a crianças abaixo dos 4 anos. As propostas do Programa Sure Start se baseiam em bairros com aproximadamente 800 famílias, e são desenvolvidas pelas comunidades para satisfazer suas próprias necessidades, devendo, porém, incluir um componente de cuidado infantil. A maioria oferece ainda uma gama de outros serviços para apoio às famílias. Apesar de serem dirigidas a áreas desfavorecidas, elas estão disponíveis a qualquer morador da área, não somente àqueles identificados por profissionais como necessitados.

O que essas iniciativas significam para os pais e para aqueles que trabalham nos serviços de cuidado para a primeira infância? Os números e alvos parecem impressionantes. Foi planejada a criação de 900 mil locais para o cuidado infantil, até março de 2004, em creches (*nurseries*), Early Excellence Centres – EECs (Centros de Excelência para a Infância) e programas Sure Start. Não fica claro o modo pelo qual tantos locais iriam permitir aos pais

---

* N. de T. No original, *family centres* e *nursery centres*, respectivamente. O primeiro termo refere-se a um centro terapêutico que os pais podem frequentar com seus filhos, como parte de uma estratégia para ajudar as famílias sob estresse a manterem-se unidas. O segundo termo indica uma unidade destinada à educação infantil para crianças dos 3 aos 5 anos.

trabalharem, pois o termo "cuidado infantil" (*childcare*) é usado muito livremente em pronunciamentos oficiais, podendo significar apenas algumas horas ao dia em um grupo de recreação (*playgroup*) ou creche. Também se planeja aumentar o número de EECs para 100 no mesmo período. Early Excellence Centres, como o nome indica, são planejados para oferecer modelos de "*educare*"* de alta qualidade e prover vagas para as crianças em seus próprios bairros. O número é pequeno, porém dá aos pais um padrão valioso para comparação.

Isso é importante porque, embora em todos os países europeus seja cada vez mais comum as crianças pequenas passarem no mínimo parte do dia longe de suas casas, elas normalmente ficam em uma creche pública com funcionárias qualificadas. No Reino Unido, o cuidado infantil fora do lar pode significar a criança ficar em creche particular, creche de bairro, centro familiar, creche de empresa, grupo de recreação, na casa de uma mãe-crecheira, uma instituição de cuidado infantil privada, voluntária ou comunitária, ou qualquer combinação das alternativas anteriores. A porcentagem de educadoras treinadas vem crescendo gradualmente, mas é de apenas 60%, e os padrões são muito variados – o que significa afirmar que os pais têm de ter muito cuidado ao decidir, e esperamos que este livro os ajude nessa tarefa.

O que é oferecido à primeira infância no Reino Unido ainda está muito abaixo dos padrões de países nórdicos e da maioria dos outros países europeus – porém, o cuidado para crianças com menos de 3 anos passou de atividade marginal, afetando apenas uma pequena proporção de crianças e famílias, a parte do *mainstream*. As mulheres que trabalham cada vez mais adiam a gravidez até os 30 anos, e retornam ao trabalho quando suas licenças-maternidade expiram. O fato de as mães de crianças pequenas trabalharem fora se tornou muito mais aceito – e, na verdade, esperado –, o que não significa que elas o façam sem se sentirem ansiosas. Há uma preocupação crescente (e adequada) com a qualidade das experiências da criança, e não mais simplesmente com a disponibilidade.

Em 1994, quando este livro foi publicado pela primeira vez, a maior parte das crianças com menos de 3 anos, em cuidado infantil grupal, vinha de famílias com graves problemas sociais ou de saúde, muitas vezes com apenas um dos pais em casa. Apontamos então o quão perniciosa era essa "aglomeração" das crianças mais carentes, tanto para as crianças como para as educadoras que cuidavam delas. Felizmente isso agora é muito mais improvável de acontecer. A maioria das crianças que utilizam os centros de cuidado da primeira infância em meio turno não está em situação de carência social, e a

---

* N. de T. Junção das palavras *educate*, "educar", e *care*, "cuidado/cuidar"; o neologismo foi cunhado como forma de indicar a tentativa de superação da cisão entre os dois conceitos (e respectivas práticas).

grande maioria dos bebês e crianças pequenas em cuidado de tempo integral tem pais que trabalham em profissões relativamente bem pagas.

No entanto, no Reino Unido, ao contrário do que acontece na maior parte dos outros países, as crianças podem passar longas horas em creches desde pequenas, quando suas mães voltam a trabalhar, pois nossa oferta de licença-maternidade e paternidade é bastante inadequada em comparação aos padrões europeus. Algumas creches particulares anunciam cuidado para bebês de seis semanas de idade. Embora as famílias com os dois pais trabalhando possam não ser pobres, elas podem ter dificuldades financeiras para pagar as altas taxas das creches, e ainda sofrerem o estresse de tentar dar conta do trabalho e de obrigações domésticas e sociais ao mesmo tempo. Portanto, é muito importante que as educadoras de creche trabalhem em conjunto com os pais e sejam sensíveis às pressões que eles enfrentam.

Como anteriormente citado na primeira edição de *Educação de 0 a 3 anos: o atendimento em creche*, houve um crescimento enorme no número de creches particulares, na forma de negócios individuais e cadeias de creches geridas por companhias comerciais. Em resposta ao aumento da demanda e ao declínio no número de creches domiciliares (*childminders*), novas creches foram abertas diariamente. As creches (*day nurseries*) representam o setor comercial de pequeno porte de maior crescimento, com seu percentual tendo aumentado 42% desde 1998, hoje existindo um número estimado de mais de 8 mil. Outra instituição de cuidado infantil particular que cresce rapidamente é a creche vinculada a clubes de esporte e *fitness* e a *shopping centers*. Na ausência de outras formas de cuidado infantil, muitas mães usam-nas (principalmente) para obter um pouco de alívio das responsabilidades constantes que uma criança pequena representa. Estima-se que mais de um milhão e meio de crianças são cuidadas temporariamente por serviços de creches particulares.

As creches particulares são parte das Early Years Development and Childcare Partnerships, não sendo gerenciadas tendo o lucro como objetivo principal. Sua desvantagem é que, para oferecer serviços de alta qualidade, empregar funcionárias qualificadas e pagar altos salários, elas têm de cobrar taxas que estão muito além das possibilidades da maioria dos pais. Não procuramos oferecer qualquer tipo de conselho específico sobre como administrar ou trabalhar em uma creche privada – em oposição às creches públicas –, pois muitas das questões cotidianas serão similares. A National Day Nursery Association – NDNA (Associação de Creches) (veja lista de organizações úteis) oferece material excelente sobre como começar e administrar uma creche, desde pesquisas de mercado até o planejamento do ambiente da creche; ela também promove a noção de cuidado infantil "socialmente responsável", talvez almejando que no futuro seus clientes cheguem por meio dos programas oficiais.

A possibilidade de oferta de cuidado infantil de alta qualidade e a preços razoáveis, para todas as crianças pequenas de famílias que precisam de tal serviço, parece ainda distante. Entretanto, sugerimos que as experiências das crianças pequenas nas creches poderiam ser enormemente melhoradas, mesmo que inseridas em uma estrutura insatisfatória e com recursos limitados, se colocássemos em prática de forma integral o conhecimento que existe no momento acerca do desenvolvimento da primeira infância e das experiências de administração de creches.

Nosso conhecimento sobre como as crianças aprendem e se desenvolvem aumentou enormemente nos últimos anos, à medida que os psicólogos desenvolvem formas cada vez mais sofisticadas de observação e estudo do comportamento de bebês desde os seus primeiros momentos no mundo. Muitas pesquisas sobre o desenvolvimento e a aprendizagem de crianças pequenas, altamente relevantes para trabalhadores de creches, permanecem sepultadas em periódicos e livros acadêmicos, ou são escritas de forma um tanto abstrata. Até o momento, foram dadas muito poucas orientações aos trabalhadores de creche sobre como eles poderiam mudar o que fazem, à luz desse conhecimento. Nosso objetivo é tornar essa mudança mais acessível, mostrando como ela se relaciona com a prática cotidiana nos centros de cuidado infantil, tanto em nível administrativo quanto no contato direto com crianças e pais. Nos capítulos seguintes, formulamos a ideia de que todos os aspectos do ambiente da creche podem dar uma contribuição significativa ao bem-estar emocional e à educação, em seu sentido amplo, das crianças pequenas.

Este livro concentra-se nos menores de 3 anos porque muito pouco tem sido escrito sobre eles, em comparação com a extensa literatura sobre a educação infantil para crianças de 3 e 4 anos. O livro objetiva ser de uso prático em vários níveis: para pessoas que cuidam de crianças no dia a dia em creches, ou em suas próprias casas, e para gerenciadores e organizadores de serviços de cuidado infantil; ele também será relevante para quem trabalha com o estabelecimento e a manutenção de modelos e para administradores, trabalhadores comunitários e a ampla gama de especialistas envolvidos com as crianças pequenas e suas famílias. Acreditamos que seja essencial para este segundo grupo, que normalmente trabalha com as crianças a partir de uma perspectiva um tanto distanciada, compreender como as experiências diárias de uma criança são afetadas por decisões administrativas e financeiras que ultrapassam o controle dos que trabalham diretamente com ela.

Esperamos ainda que o livro seja lido pela próxima geração de educadores da primeira infância, tendo em vista o número crescente de estudantes em cursos de graduação sobre Estudos sobre a Primeira Infância, e que dará aos pais algumas ideias a respeito de como avaliar o cuidado oferecido a seus filhos.

O conhecimento por si só não é suficiente. O cuidado adequado deve ser não somente educacional, mas também sensível e compreensivo; precisa ser formado por um entendimento imaginativo das experiências e dos estados emocionais das crianças pequenas, especialmente quando elas estão separadas de seus pais. Esta é a razão por que enfatizamos, ao longo deste livro, a necessidade de as cuidadoras e as professoras observarem atenta e sistematicamente as crianças das quais cuidam, para refletir sobre suas observações, compartilhando-as e discutindo-as com os pais e entre elas mesmas. Sempre que possível, elaboramos analogias entre as coisas que acontecem para as crianças e aquelas que vivenciamos comumente como adultos. Como as memórias do período anterior aos 3 anos são em sua maioria perdidas, esta é uma das poucas formas disponíveis de tentar compreender as sensações e sentimentos de uma criança pequena.

Descrevemos e explicamos três inovações particulares derivadas dos princípios esboçados acima: o sistema de educador referência, o *Cesto de Tesouros* e o "brincar heurístico". Todas foram introduzidas com sucesso em creches no Reino Unido e em outros países. Incluímos ainda um capítulo substancial sobre o uso do espaço exterior, com propostas detalhadas para a transformação do espaço retangular típico em uma área de aprendizagem.

É sabido que as sementes do preconceito e da discriminação são semeadas na infância. Tal ideia tem passado por um processo lento de aceitação nos serviços para a primeira infância, porém é tão relevante para as crianças com menos de 3 anos quanto para as outras, e tão importante para ambientes somente de pessoas brancas quanto para centros em que culturas diversas se inter-relacionam. Enfatizamos ao longo do livro a necessidade de nos conscientizarmos das mensagens que passamos às crianças, por meio de nossas palavras, ações e do ambiente que criamos para elas. Esperamos que nossos leitores sejam, como nós, opostos a toda forma de discriminação. O problema consiste em encontrar maneiras de expressar essas crenças na prática cotidiana.

As crianças pequenas e seus pais têm o direito de esperar que o extenso conhecimento que possuímos hoje sobre o desenvolvimento infantil molde os serviços dos quais elas tanto precisam. As atitudes para com as crianças estão mudando; ultrapassamos a visão de que, simplesmente pelo fato de as pessoas serem muito jovens, seus pensamentos e sentimentos não têm importância – mas muitas vezes nos sentimos frustrados e atordoados em nossos esforços para compreender o que as crianças pequenas estão tentando nos dizer. Da mesma forma, muitas coisas que nós, adultos, fazemos e dizemos devem parecer extremamente confusas e enigmáticas para elas. Gostaríamos de pensar que este livro pode, mesmo que em pequena proporção, ajudar a conectar o hiato que existe em nossa compreensão uns dos outros.

capítulo 1

A creche no contexto

Este é um livro para educadores e, de forma a não saturar nosso texto com referências em demasia quanto a discussões teóricas e resultados de pesquisas, que podem parecer irrelevantes aos leitores que estão mais interessados em aplicar ideias em seus próprios contextos de trabalho, de maneira geral deixamos a teoria permanecer implícita. Não obstante, a prática é fortemente influenciada por muitos fatores diversos fora do ambiente imediato de trabalho, principalmente através do contexto de normas dentro do qual o trabalho é feito e também pela visão predominante de infância. Começamos com uma breve discussão sobre algumas dessas influências e então partimos para a descrição dos valores e princípios nos quais se apoia a abordagem do cuidado para a primeira infância descrito aqui.

UM QUADRO EM PROCESSO DE TRANSFORMAÇÃO

É importante para as pessoas que trabalham com crianças pequenas compreender a forma como a sua atividade individual encaixa-se na estrutura global dos serviços para famílias. Para oferecer a melhor experiência possível às crianças em seu cuidado, essas pessoas precisam também ser capazes de sair de seu ambiente imediato de trabalho e olhar as coisas de um ponto de vista mais amplo.

Os serviços para a primeira infância no Reino Unido passaram por uma desconcertante série de mudanças em um período de tempo relativamente curto. Às vezes, parece que o governo introduz uma nova iniciativa a cada semana. O problema é que, embora para os construtores de políticas essas iniciativas tenham o propósito de constituir a estratégia nacional, todas elas tiveram de ser adequadas a uma espécie de colcha de retalhos de serviços já existente, a qual, no tempo em que não havia nenhuma coordenação central, se desenvolveu sem nenhum tipo de lógica. Costurar todos esses diferentes fios de maneira a formar um todo coerente não será uma tarefa fácil.

Todos os envolvidos com as crianças provavelmente querem dar o melhor de si, mas há uma óbvia cisão ideológica entre a perspectiva e as prioridades governamentais e as ideias dos que pesquisam e escrevem sobre a primeira infância. Muitas ideias nas quais se apoia a National Childcare Strategy, e também outros elementos do programa do governo para a infância esboçados na Introdução, vêm dos Estados Unidos. Essas ideias são basicamente mais dirigidas por imperativos econômicos do que pela preocupação com o bem-estar das crianças.

O cuidado infantil com recursos públicos é visto, em primeiro lugar, como um meio de permitir às mães, especialmente as solteiras, que trabalhem e se sustentem em lugar de ficarem dependentes do seguro-saúde. É uma forma de ajudar as famílias a escaparem da pobreza, o que é parte dos objetivos governamentais de longo prazo; porém, as experiências cotidianas das crianças tendem a ficar em segundo plano.

Outra força diretriz é o desejo de elevar o nível de educação da população. A economia moderna precisa de trabalhadores cada vez mais capacitados e especializados. Além disso, falhas na educação estão ligadas a vários tipos de consequências sociais indesejáveis – desemprego, problemas de saúde, gravidez na adolescência, transtornos mentais e, acima de tudo, criminalidade. Programas americanos de intervenção precoce, como Headstart* (Bom Começo) e High Scope (Grande Alcance), demonstraram ser capazes de ajudar as crianças desfavorecidas a alcançarem progressos educacionais melhores, cujos efeitos persistem na vida adulta.

O entendimento de que as experiências mais precoces das crianças afetam profundamente sua aprendizagem e seu desenvolvimento passou por um processo demorado de aceitação nas mentes dos que elaboram as políticas educacionais neste país, mas parece ter sido finalmente aceito. Como sugerimos mais adiante, tal ideia pode ter efeitos indesejados, a menos que seja acompanhada de uma compreensão informada da natureza da infância.

Um conjunto muito diferente de influências sobre a maneira pela qual os serviços para a primeira infância estão mudando provém de outras partes da Europa, onde prevalece uma visão alternativa da infância. Na maioria dos países europeus as crianças são vistas como um bem da comunidade, e isso se reflete no que se oferece a elas. No dia a dia, os turistas muitas vezes se surpreendem ao perceber como é comum ver crianças fazendo refeições em restaurantes com suas famílias, e pela forma com que as pessoas reagem

---

* N. de T. A expressão *headstart* tem também o sentido de "sair na frente", ou seja, iniciar já com vantagens.

ao comportamento infantil comum com tolerância divertida em vez de desaprovação.

Diferentemente dos construtores de políticas, as pessoas que trabalham com a primeira infância, muitas vezes inspiradas por visitas, mostras e viagens de estudo, procuram cada vez mais por modelos em países como Dinamarca, Suécia, Espanha e Itália. Helen Penn e Peter Moss, em particular, vêm escrevendo sobre esses países há muitos anos, mas o catalisador foi provavelmente a visita que 100 educadores da primeira infância, do Reino Unido, fizeram à cidade italiana de Reggio Emilia, em abril de 1999. Muitos deles escreveram sobre suas experiências no livro *Experiencing Reggio Emilia* (Vivenciando Reggio Emilia), de Lesley Abbott e Cathy Nutbrown (Abbott e Nutbron, 2001). Muitos outros trabalhadores da primeira infância viram a mostra *The Hundred Languages of Children* (As 100 linguagens das crianças), que deu uma ideia da ampla gama de atividades artísticas e criativas possíveis às crianças em um ambiente facilitador (Edwards et al., 1993).

Muitas dessas ideias foram adotadas, de forma modificada, em centros britânicos de primeira infância, mas é necessário um pouco de cautela. As qualidades das creches e pré-escolas de Reggio Emilia, que tanto impressionaram os visitantes, são profundamente conectadas à sua própria cultura e não podem ser simplesmente transferidas para uma situação completamente diferente. Por exemplo, a *piazza* central, uma característica de todas as escolas em Reggio Emilia, onde crianças e adultos se encontram, conversam e discutem projetos em andamento, é um microcosmo da vida em uma típica cidade italiana, onde se espera que as pessoas passem ao menos uma hora, quase todas as noites, passeando, caminhando e conversando com amigos que porventura encontrem. Definitivamente, esta não é uma forma de comportamento característica neste país.

Talvez mais importante do que quaisquer características individuais das pré-escolas de Reggio Emilia seja sua filosofia subjacente, que enfatiza a necessidade de as crianças e os educadores terem tempo e espaço para desenvolver suas ideias e projetos, e de serem conectados uns aos outros e à comunidade.

DUAS VISÕES SOBRE A INFÂNCIA

Embora seja enganoso enfatizar em excesso a dicotomia, as abordagens americana e europeia da primeira infância de certa forma exemplificam a velha divisão entre Locke e Rousseau, que consiste no problema inicial de muitos livros tradicionais sobre o desenvolvimento infantil. Locke afirmava que a mente de uma criança ao nascer era uma *tabula rasa* e que todo o conhecimento e as habilidades humanas eram adquiridos pela aprendizagem. Rousseau, por outro lado, acreditava que, em um ambiente apropriado, as capacidades inatas da criança simplesmente se desenvolveriam por meio da exploração, das descobertas e da imaginação.

O debate *nature-nurture**, como ficou conhecido, na verdade é considerado irrelevante nos dias de hoje, pois os avanços contemporâneos no estudo do desenvolvimento precoce do cérebro mostraram que o bebê já começa a aprender não somente depois do nascimento, mas mesmo quando ainda está no útero (Selwyn, 2000). As influências genéticas e ambientais são tão inextricavelmente conectadas que a tentativa de atribuir as características de qualquer criança específica a uma forma ou outra de influência constitui-se em exercício infrutífero. Uma das autoras é avó de gêmeos idênticos, criados na mesma família, e dificilmente separados um do outro por mais do que alguns minutos, mas que são, já aos 8 meses, indivíduos bastante distintos, com personalidades e padrões de desenvolvimento diferentes.

Hoje em dia, poucos argumentariam contra a ideia de que as experiências mais precoces têm uma influência profunda, mas não irreversível, na habilidade das crianças de aproveitar oportunidades para aprender; porém, ainda persiste a distinção entre duas escolas de pensamento distintas. O romance *Tempos difíceis*, de Charles Dickens, apresenta uma caricatura da escola de educação que descarta a imaginação, a exploração, a fantasia e o mundo natural em favor de uma tentativa de encher as cabeças das crianças com informações que são divorciadas de suas experiências cotidianas e, portanto, sem sentido para elas. O livro começa em uma sala de aula, onde o senhor Gradgrind está explicando suas teorias para o diretor e para o superintendente do governo:

> O que quero são Fatos. Ensine a esses meninos e meninas Fatos, nada a não ser Fatos. Somente os Fatos são desejáveis na vida. Não plante mais nada e desenraíze todo o resto.
>
> (Dickens, 1854)

Esta abordagem foi rejeitada firmemente pelos pioneiros da educação infantil no Reino Unido, embora tenha persistido em algumas escolas elementares do pré-guerra. No entanto, ela continua a pairar sobre nossas cabeças, pronta para reemergir em resposta a qualquer onda de pânico que surja a respeito de "padrões em descenso". A atual ênfase sancionada no letramento e na construção do número nas escolas de ensino fundamental pode ser vista como pertencente à mesma tradição.

Outra forma de olhar para essas duas percepções das crianças foi proposta por Gunilla Hallden (1991). Elas são "a criança como projeto" e "a criança como ser". Na primeira perspectiva, a criança é vista em termos de futuro, alguém a ser moldado pelos pais e pela sociedade; os pais estabelecem metas para seu filho e acreditam firmemente no conhecimento especializado trans-

---

*N. de T. Natureza – criação (de crianças). O vocábulo *nurture*, em inglês, permite o jogo de palavras.

mitido por professores e psicólogos. Nessa perspectiva, o sucesso de um programa para a pré-escola seria mensurado por indicadores como letramento precoce, habilidade para seguir instruções e conformidade com expectativas adultas. A perspectiva da "criança como ser" implica o desenvolvimento autônomo da criança como indivíduo com seus próprios impulsos para aprender e crescer, necessitando dos adultos como apoiadores, e não como instrutores. As experiências precoces da criança são valorizadas em si mesmas, e não simplesmente como contribuição que elas poderiam dar para o seu desenvolvimento futuro.

Peter Moss e Helen Penn expressaram o seu ideal de um programa para a primeira infância desta forma:

> Haveria mais ênfase na qualidade de vida no aqui-e-agora, sociabilidade, atividades prazerosas e criativas, diversão e exercícios, pintura, teatro de bonecos, dança e teatro, canto e música, comer e cozinhar, cavar e construir – o que Robert Owen sumarizou como "alegria"*.
>
> Moss e Penn (1996, p. 95)

Em maio de 2000, o Departamento para Educação e Habilidades lançou o *Curriculum guidance for the foundation stage* (Referencial curricular para o estágio basal) (3 – 6 anos), que se aplica a todos os centros de primeira infância que recebem financiamento governamental para educação infantil, incluindo aqueles que anteriormente se encontravam fora do sistema educacional, como creches domiciliares e grupos de recreação. Depois de protestos vociferantes feitos por profissionais da primeira infância, o referencial anterior foi revisado de forma a identificar "pontos de partida", em lugar de estabelecer objetivos rígidos relacionados à idade, e reconhece que as crianças desenvolvem-se de maneiras diferentes e não em uma sequência fixa. Entretanto, o prefácio do ministro para o Referencial reflete claramente a perspectiva "criança como projeto":

> O estágio basal consiste em desenvolver habilidades-chave da aprendizagem, tais como ouvir, falar, concentrar-se, persistir e aprender a trabalhar em conjunto e em cooperação com outras crianças. Também consiste em desenvolver habilidades de comunicação precoce, no letramento e na construção do número que irão preparar as crianças pequenas para o Estágio-Chave 1 do Currículo Nacional.
>
> DfES (2000, p.2)

Não vemos muita alegria (*merriment**) nisso aí!

---

* N. de T. No original, *merriment*, palavra que denota significados múltiplos como júbilo, divertimento, brincadeira, regozijo.

OS DIREITOS DAS CRIANÇAS

Apesar do que já afirmamos, este livro de certa forma ocupa uma posição intermediária. Certamente concordamos que um aspecto essencial do trabalho de um adulto que cuida de uma criança pequena consiste em se certificar, por um período de tempo o mais longo possível, que a criança esteja feliz. A vida já implica dor e frustração suficientes, sem que tenhamos que aumentá-las deliberadamente por meio de restrições desnecessárias de qualquer tipo. Por outro lado, não pensamos que a liberdade sem limites tenha qualquer probabilidade de conduzir à felicidade ou a um desenvolvimento ótimo. Portanto, apesar de parecermos adotar uma atitude tipicamente não intervencionista ao pedir que, sempre que possível, o adulto aja como um facilitador em vez de um diretor das atividades da criança, nós o fazemos no contexto de um ambiente planejado e organizado cuidadosamente.

Os adultos têm um papel importante na modelagem do comportamento das crianças, mas eles podem escolher entre fazê-lo de forma autoritária ou cooperativa, por meio de ordens ou negociação. Existem grandes evidências de que a segunda forma é de longe a mais eficaz, além de levar a menos conflitos e angústia. Esta é uma das razões pelas quais colocamos tanta ênfase no uso pelas cuidadoras da negociação com as crianças, em lugar da coerção, e na necessidade de os adultos ajudarem as crianças a negociarem umas com as outras.

Isso não representa apenas uma questão de conveniência, mas, sim, do direito das crianças de serem respeitadas como indivíduos, de serem escutadas e levadas a sério, de forma que, ao ficarem mais velhas, elas possam tomar mais responsabilidades para si no sentido de exercer seus próprios direitos. Há neste país uma resistência persistente à ideia de uma abordagem para a infância baseada em direitos, vinculada a uma forte tradição cultural que dita que as crianças são "propriedade" de seus pais (Lansdown e Lancaster, 2001). Se quisermos que elas cresçam como cidadãos ativos e participativos, entretanto, precisamos aceitar que mesmo às crianças menores deveria ser dada a oportunidade de expressar suas opiniões e sua parte na tomada de decisões, tão logo elas tenham competência para tanto.

A IMPORTÂNCIA DO BRINCAR

A contribuição do brincar para o desenvolvimento das crianças é um tema que ilustra bem o efeito pêndulo. As atitudes parodiadas por Dickens em *Tempos difíceis*, que caracterizam o brincar como uma atividade frívola e desprovida de valor quando comparada com o aprendizado de informações úteis, persistiram, embora de forma modificada no período do pós-guerra. Brincar era o que as crianças faziam quando não estavam sob o controle imediato de adultos, no melhor dos casos uma forma de se ocupar e sempre em conflito com "sentar-se quieto e se comportar" ou com tipos mais úteis de atividade. No entanto, como Meadows (1986) descreve, a perspectiva oposta, de que "brincar é o trabalho das crianças", gozou de um período de domínio considerável em teorias psicológicas e educacionais.

Convencer os pais de que a criança está bem ocupada quando "só brinca" sempre foi um problema para educadores da primeira infância e coordenadores de grupos de recreação. Pode ser que os pais em circunstâncias desfavoráveis tenham alguma razão em resistir à ortodoxia predominante. Em muitas culturas dá-se pouca importância ao brincar; não se procura oferecer brinquedos elaborados às crianças e, embora possamos notar que elas brincam espontaneamente, às suas atividades não se confere nenhum tipo de atenção particular por parte dos adultos. Mesmo assim, as crianças parecem desenvolver-se perfeitamente e podem mesmo ter bom desempenho na escola. Parece que outras qualidades do ambiente podem ser mais importantes do que a oportunidade de brincar livremente na primeira infância – ao menos no que se refere a sucesso acadêmico e ocupacional.

Se olharmos para grupos étnicos que parecem ter êxito na promoção do desenvolvimento de seus filhos, apesar das condições socioeconômicas adversas, tais como os judeus de Nova York ou os imigrantes asiáticos no Reino Unido, poderemos identificar como significantes um alto nível de interação adulto-criança, a inclusão da criança em atividades adultas no lar, a expressão da afetividade, o respeito pela aprendizagem e pelo letramento e o reconhecimento do sucesso educacional como um fator fundamental na determinação de chances na vida.

Isso ilustra duas questões: primeiro, que o brincar não depende da oferta de lugares especiais ou do oferecimento de objetos chamados de "brinquedos" para as crianças e segundo, que isso representa apenas um elemento na promoção do desenvolvimento da criança; a preocupação e a atenção por parte dos adultos podem ser muito mais cruciais. Não obstante, como ficará óbvio, consideramos o brincar de enorme importância em qualquer centro de cuidado infantil. Há boas razões pragmáticas para tanto. Quanto melhor for a qualidade das oportunidades para brincar oferecidas às crianças, mais prazerosas serão as experiências, tanto para elas quanto para os adultos.

A outra razão é que, embora as evidências de pesquisa a favor da aprendizagem pelo brincar não sejam conclusivas, não há certamente melhor evidência do que 50 anos de experiência prática. O que talvez estejamos aprendendo a fazer é discriminar melhor entre tipos diferentes de brincar. É correto e razoável valorizar mais alguns tipos de brinquedo do que outros, criar condições nas quais as crianças tenham mais probabilidade de escolher atividades específicas e estimular o brincar complexo e concentrado (em lugar daquele em que a criança dá uma atenção fugaz a uma coisa e depois à outra, sem quaisquer objetivos). Efetuar o que foi delineado sem fazer uso de coerção e constrangimento é uma tarefa que requer grande habilidade, conhecimento pessoal detalhado de cada criança e um número adequado de adultos em proporção ao de crianças.

A qualidade do brincar que observamos em algumas creches é notavelmente inferior àquela vista em escolas maternais. Onde as crianças são menores de 3 anos, não há sequer um corpo de conhecimentos que nos auxilie, e essa é uma razão por que devotamos grande parte deste livro à oferta e à organização de oportunidades de brincar para essas crianças tão pequenas.

A discussão sobre o valor do brincar adquiriu recentemente uma nova intensidade. Há muita preocupação com a possibilidade de que a pressão para baixo exercida pelo Currículo Nacional, com sua ênfase, peculiar a este país, na aprendizagem formal desde uma idade precoce, esteja tendo um efeito inibidor na oferta de pré-escolas, mesmo para as crianças com menos de 3 anos.

CUIDADO E EDUCAÇÃO

A discussão sobre o brincar é posta no contexto da creche como um ambiente no qual cada aspecto da organização e cada atividade oferecida contribuem para o desenvolvimento e a aprendizagem da criança.

O Reino Unido não é o único país a ter herdado a cisão entre o cuidado ofertado por profissionais da saúde, primariamente para crianças pobres, e a educação oferecida como um serviço geral, com professores como funcionários. Entretanto, é o único país onde tal distinção permanece existindo nos dias de hoje. Isso se deve parcialmente à curiosa ideia de que as crianças não aprendem realmente até que comecem seu ensino obrigatório – antes disso, elas estariam somente ocupando seu tempo – e parcialmente ao fato de as creches municipais serem controladas por departamentos de serviço social que não veem a educação como um problema seu.

No caso das creches e das creches domiciliares, isso resultou no fato de as próprias crianças, que mais urgentemente necessitavam de cuidado de grande conteúdo educacional, terem a menor probabilidade de recebê-lo (Jackson e Jackson, 1979; Osborn e Milbank, 1987). Os centros combinados, que foram instituídos para oferecer cuidado e educação integrados, continuaram a refletir as divisões profissionais existentes (Ferri et al., 1981). Ouvimos até mesmo falar de crianças categorizadas como "sociais" ou "educacionais", como se as crianças com privação aguda ocupando lugares que ofereciam cuidado "prioritário" não necessitassem de educação.

Em âmbito político isso agora mudou, ao menos no que tange às crianças mais velhas; mas o corpo de funcionários e o treinamento ainda refletem as velhas divisões. O conteúdo educacional do cuidado oferecido a crianças que vivem em áreas desfavorecidas requer ênfase especial, e o corpo de funcionários deveria incluir pessoas com formação pedagógica. Todos os educadores que trabalham com o cuidado de crianças precisam entender a importância educacional de seu trabalho, para que as experiências das crianças pequenas, das quais eles cuidam, sejam não somente satisfatórias em si mesmas, mas promovam qualidades como curiosidade, criatividade, concentração e persistência em face de dificuldades, o que será útil a elas nos anos seguintes na escola.

Em nossa cultura, a chave para o sucesso educacional é o letramento (e, em menor grau, a construção do número). Por este motivo (senão por outros), as crianças precisam ser apresentadas aos livros em uma idade muito precoce, e encorajadas a vê-los como uma fonte de interesse e prazer. Há evidências claras de que a facilidade em aprender a ler está intimamente ligada a escutar leituras frequente e precocemente (Wells, 1985). Uma das coisas mais úteis que as creches podem fazer com os pais consiste em estimulá-los a ler e a contar histórias para seus filhos desde quando são bebês, e mostrar a eles como auxiliar as crianças a ler sozinhas logo que elas tenham interesse em fazê-lo. Isso é bastante diferente de *ensiná-los* a ler, ou forçar atividades formais de aprendizagem em uma idade inapropriadamente precoce, o que representa um dos mais sérios perigos da ênfase no letramento que consta do Currículo Nacional.

RELAÇÕES NAS CRECHES

Se as creches falharam em oferecer um ambiente educacional estimulante, elas também o fizeram no que diz respeito a dar conta das necessidade emocionais das crianças pequenas. Aqui, nosso posicionamento teórico tem suas origens no trabalho seminal de Bowlby sobre vínculo e perda (Bowlby, 1969/82). Isto é, damos grande importância e valor aos vínculos entre crianças individuais e adultos, e reconhecemos a dor causada pela separação insensível ou pela ausência desses vínculos. Esta é a base para o sistema de educador-referência descrito no Capítulo 3, elaborado com vistas a promover uma relação especial entre a criança, sua família e uma cuidadora específica.

A utilização de citações do trabalho de Bowlby como argumento contra o oferecimento de cuidado em creches para crianças pequenas foi refutada tanto pelas pesquisas de Schaffer sobre vínculos múltiplos (Schaffer, 1977) quanto pelas evidências mais recentes sobre os efeitos do cuidado em creche (Moss e Melhuish, 1991), mas isso não significa que todos os seus *insights* originais sejam inválidos. Vale ressaltar que Rutter (1972), que mais do que ninguém foi responsável pela reavaliação da tese original de Bowlby, delimitou seu ponto de vista de que não é prejudicial à criança de menos de 3 anos ficar longe de sua mãe por algum tempo, ao especificar a necessidade da criança de ser capaz de estabelecer relações seguras e estáveis com uma cuidadora substituta. No entanto, estudos sobre creches organizados há pouco tempo sugerem que elas normalmente falham em oferecer tais oportunidades. Um grande número de relatos de pesquisa (Bain e Barnett, 1980; Mayall e Petrie, 1983; Van der Eyken, 1984) relacionou a alta taxa de substituição de cuidadoras como baixo nível de interação adulto-criança. Observações semelhantes foram feitas em creches nos Estados Unidos e na Austrália (Clyde, 1988).

Tizard (1991) identificou a alta proporção de educadoras para cada criança cuidada como o ingrediente fundamental para um cuidado em creche de boa qualidade, porém sugerimos que essa não é uma condição suficiente, a menos que a organização do centro de cuidado proporcione ocasiões regulares em que a atenção concentrada seja dada a uma determinada criança por uma cuidadora específica.

Isso é especialmente importante para a criança muito pequena por dois motivos: sua necessidade recorrente de cuidado corporal íntimo e sua capacidade de comunicação em processo de desenvolvimento. Pesquisas americanas mostram que as crianças matriculadas em programas de creche com cuidadoras mais responsivas têm probabilidade de ter um desenvolvimento cognitivo e linguístico melhor e ser socialmente mais competentes. Porém, a responsividade depende da familiaridade. As crianças pequenas começam a se comunicar com fala ou gestos idiossincráticos, que podem parecer sem sentido – a não ser para uma cuidadora que as conheça bem.

Nossos motivos estão fundamentados não somente na pesquisa, mas também na experiência subjetiva: a observação, ao longo de nossas vidas, de que buscamos relações individuais e gostamos de sentir que temos uma importância particular para uma pessoa. Isso é especialmente válido em situações estressantes. Se nos preocupamos com a felicidade das crianças no presente, bem como com seu desenvolvimento futuro, precisamos prestar atenção a esse tipo de conhecimento.

PAIS E FILHOS

Os pais são, sem dúvida, as pessoas mais importantes nas vidas de seus filhos, um fato que escolas e creches vieram a reconhecer lentamente. Até alguns anos atrás, havia uma cisão quase completa na maneira como as pessoas pensavam e escreviam sobre as crianças pequenas. Os livros de psicologia e os manuais de cuidado com crianças dirigidos aos pais enfatizavam muito a importância da interação mãe-criança, a ponto de quase chegarem a excluir as outras relações, ao passo que o treinamento de professores e cuidadores virtualmente ignorava a família da criança.

Ao longo das décadas de 1980 e de 1990, o trabalho da educadora infantil mudou dramaticamente no Reino Unido, tanto que, ao menos em creches e centros familiares da prefeitura, desenvolveu-se uma expectativa de que a unidade fizesse um trabalho ativo junto aos pais, o que era geralmente especificado na declaração de metas. Todo um novo vocabulário foi criado para descrever a relação entre cuidadoras e pais, apesar de que esses termos muitas vezes ocultavam uma boa dose de pensamentos tendenciosos.

Por exemplo, embora o termo "parceria com os pais" seja uma aspiração popular que aparece em muitas declarações de metas e objetivos assim como na literatura de promoção, a realidade é ilusória. Gillian Pugh e Erica De'Ath visitaram 120 centros para estudar o quanto os serviços eram planejados, implementados e oferecidos em parceria com as famílias; porém, com o desenvolvimento do projeto, "foram identificados tão poucos fatores que poderiam ser realmente descritos como parceria" que, de forma a pelo menos continuar com o projeto, foi necessário aumentar o escopo da pesquisa para incluir os envolvimentos parentais em toda sua extensão (Pugh e De'Ath, 1989). Daines e colaboradores (1990) chegaram a uma conclusão semelhante em seu estudo dos centros familiares de Barnardo que tinham um compromisso explícito com a parceria, e concluíram que as relações de poder entre os profissionais e os pais eram tão desiguais que "parceria", no sentido de apoio, aliança e controle compartilhado mútuos, não era um objetivo alcançável, devendo ser substituída por "máxima participação possível".

Mas envolvimento e participação também são palavras que podem significar muitas coisas diferentes. Há o perigo de colocar todas as famílias na posição de clientes da assistência social, em lugar de pessoas utilizando um serviço. O envolvimento não é visto como uma forma de permitir aos pais ter mais influência sobre as maneiras como seu filho é cuidado na creche, mas sim como meio de mudar o modo como se comportam em relação à criança, "melhorando suas habilidades parentais" (Draper e Duffy, 2001). Conforme New e David (1986) argumentaram, muitas vezes isso significa impor atitudes e valores das educadoras a pessoas cujas classes e culturas as fazem ter prioridades e preocupações bastante diferentes. Quando toda e qualquer criança de um centro de cuidados é mencionada explicitamente porque o cuidado que recebe de sua família é considerado inadequado por alguém, é difícil para as cuidadoras evitarem o desenvolvimento de uma noção estereotipada sobre os pais, o que é uma das razões pelas quais nos opomos decididamente contra tal oferta segregada.

O modelo que preferimos enfatiza a importância das relações de trabalho com os pais, no interesse do bem-estar da criança, mas reconhece totalmente a primazia da família no mundo da criança. O objetivo é alcançar continuidade e consistência para a criança, de forma que o importante é assegurar que a comunicação e a compreensão oferecidas sejam as melhores possíveis entre as educadoras infantis e aqueles que afinal irão cuidar da criança a maior parte do tempo. A construção de boas relações é essencial, porém é fácil transformar o "envolvimento" em um objetivo em si mesmo, sugando das funcionárias energia que seria mais bem gasta na melhoria das experiências cotidianas das crianças.

Isso não significa, de forma alguma, desvalorizar o trabalho de centros familiares que oferecem uma variedade de serviços à comunidade local. O Centro Pen Green, que floresceu milagrosamente na cidade industrial de Corby – que foi por assim dizer deixada para trás –, demonstra como as necessidades de pais e filhos podem ser mantidas em equilíbrio sem se subordinar umas às outras (Whalley, 2001).

É uma questão tanto de recursos quanto de atitudes. Uma creche em que as educadoras dão atenção somente ao cuidado direto das crianças terá dificuldades em passar pelos necessários processos de consulta, discussão e treinamento, e o tempo empregado no trabalho com os pais deve significar menos tempo para as crianças. Por outro lado, uma criança ou um centro familiar realmente oferece um foco natural para uma ampla gama de instituições de saúde, de interação social e de educação e recreação de adultos que podem melhorar a qualidade de vida dos pais e assim, indiretamente, também a das crianças. O perigo está em tentar fazer demais sem os recursos necessários, e talvez ainda em tentar impor um único padrão a pessoas com uma ampla gama de necessidades e estilos de vida, às quais o rótulo de "pais" confere uma uniformidade espúria.

COMBATENDO A DISCRIMINAÇÃO

O termo *parent* (pai ou mãe) significa "mãe" em 90% das vezes. Estamos divididas entre o desejo de escrever sobre as coisas tal como elas são e nossa sólida crença de que os pais devem dividir equanimemente com as mães a tarefa de criar os filhos. Os profissionais da primeira infância devem partilhar da responsabilidade por reforçar a suposição de que a mãe é a primeira educadora. Lembramos do exemplo da visitadora de saúde, citada por Brian Jackson (1984), que exclamou quando um pai abriu a porta com o bebê em seus ombros: "O que você está fazendo com o bebê? Onde está a sua esposa?". Entretanto, devemos reconhecer que o desejo de trazer os homens para o mundo da primeira infância reflete valores que a maioria das pessoas que escrevem sobre o assunto compartilha implicitamente, mas que outras, não.

No Capítulo 9, incluímos uma discussão sobre as abordagens à prática antidiscriminatória nas creches. É provavelmente correto dizer que, enquanto escrevemos, há um amplo consenso sobre o assunto nos campos de serviços sociais e educação. Mais além, foi dado ao antirracismo o apoio legislativo por intermédio do Race Relations Act (Estatuto das Relações Raciais), de 1976, e do Children Act (Estatuto da Criança), de 1989, que reconhecem e oferecem medidas para combater o racismo nos serviços para a primeira infância (Lane, 1990). A dificuldade é que, da mesma forma que ocorre com o papel dos pais, esses pontos de vista não são partilhados pela população em geral, ou mesmo pelas pessoas que são vítimas de discriminação. Por exemplo, como o nosso compromisso com oportunidades iguais e papéis de gênero indiferenciados se coaduna com o de respeitar os pontos de vista e os desejos de pais e mães em relação a seus filhos? O que fazemos quando um aspecto central de sua cultura consiste em distinguir muito claramente entre os papéis e as responsabilidades para homens e para mulheres e o comportamento considerado adequado para meninos e para meninas?

Acreditamos não ser possível adotar uma posição neutra, porque em nosso ponto de vista isso simplesmente perpetua a discriminação. Uma política antidiscriminatória ativa deve envolver compensações pelas imagens que cercam constantemente as crianças no mundo fora da creche (Siraj-Blatchford, 1992). Entretanto, devemos também reconhecer que o que propomos representa, sim, uma afirmação de nossos próprios valores, que podem estar em conflito com os valores de outras pessoas. Não se duvida que o racismo e o sexismo, com o atrofiamento de oportunidades que acarretam, têm suas raízes nas experiências mais precoces das crianças, e que esta é a melhor época para dirigir-se a elas (Derman-Sparks e ABC Task Force, 1989). Ao mesmo tempo, a creche deve reconhecer seu papel educacional e estabelecer um diálogo com os pais, e não simplesmente passar por cima dos pontos de vista deles. Nossas próprias ideias, como profissionais, evoluíram ao longo de muitos anos, auxiliadas por *workshops*, discussões e leituras. Não é razoável esperar que as pessoas mudem completamente sua forma de ver as coisas somente porque seus filhos estão em uma creche.

RESUMO

Os educadores da primeira infância, em todos os níveis, precisam entender o contexto de transformação das políticas que está trazendo novas oportunidades e novos desafios para o seu trabalho. Entre as ideias e os valores nos quais se baseiam as abordagens da prática descritas neste livro estão os seguintes: promover o brincar criativo e de alta qualidade; integrar o cuidado e a educação; assegurar atenção individualizada e responsiva; envolver mães e pais e combater todas as formas de discriminação. Colocamos no topo da lista o compartilhamento, pelo Estado e pelas famílias, da responsabilidade de utilizar os melhores conhecimentos de que dispomos para educar e cuidar de nossas crianças menores.

capítulo **2**

Organizando o espaço para viver, aprender e brincar

> Aparentemente, os pequenos detalhes não deveriam ser ignorados, pois é apenas por meio deles que grandes projetos são possíveis.
>
> São Jerônimo

O ambiente físico exerce uma grande influência sobre a maneira como as pessoas que trabalham em creches percebem o seu trabalho, e também sobre a qualidade das experiências que elas são capazes de oferecer às crianças. Prédios espaçosos e mais bem planejados tornariam a vida mais fácil para todos. No passado, o planejamento de prédios destinados a creches envolveu muito mais criatividade e o uso do pensamento em alguns outros países, como a Alemanha e a Itália, do que no Reino Unido (Abbott e Nutbrown, 2001; Burgard, 2000).

Neste país, infelizmente, as creches têm de se contentar e fazer o possível com prédios que eram usados por outros serviços ou casas de estilo vitoriano que foram reformadas inadequadamente. Existem leis detalhadas, exigidas e fiscalizadas por órgãos de inspeção, que regulam os aspectos físicos dos prédios de creches, mas elas se referem apenas às questões de segurança e saúde, e não às estéticas. Até mesmo as exigências de espaço são mínimas. Em creches de empresas ligadas a lojas ou centros de lazer, o espaço destinado às crianças é determinado por razões comerciais, sendo muitas vezes pequenas demais ou desprovidas de acesso ao espaço externo. No entanto, já observamos alguns exemplos de trabalho muito criativo, com crianças menores de 3 anos, tendo lugar em prédios muito inadequados. Quaisquer que sejam as limitações de um prédio, sempre há algo que pode ser feito para torná-lo mais confortável e atrativo para os adultos e as crianças que nele passam longas horas do dia.

Neste capítulo, dedicamo-nos primeiramente a discorrer sobre a organização e a aparência gerais da creche; a parte seguinte discute como o uso do espaço relaciona-se com os papéis do adulto na creche e a última parte discute em mais detalhes o equipamento e os materiais necessários para as brincadeiras de grupos com crianças de diferentes idades.

CRIANDO UM AMBIENTE SATISFATÓRIO

Diferentemente de uma escola maternal, a creche é um lugar para viver, além de trabalhar e brincar. O ambiente físico deve levar em consideração essa função dupla, e combinar conforto e uma atmosfera caseira com a praticidade de uma sala de aula de uma escola maternal bem-administrada. Sua aparência como um todo deve ser interessante e prazerosa tanto para as crianças quanto para os adultos.

Como a oferta de cuidado para as crianças teve baixa prioridade em termos de orçamento no passado, muitas vezes as creches e os centros familiares tiveram de se contentar e fazer o possível com equipamentos e mobília que foram sendo acumulados, tendo como preocupação principal o baixo custo. O resultado foi que muitas salas têm móveis de formatos inadequados, e almofadas e cortinas de cores e texturas que não formam um padrão harmônico – que a maioria de nós não toleraria ver em nossas próprias casas.

Bancos, lojas e restaurantes pagam quantias enormes a decoradores para criar um ambiente visual atraente para os clientes durante suas breves visitas. Apesar disso, muitas vezes nos contentamos com o fato de as crianças passarem seus anos mais formativos cercadas de feiúra e desordem. É notável que isso não seja geralmente verdade em países como a Itália, que dão muito mais importância à educação visual e artística do que o Reino Unido.

Tomemos os quadros como exemplo. Infelizmente, muitas vezes encontramos creches decoradas com recortes grosseiros de personagens de desenhos da Disney, que nada acrescentam à aparência da sala e nos quais as crianças mantêm pouco interesse depois da primeira vez em que os reconhecem. Reproduções de pinturas de boa qualidade são raras em creches britânicas, apesar de em outros países isso ser considerado um aspecto da apresentação das crianças à sua herança cultural.

É claro que uma boa parte da área das paredes de uma creche será utilizada para expor os trabalhos das crianças, ou para avisos e informações aos pais e funcionárias, porém, normalmente, há espaço disponível em entradas, corredores ou na sala dos funcionários. Vale a pena ainda lembrar dos lugares onde a área das paredes é geralmente desperdiçada, como em cozinhas, banheiros e vestiários.

Algumas galerias de arte oferecem esquemas de empréstimo, e por vezes possuem porões cheios de pinturas e aquarelas de narrativas vitorianas que um dia foram menosprezadas, mas que agora encontramos reproduzidas em qualquer loja de cartões. Essas pinturas podem ser muito atraentes para as crianças e oferecer muitas oportunidades para conversa. As crianças tendem a ter gostos ecléticos e a ficar curiosas com arte não representacional, como, por exemplo, pinturas de artistas do século XX como Picasso, Miró e Chagall. As educadoras podem ter ainda quadros favoritos que estariam dispostos a emprestar temporariamente. Pinturas e tapeçarias chinesas, persas, africanas e indianas também são muito interessantes para as crianças. Fotos de instrumentos, músicos e dançarinos agem como estímulo a esses tipos de atividade (Pound e Harrison, 2003).

Criar um ambiente visual satisfatório não é uma tarefa que se faz uma só vez para sempre, mas algo que precisa acontecer de forma contínua. Da mesma forma que, em nossos lares, fazemos constantemente pequenos ajustes e melhorias, mudando quadros de um aposento para outro, mudando uma luminária ou uma planta, uma creche parecerá convidativa e bem-cuidada somente se o mesmo tipo de processo acontecer.

Se uma creche estiver sendo criada e mobiliada a partir do zero, o melhor é escolher cores claras e não muito brilhantes para os itens básicos, para que as funcionárias possam exercer sua criatividade em murais, tapeçarias, móbiles, forros de almofada, fotos e outros objetos facilmente removíveis e substituíveis. Os carpetes criam um efeito de mais espaço, absorvem ruídos e são agradáveis para sentar.

Embora pareça caro, o carpete resistente e à prova de manchas é um excelente investimento, juntamente com uma máquina de lavar apropriada; bem-cuidado, continuará em bom estado durante anos. Conhecemos muitas creches que fazem o possível com sobras de padrões sortidos e extravagantes ou tapetes atoalhados que amarrotam. Pode ser difícil convencer os administradores da creche das justificativas para gastar dinheiro em um carpete novo, e conseguir verbas para tal propósito pode parecer um tanto fútil se comparado com um grande equipamento de brincar ou uma viagem à costa, por exemplo; porém, a longo prazo, tal mudança oferecerá uma contribuição maior para a moral das educadoras e o conforto das crianças.

A área de entrada

O espaço com que as pessoas se deparam ao entrar em uma creche necessita ser pensado com cuidado, caso queiramos que seja genuinamente convidativo. Adentrar em uma área iluminada e acarpetada, provida de cadeiras confortáveis para esperar ou conversar, além de plantas, fotos e quadros bem colocados nas paredes, proporciona uma sensação muito diferente daquela de um corredor escuro com um banco estreito, avisos de proibições e equipamentos amontoados. Deve ser dada atenção especial ao impacto visual dessa área, em relação tanto àqueles que visitem a creche pela primeira vez quanto aos que nela trabalham todos os dias.

A área de entrada constitui uma declaração pública, por parte da creche, de seus valores e prioridades. Qual mensagem ela passa? Podemos observar que algumas creches criam um ambiente infantil artificial, sem referência ao que se passa fora delas, enquanto outras fazem tentativas positivas de estabelecer pontes com as famílias e a comunidade. Há ampliações de fotos da vizinhança local e da vida das famílias, fotografias das educadoras da creche com seus nomes, para que sejam facilmente identificáveis por pais e visitantes, além de fotografias de crianças brincando. Há mensagens de boas-vindas nas diferentes línguas usadas pelas famílias que utilizam a creche. Os avisos são planejados cuidadosamente e tem um tom não autoritário. A invenção da câmera digital possibilita ir além das exibições familiares que mostram expedições e passeios, produzindo sequências narrativas que ilustram os projetos e as atividades das crianças – o que é sobremaneira importante para essas crianças tão pequenas, para quem o processo tem muito mais importância do que o produto final.

A quantidade de informações exibidas na área de entrada pode conflitar com o objetivo de mantê-la visualmente atraente. Exibir avisos em demasia pode passar um ar institucional e criar um efeito de amontoamento. O importante é examinar continuamente a área de forma crítica, removendo todos os dias materiais que já não têm mais importância. Essa é uma tarefa que deve ser passada a uma funcionária específica, e não deixada ao acaso.

As impressões que recebemos ao entrarmos em um local novo não são apreendidas apenas pela visão – além do ambiente visual, devemos dar atenção ao auditivo. Qualquer pessoa que tenha visitado um amigo no hospital sabe que um dos aspectos mais irritantes é o ruído incessante. Em uma creche, precisamos fazer todo o possível para manter baixo o nível de ruído – o que significa dar atenção imediatamente a bebês chorando, não gritar ou chamar em voz alta de uma sala a outra, tocar música somente como parte do programa planejado e ter superfícies projetadas para absorverem o som. O ruído produz estresse nas educadoras e inibe o desenvolvimento da fala das crianças; retornaremos a algumas dessas questões mais adiante.

Outro aspecto importante do ambiente sensório é o olfato. Aqui, mais uma vez temos algo a aprender do mundo comercial. Os corretores de imobiliárias muitas vezes aconselham seus clientes a ter pães assando no forno – ou café recém-passado no fogão – quando as pessoas chegam para ver suas casas. John Bishop observa que, nas pré-escolas de Reggio Emilia, a cozinha ocupa uma posição tal que possibilita que o aroma que emana dela ao cozinhar se espalhe por todo o prédio (Bishop, apud Abbott e Nutbrown, 2003). Por outro lado, cheiros desagradáveis, provindos de roupas molhadas ou de cestos de roupas ou lixos muito cheios, por exemplo, criam uma impressão extremamente desagradável também.

A ORGANIZAÇÃO DA CRECHE

Alguns centros de cuidado, construídos especialmente para tal finalidade, adotaram um projeto de plano aberto, no qual as crianças têm liberdade para usar todo o espaço do piso, mas com algumas "áreas-base" limitadas a três lados da sala. Observamos esse tipo de projeto funcionar muito bem, permitindo que atividades diferentes de brincar concentrem-se em áreas separadas e evitando que as educadoras fiquem isoladas. Por outro lado, isso pode ser uma receita para um desastre, se não for bem-orientado. Outro projeto bem-sucedido consiste em ter salas para grupos ligadas a um corredor amplo, com portas para a área externa do outro lado.

Agrupamentos por idade e agrupamentos "familiares"

Na maioria dos países, as crianças em creches são agrupadas por idade, como acontece com as crianças em idade escolar, como costumava ser no Reino Unido. Recentemente, a maioria das creches adotou o sistema de organização do "grupo familiar", que coloca crianças de idades diferentes na mesma sala, sob os cuidados de duas educadoras. A ideia é que um grupo variado é mais natural, mais próximo à vida familiar comum, e oferece mais variedade para a educadora.

Há vantagens claras em permitir que irmãos ou irmãs permaneçam juntos ou separados, dependendo de suas características e relacionamentos pessoais, em lugar de basear-se em uma regra arbitrária relacionada à suas datas de nascimento. As crianças desenvolvem-se em velocidades e formas diferentes, e algumas podem não estar prontas para entrar em um grupo etário mais velho na idade "correta". As crianças portadoras de necessidades especiais talvez possam ser mais facilmente integradas em um sistema de grupo familiar. As mães-crecheiras, quase inevitavelmente, têm de cuidar de várias crianças que estão em estágios de desenvolvimento diferentes e têm de aceitar as dificuldades específicas que isso cria.

No entanto, sugerimos que é hora de considerar mais criticamente os benefícios do agrupamento "familiar". Será que a hegemonia de tal forma de organização não é produto de um momento histórico específico que já passou? No campo do cuidado residencial de crianças, aprendemos de forma dolorosa que nenhuma instituição pode oferecer o cuidado de um bom pai ou mãe, mas somente simular algumas de suas características (Jackson e Kilroe, 1996). Os "lares de grupos familiares", construídos com boas intenções em resposta às grandes creches anônimas do passado, estão desaparecendo e sendo substituídos por pessoas que fazem adoção temporária (*foster carers*), que não tentam tomar o lugar dos pais da criança, e por unidades residenciais que não têm pretensão de ser "exatamente como uma família". Como Elsa Ferri observou em seu estudo sobre centros de cuidados combinados (Ferri et al., 1981), o agrupamento familiar também carrega uma dose de pensamento tendencioso. O que poderia ser mais diferente da família média dos anos de 1990 do que até 10 crianças de idades diferentes passando o dia inteiro na mesma sala, sob os cuidados de uma ou duas educadoras? Como a pesquisa de Ferri mostrou de forma conclusiva, o sistema nem mesmo produz um contato mais direto entre a criança e sua própria cuidadora, coordenadora do grupo familiar, e pode ser particularmente desvantajoso para crianças de 2 anos. Tudo isso parece ser uma tentativa de atenuar a realidade das creches e contrabalançar sua imagem negativa.

As vantagens práticas do agrupamento por idade são significativas. É quase sempre mais fácil para uma cuidadora administrar um grupo relativamente homogêneo de crianças do que outro onde haja crianças do mesmo tamanho em que todas estão em diferentes estágios de desenvolvimento. Ainda mais importante é o fato de que tal agrupamento permite a ela dar atenção total às oportunidades de brincar e aprender apropriadas para a idade das crianças, sem a intromissão constante de crianças mais novas ou mais velhas que têm necessidades diferentes. Temos observado uma volta ao agrupamento por idade, na medida em que é reconhecido que oferecer condições para o desenvolvimento cognitivo e o cuidado mesmo das crianças menores constitui um aspecto central do trabalho das educadoras infantis. Já existem sinais de que essa volta está acontecendo. É provável que a maioria das creches onde o cuidado é dado a crianças menores de 2 anos já tenha uma sala especialmente separada para elas. Às vezes também para bebês e crianças pequenas de até 3 anos. Isso não significa dizer que as crianças devem ser mantidas separadas umas das outras, mas, sim, que elas e suas cuidadoras devem ter seu espaço claramente identificado, para onde possam se recolher em algumas ocasiões e desfrutar de uma relação mais íntima, como descrevemos no Capítulo 4.

O PAPEL DO ADULTO NA SALA PARA GRUPOS

Exceto nas creches com arranjos de plano aberto, o cuidado em creches envolve em geral a questão de um ou dois adultos passarem grande parte do dia em uma "sala para grupos" com várias crianças. Durante esses períodos, as educadoras assumem vários papéis distintos, porém inter-relacionados, dos quais o funcionamento da unidade depende – os papéis de *organizadora, facilitadora e iniciadora*.

Como *organizadora*, a educadora é responsável pelo uso do espaço, pela ventilação, pela disposição dos móveis, pelo conforto dos lugares para sentar, pela aparência da sala e por manter as coisas limpas e em bom estado, em cooperação com as demais funcionárias. Administrar o tempo para começar e finalizar atividades, juntar as coisas e colocá-las em seus lugares, dividir um banheiro com outros grupos e arrumar as mesas nos horários para refeições depende de uma organização precisa, ao mesmo tempo em que deve existir flexibilidade para dar conta das necessidades imprevisíveis de cada criança.

A organização de turnos, pausas para descanso e do tempo para atender pais ou especialistas visitantes aumenta ainda mais a complexidade dos eventos diários, e deve ser detalhadamente planejada para acontecer harmoniosamente. Para uma mãe-crecheira, que tem de combinar todas as funções executadas por membros diferentes em uma creche, e muitas vezes ainda buscar crianças mais velhas na escola, um gerenciamento eficaz do tempo é igualmente essencial (Bryant et al., 1980).

A realização bem-sucedida do segundo papel, o de *facilitadora*, depende dessa organização planejada de tempo, espaço e materiais. Por meio de provisão e arranjo imaginativos dos materiais para o brincar, o adulto possibilita às crianças que escolham e desenvolvam o seu brincar, por si mesmas ou com outras. A sua presença atenta fornece ancoragem emocional para o grupo de crianças, que sabe que ela irá intervir, caso necessário, como árbitro ou como confortador.

No terceiro papel, como *iniciador*, o adulto encontra-se no comando da atividade de forma mais direta. Ela pode trabalhar com um grupo pequeno, que requer sua total atenção, dando ajuda técnica e encorajamento para aqueles que delas precisam em atividades como: usar argila, assar biscoitos, fazer uma colagem, fazer marcas dos pés com tinta, compor música, ler uma história ou cuidar do jardim.

Esse tipo de iniciadora não deve ser confundido com o papel de *ringmaster* (chefe do picadeiro), o qual às vezes é necessário quando é preciso controlar um grupo grande. Aqui, a cuidadora arrisca-se a ficar no papel daquela que tem de divertir, dominando o grupo de maneira carismática e se exaurindo nesse processo. É importante salientar a diferença, pois a atividade orquestrada em grupos grandes é geralmente inapropriada para crianças dessa idade, pois restringe e distorce suas brincadeiras e seu aprendizado (ver, por exemplo, Sylva et al., 1980).

Equilibrando os papéis

Até certo ponto, é uma questão de temperamento o fato de um adulto gostar de ter as crianças sob controle e reunidas ao seu redor, ou então ser uma fonte de segurança que oferece um ponto de referência para as crianças enquanto brincam. Em um grupo estável de funcionárias, as educadoras irão trabalhar de forma a complementar umas às outras, com membros diferentes dando mais ênfase a um dos três papéis.

Quando há duas educadoras presentes, elas precisam descobrir a melhor maneira de dividir suas responsabilidades. Nessa situação, um adulto pode dar total atenção a um grupo pequeno, enquanto o outro pode permanecer disponível para supervisionar de maneira abrangente o primeiro. Gerentes e supervisoras podem encorajar as cuidadoras a criar um equilíbrio mais perfeito entre os três papéis, ajudando-as a conscientizar suas preferências e seu estilo de trabalhar.

ORGANIZANDO A SALA PARA GRUPOS

A maneira como uma sala para grupos é planejada faz uma grande diferença no que diz respeito à possibilidade de as atividades serem iniciadas e dirigidas pelas crianças, ou requererem intervenções constantes e cansativas por parte dos adultos. Todas as educadoras têm de enfrentar a tarefa diária de manter a sala para grupos razoavelmente em ordem. A falta de espaço para brincar e guardar materiais e as mudanças constantes dos lugares dos móveis podem tornar essa tarefa um aspecto bastante árduo do seu trabalho.

Deve-se pensar cuidadosamente como tais problemas podem ser minimizados. O fato inalterável de que as atividades de brincar, comer e, às vezes, dormir devem ser feitas no mesmo espaço traz sentimentos de estresse e restrição que afetam tanto as crianças como os adultos, mas as pessoas muitas vezes suportam inconveniências que são evitáveis simplesmente por hábito.

A aparência da sala

É importante que as educadoras sintam que sua sala é atraente e bem-organizada o suficiente para que todos sintam prazer e satisfação ao entrar nela a cada dia. A menos que se mantenha uma observação crítica, as pessoas ficam facilmente acostumadas a uma sala de aparência caótica e descuidada, o que pode ter um efeito profundamente deprimente, sem que elas se deem conta conscientemente. Uma forma útil de iniciar melhorias na aparência e na organização é fazer uma reunião, incluindo todos os que usam a sala, para discutir o tema "O que eu gostaria de manter nesta sala e o que gostaria de jogar fora". Isso pode resultar em atividades em que as pessoas se livram do que é desnecessário para a sala, permitindo que o espaço para guardar materiais seja utilizado de modo mais eficiente.

Mobília

A eficácia dos arranjos para guardar materiais para o brincar ordenadamente é essencial. Para permitir que as educadoras ajam como facilitadoras, as coisas devem ser guardadas, até onde for possível, em prateleiras abertas, de forma que as crianças possam alcançar as coisas por si mesmas, ou ver o que está disponível e pedir o que desejam.

Outro fator muito importante, muitas vezes negligenciado, é a necessidade de ter pelo menos duas cadeiras para adultos em cada sala, para que a educadora e uma mãe ou um pai possam sentar-se e conversar confortavelmente. Toda sala para grupos precisa de uma cadeira adequada para um adulto segurar ou confortar uma criança. As educadoras que habitualmente seguram as crianças em seus braços, enquanto permanecem de pé, correm sérios riscos de desenvolver problemas de coluna.

Dependendo do tamanho e do formato da sala, haverá mais ou menos amplitude de escolha para a disposição dos móveis. Por exemplo, se houver um móvel grande como um armário para estocagem, o melhor a fazer é posicioná-lo de forma que, ao adentrar a sala, a pessoa não o veja imediatamente. Móveis menores, tais como sofás e estantes para livros, podem ser usados para fazer divisórias.

O melhor tipo de sala para grupos precisa ter aparência espaçosa, mas com cantos acolhedores. As pessoas que projetam os interiores de restaurantes e bares sabem que seus clientes preferem áreas confortáveis e retiradas, e que ninguém gosta de sentar-se à mesa que fique no meio do ambiente. As crianças pensam da mesma forma.

É importante ser seletivo a respeito do número de móbiles, tapeçarias e pinturas ou desenhos que são expostos nas paredes. "Mais" não quer dizer "melhor". As pinturas das crianças pequenas podem parecer muito atraentes, mas somente quando são montadas de forma apropriada, escolhendo-se uma parede de cor adequada para servir de fundo e que complemente a cor dominante, tomando-se cuidado para que estejam firmemente presas no lugar correto.

A responsabilidade pelos murais deve ser colocada claramente nas mãos de uma pessoa específica, por um período de tempo combinado; de outra forma, eles podem rapidamente adquirir uma aparência descuidada, criando uma espécie de confusão visual. As janelas também precisam de atenção regular; quando limpas, fazem uma grande diferença no que concerne à aparência da sala. Algumas vezes, as educadoras pintam ou colam figuras nas janelas, em uma tentativa de avivar o ambiente ou, no caso de creches privadas, indicar a função do prédio e atrair clientes. Infelizmente, o resultado é que muitas vezes se reduz a luz disponível, especialmente em dias nublados, e também corre-se o risco de uma aparência de amontoamento em um espaço que pode já ser muito pequeno.

Ao planejar o espaço disponível visando ao melhor uso possível, um bom exercício é observar os movimentos das crianças cuidadosamente em períodos diferentes do dia. Muitas vezes podemos identificar uma "área sem uso" para onde, por alguma razão, as crianças não vão, aumentando a aglomeração em outras partes da sala. Uma vez que essa área seja reconhecida, pode-se estimular o uso desse espaço, tornando-o mais acessível, ou nele colocando materiais para uma atividade que seja mais conhecida entre as crianças.

ENVOLVENDO AS CRIANÇAS NOS CUIDADOS E NA MANUTENÇÃO

Manter a ordem na sala é uma tarefa essencial para a educadora em seu papel de organizadora. Uma reordenação constante e que não interfira nas atividades, recrutando a ajuda de crianças específicas sempre que possível, funciona melhor do que a prática, algumas vezes observada em creches, de permitir que a sala fique caótica, fazendo-se uma grande limpeza somente duas ou três vezes ao dia.

Envolver as crianças mais velhas na limpeza e na arrumação pode significar mais esforço por parte das educadoras, uma vez que é geralmente mais prático e rápido para os adultos fazerem eles mesmos as tarefas. Mas, se considerarmos todas as coisas que acontecem em uma creche como parte do aprendizado das crianças, essa abordagem parece limitada. Haverá algumas ocasiões em que a pressa será muito grande, porém geralmente é possível organizar algumas questões relativas à ajuda, de forma a que adultos e crianças a apreciem e se sintam realizados.

Obviamente, é muito importante que os meninos considerem a limpeza como uma tarefa sua, tanto quanto as meninas. Numerosos estudos sobre a vida em família e a divisão do trabalho doméstico entre homens e mulheres mostraram que, mesmo quando a mulher trabalha tão arduamente quanto o marido, e em um emprego igualmente exigente, ela quase sempre continua a tomar para si as responsabilidades de administrar o lar e fazer a grande maioria das tarefas rotineiras (Durkin, 1995; McCrae, 1986). Por ser o corpo de funcionários das creches constituído quase em sua totalidade por mulheres, os menininhos podem facilmente chegar à conclusão de que a limpeza é um trabalho de mulheres, em especial se isso coincidir com o que veem em casa. As educadoras têm uma importante contribuição a dar nesse sentido, certificando-se de que não devem entrar em conluio com esse ponto de vista, ao mesmo tempo em que precisam questioná-lo nas outras pessoas, incluindo as próprias crianças (Aspinwall, 1984).

Quando ambos os pais trabalham, é bastante provável que não tenham tempo ou paciência para envolver as crianças em tarefas domésticas; assim, a creche pode colaborar com o enriquecimento das experiências da criança nesse aspecto. Um outro ponto a ser considerado é que compartilhar tarefas pode oferecer excelentes oportunidades de contato direto entre a educadora e a criança.

ORGANIZANDO UM GRUPO PARA CRIANÇAS MENORES DE 2 ANOS

Uma sala para bebês precisa combinar uma sensação de espaço amplo com intimidade, permitindo movimentos livres para as crianças que se movimentam e uma área mais tranquila para os bebês que ainda não possuem essa capacidade. Às vezes vemos salas para bebês quase que completamente tomadas por berços. Uma solução melhor é usar colchões forrados apropriadamente em um canto, onde os bebês podem ser colocados para dormir (ou eles mesmos dormirem) quando estão cansados. Se houver espaço, a área pode ser protegida por uma cortina quando os bebês estiverem dormindo. Se não houver, a educadora encarregada da supervisão dessa parte da sala pode sentar-se em cadeira baixa e confortável, posicionada de forma tal que possa proteger esse espaço da invasão de crianças mais velhas que já caminham, e ainda estar disponível para conversar com elas enquanto brincam no espaço restante da sala. O plano geral da sala para essa faixa etária deve oferecer o maior campo de ação possível para a atividade motora bruta das crianças, na qual elas despendem muita energia, no seu processo de progredir a partir do engatinhar e levantar-se até os primeiros passos.

Os colchões são bons para os bebês no estágio de sentar, apoiados por almofadas ou sem ajuda, e quando rolam e se apoiam em coisas para se mover; porém, tão logo comecem a engatinhar, eles precisam da superfície firme de um carpete.

O carpete é essencial para as crianças que começam a ficar de pé dar os primeiros passos, para que possam ficar descalços e ter firmeza ao pisar, quando no processo de atingir o equilíbrio necessário para caminhar. Elas também gostam de sentar-se em áreas acarpetadas para manipular quaisquer coisas que estejam à mão. Acarpetar totalmente a área tem a vantagem adicional de proporcionar uma redução dos ruídos, e pode-se dar um jeito no problema dos alimentos que inevitavelmente caem ao chão nas refeições, colocando um pedaço de náilon sob a mesa, que pode ser removido e lavado em outro local posteriormente.

O acesso direto a uma área ou a um jardim cobertos é de grande vantagem, pois enseja o movimento livre para entrar ou sair da sala, além de permitir que os bebês durmam em carrinhos ao ar livre (obviamente sempre supervisionados de perto). A área do jardim para os menores de 2 anos deve ser separada do resto do espaço externo aberto por uma cerca baixa, de forma que, ao mesmo tempo em que esse grupo etário não é separado totalmente do resto da creche, ele é protegido de batidas e colisões com crianças maiores que usam triciclos, carrinhos de bebê, carros e troles ao brincarem no espaço aberto. Mais sugestões sobre como planejar e equipar uma área externa para crianças menores de 2 anos são apresentadas no Capítulo 11.

Um espaço adequado e bem-planejado para estocagem é essencial tanto em uma sala planejada para menores de 2 anos quanto para crianças mais velhas. Isso se torna óbvio tão logo começamos a pensar mais profundamente sobre os objetos usados nas brincadeiras para esse grupo etário, como descrito nos Capítulos 6 e 8. É da maior importância que se especifique um lugar para cada bicho de pelúcia ou objeto de estimação da criança, para quando não estiver sendo utilizado por ela, de forma que possa ser rapidamente reencontrado quando se desejar. Infelizmente, as salas para bebês são muitas vezes atravancadas por recipientes grandes ou cestos de plástico, nos quais as coisas são jogadas indiscriminadamente na hora de organizar a sala. Além de ocupar um espaço valioso, isso estimula a acumulação acrítica de brinquedos de plástico produzidos em massa e bichos de pelúcia sujos, às vezes de uma feiúra surpreendente, que não contribuem em nada para o desenvolvimento da criança.

Da mesma maneira que com a sala para crianças mais velhas, é melhor ter "cantos" separados especificamente para diferentes tipos de materiais para o brincar. Entretanto, há uma diferença, pois, assim que as crianças menores de 2 anos conseguem se movimentar livremente, elas perambulam pela sala, explorando-a avidamente e carregando com elas qualquer coisa que estejam segurando, soltando-a no lugar em que estiverem quando algo novo chamar sua atenção. Elas brincarão com os materiais disponíveis por toda a sala, sem focar sua atividade como as crianças mais velhas fazem. Temos de aceitar que uma grande parte dos esforços das educadoras será dedicada a reordenar silenciosamente os brinquedos e a manter a sala com uma aparência razoavelmente atraente, em lugar de permitir que ela se torne um campo de batalha. Essa reordenação constante, mas que não perturbe ou seja obsessiva, é parte do papel facilitador da educadora.

Dado que os vários tipos de equipamentos para o brinquedo sejam colocados (e recolocados continuamente) em partes específicas da sala, mesmo as crianças bem pequenas aprenderão rapidamente a atender aos pedidos do adulto para "colocar a bonequinha de volta no berço" ou "isso fica junto com os outros livros lá naquele canto". Essas instruções simples, relacionadas diretamente a uma ação, e que elicitam o sorriso e o agradecimento do adulto, proporcionam experiências genuínas de colaboração que não precisa de nenhuma forma ser opressiva. Um senso de si mesma e o começo da autonomia pessoal na criança são construídos por meio de uma miríade de pequenas maneiras pela compreensão, por parte da educadora, de tais oportunidades diárias.

PLANO E EQUIPAMENTOS PARA GRUPOS MISTOS E DE CRIANÇAS MAIS VELHAS

Quando há disponibilidade de longos períodos de tempo para o brinquedo livre, deve-se prestar uma atenção cuidadosa à organização da sala para evitar uma atmosfera barulhenta e intranquila. Se a sala para grupos oferece lugares específicos para atividades muito bem-equipados e cuidados, a habilidade das crianças de ficar absorvidas pelo seu brincar é enormemente desenvolvida. Uma vez que as educadoras tenham alcançado um arranjo que considerem satisfatório, o melhor é manter as atividades nos mesmos lugares, o que dará às crianças um senso de segurança e competência. Reposicionar os cantos de atividades pode parecer trivial para a organizadora, mas isso não deve ser feito sem uma boa razão. Pense em como nos sentimos desconfortáveis quando vamos ao supermercado e descobrimos que o sabão em pó está no lugar onde ficava a granola, ou quando nosso jornal favorito muda o lugar do editorial para a última página.

Estabelecemos como prática-padrão que uma sala de grupos para crianças menores de 2 anos deva ter grande parte das áreas designadas a seguir, embora possa não haver espaço para que elas funcionem em posições fixas permanentes.

O canto tranquilo

No cotidiano da creche, é essencial estabelecer um espaço silencioso e delimitado para descansar, fantasiar e olhar livros, revistas, catálogos ou coleções de cartões. Os cantos de leitura não são sempre protegidos o suficiente para oferecer tal refúgio. Caso não haja um canto disponível para isso, ele pode ser criado com a colocação de um sofá ou de um divã perpendicular à parede, combinando-os com prateleiras baixas ou a parte de trás de um armário voltado para o outro lado.

Como as educadoras geralmente têm a oportunidade, por vezes limitada, de retirar-se e descansar na sala dos funcionários, a necessidade, que as crianças também têm, de ter um espaço separado das pressões das atividades gerais do grupo pode acabar sendo esquecida. O objetivo deve ser criar e manter uma atmosfera acolhedora e segura. Os aspectos essenciais para tanto são um carpete e almofadas em abundância, pequenas e grandes (porém não jogadas ao acaso, e com forros escolhidos com cuidado). Um colchão de berço forrado, colocado no chão, e outro posto contra a parede, são bem-vindos para sentar ou se espreguiçar, bem como uma poltrona ou sofá baixos, se houver espaço suficiente – que podem formar parte da "parede" protetora, junto com uma estante de madeira para livros, na qual fique uma seleção de livros que deve ser mudada constantemente. Como alternativa, os livros podem ser colocados em uma prateleira de parede que seja de fácil acesso, de forma que as crianças possam pegá-los e colocá-los em outros lugares por si mesmas. Obviamente deve ser estabelecida uma regra de que nenhum livro possa ficar jogado ou deixado no chão, com o risco de ser pisoteado.

Quando houver oportunidade, uma funcionária ou voluntária pode passar um tempo com uma ou duas crianças para checar se os livros estão em ordem, sem rasgos ou orelhas, de maneira a tornar sua manutenção um processo constante. Essa tática é mais eficaz quando uma funcionária específica é responsável por isso; ela pode ser a pessoa que mantém contato com o bibliotecário local, cuidando para que haja livros para empréstimo, de preferência com a ajuda de um voluntário ou estudante.

Catálogos de compras pelos correios são interessantes para crianças pequenas, mas precisam ser conferidos regularmente para que possam ser descartados antes de ficarem sujos ou rasgados. Uma caixa de sapatos ou uma caixa retangular de madeira cheia de cartões postais cuidadosamente escolhidos oferece uma área de interesse. As crianças menores irão gostar de olhar os cartões que retratam temas específicos, como animais, flores, carros e barcos.

Para as educadoras, é útil ter acesso a uma pequena verba para despesas miúdas a fim de que, quando forem às suas compras, estejam atentas a bancas de jornal e papelarias que porventura tenham cartões que atraiam a atenção das crianças e estimulem comentários e conversas. Caso haja uma loja adequada nas vizinhanças, um pequeno grupo pode ser levado até ela para que as crianças escolham por si mesmas. Pais e amigos também podem ser convidados a contribuir para a coleção, que deve ser trocada e renovada regulamente.

Outros itens para atividades tranquilas podem ser armazenados em prateleiras fora do alcance das crianças, para serem usados somente quando houver um adulto disponível para trabalhar com um grupo pequeno. Como exemplos, uma coleção de bonecos marionetes para os dedos, uma coleção de botões grandes colocada em uma lata de bolo decorada, uma caixa cheia de sobras de materiais diferentes – pedaços de *lamé*, veludo, laços, sedas indianas e chinesas, pedaços de bordados e adornos de estofados. Feiras e lojas de caridade são bons lugares para encontrar esse tipo de item. Outra possibilidade é utilizar conchas tropicais, miçangas, pedaços de coral, seixos brilhantes ou caixinhas decoradas. Tudo isso oferece estímulo à fantasia e à imaginação.

Por tais coleções serem feitas de itens pequenos, que são facilmente perdidos, elas devem ser utilizadas somente sob a orientação de uma educadora, que tenha ela própria interesse em cuidar delas e reabastecê-las. A supervisão de perto também é essencial para garantir que as crianças não engulam os objetos menores, ou os coloquem no nariz ou no ouvido. Um período do dia em que o uso dessas coleções é mais conveniente é ao cair da noite, quando apenas algumas poucas crianças permanecem na creche e precisam, junto com as educadoras, de um pouco de conforto e intimidade. Itens similares serão usados pelo educador-referência durante seu tempo especial com seu pequeno grupo antes do almoço, como descrito no próximo capítulo.

Brincar imaginativo e de faz-de-conta

Este tipo de brincar é muito abrangente e pode ocorrer em qualquer lugar, mas parece ser particularmente estimulado pelo que é comumente chamado de "Cantinho Caseiro" (*Home Corner*). Uma casinha de brinquedo não é imprescindível e pode ocupar espaço demais na sala de grupos, mas é importante que a área escolhida seja permanente e que o brincar dentro e fora dessa área não seja perturbado. Biombos baixos e resistentes são suficientes, com uma "janela" com cortinas de um lado. Pode-se ainda usar uma cortina em uma porta, caso necessário. O espaço interno deve ser acarpetado para criar uma atmosfera de intimidade e conforto.

Encontrar itens detalhados para o "Cantinho Caseiro" é uma boa oportunidade para a educadora, e seu próprio brincar nessa área é um fator central no desenvolvimento do potencial total do lugar. Uma educadora na sala deve tomar para si a responsabilidade de juntar e substituir itens e mantê-los em boas condições. O canto precisa ter sua própria mobília específica, uma mesinha baixa e duas cadeiras, diferentes do padrão do resto da creche; cadeirinhas de vime são ideais.

O "fogão" pode ser uma caixa de madeira virada de cabeça para baixo, com bancadas laterais, pintada ou representada por rolhas coladas ou toalhas de mesa. Algumas creches utilizam fogões de verdade, mas isso pode deixar as crianças confusas, pois na creche elas podem girar os botões do gás, enquanto em casa isso é estritamente proibido. Um pequeno balcão ou conjunto de prateleiras é necessário para guardar panelas e frigideiras, talheres, pratos, xícaras e pires.

O equipamento da cozinha deve consistir de itens reais, e não de brinquedo, que as crianças possam identificar com o que têm em casa (Figura 2.1). É claro que isso deve refletir a amplitude da diversidade cultural, em relação à preparação da comida e às formas de comer, encontrada hoje no Reino Unido. Muitas vezes, será útil pedir conselhos aos pais ou, melhor ainda, visitá-los em suas casas. Eles podem ainda oferecer pacotes e frascos para ocupar as prateleiras, que podem conter rolhas ou nozes grandes para representar a comida. Acima de tudo, o "Cantinho Caseiro" deve sempre parecer atraente e ordenado (mas não obsessivamente), para estimular o brincar individual ou social.

FIGURA 2.1 Brinquedo de faz-de-conta com objetos reais.

Brincar em mesas

As mesas em uma sala geralmente têm três utilidades: para a hora das refeições, para o brincar manipulativo com miniaturas ou para quando uma educadora com um pequeno grupo dirige uma atividade que é mais facilmente levada adiante com as crianças sentadas a uma mesa, como brincar com massa feita de farinha, fazer biscoitos ou salada-de-frutas para o almoço, carimbar desenhos com batatas, cortar e colar.

Uma questão importante relativa à boa manutenção dos materiais para o brinquedo nas mesas é que cada item deve ser armazenado em caixas de madeira baixas e resistentes, ou então em caixas de plástico, e não nas caixas de papelão nas quais vêm armazenados quando são vendidos, que não aguentariam o desgaste provocado pelo uso grupal. As educadoras devem vigiar e cuidar para que cada caixa esteja completa e as pecinhas não sejam levadas para outras salas. Se falta uma peça em um quebra-cabeças, é melhor jogá-lo fora, pois seu sentido reside em sua completude. Alguns itens que sugerimos para o brincar à mesa:

- contas de madeira grandes e coloridas (as crianças mais novas acham mais fácil juntá-las, enfiando um cabo elétrico plastificado, que é fácil de manipular; as mais velhas usarão o costumeiro "cadarço" colorido com uma longa agulha de metal);
- jogos de inserção e quebra-cabeças de madeira;
- quadros para recados (*peg boards*);
- tabuleiros para jogos de classificação com contadores coloridos;
- tabuleiros com moldes, martelo e pregos de madeira colorida;
- tabuleiros *fuzzy-felt*;
- travessas para assar cheias de alpiste ou lentilhas, para serem vertidas ou despejadas com pequenos recipientes ou colheres;
- tesouras sem ponta e catálogos ou revistas para cortar e colar;
- moldes adesivos coloridos para imprimir padrões (forneça uma almofada de carimbo úmida, encontrada em papelarias);
- giz de cera grosso e papel para desenhar.

Brincar no chão

É desejável ter uma área plana e acarpetada que possibilite a construção de torres e o uso de blocos de madeira e materiais de construção de tamanhos variados. Cada tipo de material deve ter sua caixa correspondente e ser mantido em uma área do piso ou enfileirado em prateleiras ao alcance da mão.

Outro item útil para brincar no chão é uma pista para carros com rodovias e túneis pintados, pontes, árvores e pessoas para a criança arrumar. As miniaturas de ônibus de metal, caminhão de bombeiro, ambulância, trator, caminhões, etc. devem ter suas próprias garagens próximas, nas quais serão colocadas depois de utilizadas. Os carros não devem ser amontoados em uma caixa ou cesto, parecendo um cemitério de automóveis ou um ferro-velho. Os carros que as crianças encontram na sala devem ser substituídos regularmente, e as crianças estimuladas a cooperar na tarefa de manter convidativa a aparência da área para brincar no chão. Uma fazenda ou um zoo com animais podem ser colocados no mesmo local também, tendo seu próprio espaço para serem armazenados em uma prateleira próxima.

A área para brincar no chão deve ser protegida da perturbação que invasões por parte de crianças que não estão brincando podem causar, e o número de crianças deve ser limitado a um grupo de não mais do que quatro. A "vez" de cada um brincar deve ser negociada, a fim de permitir um brincar concentrado e prolongado.

Pintar

Um cavalete de pintura de dois lados, junto com um bom estoque de papel preso de forma segura, constituem equipamentos essenciais. Embora o papel possa ser barato, ele deve ser cortado com as bordas retas, e não rasgado descuidadamente. Para tanto, uma guilhotina, mantida em segurança na sala dos funcionários, é um equipamento útil. Se não houver uma área "molhável" (um local da sala que seja resistente a líquidos), um pedaço de náilon deve ser colocado debaixo do cavalete para limitar os respingos. Potes de tinta, com tinta em pó já dissolvida, e os pincéis largos de cerdas longas precisam de manutenção regular. As pinturas secam melhor quando são penduradas em varais de plástico, presas às cordas com prendedores de roupa. Deve ainda haver acesso fácil a aventais.

A pintura com os dedos requer uma mesa com tampo de fórmica e tiras de pano para limpar as mãos. Esse é um exemplo de atividade em que mesmo as crianças mais novas podem ajudar a limpar depois. Elas provavelmente irão gostar tanto de limpar quanto da própria atividade de pintar.

Brincar na caixa de areia

Uma caixa de areia pode ser colocada na sala, embora não precise estar acessível todo o tempo às crianças, se houver um tampo que não seja incômodo demais para colocar e remover. Se houver uma área "molhável" disponível, ela será obviamente o melhor local para colocar a caixa de areia. É claro que um pouco de areia sempre cairá no chão, especialmente se houver crianças pequenas brincando, mas um pedaço de náilon grosso, colocado debaixo da caixa, servirá para criar um limite e evitar que a areia se espalhe.

Quando houver derramamento de areia, as educadoras podem tornar a atividade de varrer mais fácil levantando as pontas do pano e sacudindo levemente para que a areia caia no centro. Para evitar desperdício, mantenha uma pazinha e uma escova, etiquetadas de maneira clara, junto com uma peneira fina de cozinha, feita de metal, penduradas próximo à caixa. Quando a areia for varrida para dentro da pazinha, ela pode ser imediatamente peneirada e, removida a sujeira maior, recolocada na caixa.

A areia deve ser lavada regularmente, pois pode ficar malcheirosa e provavelmente anti-higiênica. Essa é uma tarefa que mesmo as crianças pequenas (não mais do que duas juntas) gostam muito de ajudar a realizar. Com uma pá, coloque um pouco de areia no balde, leve-o até a pia, encha-o com água e deixe a torneira aberta até que o nível de água ultrapasse a borda do balde. Feche a torneira, enquanto agita a areia depositada no fundo do balde para soltar a sujeira e a poeira acumuladas. Abrindo a água novamente, a sujeira que emergir será pouco a pouco retirada. Pode-se adicionar ainda algumas gotas de desinfetante.

O equipamento a ser utilizado na caixa de areia deve ser apropriado ao tamanho dela, isto é, não se pode usar baldes e pazinhas do tamanho utilizado na caixa de areia da área externa, que são grandes demais para a caixa da área interna. Os pequenos potes de plástico para plantas, encontrados em lojas de jardinagem, vêm em uma variedade útil de tamanhos, servem muito bem para encher de areia e esvaziar e fazer "castelos" e "bolos". Como o plástico quebra facilmente, é uma boa ideia colar um recipiente dentro do outro. Colheres de plástico são menos satisfatórias do que as de metal, utilizadas em cozinhas de restaurantes e hotéis para lidar com farinha e açúcar. Lojas especializadas em materiais de cozinha muitas vezes são uma fonte melhor de itens para a caixa de areia do que as lojas de brinquedos.

As cuidadoras devem prestar atenção a isso, removendo com frequência os objetos menos utilizados, assim liberando a areia para outros usos, como fazer trilhas e montes. Ao fim do dia, os equipamentos devem ser retirados da caixa de areia e guardados em uma caixa debaixo ou do lado dela.

Se a caixa tiver pernas, como uma mesa, por vezes pode se tornar alta demais para que as crianças a alcancem confortavelmente. Caixas baixas de madeira, viradas de cabeça para baixo, ajudam a formar uma plataforma para elas. É importante que a área da caixa de areia não fique muito apinhada de crianças. O adulto que supervisiona esta parte da sala deve decidir quantas crianças por vez podem ser acomodadas com conforto e negociar o assunto com as próprias crianças.

Brincar com água

Este tipo de brincar pode acontecer ao longo de todo o dia na creche: ajudar a lavar e limpar brinquedos e mesas, lavar as roupas das bonecas, aguar plantas e, o mais importante, brincar e aprender no lavatório. A educadora-referência, juntamente com seu pequeno grupo, pode permitir às crianças que tenham tempo bastante para experimentar com a água corrente. As torneiras abertas oferecem a experiência de tentar pegar, com um dedo e o polegar, a coluna de água que cai, e observar a espiral que ela faz ao desaparecer no ralo. Essa experiência é impossível de se fazer em um lavatório lotado, onde quaisquer experimentos têm a probabilidade de levar a esguichos e alagamentos, devendo ser desestimulada firmemente pelas funcionárias.

Como no caso da caixa de areia, quando um recipiente para água estiver disponível na sala, é desejável que haja também uma caixa para as crianças menores ficarem em cima, pois, se elas não forem altas o suficiente, a água irá constantemente escorrer e molhar seus braços e cotovelos. Aventais têm de ser pendurados ao alcance das mãos e seu comprimento deve ser suficiente para cobrir os calçados; caso contrário, a água pode escorrer pela frente do avental e molhar os pés das crianças. Deve-se ainda tomar cuidado para que punhos e mangas sejam arregaçados, pois ficar com as mangas molhadas é bastante desagradável e pode estragar o blusão. A temperatura da água precisa ser tépida, e uma toalha posta à disposição para secar as mãos.

Deve haver ainda uma variedade de equipamentos, porém estes não precisam ficar todos dentro do recipiente de água ao mesmo tempo, pois é essencial que ele não esteja atulhado de coisas. As educadoras têm de observar a qualidade do brincar e da experimentação que os itens oferecem e suprir alguns itens, colocando novos periodicamente. Sugerimos alguns itens para a caixa de água, como:

- caneca com pegador;
- pequenos recipientes;
- lata com buracos feitos na parte inferior;
- aguador de metal com bico fino para aguar plantas em ambientes internos;
- chaleira para chá, pequena e de metal, com uma tampa com dobradiça
- funis de vários tamanhos;
- canos em vários tamanhos, transparentes e opacos;
- recipientes com aberturas estreitas para encher e mensurar;
- rolhas e bolas de pingue-pongue para deixar boiando;
- seixos para deixar afundar;
- tigela de madeira pequena (para encher até que afunde).

Uma das visões mais tristes que se pode ter em relação a uma caixa de água é um boneco "afogado", boiando de cabeça para baixo. Dar banho nas bonecas deve ser uma operação bem-distinta, com seu próprio equipamento, que consiste de uma tigela, esponja, sabão, talco, um tabuleiro para trocar suas roupas e toalhinhas penduradas em ordem. Isso requer manutenção regular para que a aparência do conjunto seja convidativa.

RESUMO

Pelo fato de os adultos e as crianças passarem muito tempo nas creches, é importante criar um ambiente que seja confortável e visualmente satisfatório para todos. Em comparação com os sistemas de agrupamento com idades mistas, é mais fácil conciliar o arranjo da sala para grupos com as necessidades relativas ao desenvolvimento das crianças, quando estas são agrupadas por idade. Um planejamento cuidadoso é necessário para garantir que o espaço seja usado da forma mais vantajosa possível, e para evitar estresse desnecessário para as educadoras. Uma ampla gama de materiais cuidadosamente escolhidos e facilmente acessíveis estimula o brincar iniciado e dirigido pelas próprias crianças e permite ao adulto escolher o papel de facilitador, em vez de sempre dirigir as atividades.

capítulo **3**

O educador-referência

> ... lembra da época
> Antes da cera endurecer,
> Quando cada um era como um selo.
> Cada um de nós carrega a marca
> De um amigo encontrado ao longo do caminho.
>
> Primo Levi, 1985

A maioria das pessoas que trabalha com crianças pequenas tem plena consciência de que o crescimento satisfatório depende de entender todos os aspectos do desenvolvimento das crianças como uma totalidade. Houve uma época em que se pensou que, se a comida e o calor, a limpeza, o sono e a segurança fossem adequados, o desenvolvimento precoce saudável estaria garantido. No passado, os sentimentos amorosos instintivos de adultos próximos aos bebês foram muitas vezes desconsiderados ou ativamente desestimulados, ao mesmo tempo em que muito dificilmente se levava em consideração os sentimentos dos próprios bebês.

Ter uma melhor compreensão de como as crianças se sentem, como temos agora, não tornou mais fácil nossa tarefa de cuidar delas em creches. Na verdade, tornou-a muito mais difícil, complexa e exigente. Neste capítulo, enfocamos a dificuldade específica de satisfazer as necessidades emocionais de uma criança – o que tem implicações para todos os outros aspectos do desenvolvimento – em um centro de grupo.

As pesquisas sobre creches na década de 1980 mostraram que as crianças eram tipicamente cuidadas por muitas funcionárias diferentes ao longo do dia (Bain e Barnett, 1980). Além disso, se acompanharmos uma determinada criança ao longo de um dia na creche, podemos verificar que ela desfruta por pouco tempo (se é que desfruta) da atenção próxima e não compartilhada de um adulto (Marshall, 1982). Essa conclusão é quase que invariavelmente relatada por estudantes que pesquisam sobre temas infantis nas creches, e é mais preocupante no caso de uma criança que esteja na creche porque se pensa que ela não recebe atenção ou estímulos suficientes em casa.

À época em que as crianças bem pequenas ficavam em creches residenciais e casas da criança, muitas vezes os visitantes passavam pela experiência de vê-las se aproximarem deles, perguntarem seus nomes, quererem senta em seus colos e tocá-los ou mesmo beijá-los. Essas crianças foram com frequência descritas como sociáveis, amigáveis ou "muito afetuosas", e tais concepções errôneas ainda emergem ocasionalmente em relatos de assistentes sociais ou visitadoras de saúde[*] em investigações sobre abuso infantil. Agora sabemos que essa não é a forma normal com que as crianças reagem a estranhos, e que tal comportamento indica que elas estão sofrendo sérias privações em suas relações pessoais, vivenciando pouco ou nenhum contato afetivo com outras pessoas.

Essa forma diferente de interpretar o que percebemos provém do conhecimento que atingimos por meio de observações e pesquisas sobre as formas como a criança pequena desenvolve sua habilidade de construir relacionamentos. A sociabilidade verdadeira provém da experiência de receber afeto digno de confiança de algumas pessoas próximas. Os seres humanos têm grande resiliência, e alguns indivíduos demonstram uma capacidade surpreendente de superar e recuperar-se de experiências precoces danosas, mas muitos não a têm. É inescusável para nós repetirmos os erros ignorantes do passado no cuidado que oferecemos hoje às crianças pequenas. A negação de relações pessoais próximas constitui uma falha séria em muitas instituições de cuidado em grupos, que pode ser parcialmente superada por mudanças na organização. Entretanto, é essencial que todas as pessoas envolvidas compreendam as razões para tais mudanças e se comprometam a fazê-las funcionar.

A IDEIA DE UMA EDUCADORA-REFERÊNCIA

Em muitas áreas da assistência social, conferir a uma pessoa responsabilidade especial por um cliente ou usuário específico de serviços constitui uma prática bem instituída. Alguns centros familiares abraçaram a ideia de tal forma que a cada funcionária corresponde a responsabilidade por várias famílias determinadas.

---

[*] N. de T. *Health visitors*: profissional especializada no cuidado de crianças que visita os lares de crianças pequenas, aconselhando os pais e controlando aspectos como altura, peso, alimentação, etc. Na Inglaterra existe um programa governamental chamado Standard Health Visiting Programme, que acompanha o desenvolvimento da criança até os 5 anos.

No entanto, isso não implica necessariamente uma relação próxima entre adultos e crianças específicos. Observamos, muitas vezes, em creches a suposta "educadora-referência" para uma criança cuidar de tarefas impessoais, enquanto a criança era confortada ou alimentada por outra funcionária. A menos que seja conferida primazia ao sistema de educador-referência na organização do dia, a criança pode acabar tendo menos contato com a funcionária que foi designada para cuidar dela do que tem com qualquer dos outros adultos. Nesse caso, esse relacionamento pode não ter qualquer significado verdadeiro para a criança. As crianças muito pequenas só podem reconhecer um interesse especial por elas se esse for expresso na interação pessoal próxima no dia a dia.

O VALOR DE UM SISTEMA DE EDUCADOR-REFERÊNCIA

Por que valeria a pena investir tempo, passar trabalho, para introduzir o sistema de educador-referência em uma creche na qual essa não é a prática utilizada? Temos de considerar essa questão não somente do ponto de vista da criança, mas também do ponto de vista da educadora que carrega a responsabilidade emocional. Pensar sobre nossos próprios relacionamentos como adultos pode nos fornecer algumas respostas.

A maioria de nós tem, ou gostaria de ter, um relacionamento especial com alguma pessoa na qual possamos confiar, um relacionamento que seja significativo e valioso para nós. Se estivermos longe dessa pessoa, temos maneiras de preservar a continuidade do relacionamento, mesmo quando a separação é por um período longo de tempo. Usamos o telefone, cartas, fotografias, memórias, sonhos e fantasias para manter vivo o conforto que nos trazem esses relacionamentos humanos. Quando os perdemos, vivenciamos tristeza e muitas vezes sentimentos profundos de desesperança. Se olharmos para o passado, podemos lembrar de pessoas que eram importantes para nossas vidas e que dão continuidade e significado às formas como conduzimos nossas vidas no presente – mesmo que elas não estejam mais presentes. Procuramos muitas vezes repetir e desfrutar novamente do calor desses relacionamentos, de maneiras diferentes.

As crianças pequenas com as quais trabalhamos, que ainda não dispõem da linguagem para expressar suas experiências, também precisam desses relacionamentos especiais, necessitando profundamente deles de uma forma imediata e concreta. Temos de considerar o sentido que dá uma educadora-referência para uma criança pequena cujo pano de fundo é o que sabemos por nossas próprias experiências. Nunca podemos nos esquecer de que uma criança, especialmente uma muito pequena e quase que totalmente dependente, é a única pessoa em uma creche que não consegue entender por que está lá. Ela somente pode entendê-lo como abandono e, a menos que seja ajudada de uma maneira positiva e afetuosa, isso irá levar a níveis de ansiedade maiores do que ela tem condições de tolerar.

O relacionamento que a criança desenvolve com sua educadora-referência não é, de forma alguma, um substituto para o relacionamento com os pais. Para começar, o arranjo do cuidado só pode ser feito para uma parte do dia. Mesmo durante esse período, a educadora-referência terá de ser compartilhada com outras crianças. Podemos explicar aos pais esse arranjo de educadora-referência como uma tentativa que fazemos nas creches de oferecer às crianças uma pessoa com a qual elas possam relacionar-se de uma maneira especial, durante uma parte do tempo, frequentemente longo, que passam fora de casa. A proporção educadoras-crianças para menores de 2 anos muitas vezes permite que uma educadora-referência se dedique a um subgrupo de quatro crianças por alguns períodos, embora no caso de crianças mais velhas, esse grupo possa ser composto de cinco ou seis. Durante o restante do dia, a criança será cuidada por outra educadora, ou provavelmente duas, as quais, ela também conhecerá bem. Explicaremos como organizar esse arranjo mais adiante.

OBJEÇÕES AO SISTEMA DE EDUCADOR-REFERÊNCIA

Problemas para as educadoras infantis

Todo tipo de objeção pode ser colocado à ideia de que devemos oferecer à criança pequena alguma forma de relação especial com uma educadora. Algumas objeções são de tipo prático-organizacional, enquanto outras se relacionam com o impacto emocional que as cuidadoras sofrerão. Uma dificuldade inegável encontra-se no fato de que muitas pessoas sentem apreensão ao serem confrontadas com a perspectiva de construir uma relação com uma criança que não é sua filha ou seu filho. Precisamos reconhecer tais medos e não tentar fingir que eles não existem.

Quando a ideia de um sistema de educador-referência for primeiramente apresentada, as educadoras dirão: "Sim, parece uma boa ideia, mas não podemos fazer isso aqui porque...". Nesse momento é importante que os administradores não sejam pegos pelo jogo do "Sim, mas...", é melhor que deem uma resposta à ansiedade subjacente a tal reação. Em primeiro lugar, pode ser necessário ajudar as pessoas a reconhecerem que existe um problema. Pode-se pedir a cuidadoras específicas que observem uma criança em um outro grupo por um tempo e façam um registro sistemático de quantas pessoas diferentes cuidam dela. É provável que o resultado as deixe surpresas, ou mesmo chocadas (Marshall, 1982).

Temos ainda de reconhecer que a mudança em direção a um sistema de educador-referência não se dá necessariamente de forma direta para as educadoras. Algumas já terão sofrido a dor de se separarem de uma criança com quem estabeleceram uma relação de amor, e podem ter descoberto que, quando os vínculos se desenvolvem, as crianças se tornam mais exigentes e possessivas.

Juliet Hopkins, que coordenou um grupo para cuidadoras destinado a ajudá-las a desenvolver relações mais íntimas com as crianças, identificou duas fontes específicas de conflito: o ideal de igualdade e a meta de fomentar a independência (Hopkins, 1988). As cuidadoras acreditavam que as crianças deveriam ser tratadas, e a elas dada atenção, de forma equânime, porém na prática isso pareceu levar à evitação de qualquer tipo de envolvimento significativo com crianças específicas, por medo de que as outras pudessem se sentir ignoradas ou ficar com ciúmes. Além disso, "a contraparte da crença de que todas as crianças deveriam ser tratadas de forma igual era a crença aparente de que todas as cuidadoras deveriam ser iguais e, portanto, intercambiáveis" (Hopkins, 1988).

Havia uma considerável pressão direcionada às crianças para que atingissem uma independência precoce, tanto física quanto emocional, por trás do conceito errôneo de que tal independência pudesse equivaler a um "bom" desenvolvimento. Na verdade, outras pesquisas sugerem que é mais provável que se produza um tipo de "pseudo-autoconfiança" descrito por Eva Holmes (1977), que impede as crianças de buscar o apoio apropriado dos adultos e inibe o processo de aprendizagem. Uma outra questão a ser considerada é que as crianças que têm vínculos individuais fortes têm muito mais probabilidade de mostrar seus sentimentos, às vezes de maneiras inconvenientes – de forma que, no curto prazo, a tarefa da educadora pode parecer muito difícil.

Relações com os pais

Outra objeção muitas vezes feita pelas funcionárias é que, se a criança é estimulada a desenvolver um vínculo especial com crecheiras específicas, os pais podem se ressentir. Os pais diferem a esse respeito, e aqueles cujo próprio relacionamento com o filho ou filha é mais inseguro são os que têm mais probabilidade de ficar inquietos a respeito de outras ligações emocionais. A salvaguarda que construímos junto ao sistema de educador-referência consiste em estimular a educadora a aprofundar sua relação com a mãe e/ou o pai da criança, ao mesmo tempo em que desenvolve a que tem com a criança.

Alguns pais podem precisar de ajuda para compreender que compartilhar amor e atenção com uma outra pessoa que cuida da criança não é a mesma coisa que dividir uma maçã ou um sanduíche, situação em que quanto mais pessoas houver, menos haverá para cada uma. O amor é aprendido através do amar, e sabemos pelo trabalho de Rudolf Schaffer (1977) que, ao final de seu primeiro ano, a maioria das crianças já formou vínculos com muitas pessoas diferentes. Seu amor pelas suas mães não diminui de forma alguma com isso.

Pode ser muito estressante para uma cuidadora ser a educadora-referência para uma criança que ela sente ser negligenciada ou não amada pelo pai ou pela mãe. As emoções geradas por tal situação são intensas. A cuidadora pode sentir que, se ela pudesse substituir o pai ou a mãe inadequados, tudo ficaria bem. "Gostaria de poder levá-la para casa comigo" é uma frase que sai como um aviso. A compaixão e a afeição naturais da cuidadora pela criança fazem com que ela confunda seu papel com do pai ou da mãe.

Em tal situação, a cuidadora precisa ser ajudada a avaliar sua relação com a mãe e/ou o pai da criança, e a reconhecer que é quase sempre possível entender e sentir compaixão por eles, mesmo quando não aprova aspectos do seu comportamento ou necessariamente "gosta" deles como pessoas. Se a crecheira puder entender sua tarefa como um trabalho dirigido a melhorar o relacionamento entre o pai ou a mãe e a criança, em lugar de salvar a criança de uma mãe ou um pai "maus", ela poderá começar a ver as coisas de forma diferente.

Obviamente essas questões não surgem apenas em conexão com o sistema de educadora-referência, mas é provável que coloquem uma tensão maior nos ombros da cuidadora, por causa da proximidade entre as funcionárias e as crianças, que constitui o próprio propósito do sistema. É essencial que as cuidadoras não lidem sozinhas com essa situação que sobrecarrega emocionalmente a pessoa. Elas precisam de oportunidades para desabafar seus sentimentos com colegas e funcionárias mais antigas, em uma atmosfera de aceitação e compreensão, por meio da qual elas possam atingir uma perspectiva melhor.

ORGANIZAR PARA CRIAR INTIMIDADE

Voltamo-nos agora para a organização prática requerida para a operação eficaz do sistema de educador-referência, enfatizando que ele somente funcionará (e assim será mantido) se as funcionárias da creche forem convencidas de que ele beneficiará as crianças, os pais e elas mesmas.

Nas creches, é comum que o número máximo de funcionárias presentes seja atingido durante o meio do dia, aproximadamente 10h30min até o começo da tarde. Isso é essencial para colocar em prática o arranjo de educador-referência. Pode ser necessário avaliar a possibilidade de reorganizar a lista de funcionários e suas respectivas tarefas ou recrutar voluntárias para garantir um número adequado de adultos para liberar algumas educadoras para que trabalharem diretamente com as crianças.

A intimidade pessoal é um elemento que muitas vezes falta em qualquer tipo de ambiente institucional, mas para as crianças pequenas ele tem implicações ainda mais sérias. Grande parte da comunicação sutil de crianças que ainda não adquiriram pleno domínio da linguagem vem por meio do toque e do manuseio. Sabemos, pelas experiências que temos em hospitais, que um grande número de mãos estranhas e vozes diferentes nos causa grande nível de estresse, especialmente quando estamos dependentes de outras pessoas, como as crianças pequenas sempre estão. Trudy Marshall, em seu estudo por observação próxima de uma creche, viu uma criança pequena ser colocada sentada no vaso por uma educadora, limpada por outra, e ainda uma terceira levantar suas calças (Marshall, 1982). Como então podemos evitar esse tipo de "cuidado" impessoal e assegurar que haja alguns momentos de intimidade durante o dia na creche, especialmente no que se refere a atividades que são muitas vezes vistas como tarefas rotineiras?

Ao observarmos as creches em funcionamento e falarmos com as educadoras, notamos que o período do dia que é frequentemente descrito como caótico corresponde àquele em que as atividades da manhã estão sendo encerradas, quando as crianças estão usando o banheiro, a sala está sendo organizada e as mesas arrumadas para o almoço. Esse período é o ideal para que cada adulto em cada sala para grupos torne-se o foco do seu pequeno grupo de crianças, até que elas acabem de comer. Em um grupo de, digamos, 12 crianças em geral há três funcionárias durante o período ao redor do meio-dia. As quatro crianças em cada grupo estariam então certas de que teriam a atenção próxima da sua educadora-referência durante esse tempo.

Assim que o material para o brincar e as várias atividades forem arrumados e colocados de lado, cada cuidadora, junto com as poucas crianças para as quais ela exerce o papel de educador-referência, retira-se para um canto tranquilo. A cuidadora tem seu próprio espaço que, no caso desse momento anterior ao almoço, é o que podemos chamar de "ilha da intimidade". Ela deve ser localizada sempre no mesmo canto, com tapetes e almofadas para tornar o ambiente confortável, dando assim à crecheira a oportunidade para observar e ouvir com o grupo de maneira tranquila e sem pressa.

Durante esse período, cada pequeno grupo, e um de cada vez, vai com sua educadora-referência ao banheiro, em algum momento definido pelas funcionárias. Quando os banheiros são compartilhados por mais de um grupo por vez, isso gera uma sensação de pressa e tensão que pode ser facilmente evitada se houver um planejamento melhor.

Os pequenos grupos devem permanecer com sua educadora-referência em seus próprios cantos até que o carrinho de comida seja trazido à sala, o que evitará a prática perniciosa de fazer com que as crianças se sentem à mesa antes da comida ter chegado, o que produz inevitavelmente barulho e inquietação. Algumas vezes as educadoras dão livros para as crianças olharem, ou estas cantam ou fazem brincadeiras com os dedos enquanto esperam. Esse tipo de tolice institucional cria mais problemas do que solução, além de ser exaustiva para o adulto. É muito melhor prevenir tal problema do que remediá-lo.

Deve haver concordância em relação a dois pontos da organização: primeiro, que uma auxiliar ou voluntária trará o carrinho de comida até a sala, de maneira que a cuidadora não tenha que deixar o seu pequeno grupo para fazer tal tarefa; segundo, durante todo esse período de tempo, antes, durante e depois da refeição, as educadoras não receberão ligações telefônicas, a não ser em caso de emergência.

A ideia por trás da criação da "ilha da intimidade" provém da necessidade de introduzir de pronto no programa diário um período em que a educadora-referência dê atenção unicamente ao seu pequeno grupo de crianças. As crianças precisam de tempo, espaço e de um adulto que esteja disponível para que desenvolvam sua fala. Isso é especialmente importante, tendo em vista a alta incidência de atraso no desenvolvimento da linguagem nas crianças que frequentam creches da assistência social.

O que fará então o adulto para manter o interesse e a tranquilidade no seu grupo? Lembrando de nossa infância, provavelmente nos recordaremos de brincar com a "caixinha de botões da vovó", ou com uma coleção de conchas e seixos coloridos. Os recipientes parecem emanar uma fascinação especial – bolsinhas, sacolinhas ou caixinhas com coisas diferentes dentro. O adulto deve oferecer tal tipo de material como um foco de conversa (algumas sugestões foram dadas no Capítulo 2). Da parte da educadora, isso constitui um "momento para ouvir". Qualquer tipo de coleção que ela própria tenha interesse em criar será interessante e divertida para as crianças.

A atividade oferecida durante o "tempo na ilha" (como ouvimos uma criança descrevê-lo) deve ser algo especial para esse período curto de tempo. No caso de uma educadora criar suas próprias coleções, ela deve mantê-las para uso exclusivo de seu próprio grupo, pois, quando elas se tornam propriedade comum, há grande probabilidade de que sejam perdidas ou dispersas.

Quando o carrinho de comida chega, a educadora-referência de cada grupo vai até a mesa com suas crianças. Uma vez que ela esteja sentada, as coisas devem ser arranjadas de forma tal que ela não precise se levantar novamente – um fator essencial para que ela desfrute de sua própria refeição.

Nossa própria experiência nos ajuda a entender, ao criar uma atmosfera tranquila para as educadoras e as crianças, por que é necessário que o adulto permaneça sentado. Imagine a situação de sermos convidados para uma refeição na casa de uma amiga. Se nossa anfitriã ficar a todo o momento levantando de sua cadeira para apanhar coisas que esqueceu, chegará uma hora em que todos dirão em coro: "Pelo amor de Deus, venha aqui e fique sentada!". Além de desejar sua companhia, todos estarão um tanto incomodados pelo fato de ela não ter preparado tudo de maneira apropriada. A sensação de agitação gerada por sua movimentação constante interferirá em nossa própria digestão. Acontece exatamente o mesmo na creche. Sugestões detalhadas sobre como a refeição deve ser organizada para minimizar as perturbações são dadas no Capítulo 11.

SUPERANDO DIFICULDADES

Deve ser notado que muitas educadoras muitas vezes não estarão presentes no trabalho em períodos de férias ou doença. A maneira pela qual podemos reduzir ou modificar a sensação de perda da criança quando a "sua" educadora estiver ausente consiste em antecipar e planejar soluções para tais contingências, especificando que outra funcionária assumirá tal papel. Falemos primeiro das férias; as datas precisas em que as funcionárias estarão ausentes são sempre conhecidas de antemão. A educadora-referência deve explicar às suas crianças, por menores e aparentemente incapazes de compreender que pareçam, que ela não estará na creche por um período, e dizer o nome da educadora que irá cuidar delas. Deve-se explicar isso também aos pais. Quando a criança chegar na creche em um dia em que sua pessoa especial estiver de férias, a educadora substituta tomará a iniciativa de deixar claro para a criança que ela era esperada e bem-vinda.

Quando uma educadora não for trabalhar por motivo de doença, a creche geralmente não é comunicada antes do começo do horário de expediente. Quem quer que receba o recado pela manhã deverá tomar para si a responsabilidade de informar a educadora substituta e garantir que o arranjo que foi acordado funcione a contento. Nenhuma criança deve ficar em dúvida a respeito de quem está no papel de educadora-referência.

Em algumas creches, tiram-se fotos das cuidadoras junto com seu grupo de três ou quatro crianças. A cuidadora substituta pode apontar para a fotografia pendurada na parede e dizer à criança: "A Ângela não veio hoje, ela ficou em casa porque não está se sentindo bem. Mas ela vai voltar logo". Muito antes de aprender a falar, as crianças pequenas já percebem nosso humor e nossa preocupação para com elas, mesmo que não entendam perfeitamente nossas palavras. Pense em como nos "viramos" bem em um país estrangeiro, mesmo que tenhamos apenas um conhecimento rudimentar de sua língua nativa.

É também interessante notar que Juliet Hopkins (1988), no estudo já citado, relatou que, uma vez que as cuidadoras haviam formado vínculos próximos, as faltas no trabalho diminuíram, pois elas sentiam que sua presença na creche era muito importante para as "suas" crianças.

O SISTEMA DE EDUCADOR-REFERÊNCIA NA PRÁTICA

Visitas iniciais

Visitar as crianças em seus próprios lares costumava ser considerado uma atividade fora da esfera de atividades das cuidadora, e ainda existem dúvidas e apreensão em torno do assunto. No entanto, hoje em dia isso se tornou uma prática corriqueira em creches administradas por prefeituras ou organizações voluntárias, quando se quer oferecer uma vaga em uma creche ou em um centro familiar. No passado, normalmente a visita era feita pela diretora da creche ou sua substituta, às vezes acompanhada de uma assistente social ou visitadora de saúde. Com a visita domiciliar sendo cada vez mais aceita, ela passou a ser realizada mais frequentemente pela crecheira em cujo grupo a criança inscrita entrará. No sistema proposto, essa cuidadora seria a educadora-referência.

Essa visita tem muitas funções especiais. Primeiro, ela permite que a educadora apresente-se à criança e à mãe e/ou ao pai de forma que, quando eles forem à creche, encontrarão no mínimo uma pessoa que lhes é familiar. Segundo, com a visita ela pode ter alguma ideia do ambiente no qual a criança passará três quartos de sua vida, mesmo que ela esteja inscrita na creche em turno integral. Sem fazer perguntas intrusivas, a visitadora pode estimular os membros da família que estejam presentes a contar-lhe, tanto quanto quiserem, coisas sobre eles que irão ajudá-la a entender e a cuidar melhor da criança – o que deve ser explicado aos familiares.

Nesse tipo de visita, é tentador oferecer muitas informações sobre a creche – informações que provavelmente a família não absorverá, estando por demais preocupada, nesse estágio, com o alívio ou a apreensão de obter uma vaga na creche. É muito melhor simplesmente responder às suas questões, explicar a política de acolhimento da creche e buscar formar uma relação calorosa e amigável com a família. As famílias que sabem que foram indicadas para a creche por assistentes sociais ou visitadoras de saúde, por causa de dúvidas sobre a sua capacidade de cuidar da criança como pais, podem adotar uma atitude bastante defensiva a princípio, pois se sentirão inspecionadas; assim, é muito importante que a visitadora não passe a impressão de que essa é a razão de sua visita.

Geralmente os pais estarão ansiosos para falar de seus filhos; é mais provável que falem mais livremente estando em seus próprios lares do que no que podem considerar um território desconhecido. Para alguns pais e mães, a creche pode evocar imagens da escola, que os seus próprios pais só visitavam quando eles, em crianças, estavam com problemas. Pode levar bastante tempo até que os pais superem essa associação.

A visitadora deve coletar algumas informações pontuais sobre a criança – o que ela gosta ou não de comer, as pessoas importantes na sua vida, se ela possui um objeto de estimação ou dorme durante o dia. Que palavras ela conhece e/ou utiliza? Cada família tem seu vocabulário próprio, e pode ser bastante estressante para uma criança não ser compreendida. Os pais irão querer informações sobre o modo como o dia da criança será organizado e também ter alguma ideia de que tipo de pessoa a cuidadora é.

É preferível fazer perguntas abertas ("Fale-me sobre...", "Como você descreveria...?") sempre que possível, em vez de perguntas que podem ser respondidas simplesmente com sim ou não. Entrevistadores inexperientes muitas vezes acham isso difícil, o que torna o tema um bom tópico para uma reunião de treinamento das funcionárias.

Visitar a casa da criança pela primeira vez pode parecer uma tarefa bastante assustadora para a cuidadora, uma vez que é provável que seu treinamento não a tenha preparado para tanto, e ela precisará de ajuda e apoio das funcionárias mais experientes. No entanto, normalmente os pais serão receptivos à visita, desde que ela seja agendada previamente. As funcionárias que têm a oportunidade de fazer essas visitas de apresentação em geral não têm quaisquer dúvidas acerca do valor da visita e acham que ela lhes dá uma ideia muito mais completa de como a criança e a família são.

Uma outra função importante da visita inicial é demonstrar a política não sexista da creche. A pessoa-chave pode demonstrar o princípio de que o cuidado de crianças deve ser uma preocupação da mãe e do pai ao deixar claro que ela deseja conhecer o pai (ou o companheiro da mãe), além da mãe da criança, enfatizando que ela espera conhecer ambos. Mesmo quando o pai está presente, é muito fácil cair no velho hábito de direcionar as perguntas e os comentários para a mãe, deixando o homem no papel de observador. Mas, se nos conscientizamos desse risco, podemos nos precaver. Não é fácil agir de uma forma que vai contra atitudes sociais profundamente arraigadas, porém se esperamos que não somente o papel da mãe seja considerado importante, mas também o do pai, deve-se passar essa ideia desde o início. O estudo de Brian Jackson sobre pais que têm filhos pela primeira vez relatou que os pressupostos de visitadoras de saúde, assistentes sociais e outras profissionais tinham grande impacto na atitude de constranger os homens a voltar a assumir seu papel tradicional (Jackson, 1984).

Ajustando-se

Quando a criança entra na creche pela primeira vez, a educadora-referência obviamente tomará para si a responsabilidade específica pelo período de ajustamento e se esforçará para estar presente quando a mãe e a criança chegarem pela manhã. É importante que ela pense com cuidado sobre o que representa para a mãe observar outra pessoa segurar seu filho ou filha. Para a criança, é muito importante ter a experiência de ver sua mãe (ou pai) e sua cuidadora em uma relação amigável e de confiança mútua.

É quase inevitável que a mãe e a educadora sintam que estão observando e avaliando uma à outra de muitas maneiras sutis. Isso acontecerá mais notadamente nos casos em que a mãe tiver sido orientada, de alguma maneira, a levar seu filho ou sua filha à creche.

O período inicial pode implicar exigências enormes para a crecheira, por causa da importância e do significado dos pequenos detalhes relativos aos encontros diários com a mãe ou o pai, nos quais ela tem de pensar. Por exemplo, há sempre uma cadeira confortável para a mãe ou o pai se sentarem na sala para grupos? Como a educadora irá diminuir a ansiedade da mãe ao pensar na possibilidade de seu filho ou filha se "comportar mal"? Provavelmente a criança se comportará mal porque sabe que algo muito diferente está acontecendo em sua vida, embora ela não possa identificar, e muito menos expressar, sua ansiedade em relação a isso. É de grande ajuda para a educadora mostrar que compreende o quão diferente do comportamento normal da criança isso pode ser, e que ela não está de forma alguma sendo crítica em relação à mãe ou ao pai.

Separação

Graças ao trabalho de David e Appel na França, aos estudos de John Bowlby (1953) e Mary Ainsworth (Ainsworth et al., 1974) no Reino Unido, assim como à série de filmes feitos por James Robertson na década de 1950, sabemos muito sobre as experiências e as reações das crianças pequenas que são separadas de seus adorados adultos. Desde mais ou menos os oito meses, a maioria das crianças demonstra ansiedade quando uma pessoa estranha toma o lugar de seu pai ou de sua mãe. Se a separação for prolongada, as crianças passam por uma série de fases distintas, começando com perplexidade, seguida de protestos violentos; mais tarde, o choro desconsolado alterna-se com períodos de apatia. A menos que haja uma substituta para a mãe ou o pai, com quem possam estabelecer uma relação, elas podem afundar na depressão e não querer brincar ou comer. Por fim, elas emergem de tal situação com uma atitude de indiferença aparente, que para um observador desavisado pode parecer uma volta ao comportamento normal. Essa sequência de fases é notavelmente similar aos estágios que foram registrados em pesquisas sobre perda em adultos (Worden, [1983] 1991). Uma vez que nos tenhamos conscientizado disso, podemos compreender que, para a criança que ainda é nova demais para ter um conceito de tempo, uma separação que é considerada curta, do ponto de vista dos adultos, pode fazê-la sentir o mesmo que perder uma pessoa amada para sempre.

Com esse *insight* em mente, tentamos agora, tanto quanto possível, evitar a imposição de dor tão grande às crianças pequenas. As práticas em hospitais, escolas, grupos de recreação e creches foram drasticamente alteradas. Deixamos que a criança se familiarize totalmente com seu novo ambiente e sua nova educadora antes de a mãe tentar qualquer tipo de separação. Feito isso, a mãe sai, primeiro por um período bastante breve, aumentando depois gradualmente o tempo em que fica fora, até que a criança seja capaz de tolerar um turno inteiro sem a mãe. Idealmente, deveríamos ser capazes de acompanhar o ritmo da criança, e assim a separação seria realizada sem ansiedade.

No entanto, na realidade as coisas são bastante diferentes. Algumas mães podem ter uma necessidade premente de alívio do cuidado constante que a criança exige e achar impossível esperar pacientemente pelo momento em que ela irá separar-se dela sem reclamar. Outras mães podem ter pouca escolha, por terem empregos que perderão se não retornarem ao trabalho. As educadoras às vezes adotam uma atitude crítica em relação a pais que parecem ignorar o sofrimento de um filho, porém a mãe pode ter calculado com razão que, com a pouca oferta de empregos, a criança poderá sofrer mais, a longo prazo, se a mãe ficar desempregada, com a consequente queda na renda familiar. Por essa razão, o estresse provindo de separações não pode ser evitado completamente.

Quando chegar a hora de a mãe realmente deixar seu filho, é melhor para a crecheira discutir como isso deve ser organizado, e oferecer apoio e compreensão. É muito natural que a mãe queira reduzir seu próprio estresse, mas a educadora deve confiar que a separação será organizada da melhor maneira possível para a criança, ao mesmo tempo em que não negará a questão do crescimento.

Uma maneira de lidar com o momento da separação é fazer com que a mãe e a cuidadora sentem-se juntas. A mãe, com seu filho nos braços, pode dizer algo como "A mamãe vai sair agora e voltar mais tarde". Claro que para uma criança bem pequena as palavras "voltar mais tarde" não significam muita coisa, pois ela não tem uma noção do que "mais tarde" significa. Tudo que ela sabe é que alguma mudança vai acontecer. Assim que a mãe tiver dito isso e dado um beijo e um abraço na criança, a educadora deve ajudá-la, de maneira firme, a passar a criança para ela e então sair. Esse pode ser um momento muito difícil para todos, mas ao menos é aberto e honesto.

Para entender mais profundamente como uma criança deve se sentir quando sua mãe ou seu pai saem de fininho quando ela não está olhando, podemos relembrar algumas ocasiões semelhantes em nossas próprias vidas adultas. Por exemplo, alguém que amamos nos acompanha até a estação quando vamos viajar. Chegamos à plataforma e acomodamo-nos em um vagão, enquanto essa pessoa nos observa de fora do trem. Quando olhamos para o lado, para pegar algo em nossas malas, e depois voltamos a olhar pela janela, vemos que ela desapareceu sem dizer nada ou mesmo sem acenar. Como nos sentiríamos? Provavelmente abandonados, feridos e bastante zangados, como se não fôssemos dignos de receber um adeus decente. Não surpreende que as crianças que começam o dia assim, contrariadas, expressem seus sentimentos com irritação.

Assim que a mãe tiver saído, é possível que a cuidadora, com a criança no colo, tenha de lidar com uma crise de choro que pode ser muito irritante para os outros do grupo. Ela precisa ser paciente para escutar esse choro, que é apropriado à situação – e não tentar calar ou distrair a criança sacudindo um brinquedo à frente dela, fazendo barulhos supostamente reconfortantes ou jogando-a para cima enquanto a segura. A ansiedade deve ser expressa em um contexto de tranquila aceitação, da mesma maneira que tentaríamos consolar um adulto que passa por uma situação de perda e luto.

Pode ser bastante difícil para a cuidadora permitir que uma criança satisfaça sua necessidade de gritar, quando as outras crecheiras na sala não entendem tal abordagem. Essa é uma situação que precisa ser discutida em uma reunião na sala para grupos, para que haja apoio e compreensão entre as colegas quando ela acontecer.

Algo útil a lembrar quando temos uma criança pequena em nossos braços, agitada e gritando "Mamãe! Mamãe!", é que não estamos vivenciando somente sua ansiedade imediata; seus gritos podem muito bem ter tocado e vivificado uma ressonância em nossas próprias experiências passadas, o que torna a situação toda duas vezes mais irritante.

A ansiedade de separação não é um problema que ocorre só nas primeiras vezes em que a criança vai à creche; ela pode ocorrer também com uma criança que já frequenta a creche há algum tempo e é vista como já "acostumada". De repente, ela expressa seu sentimento de perda por meio de gritos desesperados. Mais uma vez, a analogia com a questão da perda é esclarecedora. Os adultos que perderam alguém que amavam muitas vezes relatam surtos inesperados de aflição e desamparo, que ocorrem muito tempo depois do momento em que acharam que haviam resolvido sua perda. As educadoras precisam perceber que essa atitude da criança não significa que ela a está rejeitando e o cuidado que ela oferece. A criança pode ter se divertido com seu brincar até o momento em que gritou e, uma vez reconfortada, voltar a se divertir.

Muitas vezes uma criança que tem frequentado a creche alegremente por um determinado período fica doente e não aparece por algum tempo. Quando volta, o cuidado e a presença de sua educadora-referência são de grande importância para ajudá-la a se readaptar e novamente lidar com a separação de sua mãe ou seu pai. Para compreender tal situação, precisamos apenas lembrar como nos sentimos, mesmo em situações sociais bastante comuns, quando adentramos uma sala cheia de pessoas que não conhecemos. Como ficamos felizes ao vislumbrar alguém que conhecemos, sobretudo se essa pessoa também ficar feliz ao nos ver.

Um relacionamento mais próximo com uma criança precisa acontecer lado a lado com os relacionamentos mais próximos com sua mãe e/ou seu pai. As costumeiras conversas breves no começo e no fim do dia não são mais suficientes. Fazer reuniões com os pais e a educadora, marcadas em intervalos convenientes para todos, oferece uma oportunidade de conversar apropriadamente, e não necessitam estender-se por muito tempo. O aspecto crucial é o planejamento cuidadoso e, quando o grupo específico de uma educadora tem não mais do que quatro ou cinco crianças, as reuniões não são muito difíceis de organizar. Como disse uma cuidadora:

> Conhecer os pais dessa forma parece tirar muito da pressão envolvida no trabalho, e ajuda a evitar que imaginemos coisas sobre a outra pessoa. Somos então pessoas mais verdadeiras umas com as outras, e podemos ter muito mais confiança uns nos outros.

A necessidade de criar oportunidades de escuta para as crianças aplica-se igualmente à relação da educadora com a família.

Mudança de educador-referência

O objetivo de estabelecer uma relação contínua com uma criança e sua mãe e/ou seu pai pode às vezes ser difícil de atingir, por causa das inevitáveis mudanças de educadoras e das épocas em que se torna necessário mudar a criança de um grupo para outro. Temos de nos lembrar constantemente da diferença entre as noções de tempo da criança e do adulto. Seis meses, que podem parecer um período curto para nós, significam um pedaço considerável da vida da criança pequena; portanto, um relacionamento especial sempre tem valor – mesmo quando ele parece breve, visto sob a ótica da nossa noção de tempo.

Depois que um vínculo próximo entre a criança e sua educadora-referência esteja formado, uma mudança nessa relação significará dor para ambas, devendo obviamente ser evitada, se possível. Quando for inevitável, a cuidadora que cuidava da criança precisará de apoio para reconhecer e trabalhar seus sentimentos, e assim também com a educadora-referência, que pode sentir-se rejeitada se a criança quiser de volta a sua cuidadora anterior, ou mesmo chorar por ela. Pode ser de ajuda a todos fazer a mudança gradualmente, e deixar a criança ver sua primeira cuidadora de tempos em tempos. Às vezes uma mudança de educadora-referência ocorre porque alguém trocou de emprego, mas na maioria das vezes ela se deve a uma transição planejada para a criança – transferida da sala de bebês para a de crianças de 1 a 3 anos, ou desta última para o grupo de pré-escolares. Nas creches que operam com um sistema de livre circulação, onde as crianças que já caminham ou engatinham podem visitar outras salas por sua própria iniciativa, a separação torna-se muito menos dolorosa. Em geral, a criança irá querer ver sua cuidadora muitas vezes, ao menos por um período, mas depois de um certo tempo ela se vinculará à nova educadora, que se encarrega de seu cuidado. Não devemos esquecer que os pais também podem precisar de ajuda para efetuar essa transição. Há muito que dizer acerca da prática italiana, na qual duas professoras (*insegnatori*) acompanham as crianças como um grupo ao longo dos seus três primeiros anos. No Reino Unido, a organização e o grupo de funcionárias raramente são estáveis o suficiente para que tal arranjo seja factível, o que torna a adoção do sistema de educador-referência ainda mais pertinente.

À medida que o sistema de educador-referência se desenvolve na creche, o interesse e o alcance do trabalho irão aumentar. Reconhecer o conhecimento íntimo que a cuidadora tem das crianças a seus cuidados requer que ela, e não somente a diretora da creche, irá entrar em contato com os vários especialistas que podem vir a visitar o local por meio do seu trabalho. Assim, a fonoaudióloga, a visitadora de saúde, a assistente social ou o médico comunitário podem chegar a perceber que suas relações com a creche tornam-se mais fáceis e eficazes.

Afora quaisquer observações especiais que a educadora-referência faça em colaboração com esses especialistas de fora, ela tomará para si a responsabilidade de avaliar, monitorar e fazer relatos em relação às crianças de seu pequeno grupo. Ela servirá ainda como a principal mediadora entre a creche e a casa da criança. Isso é obviamente de particular importância nos casos em que a criança é portadora de necessidades ou dificuldades especiais, ou quando houver possibilidade de estar ocorrendo abuso ou negligência. A educadora-referência será a pessoa que irá falar de uma criança que é objeto de investigação de uma comissão de assistentes sociais para avaliar um caso judicial, e poderá mesmo ter de depor em juízo. Tais ocasiões elicitam ansiedade mesmo em educadoras mais experientes, mas pode ser de ajuda para a educadora lembrar-se tranquilamente de que, de todas as pessoas presentes (com exceção dos pais), ela é a que mais sabe sobre aquela criança com a qual passou tantas horas do dia.

ALGUNS EFEITOS DECORRENTES DA INTRODUÇÃO DE UM SISTEMA DE EDUCADOR-REFERÊNCIA

Até o presente momento, ainda não foram efetuadas pesquisas sistemáticas que comparem o sistema de educador-referência com os arranjos mais comuns, e que estudem as formas pelas quais os resultados de tal sistema afetam as crianças. Entretanto, temos a impressão de que as cuidadoras acham seu trabalho muito mais satisfatório em creches onde se opera um sistema de educador-referência genuíno. Essa foi a experiência da diretora de uma creche no norte de Londres, que nos escreveu o seguinte:

> Desde que implantamos o sistema de educador-referência aqui, foram desenvolvidas relações mais próximas entre as educadoras e os pais, especialmente na sala para bebês. As crianças parecem se ajustar mais facilmente à vida na creche. Algumas delas, que já estavam na creche há algum tempo e não estavam contentes, ajustaram-se de imediato quando perceberam que um adulto era a sua pessoa especial. Barry, que era choroso e retraído, tornou-se uma criança sorridente, extrovertida e confiante, quase que do dia para a noite, quando lhe foi indicada sua educadora-referência. Nos primeiros dias, ele sentou-se no colo dela, para depois se levantar e brincar alegremente com as outras crianças, sabendo que ela permanecia em algum ponto da sala.
>
> As funcionárias parecem ter uma proximidade especial com as "suas" crianças, e isso aumentou sua compreensão e sua satisfação com o trabalho. Há ocasiões em que alguma funcionária fica doente ou sai de férias e suas crianças sentem sua falta. Por outro lado, há ocasiões em que as funcionárias vêm trabalhar mesmo quando não estão se sentindo muito bem, pois se preocupam com "suas" crianças.
>
> Os pais preferem ter uma pessoa para conversar, em vez de 15, e parecem mais capazes de falar abertamente quando sabem que aquela pessoa tem um cuidado especial para com seu filho ou sua filha. As reuniões da educadora-referência, um período reservado para que a mãe ou o pai converse reservadamente com a pessoa especial de seu filho ou sua filha, funcionaram muito bem no sentido de estabelecer uma parceria entre os pais e as educadoras no interesse de suas crianças.

Peter Elfer e Doroti Selleck realizaram observações bastante detalhadas do funcionamento do sistema de educador-referência em uma gama de creches. Eles relataram, como sugerimos, que foi essencial para as educadoras que trabalham com a primeira infância estarem envolvidas completamente na decisão de introduzir o sistema e compreenderem as razões por trás de tal decisão, em todos os níveis. Caso contrário, o sistema podia vir a funcionar de uma forma artificial, que tinha pouco sentido para as crianças e não resultava em uma aproximação das relações entre a criança e a educadora-referência que havia sido indicada para ela (Elfer, 1996; Elfer et al., 2001).

RESUMO

Este capítulo discute a importância das relações pessoais íntimas para o desenvolvimento e a felicidade das crianças e sugere uma forma de organização que permite que os vínculos calorosos se desenvolvam em um centro de cuidado de grupo, levando plenamente em consideração o impacto nos pais e nas cuidadoras que trabalham com a primeira infância. Reconhece-se a existência de problemas, mas eles podem ser solucionados se houver concordância a respeito do princípio.

Uma vez que o sistema tenha sido implantado, a educadora-referência recebe muitas funções importantes, como organizar a adaptação da criança à creche, facilitar a separação, estimular o desenvolvimento linguístico e cognitivo, as visitas às casas, relacionar-se com os pais, avaliar e manter registros e servir de conexão com especialistas e instituições exteriores à creche. O trabalho exige muito mais da cuidadora, mas também oferece muito mais oportunidades para o aprender e se torna mais interessante tanto para o benefício das crianças e seus pais quanto das próprias educadoras.

capítulo **4**

Gerenciando e trabalhando em uma creche

> Não podemos impedir que os pássaros da preocupação e do cuidado voem sobre a nossa cabeça, mas podemos evitar que façam ninhos em nosso cabelo.
>
> **Provérbio chinês**

Com raras exceções, as pessoas que escolhem trabalhar com crianças pequenas o fazem porque gostam delas, sentem prazer em estar em sua companhia e têm interesse em vê-las crescer e se desenvolver. As crianças são um encanto, mas ao mesmo tempo exigem muito de seus cuidadores. Estando em meio aos vários tipos de estresse que a vida na creche impõe, é muito fácil que as educadoras percam de vista o que as levou a trabalhar ali em primeiro lugar. A menos que continuem a achar o seu trabalho prazeroso, a qualidade do cuidado que oferecem irá inevitavelmente decair.

No Reino Unido, a estruturação insatisfatória do cuidado infantil e dos serviços de apoio a famílias que têm crianças pequenas, discutida anteriormente, suscita muitos problemas. Reconhecidos esses problemas, ainda há muito a fazer para oferecer às cuidadoras uma maior satisfação com o trabalho, que, por sua vez, se refletirá no que elas oferecem às crianças. Este capítulo discute o papel fundamental da diretora da creche e seu gerenciamento do grupo de funcionárias. Como ela pode capacitar melhor o grupo, de forma a trabalhar bem em conjunto, planejar o desenvolvimento e o apoio oferecido ao grupo e criar sistemas que possibilitem a tomada de decisões e a comunicação eficazes? Enfatizamos a necessidade das funcionárias de cuidar de sua própria saúde física e emocional, além de encontrar maneiras de enfrentar o estresse inerente ao seu trabalho. Por fim, mostramos de que forma os recursos de mão de obra podem ser aumentados por meio do uso bem-planejado de voluntários.

ESTABELECENDO UM OBJETIVO COMUM

Muitos aspectos da atmosfera presente na creche dependerão da maneira como as educadoras trabalham em conjunto e do tipo de liderança dada pelas chefias, em especial se há um entendimento, expresso claramente, das metas do serviço oferecido às crianças e aos seus pais.

Por trás do funcionamento cotidiano da creche, há ainda as políticas mais amplas das autoridades locais, ou outro corpo administrativo que seja responsável por tal serviço, seja uma organização de voluntários, um empreendimento privado ou um patrão. O ponto de vista do respectivo sindicato também deve ser levado em consideração. A menos que a organização desenvolva uma política coerente, os problemas tenderão a ser resolvidos de maneira improvisada, e as questões sérias nunca serão resolvidas apropriadamente. Onde quer que os problemas surjam, é essencial que sejam discutidos em termos das políticas relacionadas a eles, e não das personalidades que os levaram a cabo.

O PAPEL DO ORGANIZADOR

O estilo de liderança prevalente nos centros de cuidado de crianças tem sido pouco discutido até agora, embora constitua-se em um elemento crucial na forma como eles funcionam. Muitos países preferem um modelo de colegiado, no qual um grupo de profissionais de *status* igual divide a liderança em um sistema rotativo, o que oferece grandes vantagens. No Reino Unido, entretanto, estamos apenas começando a nos emancipar da estrutura estritamente hierárquica, herdada da época em que as creches eram administradas como se fossem hospitais em miniatura, com uma matrona que detinha todo o poder. Algumas creches da prefeitura ainda são chefiadas por um "oficial encarregado" (*Officer in charge*), com um ou mais assistentes e, às vezes, uma cuidadora sênior no terceiro escalão. As organizações voluntárias muitas vezes preferem um termo mais neutro, como "coordenadora", e aceitam cada vez mais o valor do trabalho em grupo e um estilo mais democrático de organização. Neste livro, usamos o termo *organizador* para a pessoa responsável por administrar uma creche ou centro familiar, qualquer que seja o nome oficial do seu cargo.

A posição de uma mãe-crecheira ou de uma diretora de creche particular é bastante diferente, mas ela também terá de levar em consideração as suas relações com várias outras pessoas ao oferecer cuidado para as crianças. Geralmente uma mãe-crecheira faz, na prática, parte de um grupo que consiste do seu marido ou companheiro, seus filhos ou filhas mais velhos e talvez ainda seus próprios pais, amigos, vizinhos, outras mães-crecheiras e a assistente social ou funcionária de pré-escola da prefeitura. Apesar das diferenças entre as situações de trabalho, há muitos paralelos entre as atividades de organizar e de cuidar das crianças em um centro de grupo.

O isolamento sempre foi um grande problema para as mães-crecheiras. Outros países desenvolveram sistemas para pôr as pessoas que trabalham com o cuidado de crianças em contato umas com as outras e oferecer apoio e treinamento profissionais e mútuos; essa abordagem é fortemente apoiada pela National Childminding Association (NCMA). A National Care Strategy (1997) tem por meta aumentar a oferta de cuidado em creches, elevar os padrões e combater o isolamento, a partir da organização de redes financiadas pelas Early Years Development and Childcare Partnerships (EYDCPs). O plano consistia em fazer com que cada área tivesse pelo menos três redes até o ano de 2004, com no mínimo 20 mães-crecheiras por rede (Owen, 2003).

A diretora de uma creche tem uma tarefa, que recentemente se tornou cada vez mais exigente. As expectativas com relação à qualidade do ambiente e do cuidado oferecido às crianças aumentaram, mas a oferta de treinamento e recursos para tanto não acompanhou esse crescimento. Além disso, a presença ativa dos pais trouxe uma nova dimensão ao trabalho da diretora, não somente em relação ao contato que ela própria tem com eles, mas também em relação às habilidades que isso requer para fazer com que as outras funcionárias desenvolvam seu trabalho com as famílias. Tudo isso coloca um enorme peso nos ombros da organizadora, e ela precisa fazer com que seu grupo de funcionárias trabalhe tão eficazmente quanto possível, se não quiser submergir sob toda essa pressão.

Papéis de gênero e estilo de gerenciamento

O governo tinha como um de seus objetivos aumentar de 1 para 6%, até 2004, o número de homens que trabalhavam em creches; a conveniência e a necessidade de recrutar homens para trabalhar em creches tem sido muito discutida, mas até agora não há conclusões suficientes. Os motivos por que isso acontece são complexos e envolvem pressupostos sociais e culturais profundamente arraigados.

Ainda existem estereótipos negativos acerca dos homens que escolhem abraçar esse tipo de trabalho, e um pouco de ansiedade (para a qual não há motivos fundamentados) sobre a possibilidade de abuso sexual. A maioria dos homens que procura esse trabalho o faz em um período mais tardio de suas vidas, em comparação com as mulheres, pois poucos adolescentes veem o cuidado em creches como algo identificado com seu sentido de masculinidade (Frosh et al., 2001). Os poucos que começam o treinamento muitas vezes o abandonam, sentindo-se deslocados no meio de um grupo de alunas composto quase que exclusivamente por mulheres. Os homens que trabalham em creches têm de enfrentar muitas dificuldades, das quais as suas colegas não percebem. Uma pesquisa realizada por Charlie Owen e colaboradores concluiu que "os homens sentem que são pressionados e colocados em determinadas posições pelas expectativas das mulheres – e das crianças – acerca deles" (Owen, 2003, p. 112). Poucos homens entrevistados para essa pesquisa pretendiam permanecer no campo do trabalho em creches.

Resulta disso que, em geral, as creches têm somente mulheres nos cargos de funcionária e diretora. Tradicionalmente, as mulheres têm trabalhado em fábricas, escritórios, lojas e na agricultura dentro de uma estrutura rígida de administração de cima para baixo, sob a direção de um homem. Porém, o centro de uma creche dá às mulheres a oportunidade de exercitar e demonstrar formas novas e diferentes de trabalhar em conjunto. Podemos encontrar modelos úteis em áreas tão díspares como a publicidade e as artes, com estilos de gerenciamento que fazem uso de características com as quais as mulheres trabalham notavelmente bem, como a disposição para negociar, a capacidade de ouvir e de simpatizar com outra pessoa e avaliar o seu estado de espírito, dando a devida atenção aos detalhes em seu trabalho, e a capacidade de fazer várias coisas ao mesmo tempo sem se agitar (Marshall, 1994).

Precisamos pensar de que formas podemos usar essas habilidades da maneira mais eficaz possível. Por exemplo, compreender e ouvir o ponto de vista de uma funcionária não quer dizer que tenhamos que aceitá-lo. Pode ser que seja necessário negociar uma decisão de acordo com a política mais ampla da creche, mas que não está em harmonia com os desejos do indivíduo. A organizadora poderá então ter de enfrentar reclamações e hostilidade. Isso pode significar uma espécie de solidão, que às vezes é vivenciada por qualquer pessoa que tome para si a responsabilidade de um papel de liderança. É importante que a organizadora assegure-se de que haverá um apoio adequado para ela mesma, que pode ser dado por uma colega de outra creche, uma gerente de linha, a diretora do seu comitê de gerenciamento ou uma amiga ou amigo pessoal que compreenda sua situação de trabalho. A menos que ela tenha alguém com quem possa compartilhar com segurança seus sentimentos pessoais, a organizadora pode ficar bastante isolada.

Delegação de responsabilidades

Muitas vezes a organizadora tem de se basear na capacidade de atender a exigências provindas de vários lugares ao mesmo tempo, mas ela precisa observar e avaliar o funcionamento de toda a creche. Um estilo pessoal que realmente valorize a negociação, a empatia e a consideração de detalhes requer ainda organizar pausas para reflexão. Uma organizadora tem de proteger seu próprio "tempo para respirar" para permitir que as funcionárias façam o mesmo. Ela tem ainda de se certificar de que está disponível para lidar com as muitas emergências imprevisíveis que se confrontam com ela. Isso envolve a adoção do hábito de delegar responsabilidades.

Delegar responsabilidades não é apenas uma questão de conveniência ou de redução da carga de tarefas para a organizadora; envolve ainda a promoção do crescimento profissional de outras cuidadoras. O estilo "é mais rápido se eu mesma faço" não resulta em amadurecimento das outras pessoas, e o mesmo acontece na educação de crianças pequenas. Por exemplo, sabemos que exige mais esforço, especialmente quando estamos com pressa, encorajar uma criança a colocar seus próprios calçados. Mas o tempo gasto e a paciência exigida renderão frutos mais tarde, pois a criança terá ganhado uma habilidade. Ela está sendo capacitada por nós, e isso reduz sua dependência e nos poupará tempo mais tarde.

Esse princípio aplica-se igualmente aos adultos. A organizadora precisa considerar o mérito de cada demanda e questionar-se: "Quem mais pode fazer isso, ou aprender a fazê-lo?". Em outros termos, delegar responsabilidades pode ser visto como uma transferência de poder e habilidades a outra pessoa. A organizadora ainda será necessária para observar os esforços e as conquistas, mostrar seu apreço e ajudar a colocar as coisas em seus devidos lugares, se necessário, durante o processo de aprendizagem da outra pessoa.

Um exemplo da transferência de poder é vislumbrado na situação em que uma organizadora, mudando a prática de sua predecessora, delega à cozinheira a tarefa de criar os menus e fazer os pedidos de alimentos e materiais de limpeza. Pode ser preciso, a princípio, que a organizadora promova oportunidades para treinamento e ofereça supervisão próxima, provavelmente ajudando a cozinheira a pensar os cardápios para a primeira semana, ou até a segunda semana, até que ela se sinta confiante o bastante para aplicar na prática o que aprendeu. Por sua vez, a cozinheira é encorajada a delegar responsabilidades à sua assistente, de forma que o trabalho na cozinha possa ser feito tranquilamente quando a cozinheira estiver ausente. De maneira similar, a cuidadora novata que recebe responsabilidades em relação a decisões cotidianas irá delegar responsabilidades às crianças, por exemplo, envolvendo-as nas tarefas de organização e limpeza e manutenção da sala para grupos. Assim, a delegação de responsabilidades é, além de uma técnica de gerenciamento eficaz, um bom modelo de prática.

A comunicação dentro da creche

Em conjunto com um programa de delegação de responsabilidades adequado, visto como parte do desenvolvimento do grupo de funcionárias, a organizadora tem a tarefa de assegurar que a organização das comunicações diárias dentro da creche funcione de maneira eficaz. Essas redes de comunicação requerem atenção constante para que sejam mantidas e desenvolvidas, sobretudo quando existem problemas de trocas de educadoras e faltas imprevisíveis.

Os canais para as informações cotidianas precisam ser compreendidos e planejados para todos. A maioria das creches tem alguma espécie de diário, no qual eventos específicos, como passeios, são anotados, e reuniões com visitantes como o médico comunitário ou o tutor escolar são agendadas. Se houver uma tendência de os visitantes aparecerem sem aviso prévio, a organizadora deve enfatizar a necessidade de agendar e organizar tais encontros, pois de outra maneira se tornará impossível para ela planejar seu tempo de maneira eficaz.

Grande parte dos contatos feitos com pessoas de fora da creche será por telefone; devem-se encontrar formas eficazes de garantir que os recados, muitas vezes deixados pelos pais, sejam anotados corretamente e passados às relativas educadoras. A organizadora deve dar atenção especial a esse ponto, pois de outra forma conflitos e ansiedades poderão facilmente surgir. Se a organizadora achar que será constantemente interrompida, caso fique no papel de tomadora de recados, terá de ser pensada alguma outra forma de fazer com que as informações sejam repassadas. Por exemplo, papeizinhos adesivos para mensagens, colocados em um quadro utilizado especificamente para tal fim, podem servir para passar de forma acurada uma mensagem para as educadoras em uma sala para grupos. Para uma funcionária ocupada integralmente com as crianças, é muito difícil romper essa atenção para anotar um recado verbal, sendo muitas vezes preferível que ela não seja perturbada.

Todo o problema da comunicação interna pode ser facilmente apresentado em uma reunião de educadoras, de forma que todas apreendam o problema e tornem-se parte da solução. A organizadora tem uma tarefa mais difícil, no que concerne a manter maior fluidez na comunicação entre as funcionárias, quando o prédio da creche não é apropriado – por exemplo, quando é um casarão reformado com escadas e corredores a serem compartilhados. Nesse tipo de prédio, as cuidadoras podem vir a se sentir muito isoladas em suas salas para grupos, e a organizadora deve ter consciência disso e pensar em formas de minimizar o problema – por exemplo, por meio de visitas regulares a todas as salas para grupos, mostrando seu interesse em tudo o que está se passando ali.

A organização adotada pela maioria das creches não permite que haja tempo suficiente para reflexão e discussão ou para o desenvolvimento e a discussão profissionais. As pessoas que trabalham em creches não lerão ou pensarão de forma sistemática acerca de sua tarefa, a menos que esse tema esteja inserido no seu dia de trabalho e seja valorizado e pensado como uma parte essencial no cuidado com as crianças. Nutbrown e Abbott assinalam que as educadoras de pré-escolas e creches de Reggio Emilia passam 6 de suas 36 horas de trabalho semanais sem as crianças, participando de atividades de desenvolvimento, planejamento e preparação profissionais, reuniões com as famílias e discussões em grupo sobre as crianças (Nutbrown e Abbott, 2001). A comunicação é mais fácil devido ao fato de todas as creches serem construídas em torno de uma *piazza*, um ponto de encontros central onde as crianças vizinhas à creche podem brincar e falar entre si e com os adultos.

Pela organização cuidadosa do tempo das funcionárias, deve ser possível criar períodos regulares destinados ao planejamento e à discussão para todas elas. Uma creche organiza-se para que duas educadoras cuidem de dois grupos de crianças por meia hora, em dias alternados, de forma que outras duas possam dedicar parte de seu tempo ao planejamento. Em um dia da semana ocorre uma reunião com todas as educadoras, com uma professora designada para cuidar das crianças, apoiada por uma cuidadora auxiliar.

Gerenciando as faltas de funcionárias

A organização de turnos de trabalho, férias, participação em cursos de desenvolvimento profissional ou testemunho em ações judiciais requer um planejamento detalhado feito pela organizadora. As faltas ao trabalho decorrentes de doença são muito imprevisíveis e criam um grande problema, especialmente quando a administradora responsável não organiza substituições de funcionárias ou apoio temporário flexível. Em muitas creches, esses problemas são exacerbados pela falta de ajuda administrativa ou equipamento básico de escritório adequado, tais como um computador e uma máquina copiadora. O trabalho burocrático com documentos é muitas vezes de considerável monta, e não oferecer à organizadora formas de ajuda que permitam que ela devote seu tempo aos aspectos mais humanos de seu trabalho é uma política míope.

Quando um sistema de educador-referência está em funcionamento, as crianças sentem agudamente a falta da continuidade com que estavam acostumadas se uma funcionária falta ao serviço. Aqui a organizadora tem a responsabilidade de assegurar que o arranjo alternativo (descrito no capítulo anterior) funcione de maneira eficaz. O cuidado pessoal e as atitudes em relação à própria saúde, por parte das educadoras, são discutidos depois, porém foi observado que em várias creches a taxa de ausência por doença é diminuída consideravelmente quando elas têm maior satisfação pessoal em suas relações no trabalho, com as crianças e com as colegas.

As faltas ao trabalho inevitavelmente produzem uma perturbação da organização da creche e das rotinas estabelecidas. A organizadora precisa se assegurar de que o sistema anterior seja restabelecido quando a funcionária retorna ao trabalho. Um exemplo é a ocasião em que as crianças têm de ser temporariamente organizadas em grupos maiores na hora das refeições. Deve-se dar atenção para que os grupos pequenos originais sejam organizados tão logo quanto possível.

Embora se deva fazer tudo que for possível para manter a taxa de faltas ao trabalho mínima, elas têm a vantagem, se a organizadora se prontifica, de dar a ela a oportunidade de observar como os arranjos diários e as práticas combinadas estão sendo efetuados. As orientações e explicações rotineiras, feitas pelas funcionárias mais antigas, relacionando as práticas de trabalho com as políticas da creche, são muito necessárias. Muitas vezes é melhor evitar a intervenção imediata, simplesmente observando e tomando notas, de forma a levantar questões de cunhos educacional e social mais tarde, no contexto de reuniões de funcionárias e supervisões individuais. O papel da organizadora como observadora e educadora, em todos os níveis do trabalho cotidiano, significa que a compreensão das funcionárias a respeito dos objetivos basais da creche pode ser desenvolvida e um consenso geral estabelecido e mantido.

CONSTRUINDO A EQUIPE DE FUNCIONÁRIAS

Não há muitas creches em condições de recrutar um grupo de educadoras selecionadas a dedo. A maioria desses grupos é formada por uma mistura de educadoras experientes e novas, mais velhas e mais novas, algumas que escolheram trabalhar com isso e outras que estão ali por outras circunstâncias. Em relação às autoridades das prefeituras, o provimento de funcionárias depende muito do caráter político da administração e da posição assumida de dar baixa ou alta prioridade ao cuidado de crianças no que tange ao orçamento. No que concerne a novas nomeações, haverá enormes diferenças em relação ao nível de envolvimento, ou mesmo de consulta, da organizadora e das funcionárias.

Três importantes questões que surgem então são a proporção de educadoras para cada criança, as qualificações profissionais consideradas adequadas para o trabalho e o equilíbrio da equipe. Se a organizadora e as funcionárias têm uma ideia clara acerca da direção e da qualidade que querem para o serviço, elas podem ser capazes de exercer influência, mesmo quando não têm um papel formal no processo de seleção. Primeiro, em relação ao número de funcionárias, a questão essencial é que relacionamentos efetivos com as famílias não podem ser construídos com uma política "sem custos". As proporções de educadoras para cada criança que podiam ser adequadas à época em que tudo que se esperava das cuidadoras era, para citar uma organizadora, "cuidar das crianças durante o dia e sorrir educadamente para as mães quando elas chegam para pegá-las". Isso precisa ser melhorado substancialmente para refletir o novo escopo do trabalho.

Segundo, uma equipe composta em sua totalidade por funcionárias com a qualificação básica de cuidado de crianças dada pelo National Nursery Examination Board (NNEB) (Comitê Nacional de Exame de Creches) ou com um nível 3 no NVQ (National Vocational Qualification – Qualificação Vocacional Nacional), no máximo, tem uma deficiência séria em relação à perícia profissional e às oportunidades para fertilização cruzada de ideias. Até que uma base educacional e de treinamento para o trabalho com a primeira infância tenha sido estabelecida, as equipes de cuidado de crianças precisam de pessoas com *backgrounds* na educação e na assistência social, além das cuidadoras. Terceiro, é importante que a equipe inclua pessoas que tenham uma gama de interesses e habilidades diferentes, e de preferência tanto homens quanto mulheres (apesar das dificuldades que já mencionamos).

Outra questão que deve ser enfatizada é que o grupo de funcionárias deve refletir a composição étnica do bairro em que está a creche e das famílias que a utilizam. Estivemos muitas vezes em creches em que a maioria das crianças era negra e as funcionárias, brancas. Tal caso requer esforços imaginativos e enérgicos para recrutar funcionárias negras e pessoas de *backgrounds* culturais diferentes e, caso não haja candidatas qualificadas disponíveis, deve-se empregar pessoas adequadas como estagiárias, com um plano de desenvolvimento profissional bem trabalhado para elas. É obviamente importante para as crianças negras ter modelos de comportamento que sejam de sua própria cultura, mas é igualmente importante para as crianças e famílias brancas ver pessoas negras em cargos de responsabilidade, para que velhos estereótipos sejam dissolvidos. Nos locais em que as crianças desenvolvem a linguagem de forma bilíngue, é importante tentar recrutar funcionárias bilíngues, uma questão discutida mais detalhadamente no Capítulo 9.

Reunir um grupo de funcionários bem-equilibrado, mas também diversificado, é apenas o primeiro passo em direção à criação de uma equipe de trabalho eficiente. Alguns grupos de educadoras funcionam somente como indivíduos, com cada uma se relacionando separadamente com a superior. Embora elas possam trabalhar bem assim, Phyllida Parsloe já apontou, no contexto da assistência social, que tais equipes "individualistas" têm sérias desvantagens, e que as equipes "coletivas" têm probabilidade de gerar uma gama mais ampla de abordagens e oferecer melhor apoio a seus membros (Parsloe, 1981). Uma característica importante do grupo coletivo é que eles têm mecanismos para compartilhar ideias e torná-las concordantes, assim como para a tomada de decisões.

REUNIÕES DE FUNCIONÁRIAS

O sentimento de que algumas reuniões apenas tomam tempo, que seria mais bem empregado na continuação do trabalho, é muitas vezes justificado. Se se sente que as reuniões não chegam a lugar nenhum, é provável que se crie um humor composto de cinismo e impaciência, sobretudo se as reuniões implicam nas funcionárias abdicarem de momentos pessoais valiosos. Entretanto, as reuniões de funcionárias são absolutamente vitais para o funcionamento eficaz da creche, como qualquer outro empreendimento colaborativo, e precisam ser uma parte regular da rotina da creche.

Algumas creches, especialmente aquelas em que a maioria dos pais não tem empregos de tempo integral, reconhecem a importância das reuniões, fechando a creche por uma tarde, ou mesmo um dia inteiro por semana, e utilizando esse tempo para propósitos que requerem que as funcionárias estejam livres da responsabilidade pelo cuidado das crianças. Outras creches têm de encaixar reuniões ao fim de um dia cansativo de trabalho, o que apresenta sérias desvantagens. Uma solução intermediária é fechar a creche mais cedo, digamos, em um dia a cada duas semanas. Mesmo essa solução tem a probabilidade de excluir das reuniões as funcionárias auxiliares, cujo envolvimento pode ser muito valioso.

A organizadora deve ser clara a respeito do objetivo e da condução de reuniões de funcionárias, de forma que ela possa discutir o caso com as administradoras e fazer com que as reuniões aconteçam mais facilmente, ajustando as horas em que a creche fica aberta ou organizando a entrada de funcionárias substitutas. Deve ser dado prioridade à reunião por meio de ações como, por exemplo, ligar a secretária-eletrônica e ignorar um telefone que toca.

O propósito da reunião tem de ser compreendido e compartilhado por todos que participam dela. Caso funcionárias de apoio, pessoas de fora da creche ou voluntárias forem incluídas, o que pode ser apropriado de vez em quando, um cuidado especial deve ser tomado para que elas sejam completamente integradas aos tópicos em discussão. A reunião de funcionárias pode ser um elemento muito importante para a comunicação dentro da creche, e também uma forma de melhorar suas habilidades e sua compreensão no trabalho diário com as crianças. Se uma organizadora se sentir insatisfeita com a qualidade e os resultados das reuniões de funcionárias, ela deverá buscar informações e conselhos junto à suas próprias administradoras, a colegas que administram outras creches, ou pedir à sua organização que marque um dia de treinamento sobre esse tópico.

Planejando e organizando as reuniões

Para valer a pena, uma reunião deve ter um foco de interesse planejado antecipadamente. Nos casos em que esse foco envolve uma questão de políticas importante (exemplos podem ser uma proposta para um esforço em direção a levantar grande volume de financiamentos, implantar um esquema de voluntários, abrir os arquivos da creche para os pais ou remodelar a área externa da creche), o tópico pode figurar na agenda de várias reuniões, começando com uma discussão geral para explorar a ideia, uma sessão de *brainstorming* em uma reunião posterior e, finalmente, a formulação de um plano com o qual todos concordem. Mesmo os assuntos que têm a ver com o funcionamento cotidiano da creche precisam ser apresentados de forma clara por uma funcionária que toma para si a responsabilidade de expor o problema ou a proposta e sugerir maneiras possíveis de lidar com ele. Muitas vezes é mais eficaz para a organizadora indicar uma funcionária para tal tarefa, em vez de ela própria sempre dirigir os trabalhos.

Ao decidir o formato da reunião, a questão é como atingir a eficiência sem burocracia. As discussões realizadas em reuniões de creche são muitas vezes informais e sem foco, o que pode produzir um sentimento de frustração ao final, de que nada foi realizado. A chave para realizar reuniões eficazes consiste em preparação e seguimento cuidadosos, o que requer um certo nível de formalidade e uma maior disposição (em relação ao que pode ter sido o costume no passado) de colocar as coisas no papel. Por outro lado, o estilo convencional da agenda e das minutas pode também se tornar aborrecido e improdutivo.

Nossa experiência com reuniões de educadoras diz que elas funcionam melhor quando há uma preocupação considerável com os seus preparativos práticos e organizacionais. As diretrizes que a seguir podem ser úteis:

- A agenda para a reunião deve ser divulgada no mínimo um dia antes e ser colocada no quadro de avisos das educadoras ou, idealmente, distribuída a cada uma.
- A hora para o começo e o fim da reunião deve ser estabelecida com a concordância de todos e a pontualidade respeitada.
- A sala deve ter cadeiras prontas para aqueles que irão participar da reunião, colocadas de tal forma que cada participante possa ter contato direto com todos os outros.
- Cadeiras perto da porta devem ser deixadas desocupadas para quem se atrasar (no caso de uma reunião depois do expediente, algumas cuidadoras podem ter de esperar até que os últimos pais tenham vindo buscar seus filhos).
- No caso de parte da reunião ter de ser utilizada para passar informações, esse procedimento deve ser tão claro e conciso quanto possível, e reforçado por memorandos escritos, caso necessário.
- Deve-se pedir, em uma escala rotativa, a outras funcionárias, que não a organizadora, que tomem notas a respeito de decisões tomadas na reunião, especialmente no que concerne a quem concordou em fazer o quê. Essas notas devem ser postas no quadro ou circular o mais cedo possível depois da reunião, de preferência no dia seguinte, com as iniciais da educadora pertinente ao lado de cada ação tomada. Além disso, espera-se que todos os que participarem da reunião, incluindo estudantes, tomem notas para si de quaisquer assuntos que surjam durante a reunião.
- Cada reunião deve começar com uma checagem das ações surgidas na anterior (mas *não* uma revisão das minutas, o que pode tomar muito tempo e elicitar a repetição de discussões passadas).

É fácil acontecer de as educadoras ficarem preocupadas com questões relativas às suas próprias condições de trabalho. Uma maneira de manter o foco de atenção nas crianças e nas famílias é separar uma parte de cada reunião (ou de reuniões alternadas) para que uma funcionária "apresente" uma criança, para quem ela é a educadora-referência, e convide a discutir o assunto. É importante que isso não tenha como foco sempre um problema. Pode ser interessante e estimulante ouvir como uma colega capacitou uma criança a fazer progressos significativos ou ajudou a mudar o jeito com que uma mãe ou um pai encaravam as coisas.

Quando crianças específicas ou seus pais forem postos em discussão, a questão do sigilo deve sempre ser lembrada; a fronteira que separa informações de fofocas e comentários preconceituosos é bastante tênue.

Lidando com as dificuldades

Alguns problemas com os quais a organizadora pode ter de se confrontar em reuniões de funcionárias são: como lidar com as que nunca falam, o que dizer à pessoa que está sempre criticando e o que fazer quando o grupo de funcionárias chega a uma decisão que contraria a própria opinião da organizadora.

Membros silenciosos podem às vezes ser persuadidos a contribuir por meio de palavras encorajadoras durante a reunião, mas uma abordagem indireta talvez seja melhor. A organizadora pode achar um ponto de atrito no dia de trabalho que afeta essa cuidadora específica. Pode-se sugerir que ela, junto com uma colega, prepare uma contribuição baseada em sua visão do problema e em ideias para melhorias, trazendo-as na próxima reunião. Em sua supervisão, a cuidadora pode ser auxiliada a achar a melhor maneira de articular seu ponto de vista, de forma que sua intervenção seja clara e persuasiva para as demais funcionárias.

É indispensável dar atenção especial e uma escuta atenta à funcionária que critica. Ao fazer sua reclamação, ela pode estar dando voz a sentimentos negativos que outras funcionárias também têm, mas que não querem expressar abertamente. Às vezes uma dificuldade parece se concentrar em uma funcionária específica, e é muito importante manter a atenção focada no problema e não na pessoa.

A terceira situação, em que a opinião coletiva difere daquela da organizadora, pode ser complicada para uma organizadora comprometida com um estilo democrático de tomada de decisões. Às vezes ela terá de aceitar que o momento não é propício para alguma mudança que ela deseja introduzir e, ao menos temporariamente, aceitar a decisão coletiva. Em outras ocasiões isso será impossível por causa das políticas da prefeitura, de empecilhos financeiros ou de exigências legais. Por exemplo, em uma creche, as funcionárias sentiam-se exploradas pelo comportamento de alguns pais que insistiam em chegar atrasados para buscar seus filhos, e queriam retaliar tirando as vagas das crianças na creche. Tendo explicado o porquê de essa solução não ser aceitável, pois se achava que muitas crianças corriam risco de abuso, e frequentar a creche era parte do plano para sua proteção, a organizadora exerceu sua autoridade para insistir que alguma outra maneira deveria ser encontrada para lidar com a situação.

Reuniões da sala para grupos

Além das reuniões com todas as funcionárias da creche, vale a pena estabelecer como prática reuniões regulares da sala para grupos, mesmo quando elas envolvem apenas duas pessoas (embora possa haver casos em que seja sensato incluir também os voluntários). Algumas vezes as educadoras dizem: "Mas nós conversamos umas com as outras o tempo inteiro, não tem sentido estabelecer algo tão formal como uma reunião fixa". No entanto, mesmo discussões de 20 minutos sobre as questões mais gerais do funcionamento da sala podem constituir um hábito saudável a ser desenvolvido. As educadoras mais experientes podem permanecer na creche por um curto período após o fechamento para tornar isso possível. Tais reuniões oferecem uma oportunidade às cuidadoras de planejarem novas atividades que requerem preparação, ou de examinarem juntas e detalhadamente quais os momentos do dia em que elas sentem mais estresse e fadiga e de que maneiras isso pode ser reduzido.

DESENVOLVIMENTO DAS FUNCIONÁRIAS

O cuidado contínuo, ao longo dos anos, de grupos sucessivos de crianças bem pequenas não se adapta ao ciclo de vida normal dos adultos. Para que as cuidadoras mantenham sua motivação e sua capacidade de responder a necessidades e condições sociais em transformação, elas precisam sentir que estão trilhando um caminho, uma visão de si mesmas e de seus futuros que permita o crescimento profissional e o aumento contínuo de responsabilidades. Assim, o desenvolvimento das educadoras tem três aspectos: apreensão do melhor método de trabalho, educação pessoal e profissional contínua e planejamento da carreira.

Uma forma de desenvolvimento profissional que ocorre naturalmente dentro da creche é o exemplo de competência demonstrado pela educadora mais experiente. Sua voz, ações e maneiras em geral ao se relacionarem com as crianças e as colegas são um modelo significativo. Tudo isso precisa ser suplementado por um sistema formal de supervisão, como descrito a seguir.

Uma questão pequena, mas importante, é que o orçamento deve permitir que o prédio da creche tenha uma biblioteca para as educadoras, com adições regulares de livros ao acervo, e de preferência acessível também aos pais. É ainda importante que haja assinaturas de periódicos de relevância, e que um jornal de qualidade seja mantido na sala de funcionários.

Os dias ocasionais em que o grupo de funcionárias venha junto para trabalhar em questões organizacionais, talvez com um consultor de fora, ou para aprender mais sobre algum desenvolvimento ou abordagem novos, podem ser de grande valor. Esses dias devem estar inseridos no calendário anual, como acontece nas escolas, e, se essa não for a prática corrente, a organizadora precisa ser firme ao pedir uma mudança. O incômodo causado aos pais pode ser minimizado por meio de avisos com grande antecedência e de oferta de ajuda em relação a arranjos alternativos, caso necessário.

Um dia inteiro dedicado a todo o grupo de funcionárias, incluindo as funcionárias de apoio, pode ser muito lucrativo, oferecendo no ambiente da creche tempo para reflexão sobre os objetivos comuns, para apontar causas de dificuldades e planejar conjuntamente mudanças no dia de trabalho. Depois de identificados os problemas, eles podem ser estudados de três maneiras: de que forma eliminá-los, como modificá-los ou como concordar em aguentá-los e parar de reclamar a respeito! Por meio desse processo, muito da energia gasta em irritação e conflito (muitas vezes não expresso) pode ser liberada para ser usada de maneiras mais construtivas e prazerosas.

Fora da creche, há cursos, conferências e *workshops* oferecidos por departamentos de treinamento de serviço social, instituições educacionais e organizações de voluntários. Dependerá da política da administração responsável pela creche estabelecer quais oportunidades as funcionárias devem esperar ter, porém a organizadora precisa pressioná-la firmemente para que as funcionárias tenham tempo livre e um orçamento para o desenvolvimento profissional, o que é tão importante para o grupo de funcionárias como um todo quanto para os indivíduos em questão. As organizações voluntárias de maior porte geralmente inserem esse elemento em seus orçamentos, mas as creches comunitárias têm maior probabilidade de ter mais dificuldades. Deve-se requerer que as creches privadas ofereçam treinamento contínuo para as profissionais como condição para obter o registro junto às autoridades competentes. A National Day Nursery Association (Associação Nacional de Creches) oferece cursos sobre administração e aspectos relativos ao cuidado de crianças no contexto do trabalho em creches, além de enfatizar e promover a importância do treinamento.

Um curso realizado fora da creche tem a grande vantagem de permitir às funcionárias conhecerem outras pessoas que trabalham com a primeira infância e terem contato com outros tipos de ações desenvolvimentais em outros lugares. Quando uma funcionária é liberada para participar de um curso, a organizadora tem a importante tarefa de capacitar as demais funcionárias a suportarem o peso extra das tarefas que elas sem dúvida terão, bem como convencê-las de que isso será benéfico para todas a longo prazo. É vital que a organizadora se interesse ativamente pelos conteúdos do curso e ajude a cuidadora que participa dele a encontrar maneiras de aplicar o que aprendeu e a compartilhar sua experiência com as outras cuidadoras.

O valor da educação pessoal continuada não deve ser negligenciado. Muitas cuidadoras já sofreram discriminações, dentro do sistema educacional e de suas próprias famílias, por serem mulheres, e como resultado sua educação formal foi interrompida precocemente. Estimulá-las a frequentar aulas noturnas para aumentar seus conhecimentos em áreas como literatura, artes, música, línguas, sociologia ou psicologia, ou a estudar na Universidade Aberta, Canadá, não somente aumentará seus horizontes como também refletirá positivamente em seu trabalho na creche.

As oportunidades profissionais para as pessoas que trabalham com a primeira infância estão finalmente se abrindo, com a expansão de centros familiares de objetivos múltiplos, a modularização de cursos, o desenvolvimento da estrutura do National Vocational Qualifications e o movimento em favor do reconhecimento das experiências prévias. Embora poucas mulheres sejam agentes livres, em termos profissionais, elas podem ser ajudadas a formular planos que contemplem os aspectos do trabalho na creche e do aprendizado dentro e fora dela, de forma que adquiram um pouco de controle sobre suas vidas profissionais, em lugar de serem levadas pela corrente.

SUPERVISÃO E CONSULTORIA

A oferta de supervisões regulares na creche para todas as funcionárias é um desenvolvimento relativamente recente, importado do campo da assistência social. A supervisão tem a dupla função de assegurar responsabilidade pela qualidade do trabalho e oferecer uma base para o desenvolvimento das funcionárias (Parsloe, 1981). O valor da supervisão precisa ser compreendido e ser unânime entre as funcionárias, e o período de tempo separado para ela deve ser firmemente protegido, de forma que, por exemplo, não seja interrompido por telefonemas, ou que as funcionárias mais experientes não deem uma prioridade menor a ela em relação a suas reivindicações. O princípio por trás da supervisão é parecido com aquele que justifica o sistema de educador-referência para crianças: os adultos também precisam da garantia de que um pouco de atenção individual seja dada a eles.

Às vezes uma organizadora acha difícil pensar em encontrar tempo para inserir supervisões regulares na rotina da creche. Isso muitas vezes acontece porque ela trabalha com uma política de "portas abertas", e é assim constantemente interrompida por pessoas que pedem "uma palavrinha". Tem de haver um equilíbrio entre uma disponibilidade razoável e um estilo de "alimentar quando pedem", se isso não acontece pode se tornar impossível para a organizadora desenvolver seu trabalho adequadamente, o que no final é de nenhuma ajuda para as funcionárias.

Ocasiões emergenciais em que se tem de "largar tudo" são às vezes inevitáveis, mas, quando a dificuldade for pequena, pode ser mais apropriado que a funcionária lide com o problema ela mesma e, se necessário, discuta o incidente mais tarde em uma sessão de supervisão, em vez de procurar imediatamente a orientação da organizadora. Quando há um sistema de supervisões regulares estabelecido, é notável a redução de consultas (que consomem tempo) sobre questões triviais. Isso pode significar um verdadeiro progresso para o grupo de funcionárias, que desenvolve confiança em seus próprios julgamentos e em sua habilidade para tomar decisões.

Quando o sistema de educador-referência funciona com eficácia, as funcionárias mais experientes podem manter um contato próximo, nas sessões de supervisão, com o progresso de cada criança e com as relações de sua mãe ou seu pai com a creche. Com a estrutura que isso proporciona, as análises semestrais, que se tornaram uma prática comum em creches da prefeitura, são baseadas em observações consistentes e as crianças estarão indiretamente conscientes da qualidade da preocupação que se tem com elas como indivíduos.

Muitas vezes as cuidadoras podem confidenciar a uma funcionária mais experiente, em uma sessão de supervisão, que estão vivenciando estresse em suas vidas pessoais. Além de ouvir seus problemas, há uma necessidade de discutir de que maneiras as demandas do dia de trabalho podem ser mesmo assim enfrentadas, para que as dificuldades pessoais não interfiram nas relações com a creche.

A estrutura da supervisão deve incluir a cozinheira e outras funcionárias auxiliares, cujo papel essencial no funcionamento eficaz de uma creche é, algumas vezes, percebido somente quando uma delas falta ao trabalho. Muitas vezes, as funcionárias que trabalham com os serviços "domésticos" na creche permanecem mais tempo empregadas no local do que as cuidadoras, são mais profundamente ligadas à comunidade e podem desenvolver relações valiosas com as crianças e suas famílias. A força do grupo de funcionárias é aumentada enormemente quando as personalidades e as contribuições feitas pelas funcionárias de apoio são integradas de forma explícita e total. O respeito e a consideração mútuos devem ser expressos de maneira prática, de maneira que qualquer mudança na organização da creche que as afete seja discutida integralmente com elas. Exemplos de mudança são o brinquedo com tintas, areia e água, que pode significar mais trabalho com a limpeza, ou a organização da hora das refeições sugerida no Capítulo 10. As cuidadoras também podem ajudar as crianças a entender o que uma limpeza adequada exige, e assegurar-se de que elas demonstrem consideração com as funcionárias de apoio.

Quando mudanças são introduzidas, é importante que as funcionárias que trabalham na conservação da limpeza entendam sua importância educacional, e que lhes seja oferecida a oportunidade de expressar suas próprias preocupações em suas sessões de supervisão (talvez em grupo). A atenção aos detalhes e suas implicações humanas foram mencionadas como um de nossos pontos fortes como mulheres, e isso é um exemplo do tipo de situação em que esse ponto pode ser posto em prática.

BEM-ESTAR EMOCIONAL E FÍSICO

A questão do bem-estar das cuidadoras é muito discutida no campo da assistência social, mas é preciso fazer muito mais, de maneiras práticas específicas, para reduzir o que pode ser chamado de riscos ocupacionais, tanto físicos quanto emocionais, para as crecheiras. Pesquisas realizadas nos Estados Unidos e na Austrália demonstraram que as crecheiras sofrem muito mais, em relação à população em geral, de problemas na coluna, doenças respiratórias, distúrbios gastrintestinais e depressão (Ryan, 1988). O estresse que não é percebido pode levar ao surgimento de conflitos dentro da creche e a faltas frequentes ao trabalho devido à doença, aumentando a carga de trabalho e as responsabilidades das outras cuidadoras e criando instabilidade.

Há também um efeito direto nas crianças. Bain e Barnett (1980) relataram que as educadoras infantis que vivenciaram estresse severo desenvolveram técnicas defensivas semelhantes àquelas observadas entre enfermeiras hospitalares (Menzies, 1960). Elas negavam seus próprios sentimentos e se distanciaram daqueles de quem cuidavam, tratando as crianças como um grupo, não como indivíduos, diminuindo a importância dos vínculos e das relações pessoais. Tudo isso muitas vezes leva a uma síndrome, chamada de *burn-out*, em que a trabalhadora sente-se tão insatisfeita com seu emprego que o larga ou o troca por outro tipo de trabalho (Clyde, 1988). Embora essa possa ser a decisão acertada para a pessoa, ela pode significar também a perda de alguém atento e sensível para a profissão.

Saúde física

Ter consciência dos aspectos relativos à saúde é um componente essencial do desenvolvimento das funcionárias e, ao menos nos centros familiares, é cada vez mais visto como um aspecto importante do trabalho com os pais. Uma das melhores maneiras de as funcionárias ficarem mais bem-informadas acerca da saúde consiste em organizar um clube específico para as famílias que utilizam o centro, ao mesmo tempo em que elas próprias aprendem mais sobre questões como o fumo, o uso de álcool, dietas, exercício físico e maneiras de lidar com o estresse físico e emocional.

O cuidado de crianças exige muito do aspecto físico, e as cuidadoras precisam estar em forma para não ficar exaustas. Elas podem precisar de ajuda para elaborar sua dieta, em lugar de depender de lanches rápidos calóricos, e achar tempo fora do horário de trabalho para praticar algum esporte ou recreação ativa.

Os problemas com a coluna constituem um risco específico do trabalho com o cuidado de crianças. Uma questão importante nesse sentido é o planejamento para abolir o levantamento de objetos desnecessariamente. Já enfatizamos no Capítulo 2 a importância de organizar as salas de forma a minimizar a necessidade de mover os móveis. Substituir as camas por pequenos colchões e sacos de dormir evita ter de levantar e empilhar camas que têm armações de metal, libera espaço para depositar materiais e permite que as crianças maiores ajudem as funcionárias.

Carregar no colo as crianças que poderiam muito bem caminhar ou engatinhar sozinhas é outra fonte comum de problemas na coluna; a prática de carregar uma criança apoiada no quadril, se feita constantemente ao longo da vida laboral de uma adulta, pode criar grande tensão no alinhamento do corpo. Muitas vezes levantamos e seguramos uma criança porque queremos que ela fique em outro lugar – sem termos que nos incomodar negociando com ela a respeito, embora saibamos que seria melhor para a nossa coluna e para a independência da criança que o fizéssemos. Se houver uma sensação de pressa, é tentador tentar acelerar as coisas carregando a criança até o banheiro ou a mesa de jantar. As educadoras podem desenvolver mutuamente a consciência desse fator e concordar em tentar modificá-lo.

A atividade de levantar e carregar crianças pesadas até as mesas utilizadas para a troca de fraldas pode ser evitada simplesmente arranjando uma pequena escada de cozinha, de maneira que a criança possa, sob supervisão, subir os degraus por ela mesma. Isso tem um objetivo duplo – evitar a sobrecarga da coluna da adulta e incentivar a colaboração da criança no cuidado de seu próprio corpo.

O antigo mito, que provém da tradição hospitalar, de que as funcionárias não estão se ocupando de algo ou trabalhando se não estiverem de pé, deve ser descartado com firmeza. Cadeiras de tipo e altura adequadas devem estar sempre disponíveis. Tanto quanto possível, a cuidadora deve sentar em uma cadeira para adultos para afagar e confortar uma criança. Quando ela está sentada, a pressão é exercida sobre os joelhos e os pés, e não sobre a parte inferior da coluna. Cadeiras verticais são essenciais na sala para grupos, para ocasiões em que se sentar em sofás baixos ou no chão não for a posição mais confortável ou apropriada para a adulta.

As pessoas que trabalham com crianças pequenas são vulneráveis a infecções, em especial aquelas que ainda não permaneceram tempo suficiente nesse tipo de emprego para criar alguma imunidade, fator esse responsável por grande parte das faltas ao trabalho devido à doença. É possível tomar algumas medidas de precaução – por exemplo, manter uma higiene pessoal rígida, a insistência em lavar as mãos após a troca de fraldas, por mais inconveniente que isso possa ser no momento, nunca passar a cuidar fisicamente de outra criança sem lavar as mãos antes, atenção ao jogar no lixo lenços de papel (ver Capítulo 7) e não utilizar toalhas de uso coletivo. Com o aumento do risco de infecção pelo vírus HIV, é necessário que as funcionárias de creches utilizem luvas em algumas áreas. Essa é uma questão difícil de julgar; usar luvas pode ser inevitável, mas seria triste ver uma atmosfera impessoal, do tipo que existe em hospitais, voltar silenciosamente às creches.

Cuidado e perda

Uma forma de pressão emocional associada ao trabalho que não é suficientemente reconhecida provém da construção e do rompimento constantes de laços emocionais, à medida que as crianças vão para outros grupos ou deixam a creche. Essa é uma questão em que o papel da supervisora é vital para ajudar a cuidadoras a aceitar que tem somente um desempenho temporário na vida da criança, mas que a experiência da perda, apesar de dolorosa, não diminui o valor da relação, nem para ela nem para a criança.

ENFRENTANDO O ESTRESSE

As cuidadoras muitas vezes fazem comentários sobre o estresse que vivenciam em várias situações do seu trabalho diário: no seu contato direto com as crianças ao longo do dia; quando incidentes difíceis ocorrem com os pais das crianças; quando elas estão em conflito, aberto ou não expresso, com outras educadoras; e quando especialistas visitantes ou outras pessoas de fora da creche exigem sua atenção sem que isso tenha sido previamente planejado.

O estresse no trabalho do dia a dia

As reuniões da sala para grupos são uma boa ocasião para as funcionárias examinarem detalhadamente quais são os momentos ao longo do dia em que vivenciam mais estresse. Assim que os períodos de tensão tenham sido identificados, as questões que se colocam são: o estresse é inevitável? Ele pode ser modificado por um planejamento melhor? Ele pode ser eliminado? Por exemplo, de manhã cedo, várias crianças e seus pais chegam à creche ao mesmo tempo, e a educadora, sozinha, sente-se dividida entre dar atenção aos pais e supervisionar as atividades das crianças, cujo grupo vai crescendo em número na sala. Na reunião da sala para grupos, o problema enfrentado pelas funcionárias logo de manhã cedo precisa ser discutido, de forma que, quando for possível, a pressão exercida pelo número de pessoas seja distribuída, por meio da negociação com os pais a respeito da hora em que chegam à creche. Nos casos em que a funcionária não consegue oferecer uma supervisão integral às crianças porque tem de ouvir os pais, uma possibilidade consiste em lhes dar materiais específicos para o brincar, para ocupar as crianças, que não são disponibilizados em outros momentos do dia.

No período entre 11-13 horas, um sistema de educador-referência eficaz pode reduzir a confusão e criar uma calma maior no contato mais íntimo com cada grupo pequeno de crianças. Em vez de ser um período de grande pressa e barulho, essa parte do dia pode trazer uma satisfação muito maior para as crianças e os adultos. De maneira geral, quanto menor for o grupo de crianças pelo qual a funcionária é responsável, menor será a pressão. Por exemplo, sessões para contar histórias podem ser divididas, de maneira que, em lugar de uma funcionária ler para um grande grupo, enquanto as outras supervisionam os arredores, teremos um adulto contando uma história específica, em lugares diferentes, para seu próprio grupo.

Relações com os pais

O estresse derivado das relações com os pais provém parcialmente do fato de que muitas pessoas que levam seus filhos a creches da prefeitura ou a outros centros enfrentam em casa situações sérias, que causam ansiedade, e dificuldades variadas em suas vidas; por exemplo, viver em habitações abaixo do padrão e dependendo de um auxílio-desemprego inadequado. Algumas vezes, as cuidadoras, para quem essas pessoas desabafam seus problemas, sentem-se a tal ponto comovidas com elas que começam a vivenciar um estresse agudo. A supervisora precisa ajudá-las a canalizar a raiva em relação às injustiças sociais, que pode ser muito justa, para direções produtivas, tais como se tornar politicamente ativa ou apoiar grupos relevantes de pressão, em vez de falar do desespero e da depressão dos pais das crianças.

Um problema relacionado a isso é que os pais, sob a pressão do estresse, podem reagir irracionalmente ou de maneira agressiva a coisas pequenas que lhes parecem irritantes, tais como uma criança aparecer com tinta no cabelo, ou a educadora querer discutir o comportamento da criança, o que às vezes acarreta formas defensivas de responder. Em algumas ocasiões, a funcionária pode ter mesmo de sujeitar-se a ataques verbais ou físicos diretos. Tais eventos inevitavelmente colocam uma grande carga nos ombros das cuidadoras, e então o apoio e a orientação da organizadora serão essenciais para elas. Se elas puderem ganhar confiança ao lidar de forma calma e eficaz quando colocadas frente a situações com pais que são potencialmente agressivos, de acordo com as diretrizes sugeridas no Capítulo 14, irão mostrar a quaisquer crianças que estejam porventura presentes que há outras maneiras de reagir a um conflito, que não retrucar a agressão.

Tensão entre as funcionárias

Nada é mais cansativo do que uma atmosfera de desentendimento e conflito entre funcionárias que são colegas. Algumas vezes, as pessoas que trabalham juntas têm medo de levantar uma questão por medo que aconteça alguma coisa caso elas realmente falem o que pensam.

A desaprovação silenciosa e os ressentimentos mudos corroem muito as relações pessoais e podem existir em qualquer grupo. No entanto, uma das diferenças entre um grupo pessoal ou familiar e um grupo profissional é que os objetivos subjacentes do trabalho são aceitos e têm a concordância da maioria das pessoas, de forma que personalidades que têm diferenças entre si podem chegar a se respeitar, mesmo sem afeto. Com uma estrutura de comunicação e consultoria apropriada, construída ao longo de reuniões de funcionárias e supervisões regulares, as desavenças podem ser expressas e trabalhadas abertamente, antes que enfraqueçam o funcionamento do grupo. Todos têm de ter responsabilidade e colaborar na criação de uma boa atmosfera, tendo ao menos a compreensão de que, se falham ao realizar essa tarefa, estarão certamente prejudicando a si mesmos. Obviamente as funcionárias mais experientes têm um papel crucial no que tange a se manter bem-informadas acerca do que acontece ao seu redor, de forma a pressentir possíveis perturbações, acalmando conflitos em potencial e servindo de mediadoras entre opiniões opostas, caso necessário.

Organizando as visitas

A responsabilidade por organizar a ampla gama de pessoas que podem ser visitantes potenciais para uma creche fica nas mãos da organizadora. Algumas vezes ela precisa ser firme, não somente ao limitar o número de visitas que querem observar o trabalho realizado, mas também ao indicar a melhor maneira de estar presente em um grupo sem causar distração.

Os especialistas de fora da creche podem oferecer apoio e conhecimentos específicos de grande valor, mas podem também ser uma fonte de estresse, a menos que suas visitas sejam coordenadas com cuidado e o papel central da educadora-referência seja totalmente reconhecido. A organização das visitas nunca deve ser aleatória – "Vou aparecer aí pela manhã" significa o fim de qualquer colaboração eficaz. Os encontros devem ser agendados de forma precisa, de modo que a cuidadora não seja colocada na difícil posição de ter de dividir sua atenção entre as crianças e um visitante – pois ela precisa dispor de um período calmo, em que possa concentrar-se, para discutir com ele como será a base de sua colaboração. As dificuldades práticas referentes a tempo e espaço são bem presentes. Caso essas dificuldades possam ser superadas de acordo com um bom planejamento, ainda haverá muito a fazer para que seja possível que cuidadora e especialistas-visitantes discutam e decidam de que maneiras eles podem complementar mutuamente suas habilidades específicas.

De alguns anos para cá, especialistas como fisioterapeutas e fonoaudiólogas têm envolvido cada vez mais os pais no tratamento de seus filhos. A cuidadora que passa muitas horas do dia com a criança na creche precisa envolver-se da mesma forma, de maneira que ela também possa complementar o trabalho desses profissionais.

Por exemplo, uma fisioterapeuta comunitária foi capaz de envolver as educadoras e as crianças em seu trabalho com Sarah, uma garotinha que portava uma deficiência que afetava o seu caminhar. Ela queria que Sarah praticasse movimentos específicos e desenvolveu um jogo que a estimulava a fazê-lo envolvendo todo o grupo de crianças. Dessa forma, a criança em tratamento não se sentiu isolada, a educadora podia aprender com a sua participação, e o problema de encontrar espaço e tempo para o tratamento individual foi solucionado. Esse tipo de abordagem imaginativa oferece muitas possibilidades que podem ser desenvolvidas entre as funcionárias da creche e as especialistas-visitantes, desde que uma base inicial de confiança mútua tenha sido criada.

AMPLIANDO OS RECURSOS DAS FUNCIONÁRIAS

Quantas vezes ouvimos, ao fim de um curso de treinamento, a reação desanimada: "Ah, gostaríamos muito de fazer isso, mas não temos pessoal suficiente". Olhando mais de perto, vemos que o que essa resposta realmente quer dizer é que não há adultos em número suficiente para a quantidade de crianças. Há duas maneiras de lidar com esse problema (além da contratação de mais funcionárias): empregar pessoas para propósitos específicos, em períodos temporários, e utilizar voluntárias.

Embora muitas creches e centros familiares convidem pessoas para ajudar de maneira casual, atingem-se resultados muito melhores estabelecendo-se um esquema de voluntários adequadamente planejado. Há muitos modelos úteis disponíveis: por exemplo, os programas de visita ao lar, para famílias jovens sob estresse, hoje muito disseminados, conhecidos como Home Start (Van der Eyken, 1982); porém, esta parte do livro se baseia principalmente na experiência de uma diretora de creche, Chris Leaves, que conseguiu ampliar de maneira substancial o escopo de seu trabalho, em uma pequena creche em Peterborough (cidade a 100 km ao norte de Londres), usando voluntários (Leaves, 1985).

O processo de introdução de um esquema de voluntários pode ser dividido em três fases: recrutamento e seleção, preparação e treinamento e apoio contínuo.

Recrutamento e seleção

A primeira meta é tornar público o esquema e atrair um grande número de pedidos de informações, sabendo que esses pedidos irão diminuir rapidamente assim que tal manifestação de interesse tenha que se tornar um compromisso. Um bom começo seria convidar um jornalista local para uma visita, com a finalidade de escrever um artigo sobre o trabalho realizado na creche. As rádios e os jornais gratuitos locais são também fontes úteis de publicidade. Cartazes e folhetos são menos impactantes. No esquema utilizado em Peterborough, 30 das 50 pessoas que pediram informações aceitaram um convite para visitar a creche; 20 delas enviaram de volta os cadastros preenchidos, das quais quatro foram eliminadas pela conferência de aspectos de saúde e de bons antecedentes, e 11 finalmente se tornaram voluntárias regulares. A partir disso, torna-se claro que o processamento de pedidos de informações dos cadastros envolve bastante trabalho, mas pode-se conseguir que um coordenador voluntário esteja disponível para ajudar, seja ele empregado da prefeitura ou de uma organização voluntária.

Preparação e treinamento

Alguns esquemas de voluntários oferecem cursos de treinamento que duram várias semanas, mas, tendo mergulhado na opção de trabalhar como voluntárias em uma creche, as pessoas geralmente já estão com muita vontade de começar, e o treinamento para tal trabalho tem mais probabilidade de manter essa motivação. Um compromisso que funcionou bem em Peterborough foi ter dois dias de preparação intensa, seguidos de sessões regulares de acompanhamento. Esses dois dias incluíam exercícios de aquecimento para as funções, jogos, atividades e estudos de caso, projetados para apresentar os voluntários ao trabalho com as crianças e aos problemas enfrentados pelas famílias que utilizavam a creche. Um dos objetivos fundamentais foi ajudar os voluntários a desenvolverem uma atitude de não julgar os pais das crianças, e também cobrir aspectos práticos, como as rotinas da creche, horários de ônibus e formas de cobrar por gastos. Foi enfatizada a importância do comprometimento e da confiabilidade, e cada voluntário preencheu um cadastro estabelecendo quanto tempo ele estava preparado para doar.

Voluntários em ação

Em seguida aos dias de preparação, cada voluntário foi colocado junto com uma educadora condizente, que concordou em oferecer consultoria e supervisão por 10 minutos ao fim de cada sessão. Além disso, foi inserida no esquema uma reunião mensal de apoio, coordenada pela organizadora, centrada em uma atividade específica, mas também dando aos voluntários uma oportunidade de compartilhar experiências e conhecer melhor uns aos outros. Esse contato social mostrou-se bastante recompensador para eles, e provavelmente foi um fator de grande importância para a continuidade de sua participação.

Embora o estabelecimento de um esquema de voluntários tome bastante tempo, os benefícios para a creche podem ser deveras significativos. Os voluntários trazem novas experiências, habilidades e interesses, acrescentando uma dimensão extra a tudo que acontece na creche. Eles podem liberar as outras funcionárias para trabalhar individualmente com crianças específicas, ou fazê-lo eles mesmos, podem possibilitar que as funcionárias levem as crianças a passeios, e ainda agir como embaixadores da creche na comunidade. Eles ficam interessados pelas crianças e seus pais e estabelecem laços de amizade com eles.

No começo do esquema para voluntários de Peterborough, as funcionárias haviam dividido as tarefas em dois grupos, aquelas que elas achavam que os voluntários eram capazes de fazer e aquelas que deveriam ser realizadas por profissionais. Na prática, descobriu-se que os voluntários eram capazes de fazer praticamente qualquer coisa, se houvesse apoio. Essa é uma questão importante, pois os voluntários muitas vezes desistem de seu trabalho porque são destinados a realizar tarefas domésticas e aborrecidas, quando o que realmente querem é trabalhar com pessoas (Parsloe e Williams, 1993).

OFERECENDO UM SERVIÇO DE ALTA QUALIDADE

Os voluntários, por mais bem-preparados e úteis que sejam, constituem mais um fator a contribuir para a complexidade da tarefa da organizadora. A administração de creches é um campo seriamente negligenciado. As pesquisas, que nos dias atuais provêm em sua maioria dos Estados Unidos, sugerem que muitos princípios gerais de administração utilizados em centros de serviços humanos são aplicáveis à creche, mas que há ainda fatores especiais envolvidos no cuidado de crianças pequenas (Phillips et al., 1991). Certamente a tarefa da organizadora exige muito dela, e as pessoas que têm esse papel precisam ser ativas ao buscar treinamento e apoio adequados para si mesmas, no papel de administradoras, bem como para suas funcionárias. As pesquisas apontam de maneira clara que a boa qualidade no cuidado de crianças depende de o grupo de funcionárias trabalhar de forma eficaz como equipe, em uma atmosfera que ofereça estabilidade, satisfação com o trabalho e abertura à flexibilidade e a mudanças planejadas.

RESUMO

A tarefa de uma administradora em uma creche ou em um centro familiar consiste em melhorar os aspectos prazerosos do cuidado dado a crianças pequenas e em ajudar a minimizar as inevitáveis ocasiões e acontecimentos que são estressantes. A organização eficaz é essencial para que a equipe de funcionárias trabalhe em conjunto de maneira harmoniosa. É necessário pensar e planejar os sistemas de comunicação, as reuniões de funcionárias, o treinamento no trabalho e o desenvolvimento de carreira. O bem-estar físico e emocional das cuidadoras deve ter alta prioridade. Os especialistas de fora da creche podem oferecer uma ajuda valiosa no trabalho com crianças específicas, caso essa colaboração seja cuidadosamente planejada. É descrito ainda um modelo para ampliar os recursos das funcionárias da comunidade por meio da utilização de voluntários.

capítulo **5**

Bebês em creches

O recém-nascido para a terra e para o céu
Quando sua tenra palma pressiona
O círculo do seio
Nunca pensou "isto sou eu".

Tennyson

A o longo dos últimos 20 anos, houve um enorme aumento no número de mulheres que trabalham em tempo integral um ano após ter dado à luz – a porcentagem passou de 5 para 24%. Se incluirmos o trabalho de meio período, o número sobe para 67% (Labour Market Trends, 2002). Em outros países, como a Suécia, cuja legislação protege os salários e os empregos da força de trabalho constituída por mães, há uma tendência para a diminuição desse percentual, com menos bebês sendo colocados em instituições de cuidado (Devem e Moss, 2002; Moss, 2001), mas, no Reino Unido, apesar de recentemente ter ocorrido uma melhora modesta no que tange à questão de licença-maternidade e paternidade, a tendência é para o aumento da porcentagem.

As pressões de ordem econômica e o desemprego estão fazendo com que as mulheres com empregos congeniais fiquem cada vez mais ansiosas com relação a largar seus empregos quando têm um bebê. Se elas o fazem, podem encontrar grandes dificuldades mais tarde, ao procurar trabalho que seja adequado às suas qualificações, terão certamente perdido sua condição de profissionais mais experientes (*seniority*) e suas perspectivas em termos de carreira profissional terão provavelmente diminuído (Joshi, 1987). As mães solteiras encontram-se em uma situação mais vulnerável, pois podem esperar uma existência extremamente nebulosa e limitada, caso a sua renda dependa exclusivamente do Seguro Social (Bradshaw, 2000; Land, 2002). Seja como for, poucas mães deixam seus filhos sem sentir apreensão e dúvida, por mais que queiram voltar ao trabalho, e muitas acham as primeiras semanas de separação de seus bebês extremamente dolorosas (Brannen e Moss, 1988; Moylett, 1997).

Tudo isso precisa ser levado em consideração pelas cuidadoras e pelas mães-crecheiras, que às vezes têm uma atitude crítica em relação aos pais que procuram as creches para cuidar de seus filhos bem pequenos (Ferri, 1992; Moss, 1986). Uma outra questão a ser lembrada é que, embora a falta de tempo seja sempre um problema para os pais que trabalham, é mais provável que um bebê receba cuidado e atenção melhores de uma mãe que tem um emprego que lhe proporcione satisfação e um salário adequado, do que de uma mãe que tem de enfrentar todos os problemas decorrentes da pobreza.

A discussão que questiona se o cuidado em creches é prejudicial para crianças com menos de 1 ano é altamente controversa. Belsky (2001) realizou uma revisão bastante extensa de todos os fatores que cercam o que ele chama de "as guerras no cuidado de crianças". Em um artigo de argumentação densa, ele conclui que o cuidado não materno precoce, extenso e contínuo é associado a vínculos menos seguros e a uma incidência maior de agressão, não conformidade e problemas comportamentais no período da pré-escola e nos primeiros anos escolares. Essa conclusão é conflitante com muitos estudos que não demonstram que o cuidado de boa qualidade produza efeitos adversos, embora o de má qualidade, dado por um dos pais ou por qualquer outra pessoa, certamente seja pernicioso, especialmente para os bebês bem pequenos. Outras pesquisas mostram que a pobreza e o *background* educacional dos pais são fatores mais importantes para a predição de efeitos a longo prazo do que o emprego que a mãe tem (ou não) durante o primeiro ano do bebê (Joshi e Verropoulou, 2000).

Curiosamente, Belsky não considera a questão da amamentação, que, apesar da enorme quantidade de evidências que atestam seus benefícios para o desenvolvimento cognitivo e da saúde, não é muito discutida em relação ao cuidado de bebês em creches (Anglesen et al., 2001; *Independent inquiry into inequalities of health*, 1998). Com os modernos equipamentos disponíveis para o aleitamento hoje, não temos por que não alimentar o bebê com mamadeiras, com leite materno, na creche, ao mesmo tempo em que ele continua a ser amamentado no peito da mãe, durante os períodos muito mais longos que passa com ela em casa. As cuidadoras precisam compreender as razões de valer muito a pena esse pequeno esforço a mais que talvez tenham de fazer.

Na prática, a decisão de voltar ou não ao trabalho, e quando, está raramente nas mãos dos pais. Uma questão mais complicada é escolher entre uma creche e uma mãe-crecheira. Fiona Fogarty e Helen Moylett, que escreveram mais do ponto de vista de mães do que de profissionais, descrevem como fizeram suas diferentes escolhas (Abbott e Moylett, 1997). Tipicamente, ambas ficaram satisfeitas com os resultados, e seus bebês também pareciam contentes. Pode ser que isso seja mais importante do que a forma específica de cuidado escolhida.

CRECHES E MÃES-CRECHEIRAS

Não obstante, garantir que as crianças pequenas recebam cuidado individual e responsivo em uma creche envolve muitos problemas. Para começar, esse tipo de cuidado é extremamente caro, por causa da alta proporção adulto-criança necessária. Uma dificuldade adicional é que as necessidades dos bebês são imprevisíveis e flutuantes, além de ser intensas e imediatas. Podem haver períodos em que não haverá nada para a cuidadora fazer, que se alternam com momentos em que todos os bebês na sala querem atenção ao mesmo tempo. Seus ritmos diários mudam à medida que eles crescem, de maneiras que não se assemelham à rotina da creche.

Compreender as comunicações dos bebês depende de fatores como um conhecimento íntimo dos seus padrões de comportamento e de observações próximas de suas reações de um momento para o outro, muito bem-ilustrados pela sequência de imagens contida em um livro adorável, *The social baby* (*O bebê social*) (Murray e Andrews, 2000). Os pais desenvolvem esse conhecimento ao longo das primeiras semanas após o nascimento do bebê, mas as cuidadoras não dispõem dessa oportunidade.

Na prática, a maioria das mães que procura manter seus empregos não tem muita escolha em relação à organização do cuidado de seu filho em creches. Poucas creches privadas, mesmo quando há uma disponível na vizinhança, oferecem cuidado para bebês bem pequenos. As avós, que costumavam ser as cuidadoras principais quando as mães trabalhavam, estão cada vez mais relutantes em relação a se comprometer com tal tipo de compromisso contínuo e regular (Brannen et al., 2003). Assim, a menos que a família tenha condições de custear uma babá, ela terá de usar o recurso da mãe-crecheira.

As mães-crecheiras prestam um serviço inestimável, e muitas das críticas que elas sofreram no passado deveriam ser dirigidas ao governo ou aos congressistas que falharam em oferecer reconhecimento, treinamento e apoio adequados para o trabalho delas, da forma que ocorre em países como França, Suécia e Nova Zelândia (Mooney e Statham, 2003). Na França, as creches (*crèches collectives*) muitas vezes dispõem dos serviços de um grupo de cuidadoras que trabalha em casa (*crèches familiales*). As cuidadoras familiares* têm

---

* N. de T. Neste parágrafo é explícita a variedade de termos utilizados em língua inglesa para descrever essas atividades, ocupações e instituições. Os termos "cuidadoras familiares" e "*crèches familiales*" (em francês) podem aqui ser considerados análogos a "mães-crecheiras" e a "creches domiciliares".

sua própria coordenadora e acesso às instalações da creche. Na Suécia, muitas vezes elas são empregadas assalariadas da prefeitura.

Neste país, algumas questões que foram desenvolvidas e que nos dão esperanças são o crescimento das redes de creches domiciliares (Owen, 2003) e o reconhecimento tardio de que as mães-crecheiras são, além de cuidadoras, também educadoras. Agora elas podem receber bolsas para seus estudos na área da educação infantil, embora somente quando cuidam de crianças de 3 ou 4 anos (Jackson, 2003).

Comparando-se esses serviços, pensamos que o cuidado domiciliar é mais bem adaptado às necessidades dos bebês, em comparação com o cuidado oferecido em centros – desde que a mãe-crecheira compreenda que o seu papel vai muito além do simples cuidado físico. Um bom cuidado oferecido por uma pessoa é quase sempre mais amoroso e sensível do que aquele dado por várias pessoas diferentes, por mais competentes que sejam. O sistema de educador-referência representa somente uma tentativa parcial de compensar essa desvantagem inerente ao cuidado feito em grupo.

Muitos textos na área da psicologia afirmam que os bebês de menos de 8 meses não diferenciam os adultos que os cuidam. Pelo contrário, eles podem tolerar vários cuidadores, porém demonstram com clareza suas preferências desde muito cedo. Somente conhecendo muito bem um bebê podemos compreender suas formas sutis de comunicação e interpretação de sons pré-verbais (Murray e Andrews, 2000).

Não pretendemos duplicar a vasta quantidade de conselhos e informações que temos disponível nos dias de hoje sobre o cuidado e a educação de bebês. Enfatizamos aqui vários aspectos da vida do bebê, que são de particular importância para aqueles a quem foi confiado o seu cuidado fora de sua casa.

CHORAR: UMA LINGUAGEM DOS BEBÊS

Há uma grande variação natural no tempo que os bebês passam chorando, e esse tempo também varia em relação aos meses de idade do bebê. Alguns bebês, que raramente choravam em suas primeiras semanas de vida, de repente passam por um período que para os seus pais parece ser de gritos contínuos. Entretanto, em geral os bebês choram por algum motivo, o choro continuado e persistente dos bebês em uma creche sempre indica que algo está faltando no cuidado oferecido a eles.

Vivendo próximos a um bebê, tornamo-nos capazes de distinguir (e assim interpretar) as mensagens que estão por trás dos diferentes tipos de choro. O bebê pode estar vivenciando fome, dor, desconforto físico, solidão, estimulação em demasia, ou talvez só um sentimento geral de mal-estar. Quando os gritos de um bebê persistem e ele parece incapaz de aceitar nosso conforto, às vezes sentimos um impulso de passá-lo aos cuidados de outra pessoa, porque não conseguimos suportar a pressão. Quando essa outra pessoa nos passa de volta o bebê ainda chorando, nossa frustração, que é compreensível, pode ser comunicada ao bebê por meio da crescente tensão em nossas mãos e corpos, o que causa o aumento do choro e dos gritos do bebê.

Esse é o momento apropriado para estudar como estamos respirando e para nos responsabilizarmos pelos nossos próprios sentimentos. Focando consciente e deliberadamente nossa atenção na atividade de respirar através do diafragma, e não com a parte superior do tórax, podemos reduzir o estresse imediatamente, o que permite nos recompormos e nos sentirmos novamente controlados. Tão logo consigamos fazê-lo, entramos em um estado em que podemos escutar com atenção, talvez comunicando tal estado ao bebê usando nossa voz mais suave e tranquila, "Eu estou lhe ouvindo. Ainda não entendi o que você está tentando me dizer, mas tenha certeza de que não vou te deixar". Isso evita que levantemos a voz, e nos permite oferecer uma massagem suave, em vez dos costumeiros tapinhas agitados, de jogar o bebê para cima e para baixo e da conversa ansiosa com que os adultos muitas vezes expressam sua própria angústia quando uma criança não pára de chorar.

Quando estamos sob pressão, em um grupo de outros bebês que também precisam de atenção, pode ser muito difícil de alcançar esse tipo de tranquilidade pessoal, mas ela é uma maneira de transmitir as mensagens que reafirmam nosso cuidado e nosso conforto, que queremos passar ao mesmo tempo em que permanecemos alertas e receptivos em relação ao que o bebê está vivenciando. Murray e Andrews (2000) sugerem e exemplificam muitas formas de evitar que causemos desconforto aos bebês e de acalmá-los quando estão agitados.

Vale a pena relembrar que algumas cuidadoras, na infância, podem ter passado pelas práticas de educação de crianças, agora desacreditadas, de outra geração, quando era comum o conselho de "deixar o bebê gastar o choro". Não conseguiríamos deixar sozinho um amigo profundamente perturbado, se podemos ajudá-lo, então por que razão o faríamos com bebês que nem mesmo podem expressar-se em palavras? Conexões desse tipo podem ser úteis para nos orientar em relação ao modo como cuidamos dos bebês.

Alimentando

O choro dos bebês pequenos é em geral ocasionado pela fome. Embora não esperemos mais que as sensações do estômago de um bebê sejam análogas ao movimento dos ponteiros de um relógio, ainda sentimos, de modo irracional, que não é razoável que um bebê demande que seja alimentado novamente apenas 1 hora depois de tê-lo sido. Esquecemos que ele pode então dormir por 5 ou 6 horas sem se mexer.

Alimentar o bebê constitui para ele a experiência basal. A alimentação significa para ele não somente a ingestão de alimentos, mas também a interação contínua com um adulto próximo, uma oportunidade para comunicação que contribui para todos os aspectos de seu desenvolvimento.

Quando há mais de um bebê para ser alimentado com mamadeira, a cuidadora terá de enfrentar o problema de harmonizar o melhor possível os ritmos corporais diferentes que os bebês do grupo terão. Ao longo do crescimento do bebê, seu ritmo de alimentação mudará, da mesma forma que seu padrão de sono. Para garantir que as necessidades individuais do bebê, e não a rotina da creche, estabeleçam os horários de alimentação, e que seja sempre a educadora-referência do bebê a alimentá-lo quando ela estiver presente, é necessário boa capacidade de observação e flexibilidade.

Em uma sala onde as pessoas estão atarefadas, com outras funcionárias e crianças presentes, há um risco de que a educadora-referência do bebê seja distraída de dar atenção total e tranquila a ele somente, o que é tão importante quanto o leite que ele mama. Ela precisa criar um canto sem perturbações, para assegurar que a experiência seja sem pressa e confortável para o bebê, bem como para ela mesma. A antiga "cadeira para aleitamento", se ainda puder ser encontrada, era ideal para o aleitamento por meio de mamadeira. A altura dela foi projetada para permitir que os pés descansem firmemente conectados ao solo, e o encosto era reto e proporcionava bom apoio.

Ao olhar para um bebê que esteja mamando no seio de sua mãe, ou em sua mamadeira, observamos que, na díade bebê e cuidadora, ele é o elemento ativo, que decide a velocidade e a intensidade com que mama e com que sua

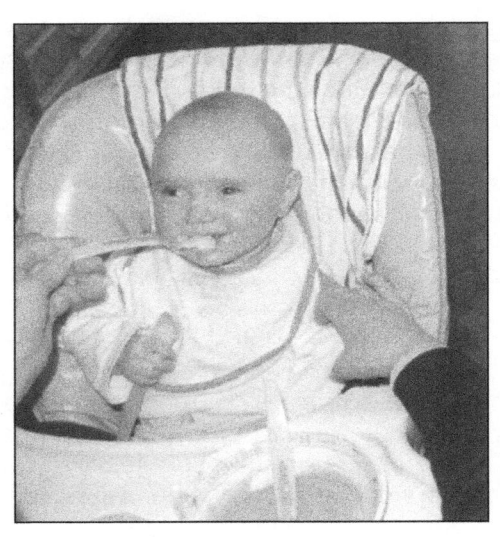

FIGURA 5.1 Divertindo-se com a comida e a companhia.

mãe reage a seus movimentos, adaptando a posição de seus braços e corpo para permitir que ele mame confortavelmente. A qualidade dessa relação é expressa no "olhar primal" (*primal gaze*), no qual o bebê busca um contato intenso pelo olhar, enquanto se alimenta (Goldshmied, 1974).

Quando começa o desmame, com seus novos gostos e texturas, seus papéis serão invertidos. O adulto que tem o papel de cuidador é o parceiro ativo, mas ele tem de responder delicadamente ao comportamento do bebê, respeitando seu ritmo, oferecendo a colher exatamente no momento em que der o sinal, abrindo os lábios, de que está pronto para receber mais comida. Se a cuidadora estiver hiperativa ou ansiosa, então uma pequena batalha de vontades pode acontecer. Um bebê pode então perceber a tensão e resistir às pressões da cuidadora; esse pode ser o começo de "dificuldades com a alimentação".

A questão mais importante nesse momento é cuidar que o papel ativo do bebê, tão evidente quando da alimentação pelo seio ou pela mamadeira, seja estimulado, para que ele tenha contato direto com o alimento, tão logo seja possível, e possa adquirir a habilidade de manipulá-lo com os dedos. Mais tarde, essa energia concentra-se na complexa tarefa de levar a comida do prato até a boca com o auxílio da colher. Antes de ele adquirir essa habilidade, podemos ajudá-lo dando uma colher para ele segurar e sacudir, ao mesmo tempo em que oferecemos outra colher já com a comida. Essa é nossa mensagem, que reconhecemos que mais tarde ele por si só manipulará a colher.

Ao permitir que o bebê usufrua um certo grau de liberdade, não há necessidade de haver bagunça excessiva em seu rosto ou cabelo, ou no chão. Colocar apenas uma pequena quantidade de comida por vez no prato ou em uma tigela pode limitar a possibilidade de ocorrência de pequenos desastres e a desordem que muitos adultos acham difícil tolerar – especialmente, ao que parece, quando o bebê é uma menina. É mais fácil lidar com essa exigente fase se conseguirmos achar prazerosa a tarefa de fazer com que o bebê aprecie sua comida em uma época em que sua autonomia está emergindo gradualmente. Ele diria "obrigado", caso pudesse – na verdade, ele agradece por meio de seus sorrisos repletos e seu óbvio prazer ao desfrutar de nossa companhia atenta.

O manejo direto da comida, mantido dentro de limites razoáveis, é um aperitivo em relação ao brincar com coisas que são potencialmente criadoras de bagunça, como areia e água, argila e tinta, que ele encontrará mais tarde. A crescente habilidade do bebê de manipular a colher é análoga ao seu domínio da coordenação olho-mão-objeto-boca, que ele exercita ao brincar com uma repleta Caixa de Tesouros.

MOBILIDADE

Além dos cinco sentidos, tato, olfato, paladar, audição e visão, o sentido de movimento do nosso corpo (o sentido cinético) constitui um elemento vital no crescimento nossa própria autoimagem. O movimento em um espaço restrito já é de fato uma parte da experiência do bebê no útero (quantas vezes ouvimos a reclamação brincalhona de que "o bebê parece estar calçando chuteiras!").

Na primeira infância, esse sentido desenvolve-se rapidamente quando há liberdade de movimentos que permite ao bebê assumir pequenos riscos, o que lhe dá confiança em relação ao que pode tentar fazer e realizar. Um bebê deitado de costas sobre uma superfície firme, mas confortável – um cobertor estendido no chão é o mais seguro –, usará essa oportunidade ao máximo para se alongar, se contorcer, rolar pelo chão e se levantar. Dessa forma, ele pode tocar livremente seus pés e mãos, em um processo crescente de compreensão de que eles são suas próprias extremidades. Para tanto, é essencial que seus pés estejam descalços, de forma que possa pegar e chupar seus dedos dos pés e sentir os estímulos notáveis que essas atividades oferecem. Estar de pés descalços permite ainda que o bebê use um dos dedões dos pés para alavancar o corpo quando rolar no chão, ficando alternadamente de bruços e de costas, para seu evidente encanto e satisfação.

Desde muito pequenos, os bebês precisam ser colocados de bruços por períodos curtos de tempo, sempre com seus cotovelos dobrados e apoiados no chão, abaixo do queixo, de maneira que a cabeça fique livre para virar para os lados. Se colocarmos objetos interessantes à sua frente, logo o bebê aprenderá a transferir seu peso para um ombro, apoiando-se no braço dobrado deixando livre o outro, para estendê-lo e agarrar o objeto que lhe interessa. Ao esforçar-se para alcançar o objeto, o bebê começa a fazer movimentos corcoveantes semelhantes aos das focas, avançando lentamente, ao mesmo tempo em que a ideia de engatinhar parece se desenvolver. Em um determinado momento, ele puxará os joelhos, de forma a apoiar seu corpo neles, e logo estará movimentando alternadamente as mãos e os joelhos, fazendo com que ambos os lados de seu corpo avancem coordenada e equilibradamente.

Quando o bebê já dominar a habilidade de engatinhar e estiver desfrutando de sua recém-descoberta liberdade para explorar o mundo, é conveniente ensiná-lo a lidar com as escadas de maneira segura. Mostramos à criança como sentar no degrau superior e virar-se para os lados, com as mãos apoiadas em um degrau e os joelhos dobrados apoiados no degrau abaixo. Se mostrarmos a ele algumas vezes como descer de costas, apoiado em suas mãos e joelhos, ele logo dominará a técnica e estará protegido contra o risco de queda. É muito comum que as pessoas deixem aberto o portão que fecha o acesso às escadas e, assim, ensinam às crianças como lidar por si mesmas com as escadas, tão cedo quanto possível, constitui-se em importante forma de proteção.

As crianças pequenas parecem saber quando querem alçar-se a uma posição mais elevada, mas para fazê-lo precisam de pontos seguros onde se apoiar, os quais devem ser fornecidos pelas creches. Alguns adultos têm a tendência de levantar as crianças, de modo que fiquem de pé, muito cedo, pois mesmo o engatinhar mais eficiente ainda parece deixá-las inquietas. Vale a pena esperar e refletir sobre o quão mais seguro é, para o bebê, continuar a engatinhar até que esteja mais maduro fisicamente, e haverá um período mais curto em que ele precisará agarrar freneticamente luminárias ou toalhas de mesa procurando achar apoio para seus passos oscilantes.

AUXÍLIOS TÉCNICOS PARA O CUIDADO DE BEBÊS

Há um número crescente de auxílios técnicos para o cuidado de bebês – alguns muito úteis, outros porém que devem ser avaliados criticamente. Eles podem ter sido projetados para tornar mais fácil o trabalho dos adultos, mas não necessariamente beneficiarão a criança.

Cercadinhos para crianças

Houve um tempo em que os cercadinhos de madeira eram encontrados em toda e qualquer creche, e mesmo nas casas, se houvesse o espaço necessário. Uma grande desvantagem do cercadinho é que ele é uma forma demasiado conveniente de ignorar um bebê ou restringir o espaço para uma criança que engatinhe. Além disso, a altura do cercado implica grande pressão para a coluna cervical do adulto, ao se abaixar para levantar e tirar o bebê dali. Devido às barras horizontais, o adulto não pode dobrar seus joelhos para levantar o bebê, de forma que todo o peso é concentrado nos braços e na parte superior da coluna, o que representa um risco sério à saúde.

O outro tipo de cercadinho para crianças, que é utilizado mais comumente em casas, por ocupar um espaço menor, é geralmente chamado de "armadilha para lagostas" (*lobster pot*). Um bebê confinado nesse tipo de cercado vê o mundo através de uma rede branca bastante densa, o que é algo que nenhum de nós gostaria de fazer por mais do que alguns momentos. Quando queremos olhar para fora de casa, lembram como sempre levantamos a cortina da janela? Um cercadinho é útil quando proporciona um lugar seguro para um bebê que engatinha, se o adulto tem de deixá-lo sozinho por um curto período, por exemplo, quando outra criança precisa urgentemente de cuidado. Mas esses lugares seguros podem muito facilmente transformar-se em prisões e, mesmo quando o bebê está sentado e a ele é oferecido um Cesto de Tesouros bem cheio, ele ainda permanece alienado do contato com os adultos.

Uma vez que o bebê adquira a capacidade de movimentar-se, ele precisa, acima de tudo, ser capaz de explorar o ambiente, de maneira que possa ver o mundo de uma forma nova e diferente. Os bebês "mapeiam" suas cercanias espaciais por meio da exploração, sentindo-se seguros ao fazê-lo, quando sabem que sua cuidadora conhecida está perto, bem à mão. Essa é mais uma maneira pela qual novas conexões cerebrais se desenvolvem.

Um exercício útil para avaliar a qualidade do quarto do bebê é deitar no chão e perceber como ele se parece do ponto de vista do bebê. Esse exercício pode mostrar que algumas mudanças significativas são necessárias.

Transportando os bebês

Os carrinhos e carros de passeio dobráveis para bebês virtualmente substituíram os antigos carrinhos de quatro rodas, e revolucionaram a capacidade de mobilidade para os pais que têm crianças pequenas. No entanto, uma desvantagem séria é que eles são em sua maioria projetados de forma que o bebê tem de olhar para frente – o que impossibilita que o bebê mantenha contato visual com o adulto que o acompanha e inibe a conversação.

O bebê se vê em uma espécie de limbo móvel de plástico, cortando seu caminho por entre pernas e pés que vêm em sua direção. Qualquer adulto que tenha passado pela experiência de ser empurrado em uma cadeira de rodas, em meio a uma multidão apressada, dirá que a experiência de passar por esse transbordamento de gente pode ser bastante perturbadora. Um bebê pode contar apenas com a esperança de ouvir a voz do adulto, ocasionalmente e separada do corpo, para reassegurá-lo de que ele não está sozinho no meio do espaço. As creches normais e as domiciliares devem tentar obter carrinhos de bebê que permitam que ele possa olhar de frente a pessoa que está empurrando o carrinho e, assim, estar seguro da presença continuada do adulto que cuida dele.

Para transportar bebês pequenos, existe hoje uma variedade de "cangurus" disponível. Os pais tendem a usar muito mais os "cangurus" do que as cuidadoras nas creches, mas eles têm duas vantagens para ambos: primeiro, a segurança, ao deixar os braços e as mãos do adulto livres para afastar um obstáculo ou aparar uma queda e, segundo, ao evitar a pressão física pelo posicionamento mais uniforme do peso do bebê junto ao centro do corpo, em vez de em um braço ou junto ao quadril. Do ponto de vista do bebê, e desde que ele não se sinta "amassado", ele tem a vantagem da proximidade do corpo do adulto e do ritmo que seus movimentos lhe trazem.

O modelo de "canguru" estilo mochila é mais apropriado para uma criança pequena que consegue sentar-se adequadamente, embora se precise tomar cuidado para que não ocorram assaduras. As cuidadoras que não estejam acostumadas a usá-lo devem ficar muito atentas ao passar por portas ou entradas, não esquecendo do espaço a mais requerido atrás da cabeça e dos ombros.

Balanços e cadeirinhas de balanço para bebês

Os balanços podem ficar no solo ou presos ao marco de uma porta. O segundo tipo é mais seguro, porque é muito fácil esquecer que o bebê fica mais forte a cada dia, até que em algum momento ele se balança tão vigorosamente que derruba toda a armação do balanço.

As cadeirinhas de balanço, nas quais o bebê é colocado sentado com seus dedos dos pés tocando o chão, podem ser divertidas por um período curto, desde que o adulto participe da brincadeira, porém não ajudam em nada no que tange ao desenvolvimento muscular natural e, portanto, não devem ser utilizadas em demasia.

Andadores

Um tipo comum de andador que deve ser evitado é aquele com uma armação circular apoiada sobre rodinhas. A criança apoia-se na armação e se impulsiona com seus dedos dos pés. Essa atividade pode dar aos pais a percepção ilusória de que a criança está aprendendo a andar. Na verdade, ela pode retardar esse aprendizado, uma vez que dessa forma a criança não aprende o componente essencial do equilíbrio, e os pés não são colocados firmemente no chão. Além do mais, esse tipo de andador pode ser extremamente perigoso, por causa da grande velocidade com a qual um bebê, que de outra maneira é relativamente imóvel, pode assim mover-se. O risco é menor em um ambiente de creche, mas em casa a criança pode cruzar o quarto e sair da sala no tempo que leva para a cuidadora virar a cabeça.

Um tipo muito melhor de andador é um carrinho forte e baixo de madeira, pesado o suficiente para que não se possa virá-lo, com um puxador na altura dos ombros que proporciona apoio e uma sensação de confiança, e que não vai longe quando puxado por uma criança que pratica seus primeiros passos. O carrinho pode ainda ser usado para carregar tijolos de madeira ou outros objetos e é, às vezes, utilizado como substituto para o carrinho de uma boneca. Vale a pena investir em um artigo de melhor qualidade possível, pois esse é um equipamento que dura bastante.

Cadeiras de bebê reclináveis

Essas cadeiras são leves e portáteis, e muito úteis no período de transição em que o bebê primeiro fica deitado e inclinado até passar a ser capaz de sentar com segurança. Elas certamente tornaram muito mais interessantes a vida dos bebês que passam por essa fase, fazendo com que eles possam olhar todas as intrigantes coisas que acontecem ao seu redor, em vez de ficar observando o teto vazio. O bebê pode ficar sentado em sua cadeirinha reclinável, na mesa da cozinha, enquanto sua mãe-crecheira prepara a refeição, de forma que, ao mesmo tempo em que ela trabalha, um pequeno interlúdio social torna-se possível. Entretanto, os bebês nunca devem ser deixados sozinhos sobre uma mesa, nem mesmo por um segundo, pois podem facilmente chegar até a borda e cair.

É importante não utilizar a cadeirinha reclinável no período de desaleitamento, a menos que ela possa ser ajustada para ficar em uma posição vertical. A posição em que o bebê fica deitado de costas não é adequada para a ingestão de alimentos sólidos, e pode apresentar dificuldades caso o bebê tenha problemas ao engolir a comida (pense em como é difícil tentar comer quando estamos doentes e de cama).

Roupas

É claro que as roupas evoluíram imensamente, e temos agora disponíveis roupas atraentes, que envolvem problemas mínimos para vestir ou despi-la, e menor trabalho possível para as cuidadoras. Casacos de tricô com botões aperolados são agora uma coisa do passado (para grande pesar das avós, de certa forma). As fraldas descartáveis eliminaram o enorme trabalho que representava lavar, desinfetar e secar as antigas fraldas atoalhadas. A questão de como descartar as fraldas sujas requer atenção; em uma creche, ficamos horrorizadas ao ver que a prateleira debaixo de um carrinho utilizado para transportar comida era usada para levar o saco de fraldas sujas, passando pela cozinha até chegar às latas de lixo. Quando o serviço de coleta de fraldas é usado visando à manutenção da qualidade do ambiente, as cuidadoras devem ser insistentes em relação à coleta regular, pois de outra forma o mau cheiro pode vir a permear o prédio e causar uma impressão desagradável nas pessoas que chegam até ele.

Os bebês provavelmente prefeririam não usar fraldas, e eles mostram seu contentamento com os breves momentos de liberdade que têm quando estão sendo trocados, balançando suas perninhas (ou, quando conseguem, virando-se e engatinhando rapidamente para longe). Alguns adultos parecem ter uma compulsão para "empacotá-los" bem limpinhos de novo e, ao fazê-lo, podem apertar demais as fitas adesivas, o que pode causar assaduras no lado de dentro da coxa.

A roupinha de tecido atoalhado elástico, que pode ser lavada à máquina, é a segunda melhor invenção depois da fralda descartável. Ela permite que o corpo inteiro do bebê possa ser mantido agasalhado, e os pés aquecidos, quando ele fica sentado no chão ou dorme em um berço. No entanto, porque os bebês crescerem tão rapidamente, há a necessidade de permanecermos vigilantes – o fato de a calça envolver os pés, como uma meia, pode fazer com que os dedos dos pés, que precisam da máxima liberdade possível de movimento, fiquem amassados e apertados uns contra os outros. Até que se consiga substituir a roupinha por outra maior, as pernas da roupinha devem ser cortadas na altura dos tornozelos, e os pés do bebê agasalhados com meias ou botinhas de pano. As roupinhas para bebês desse padrão oferecem a vantagem de permitir que seus pés sejam facilmente descobertos, e dão a eles um contato mais firme com o solo e uma melhor propulsão, em superfícies acarpetadas, quando estiverem fazendo seus primeiros esforços para começar a engatinhar.

BRINQUEDOS PARA BEBÊS NA CRECHE

Podemos encontrar nas creches uma abundância de brinquedos com a forma de animais de todos os tipos, alguns atraentes e outros grotescos. Esses animais são muitas vezes de plástico que, por mais imaginativos que sejamos, nunca poderiam ser chamados de *cuddly**, ou de materiais sintéticos que têm uma textura desagradável ao toque. Devemos distinguir claramente entre um brinquedo macio, um animal, um ursinho de pelúcia ou uma boneca tradicionais, que tem o caráter de ser o favorito e pessoal da criança, e a coleção indiscriminada de uma quantidade desses objetos que muitas vezes abarrotam uma creche.

A existência de um objeto especial, que pode ser ainda um pedaço de um cobertor de lã ou outro material, tem enorme importância e significado para a criança e há muito tempo foi compreendido pela maioria dos adultos. Muitos pais já passaram pela experiência de ouvir lamúrias frenéticas vindas do banco de trás, já estando há 80 quilômetros longe de casa, porque finalmente se percebeu que Teddy (o ursinho de pelúcia) foi esquecido em casa. Não há nada a fazer a não ser voltar e buscá-lo. Tal brinquedo ou item geralmente tem um nome especial, que a família usa sorridentemente ao se referir a ele – "a 'Tetê' da Ellen". Os vínculos com objetos familiares ou muito usados persistem até a vida adulta – ouvimos falar que a "Tetê" está agora estudando na Universidade de Edinburgo**. Esses objetos pessoais devem ser tratados com o devido respeito pelas cuidadoras e mantidos sempre em lugares em que as crianças possam ter livre acesso a eles.

No entanto, as creches muitas vezes acumulam uma enorme quantidade de brinquedos macios e animais de plástico de aparência ruim e que não portam um significado pessoal para as crianças. As funcionárias fariam bem em manter uma organização regular e rigorosa de uma grande proporção desses itens, que ocupam muito do precioso espaço para depósito, para posteriormente se desfazerem deles. Eles podem ser substituídos por um número menor de animais realísticos e de boa qualidade, cobertos por tecidos naturais de

---

* N. de T. Do verbo *to cuddle*; *cuddly* significa, assim, passível de ser abraçado, afagado com carinho, aconchegado. O termo vem da expressão *cuddly toys*, o que equivale aos nossos bichinhos de pelúcia.
** N. de T. Provavelmente as autoras estão fazendo uma brincadeira com alguma colega chamada Ellen (talvez a própria Elinor Goldschmied), que tinha (e ainda tem!) um brinquedo de estimação chamado "Tetê".

texturas interessantes – as lojas de zoológicos são uma boa fonte para obter esses brinquedos.

EQUIPAMENTOS PARA O BRINCAR DOS BEBÊS

Ao prover materiais para o brincar desse grupo etário, é essencial assegurar-se de que há uma grande variedade e riqueza de experiências a serem oferecidas, dando aos bebês a oportunidade de explorar com as mãos e a boca uma ampla gama de texturas e formatos. Uma maneira específica de fazê-lo, o Cesto de Tesouros, é descrita no próximo capítulo. Por mais limitado que seja o orçamento, vale a pena investir em equipamentos resistentes e de madeira. Alguns itens precisarão ser obtidos em firmas especializadas, que produzem equipamentos projetados para agüentar o uso constante por grupos de crianças, e outros podem ser feitos por um marceneiro, não necessariamente de nível profissional, ou pelas cuidadoras, pais e voluntários. Os itens a seguir atraem e concentram a habilidade de manipular do bebê, em processo de desenvolvimento, que já consegue sentar, e produzem resultados imediatos, estimulando a repetição e a prática. Eles têm ainda a característica de serem sólidos, e assim não serão derrubados quando a criança usá-los.

Bloco de cilindros

Um bloco sólido de madeira, com as medidas 203 x 127 x 51 mm. O bloco tem seis buracos, nos quais se encaixam seis cilindros de madeira. Um bebê que fique sentado gostará de retirá-los, um por vez, para colocá-los na boca, bater com eles no chão ou agitá-los no ar. Somente mais tarde o bebê será capaz de colocá-los de volta em seus lugares; portanto, o adulto deve fazê-lo, e o bebê terá muito prazer com a repetição desse simples processo.

Lata com um furo para colocar bolas

Este brinquedo oferece ao bebê a experiência do "está lá" e "não está lá", e um sentido repetido de descoberta. Pegue uma lata relativamente grande, com uma tampa de pressão, com não mais do que 127 mm de altura, para que seja facilmente acessível à mão de um bebê que esteja sentado. Escolha uma quantidade de bolas – feitas de madeira, se puder achá-las. Porém, as bolas de ping-pong são mais facilmente encontradas. Obtenha um cesto pequeno e resistente, ou uma bandeja de vime, no qual as bolas sejam mantidas para serem usadas junto com a lata. Faça um furo do tamanho das bolas na tampa da lata e cubra-o com filme adesivo, virando o filme para dentro para cobrir a borda cortante do furo.

A criança descobrirá por si mesma que as bolas deslizam pelo furo, fazendo um barulho interessante ao bater no fundo da lata. Finalmente, ela quererá recuperar a bola, tentando inserir a mão no furo, e perceberá que isso é impossível. Ela provavelmente tentará olhar para dentro da lata através do furo, procurando localizar a bola, que ela percebe que está lá, porém obviamente seu rosto bloqueará a luz. Ela sacudirá a lata, mas precisará do adulto para retirar a tampa, de maneira que possa recuperar as bolas e, com a tampa novamente no lugar, repetir esse processo. Um recipiente de plástico é menos satisfatório, pois a bola não produz um som tão interessante ao bater no fundo.

Poste e argolas

Versões comerciais deste brinquedo estão disponíveis em plástico, mas elas são muito instáveis para serem satisfatórias. Pegue um bloco de madeira de 177 x 114 x 38 mm e atarraxe ou cole nele um cilindro de madeira de 203 mm de comprimento. Obtenha 14 argolas de cortina de madeira não polida, complementados por aros de metal para proporcionar variedade e oportunidade para discriminação. O adulto pode cooperar com a criança, de forma que ambos se divirtam. É claro que os bebês irão usar os aros para colocar seus pés neles, colocá-los nos pulsos ou olhar através deles, além de encaixá-los no cilindro, mas isso não importa, desde que haja um recipiente seguro para guardar os aros juntamente com o bloco.

Brinquedos do tipo "o que tem dentro?"

Para iniciar esse tipo de brinquedo, o adulto precisa de vários tipos de recipiente e de objetos para colocar dentro deles. Alguns recipientes adequados são caixas resistentes de ovos, cestos ou caixas com tampas e cilindros de papelão. Alguns itens adequados para colocar dentro desses recipientes são bolas de ping-pong e de golfe, conchas, pequenos pedaços de correntes, nozes, castanhas e pequenos caroços de abacate. A criança tem grande prazer ao abrir o recipiente e descobrir o que tem dentro dele, a princípio simplesmente esvaziando-o e mais tarde começando a substituir itens ou colocá-los de volta por meio dos cilindros. Esses brinquedos são muito bons para o brincar interativo entre os bebês e suas cuidadoras. O adulto tem o papel essencial de manter essas coleções organizadas, em recipientes prontos para o uso, e não espalhadas. Ao final de seu primeiro ano de vida, o bebê fica cada vez mais fascinado pela atividade de colocar objetos dentro de recipientes e depois esvaziá-los.

RESUMO

Oferecer cuidado de boa qualidade para os bebês em um centro é difícil e caro. Para que o cuidado seja efetivamente responsivo às necessidades flutuantes, aos ritmos sempre em transformação e às formas de comunicação sutilmente variadas dos bebês, é necessário um sistema individualizado de cuidado e atenção, de forma que a cuidadora possa vir a conhecer intimamente suas crianças especiais. Os bebês precisam tanto de coisas interessantes e de variedade em suas vidas quanto as crianças mais velhas, e devemos pensar cuidadosamente sobre os ambientes nos quais eles passam o dia e os brinquedos que oferecemos a eles.

As cuidadoras devem ter consciência das razões pelas quais os pais escolhem utilizar a creche, em lugar de julgar atitudes, e também perceber e ser sensíveis à plêiade de sentimentos que muitas mães vivenciam ao deixar seus pequenos bebês na creche.

capítulo **6**

O Cesto de Tesouros

> Quando uma mãe aborígene percebe os primeiros movimentos de fala em seu filho, ela deixa que ele manuseie as "coisas" desse país específico: folhas, frutas, insetos e assim por diante. A criança, junto ao seio da mãe, irá brincar com a "coisa", falar com ela, testar seus dentes nela, aprender seu nome, repetir seu nome.
>
> Bruce Chatwin, *The Songlines*

Este capítulo aborda uma das importantes maneiras pelas quais o brincar e o aprendizado dos bebês podem ser estimulados, tão logo possam sentar-se confortavelmente e antes que comecem a engatinhar. Nesse período, o bebê já fica acordado por períodos muito mais longos do dia. Obviamente, boa parte do tempo será preenchida pelas atividades de alimentação e higiene, e enfatizamos a importância de achar e reservar tempo para o brincar recíproco que ocorre durante essas atividades, e que é um elemento muito vital na vida do bebê quando ele está acordado.

O primeiro brinquedo do bebê é o corpo do adulto que cuida dele. Um bebê segura os dedos de seu pai ou de sua mãe, manipula o seio da sua mãe, enlaçando seus dedos no cabelo dela ou na barba do pai, agarrando brincos, colares ou óculos. O foco do bebê está na cuidadora mais próxima, vivenciando o calor familiar, o cheiro, a tensão superficial da pele, as vibrações da voz e do riso, e tudo mais que contribui para criar o cuidado e as trocas cotidianas. Porém, o bebê também precisa de oportunidades para brincar e aprender quando não está recebendo atenção de um adulto próximo.

A consciência de seu próprio corpo cresce, à medida que o bebê enfia seu pequeno pulso em sua boca e, deitado de costas, identifica seus dedos dos pés e das mãos, vindo a conhecer essas extremidades por meio do ato de sugá-las também. Desde muito pequeno, um bebê segurará um chocalho que lhe seja oferecido – não é por acidente que os chocalhos favoritos são geralmente aqueles que têm a parte para segurar curta. Isso facilita as atividades espasmódicas de sacudir e bater com o chocalho, que parecem ser muito apreciadas, mesmo quando o bebê, para grande surpresa sua, bate acidentalmente com ele em seu rosto, parecendo incapaz de entender como isso aconteceu. A coordenação dos olhos, das mãos e da boca marca um grande passo adiante, mas, como toda habilidade, para desenvolvê-la o bebê precisa de oportunidades para praticá-la.

À medida que aumenta o tempo em que o bebê permanece desperto, e ele começa a sentar-se em posição ereta, primeiro apoiado por almofadas ou em uma cadeirinha reclinável, e depois de maneira independente, um horizonte totalmente novo começa a se abrir. Pode ser que agora ele já consiga enxergar a parte debaixo da mesa, nossos sapatos e tornozelos, a bainha de uma calça movendo-se, além de todas as outras coisas interessantes que uma sala contém. Ele dispõe de uma visão do mundo do tipo *worm's eye**, e que por isso mesmo não deixa de ser intrigante.

VARIEDADE E QUALIDADE NO BRINCAR DO BEBÊ

Esse período em que a criança já é capaz de sentar-se confortavelmente traz um pouquinho de uma autonomia que é nova para o bebê, mas também traz novos problemas. Todos já percebemos um bebê dessa idade alerta e consciente do que acontece a sua volta, mas ao mesmo tempo "irritadiço". A explicação comum que se dá a isso é que os dentes estão começando a nascer, o que às vezes pode ser verdadeiro, mas também pode ser que ela esteja simplesmente aborrecida. Os adultos próximos a ela não podem lhe dar atenção a todo momento, mas ainda assim ela parece pronta e à espera do que acontecerá a seguir. Ela está certa em reclamar, e foi como resposta a essa insatisfação demonstrada claramente por bebês dessa idade, com relação aos brinquedos oferecidos, muitas vezes limitados e desinteressantes, que o "Cesto de Tesouros" descrito neste capítulo foi inventado (Goldschmied, 1987).

Sabemos que os cérebros dos bebês estão crescendo mais rapidamente do que em qualquer outro período de suas vidas, e que se desenvolvem ao responder a fluxos de informações advindas das cercanias, pelos sentidos do tato, olfato, paladar, audição, visão e movimento corporal. O Cesto de Tesouros reúne e oferece um foco para uma rica variedade de objetos cotidianos, escolhidos para oferecer estímulos a esses diferentes sentidos. O uso do Cesto de Tesouros consiste em uma maneira de assegurar a riqueza das experiências do bebê em um momento em que o cérebro está pronto para receber, fazer conexões e assim utilizar essas informações.

---

* N. de T. Literalmente, "olhar do ponto de vista de um verme". A expressão refere-se ao enquadramento de um objeto ou pessoa feito de baixo para cima, que parece aumentar a importância do objeto ou da pessoa.

Nenhum dos objetos contidos no Cesto é um "brinquedo comprado", e muitos podem ser encontrados no ambiente do lar de crianças pequenas. Os pais, quando perguntados sobre as coisas preferidas de seus filhos para brincar, quase sempre enfatizam a fascinação destes em relação a abrir todos os armários da cozinha em busca de panelas, seu interesse por caixas de sapato e sua alegria ao brincar com as chaves do carro. Assim que se tornam capazes de se mover por si mesmas, essas são as coisas que as crianças escolhem para brincar, o que nem sempre é conveniente para seus pais, e os conteúdos do Cesto de Tesouros são selecionados, em parte, baseados nesse tipo de observação.

Porém, aqui estamos considerando o que pode ser colocado à disposição da criança que consegue sentar-se, mas que ainda permanece presa a um lugar somente, o que pode ser um período de grande frustração. Ela pode ver e ouvir as coisas, mas elas não estão ao alcance de sua mão quando ela estica o braço. É aqui que um Cesto de Tesouros bem-abastecido, oferecido por um adulto atento, pode proporcionar experiências que são interessantes e absorventes, capacitando o bebê a buscar uma aprendizagem vital para a qual ele está pronto e ansioso. Quando planejamos a dieta de um bebê, damos grande atenção ao menu, oferecendo uma variedade de alimentos de qualidade que é essencial para a sua nutrição diária e seu rápido crescimento. E quanto à sua dieta "mental", que nutre sua capacidade em processo de desenvolvimento de usar os olhos, as mãos e a boca em atividades concentradas?

DESCOBERTAS E CONCENTRAÇÃO

Ao observar proximamente um bebê com os objetos contidos no Cesto de Tesouros, podemos perceber quantas coisas diferentes ele faz com eles, olhando, tocando, apanhando-os, colocando-os na boca, lambendo-os, balançando-os, batendo com eles no chão, juntando-os, deixando-os cair, selecionando e descartando o que o atrai ou não. Ele utiliza ainda um objeto em suas mãos e boca como uma maneira de se comunicar de forma risonha com o adulto próximo a ela, ou com outra criança sentada próxima ao Cesto. É surpreendente observar a maneira como todo o corpo é envolvido nessa atividade – se os pés e seus dedos estão descobertos, eles respondem de maneira vívida ao estímulo e à excitação que o objeto escolhido induz. As roupinhas inteiriças de bebê, que por um lado são úteis para manter os dedos dos pés aquecidos podem, por outro lado, constringir e limitar a consciência e a comunicação com essas extremidades. Muitas vezes reclamamos que os bebês parecem querer tirar suas meias o tempo inteiro. Talvez eles estejam querendo nos dizer algo.

Por meio das atividades de sugar, pôr na boca e manusear, os bebês estão descobrindo coisas a respeito de peso, tamanho, formatos, texturas, sons e cheiros, e, quando escolhem um objeto, podemos imaginar que estejam dizendo: "O que é isso?". Mais tarde, quando eles são capazes de se movimentar pelo ambiente, parecem dizer: "O que posso fazer com isto?" (Hutt, 1979). Então, outros horizontes emocionantes abrir-se-ão para eles, se lhes oferecermos as ferramentas de que precisam.

A concentração de um bebê nos conteúdos de um Cesto de Tesouros é algo que assombra os observadores que a notam pela primeira vez. A atenção concentrada dos bebês pode durar até uma hora ou mais. Há dois fatores por trás disso, e é difícil dizer qual vem primeiro; na verdade, eles operam em conjunto. Há a vívida curiosidade da criança, que a variedade de objetos elicita, e sua vontade de praticar sua crescente habilidade de tomar posse, por sua própria vontade, daquilo que é novo, atraente e próximo. Junto a isso se encontra a confiança que oferece a presença atenta, mas não ativa, do adulto.

O fato de que o adulto não é ativo não significa que simplesmente colocamos o Cesto ao lado do bebê e deixamos que ele brinque sozinho. Ele precisa da segurança que a nossa presença interessada dá, quando ele encarar o desafio que os objetos, que ele pode estar manipulando pela primeira vez, apresentam.

Nós, como adultos, temos dois tipos de sentimento quando passamos por uma experiência nova. Uma situação nova e estranha nos deixa curiosos e animados, mas também nos traz dúvidas e ansiedade. Antes de tomarmos uma iniciativa nova ou seguirmos uma oportunidade para mudança, buscamos informações e segurança por meio de outras pessoas que achamos que já conhecem o caminho. Algumas delas parecem ter, por temperamento, uma disposição maior para empreender algo que possa acarretar riscos; outras são mais cautelosas. Mas, se temos um amigo em quem confiamos para nos encorajar, pegamos um pouco da sua confiança e descobrimos que pular na piscina ou subir um morro pedregoso não é tão assustador assim.

Não é uma questão de ter de estimular os bebês a manipular o material para o brincar – desde que tenham essa chance, eles o farão. Mas no desconhecido sempre há algo ameaçador, e é a atitude de calmo interesse do adulto que acalma a ansiedade do bebê, e assim libera sua energia para desfrutar do brincar de maneira concentrada.

PRIMEIROS PASSOS NA TOMADA DE DECISÕES

Ao observarmos um bebê explorar os itens de um Cesto de Tesouros, é fascinante ver o prazer e o interesse com que ele escolhe os objetos que o atraem, a precisão que ele mostra ao levá-los à boca ou passá-los de uma mão à outra e a qualidade de sua concentração ao tomar contato com o material para o brincar. Notamos sua observação concentrada, sua habilidade para escolher e voltar a um item preferido que a atrai, às vezes compartilhando seu prazer com o adulto responsivo. Ele não tem dúvidas acerca da sua capacidade de selecionar e experimentar. A noção de que duas coisas são semelhantes parece estar presente em sua mente enquanto ele continua a manipular, comparar e descartar itens, ao mesmo tempo em que seu aprendizado ativo prossegue desenvolvendo-se rapidamente.

Todos conhecemos pessoas que, quando confrontadas com uma ampla variedade de estilos e modelos em uma loja de sapatos, são bastante incapazes de decidir o que querem. Talvez não seja tão presunçoso afirmar que, se essas pessoas tivessem iniciado com uma experiência do Cesto de Tesouros, essa experiência teria sido bem mais vantajosa para elas mais tarde em suas vidas (ver Figuras 6.1 e 6.2). A habilidade para escolher de modo inteligente, em relação tanto a coisas simples, como alimentos ou roupas quanto a coisas complexas, como amizades e empregos, é algo que as crianças precisam de oportunidades adequadas para praticar desde muito cedo – adequadas na maneira com que as escolhas se relacionam com o estágio em que elas se encontram e com a quantidade de informações que elas possuem nesse momento. Assim que o Cesto de Tesouros tenha sido montado, ele oferece oportunidades infinitas para o processo de tomada de decisões da criança, exigindo poucos esforços da cuidadora, mas ela deve especialmente assegurar-se de que os itens no Cesto de Tesouros estão limpos e que ele seja regularmente suprido com novos objetos.

A importância dessa última questão talvez precise ser enfatizada. Ao contrário dos brinquedos comprados, que permanecem iguais até que sejam quebrados ou que a criança esteja muito crescida para gostar deles, um Cesto de Tesouros deve estar sempre em mutação e em desenvolvimento. Talvez o paralelo mais próximo para isso seja o quadro de avisos das funcionárias na creche. Se ele é utilizado ativamente para passar informações, com a adição

FIGURA 6.1 O que é isto?
Foto: Wendy Clark

FIGURA 6.2 O que mais posso achar?
Foto: Wendy Clark

frequente de novos itens e a eliminação de avisos já antigos, somos inclinados a observá-lo animadamente toda manhã, esperando encontrar algo novo ou interessante. Se a tarefa de manter o quadro em ordem não é responsabilidade de ninguém, e os avisos atualizados ficam perdidos no meio de um monte de avisos antigos, e a cada dia vemos nele as mesmas coisas, logo perdemos o interesse, por fim, paramos totalmente de olhar para ele. É provável que um bebê que encontra sempre os mesmos velhos objetos no seu Cesto de Tesouros sinta algo muito semelhante.

Os bebês, como os adultos, precisam de posições confortáveis para trabalhar. Aqueles que ainda não ficam muito firmes ao sentar podem cair e precisar de ajuda para levantar-se. Eles precisarão de uma almofada atrás deles, se ainda tiverem a tendência de cair para trás. A melhor posição consiste em fazer com que cada bebê fique sentado em um ângulo tal em relação ao Cesto que ele possa deixar um cotovelo apoiado em sua beirada, e ao estender sua mão possa alcançar com facilidade seus objetos – e por essa razão não mais do que três bebês devem ser acomodados ao mesmo tempo junto a um Cesto.

O PAPEL DO ADULTO

Talvez uma das coisas que o adulto possa achar difícil, em um primeiro momento, é não intervir, e sim permanecer calmo e atento. Se pensarmos por um momento em como nos sentimos quando nos concentramos em alguma atividade prazerosa e que nos exige bastante, veremos que não queremos ou precisamos de alguém que fique sempre dando sugestões e conselhos e elogiando nosso trabalho; só queremos continuar a trabalhar, embora possamos ficar contentes de ter essa companhia amigável ao nosso lado. Nesse sentido, os bebês não são muito diferentes dos adultos.

Algumas vezes os adultos, em especial as cuidadoras, sentem que, a menos que tenham um comportamento ativo junto do Cesto de Tesouros, oferecendo objetos ao bebê, ajudando-o a segurar na extremidade "correta" de um objeto e assim por diante, elas não têm papel algum a desempenhar, deixando assim de perceber a importância da ancoragem emocional que oferecem, criando pela sua presença a confiança que faz com que os bebês brinquem e aprendam.

Quando um bebê está em casa, ou com uma mãe-crecheira, e brinca com seu Cesto, não há necessidade do adulto devotar todo seu tempo e atenção à criança, desde que ele não se afaste muito e possa trocar olhares e palavras que mantenham o contato entre os dois. Um centro de cuidado em grupo é muito diferente, e quando dois, ou no máximo três bebês estão sentados ao redor de um Cesto, eles precisam de supervisão próxima de um adulto. Os bebês também precisam ser protegidos de crianças que já são capazes de se mover, que aparecem para investigar a situação. Caso as crianças mais velhas apareçam continuamente, querendo juntar-se aos bebês e usar o Cesto de Tesouros, isso significa que não há materiais para o brincar que os interessem nas outras partes da sala, e deve-se tomar providências para remediar isso. O direito dos bebês de não serem perturbados, bem como o valor educacional do seu brincar, precisa ser reconhecido apropriadamente.

É necessário, ainda, levar em conta os possíveis perigos que um bebê sentado junto a um Cesto de Tesouros pode correr quando há crianças que já conseguem mover-se ao redor. Uma criança mais velha tem força para erguer objetos que são muito pesados para um bebê, e em suas mãos uma pedra pesada, ou uma colher de metal, que são completamente seguras para um bebê brincar, podem produzir sérios danos em um instante. Isso não é razão para privar o bebê das experiências interessantes que tais objetos podem oferecer, mas enfatiza a importância da supervisão próxima, quando crianças de idades diferentes ficam na mesma sala.

O BRINCAR INTERATIVO ENTRE BEBÊS

O Cesto de Tesouros oferece uma oportunidade para observar a interação social entre bebês em uma idade na qual se costumava dizer que eles não teriam interesse uns pelos outros. Observando dois ou três bebês sentados junto ao Cesto de Tesouros, podemos ver de imediato que isso não é verdadeiro, como o vídeo *Infants at Work* (Goldschmied, 1987) demonstra claramente. Os bebês, apesar de se concentrarem em manipular os objetos que escolheram, não somente estão cientes da presença do outro, como também estão envolvidos em trocas interativas na maior parte do tempo. A disponibilidade dos objetos é o que estimula essas trocas, que às vezes se tornam pequenas lutas pela posse. Essas trocas interativas com outros bebês são diferentes daquelas que eles têm com os adultos, e devem ser realmente um choque quando nos deparamos com elas pela primeira vez. Nesses momentos, o que atrai a energia do bebê são o outro bebê e o objeto que tem interesse para os dois, dentro do contexto da presença do adulto atento.

As mães às vezes acham isso difícil de aceitar; para elas, significa o comecinho da separação, o passo em direção à posterior independência que é uma parte central do desenvolvimento do bebê. A opinião de que os bebês não estão interessados uns nos outros talvez seja originária da nossa própria dificuldade de reconhecer que, mesmo nessa tenra idade, os bebês podem criar para si, por curtos períodos, um pequeno ambiente social uns com os outros, no qual nós, como adultos, temos um papel apenas marginal.

Entretanto, as trocas de olhares intensos, sorrisos, sons pré-verbais de grande variedade, o tocar uns aos outros e o compartilhamento de objetos provêm diretamente das experiências que os bebês têm com seus adultos mais próximos. Os bebês criados em instituições, que tiveram múltiplas cuidadoras, ou aqueles cujos lares não ofereceram cuidado suficientes e estímulos com amor, não respondem dessa maneira. Os bebês "abandonados e ilegítimos", com os quais Elinor Goldschmied trabalhou na Itália do pós-guerra, não interagiam uns com outros de nenhuma forma, apesar de ficarem todo o tempo em que permaneciam acordados, deitados ou sentados juntos uns com os outros em um cercadinho. Eles permaneciam calados, sem sorrir, sem fazer barulhos, somente se balançando para confortar a si mesmos, imersos em profundo isolamento. Esses bebês, bem-cuidados do ponto de vista físico, não tinham relações pessoais ou estímulos por meio do brincar. Seu contato com suas mães havia sido de tão curta duração que, tendo recebido tão pouco, também não podiam dar. Eles não tiveram nenhuma oportunidade de aprender os inícios do comportamento social.

MOVENDO-SE PARA O PRÓXIMO ESTÁGIO

Os bebês apresentam grandes diferenças na velocidade com que conseguem fazer movimentos independentes, e aos 8 ou 9 meses alguns já estarão fazendo as primeiras tentativas de engatinhar e começando a se mover pelo ambiente, ao passo que outros ainda estarão no estágio em que rolam e se contorcem pelo chão. A mobilidade abre o caminho para todo tipo de atividade exploratória, e é nesse estágio que a atividade de transferir coisas de dentro para fora (e vice-versa) de recipientes torna-se uma ocupação que absorve sua atenção. Esse interesse aparece cedo em alguns bebês, e uma lata de bom tamanho, colocada ao lado de um bebê sentado junto a um Cesto de Tesouros, oferecerá a ele a oportunidade de dar os primeiros passos em direção a esse tipo de brincar, movendo objetos do Cesto para a lata e esvaziando-os a seguir. Os bebês que estão nesse estágio encontram-se em um período de transição entre o que Corinne Hutt (1979) chamou de "brincar epistêmico", no qual a pergunta na mente da criança parece ser "O que é isto?", e o próximo estágio, que ela denominou "brincar lúdico", no qual a criança pensa, "O que posso fazer com isto?", conforme veremos no Capítulo 8.

PERGUNTAS E RESPOSTAS SOBRE O USO DO CESTO DE TESOUROS

Descobrimos que, se oferecemos aos bebês a chance de brincar com um Cesto de Tesouros bem-abastecido, eles, quase em sua totalidade, apreciam a ideia, desde que lhes sejam dados tempo e o apoio de um adulto atento, de forma a superar os sentimentos iniciais de estranhamento. O mesmo não pode ser dito a respeito das cuidadoras, e ficamos muitas vezes surpresas com a veemência da hostilidade que elas expressam, em especial as funcionárias mais novas e os estudantes. Só podemos especular os motivos para tanto, embora o sentimento de que objetos que custam tão pouco (quando implicam algum custo) não possam ser de muito valor seja certamente um fator a ser considerado. Algumas perguntas e ansiedades que aparecem muitas vezes, e que, por essa razão, parecem dignas de ser discutidas aqui, são as seguintes:

P: *Por que o adulto não assume um papel ativo e conversa com os bebês, de forma a estimular o desenvolvimento da linguagem?*

R: A observação dos bebês que ficam junto a um Cesto de Tesouros sugere que suas mentes estão focadas ativamente nele, e que os sons pré-verbais que emitem ao brincar são uma parte significativa do processo de desenvolvimento da linguagem. A fala do adulto, nesse momento, seria meramente uma distração. A sessão de brincar junto ao Cesto de Tesouros ocorre apenas em uma parte relativamente curta do dia; o contato e a conversação próximos com o adulto ocorrerão continuamente em outros momentos, sobretudo durante a troca de fraldas, a higiene e a alimentação.

P: *E se o bebê somente ficar sentado e olhar para o Cesto? O adulto não deve fazer nada para estimulá-lo a começar a brincar?*

Não é necessário que a cuidadora tome a iniciativa de "estimular" os bebês, pois eles já são bem capazes de iniciar sua aprendizagem e exploração por si e para si. É importante permitir que eles procedam de acordo com seu próprio ritmo, e passem o tempo que quiserem se acostumando com a aparência do Cesto antes de começar a manipular e explorar os objetos. Eles podem só ficar sentados, calmamente olhando o Cesto, por até 15 minutos, antes que decidam inclinar-se e buscar um objeto para investigá-lo. Eles precisam ainda de liberdade para fazer suas

próprias escolhas. Às vezes um bebê pode passar um longo tempo sugando e balançando alternadamente uma escova, ignorando todos os outros itens, agrupados com esforço no Cesto. Essa é uma decisão sua.
Obviamente, algumas vezes um bebê indicará claramente, ao chorar ou se virar de costas, que ele não está com vontade de brincar com esse tipo de coisa no momento, e é claro que isso deve ser respeitado.

P: Alguns desses itens não seriam anti-higiênicos, podendo causar infecção cruzada?
R: Como todos os outros materiais para o brincar, o material contido em um Cesto de Tesouros precisa de cuidado e manutenção regulares. Todos os objetos sugeridos (p. 125-128) são laváveis, secáveis ou descartáveis. Alguns (por exemplo, a maçã) deverão ser substituídos a cada sessão. Qualquer coisa que não possa ser limpa de forma adequada deve ser descartada. Se cuidados corretamente, não há razão para pensar que os itens de um Cesto de Tesouros possam ter um risco mais alto de causar infecções do que os brinquedos convencionais.
Também precisamos lembrar que o cuidado em grupo dos bebês apresenta em si mesmo um risco maior de infecções cruzadas. Os bebês que se sentem enfadados, sem materiais para o brincar que sejam estimulantes, ficam infelizes e apáticos. Há pesquisas que dizem que, quando os adultos se encontram em um estado semelhante, isto é, deprimidos e insatisfeitos, seu nível de imunidade a infecções se reduz. O mesmo vale para os bebês.

P: Alguns desses objetos não seriam perigosos – eles não poderiam ser jogados, ou engolidos, ou utilizados para cutucar o olho de um outro bebê?
R: Os itens de um Cesto de Tesouros devem ser sempre selecionados com cuidado, tendo a segurança como fator principal. Devemos obviamente excluir objetos que tenham bordas ou pontas cortantes, ou que sejam pequenos o suficiente para ser engolidos. O principal fator protetor são as capacidades limitadas dos bebês dessa idade. Eles podem sacudir um objeto, ou pegá-lo e deixá-lo cair, mas não conseguem atirá-lo ou cutucar alguém com ele. Os pais talvez precisem ser assegurados disso.
A grande variedade de itens que podem fazer parte de um Cesto de Tesouros (a lista fornecida neste livro traz 92 itens, mas certamente não exaure as possibilidades) significa que não há necessidade de incluir um objeto que produz ansiedade em relação à sua segurança – caso fique em dúvida sobre isso, jogue-o fora. Mas vale a pena mencionar que, em geral, as pessoas também tendem a ser cuidadosas demais. Se você acha que um item pode ser engolido, coloque-o na boca e veja se você mesmo pode engoli-lo. Provavelmente você achará bastante impossível fazê-lo.
Como já mencionado, a situação é diferente quando crianças mais velhas estão presentes, e os itens para cada sessão de brincar com o Cesto devem ser selecionados tendo esse problema em mente. Os bebês sentados junto ao Cesto devem sempre ser supervisionados, e não amontoados juntos uns com os outros. Se eles ficam muito próximos, um bebê poderá atingir outro com um objeto que possui

uma alça, mas não teria a coordenação necessária para cutucar o outro bebê. A observação de trios de bebês mostra que eles são muito circunspectos na maneira com que utilizam um objeto dotado de alça, manipulando-o com habilidade e capacidade de julgamento.

P: *Não é provável que um bebê, ao se defrontar com uma quantidade grande de objetos, possa sentir-se confuso?*
R: Os bebês nos mostram bem claramente que eles sabem como selecionar e descartar, muitas vezes retomando um item que chamou sua atenção no processo de brincar.

P: *Achar e selecionar todos esses itens não dá muito mais trabalho do que simplesmente comprar os brinquedos por meio de catálogos ou em lojas, que são projetados por especialistas especialmente para os bebês?*
R: Os brinquedos comprados têm algumas utilidades, mas aqueles de boa qualidade são muito caros, difíceis de achar para os pais que não moram em cidades grandes, e, pelo fato de os bebês crescerem tão rapidamente, esses brinquedos têm a probabilidade de serem usados apenas por um curto período. Algumas pessoas acham muito mais fácil achar e selecionar itens para o Cesto de Tesouros. Parece que essa atividade depende do desenvolvimento de um "olhar imaginativo" em relação ao que pode estimular e interessar os sentidos. Uma vez que esse olhar tenha sido desenvolvido, as pessoas envolvidas no cuidado de bebês pequenos podem ficar muito animadas com essa procura. É uma boa forma de envolver os pais – tanto os pais quanto as mães – no trabalho educacional de uma creche.

P: *Por que você insiste tanto na exclusão de objetos de plástico do Cesto de Tesouros? Não seria o plástico um fato inescapável da vida moderna?*
Essa é uma parte importante do motivo por que insistimos nisso. Se olharmos para os materiais para o brincar que são comumente oferecidos às crianças pequenas, tanto em suas casas como em centros de cuidado em grupo, veremos que eles são, em sua quase totalidade, feitos de plástico ou de materiais sintéticos. Temos de questionar que tipo de qualidade de experiências sensórias esses objetos podem oferecer, lembrando sempre que, nessa idade, o toque e as atividades exploratórias pela boca são tão importantes quanto a visão.
Um exercício que utilizamos com os pais e as educadoras ilustra bem essa questão. Pedimos aos participantes, sentados em um círculo pequeno, em cadeiras ou no chão, que fechem seus olhos. Então distribuímos vários brinquedos de plástico e convidamos as pessoas a explorá-los por um momento, e depois passá-los ao vizinho do lado, de forma que todos tenham a chance de manipular cada objeto. Pedimos a eles, enquanto permanecem ainda de olhos fechados, que compartilhem suas impressões, que são geralmente esparsas e hesitantes: "suave", "nodoso", "duro", "não cheira muito bem". Algumas pessoas nem sabem o que dizer.

O exercício é então repetido, desta vez com objetos do Cesto de Tesouros. A passagem de objetos de uma pessoa a outra já não acontece tão facilmente; elas ficam relutantes em passá-los adiante, querendo esfregá-los em seus rostos, tocá-los, cheirá-los e até mesmo lambê-los. Ao final, as palavras saem como enxurrada, criando uma discussão animada acerca dos diferentes objetos e da adivinhação do que eles poderiam ser. Finalmente, os objetos são dispostos em dois montes no chão, e dizemos aos participantes para que abram seus olhos. Após essa experiência, as pessoas não têm dificuldade em reconhecer a *indiferenciação* dos brinquedos de plástico, do ponto de vista do bebê, ao contrário dos materiais naturais, que podem oferecer uma variedade enorme de sensações, segundo sua percepção por meio da boca, dos ouvidos, do nariz, da pele e dos músculos, além dos olhos.

DIRETRIZES PARA O USO DO CESTO DE TESOUROS

1. O cesto não deve ter menos de 351 mm de diâmetro e de 101 a 125 mm de altura. É essencial que tenha um fundo plano, não tenha alças e seja resistente o suficiente para que o bebê possa apoiar-se nele sem que ele vire. Ele deve ter lados retos e ser feito de material natural e resistente, e definitivamente *não* de plástico. Elinor Goldshmied chegou a essas especificações por meio de sua longa experiência, mas cestos desse tipo não são fáceis de encontrar, e provavelmente será necessário pedir que um especialista na confecção de cestos os faça. Esse é um bom investimento, tanto para as creches comuns quanto para as creches domiciliares, pois um cesto bem feito durará indefinidamente, ao passo que substitutos baratos serão menos satisfatórios para os bebês e em geral se desconjuntam com facilidade.
2. Encha o cesto até a borda com objetos que permitam que o bebê tenha uma ampla gama de ação para mexer neles e selecionar o que lhe atrair.
3. Assegure-se de que o bebê está sentado confortavelmente (tendo uma almofada como apoio, caso necessário). Se colocado de lado em relação ao cesto, certifique-se de que a borda do cesto fique próxima o suficiente para que o bebê possa apoiar seu cotovelo nela.
4. O adulto deve ficar sentado próximo ao cesto, sem falar ou intervir, a menos que o bebê claramente precise de atenção.
5. O Cesto de Tesouros deve sempre se transformar e se desenvolver, com a introdução de novos objetos. Uma forma de introduzir a variedade é ter vários cestos estocados com itens diferentes, e usá-los de maneira rotativa.
6. Os objetos no cesto precisam de cuidado e manutenção – lavá-los ou limpá-los regularmente, assim como eliminar ou substituir itens estragados.

7. Se houver crianças mais velhas ao redor, crie um "espaço seguro" em um canto da sala, com um pedaço de carpete ou alguns objetos colocados de forma a estabelecer um limite para os bebês sentados ao redor do cesto. O adulto deve proteger os bebês de perturbações criadas por crianças que já conseguem se mover.

RESUMO

Os bebês que já conseguem sentar independentemente, mas ainda não se movimentam, precisam de uma grande variedade de objetos diferentes, que prendam seu interesse e estimulem seus sentidos e sua compreensão em desenvolvimento. O Cesto de Tesouros é uma maneira prática de reunir coleções de tais objetos e torná-las disponíveis aos bebês que ficam sentados. Dois pontos fundamentais são salientados: (1) os objetos devem ser feitos de materiais naturais, e não de plástico; (2) o papel do adulto consiste em garantir a segurança por meio da sua presença atenta, mas não ativa. Uma vez que o bebê esteja sentado junto ao cesto, não há necessidade de o adulto intervir de nenhuma forma, a menos que a criança mostre que precisa ser confortada ou que necessita de cuidado físico.

ITENS SUGERIDOS PARA O CESTO DE TESOUROS

Nenhum destes objetos é feito de plástico, nenhum é um "brinquedo comprado", e a maioria é de uso comum e cotidiano para os adultos. O objetivo dessa coleção é oferecer o máximo de interesse por meio de:

- Tato: textura, formato, peso
- Olfato: uma variedade de cheiros
- Paladar: tem um alcance mais limitado, porém possível
- Audição: sons como o de campainhas, tilintar, batidas, coisas sendo amassadas
- Visão: cor, forma, comprimento, brilho

Objetos naturais

Abóboras secas
Castanhas grandes
Conchas
Cones de pinho, de diferentes tamanhos
Nozes grandes

Núcleos de caroço de abacate
Pedaço de esponja
Pedra-pomes
Penas grandes
Pequena esponja natural
Rolhas de tamanho grande
Seixos grandes
Um limão
Uma maçã

Objetos feitos de materiais naturais

Alças de sacolas feitas de bambu
Anel de osso
Bola de fios de lã
Calçadeira de osso
Escova de dente
Escova de madeira para unhas
Pequena escova para sapatos
Pequenos cestos
Pincel de pintura
Pincel para barba
Tapetinho de ráfia

Objetos de madeira

Apito de bambu
Aro de cortina
Aro para guardanapos
Caixinhas forradas com veludo
Castanholas
Chocalhos de vários tipos
Cilindros: bobinas, carretel de linha
Colher ou espátula
Contas coloridas presas em cordas
Cubos – pequenos pedaços de madeira
Pequeno tambor de madeira
Pregadores de roupa de dois tipos diferentes
Tigelinha virada
Xícara de cafezinho

Objetos de metal

Apito de escoteiros
Aros de chaveiros entrelaçados
Aros de cortina de metal
Bijuterias
Campainha de bicicleta
Clipes de papel
Coador de chá
Colheres de vários tamanhos
Copo grande de metal
Escova para limpar garrafas
Espremedor de alho
Espremedor de frutas
Forminhas
Infusor de chá
Latas fechadas contendo arroz, feijões, pedrinhas, etc.
Latinhas com as bordas lixadas (sem partes afiadas)
Molho de chaves
Pedaços de correntes de diferentes tipos
Pequena flauta
Pequeno batedor de ovos
Pequeno cinzeiro
Pequeno espelho com moldura de metal
Pequeno funil
Tampa de perfume grande
Tampas para latas – vários tipos
Triângulo de metal
Trompete de brinquedo
Vários sinos
Xícara para ovos de metal

Objetos feitos de couro, têxteis, borracha e pele

Aros para cãezinhos
Bola de borracha
Bola de golfe
Bola de pele
Bola de tênis
Bolsa de couro
Bolsa decorada com contas

Bolsinha de couro com zíper
Bonequinha de retalhos
Estojo de couro para óculos
"Osso" de borracha para cãezinhos
"Ovos" de mármore colorido
Pedaços de tubos de borracha
Plugue de banheira com a correntinha
Puff de maquiagem feito de veludo
Saco de feijões
Saquinhos de pano contendo lavanda, alecrim, tomilho, cravos-da-índia
Ursinho de pelúcia

Papel, papelão

Cilindros de papelão provenientes de tubos de toalhas de papel
Papel impermeável
Papel laminado
Pequenas caixas de papelão
Pequeno caderno com espiral

capítulo 7

O segundo ano de vida

> Esqueci-me da palavra que queria dizer e meu pensamento,
> não expresso, retorna ao mudo das sombras.
>
> O. Mandelstam

Os estudos de creches normais e domiciliares sugerem que as crianças que têm entre 1 e 2 anos recebem menos atenção planejada e são consideradas, pelas cuidadoras, o grupo etário mais difícil. Em grupos familiares de idades variadas, elas são muitas vezes vistas como perturbadoras, tendo perdido o interesse por brinquedos para bebês, mas sendo ainda muito novas para se envolver nas atividades mais estruturadas oferecidas às crianças mais velhas. Assim que desenvolvem a capacidade de se mover pelo ambiente rapidamente, elas têm de ser vigiadas o tempo inteiro. Esse segundo ano de vida é um período de crescimento e desenvolvimento extraordinariamente rápidos, porém, a menos que pensemos com cuidado como dar conta de suas necessidades particulares, a experiência para as crianças, em especial no âmbito do cuidado em grupo, pode facilmente tornar-se negativa e limitadora.

INDEPENDÊNCIA E NEGOCIAÇÃO

Uma criança de 2 anos quer acima de tudo praticar suas recém-conquistadas habilidades de movimento, manipulação e fala. Isso pode muitas vezes ser bastante inconveniente para os adultos. Considere, por exemplo, o que a atividade de levar uma criança pequena para caminhar envolve, tanto para o adulto quanto para a criança. Para ela, a experiência imediata é de se mover por sua própria vontade, e responder a uma miríade de coisas excitantes, como a fileira de garrafas de leite vazias que ela encontra fora de casa. Nós, por outro lado, podemos ter nosso próprio objetivo, que é chegar ao correio antes que feche. Ela vê um murinho baixo no caminho e quer ser levantada para que, com nossas mãos apoiando-a, possa praticar o caminhar e o equilíbrio. Sabemos que isso causará um atraso que não desejamos.

Frente a essa situação, há muitas escolhas que podemos fazer. Se lembrarmos com suficiente antecipação a atração que o murinho exercerá sobre ela, podemos evitar seu pedido, tomando outro caminho. Ou, em vez disso, usamos nossa força física superior para levantá-la e carregá-la, enquanto ela protesta, deixando o muro para trás e ignorando seus gritos.

Uma terceira opção é dizer: "Só uma vez porque estou com pressa", prometendo ainda uma exploração mais detalhada do muro no caminho de volta. É claro que "no caminho de volta" não significa nada para ela nesse momento, mas ao menos tentamos firmar um compromisso honestamente, para modelar uma tentativa de reconciliar interesses divergentes.

O que faz com que lidar com uma criança pequena exija tanto da nossa paciência é o fato de que pequenos episódios desse tipo acontecem a toda hora. O adulto tem uma escolha: ou afirmar sua própria vontade ou negociar uma solução que também leve em conta a perspectiva da criança, a medida de tempo de uma criança pequena é bastante diferente da nossa.

Como adultos, aprendemos a passar rapidamente de uma situação para outra, e desenvolvemos uma habilidade para fazê-lo, mesmo que não tenhamos vontade de trocar. As crianças não conseguem "trocar de marcha" desse jeito, e devemos dar-lhes tempo para que se adaptem e compreendam o que queremos que elas façam. Muitos transtornos e acessos de raiva podem ser evitados se nos lembrarmos disso. Por menor que seja, todo processo de intercâmbio em que os interesses do adulto e da criança divergem é importante para fazer com que a criança confie em nosso respeito por ela e em nossa compreensão do seu mundo. Em momentos como esses, podemos nos recordar de que os povos do planeta também estão seriamente envolvidos (mesmo que ainda não tenham obtido sucesso) com esse problema exatamente, ou seja, como resolver seus interesses conflitantes. A necessidade premente de solução pode emprestar a nossos esforços em relação às crianças pequenas um significado mais amplo do que poderíamos ter imaginado até aqui.

Essa atitude não quer dizer que tenhamos de deixar que a criança faça o que quer, pois isso pode criar tanta ansiedade e confusão quanto às proibições e o controle excessivos. O que consome tanto da nossa energia é o fato de que objetivamos um equilíbrio viável.

Quando a criança já consegue mover-se e explorar por si própria, e evidentemente tem prazer em desfrutar de seu recém-descoberto poder de separar-se por vontade própria de seu adulto cuidador, às vezes os pais acham difícil de entender o fato de que, bem no momento em que têm de sair e separar-se do seu filho, ele exige mais a sua proximidade, chegando mesmo a se agarrar ao pai ou à mãe. Temos de lembrar que a independência, apesar de ser desejada e emocionante, pode também ser bastante amedrontadora. Precisamos de uma base segura para ter a confiança necessária para nos aventurarmos fora dela. Erik Erikson (1955), em sua clássica obra *Childhood and society* (Infância e sociedade), identifica a aquisição de "confiança básica" com a primeira tarefa desenvolvimental, que proporciona à criança liberdade para explorar e aprender. Como adultos, esperamos encontrar essa segurança em nós mesmos; as crianças precisam vivenciá-la em suas relações com os adultos próximos, de forma a que gradualmente se apropriem do tipo de confiança que permite que eles tolerem dúvidas e estresse e também corram riscos.

Aqui aparece uma similaridade interessante com os adolescentes, os quais, apesar de testarem, às vezes agressivamente, os limites da tolerância de seus pais, ainda precisam desesperadamente da base segura que a família oferece, e sofrem quando não a têm (Parker et al., 1991; Stein, 1992).

DIRETRIZES DE DESENVOLVIMENTO

No segundo ano de vida ocorrem tantas mudanças notáveis e, portanto, também muitas exigências novas que fazemos à criança, que serão úteis se as detalharmos, para nos lembrarmos de quanto foi realizado nesse período que vai dos 10 aos 20 meses.

Anna Freud (1965) formulou uma abordagem para avaliar o desenvolvimento da criança que chamou de "diretrizes de desenvolvimento". Essa abordagem permite-nos pensar de que maneiras os diferentes aspectos do desenvolvimento fluem juntos para constituir a totalidade da personalidade da criança em um determinado momento. Nos primeiros dois anos, a criança passa de uma situação de dependência quase total para uma de relativa independência, de quatro maneiras, em termos gerais: por meio do movimento e da habilidade da manipulação, ao alimentar-se sozinha, no desenvolvimento da linguagem pré-verbal precoce até a fala propriamente dita, bem como no cuidado corporal que leva ao controle dos esfíncteres. O ritmo com que a criança avança por essas diretrizes tem conexões claras com o modo com que seus adultos próximos percebem seu progresso e com a qualidade da sua relação com eles.

MOVIMENTO E HABILIDADE DA MANIPULAÇÃO

Assim que dominar a habilidade de engatinhar, a criança pode finalmente tentar alcançar seu objetivo de alcançar a porta pela qual seu adulto próximo desapareceu momentaneamente (ver Figura 7.1). Ela pode mover-se em direção à alegria de descer as escadas ou à porta aberta que leva ao jardim. Um sentimento bastante novo de "eu posso fazer eu mesma" pode crescer, mas ainda sem um sentido de perigo ou de precaução, e isso é o que torna tal período tão cansativo para o adulto que cuida dela.

FIGURA 7.1 A mobilidade abre novos horizontes.
Foto: Dominic Abrams

Na creche, esses perigos são obviamente evitados, mas algumas vezes, infelizmente, às custas de criar um ambiente em que falta variedade, ou que oferece muito pouco para estimular a capacidade da criança de ser curiosa. No Capítulo 2, oferecemos sugestões em relação aos equipamentos e ao arranjo da sala de grupos para esse grupo etário, e no Capítulo 11 em relação a maneiras pelas quais a área de aprendizado externa pode ser segura e ao mesmo tempo estimulante. Os materiais para o brincar que satisfaçam o interesse incessante dessas crianças pela manipulação e experimentação com quaisquer objetos que estejam ao alcance da mão são descritos no próximo capítulo.

ALIMENTAÇÃO

Durante esse segundo ano de vida, a criança passa de uma quase que total dependência dos adultos, no que tange à habilidade de se alimentar, para uma capacidade de fazê-lo por si própria. A ansiedade do adulto, em relação à aceitação da criança de novos gostos e texturas, pode criar tensões e recusas, se o ritmo da criança não for percebido em sua totalidade.

Nesse segundo ano, em que a criança em crescimento está ganhando autonomia de tantas maneiras diferentes, sua fome natural é o acelerador de seu apetite. Ela precisa satisfazer esse impulso de comer de uma forma tão direta e prazerosa quanto possível. Damos grande importância ao comer e ao beber como uma parte criativa, desde a tenra idade, do sentimento que a criança tem de si mesma. Essa questão está conectada intimamente à pessoa que acompanha a criança ao longo dessa experiência, o que é a razão pela qual, especialmente para essas crianças bem pequenas, o sistema de educador-referência tem uma importância particular em relação às horas das refeições.

A ênfase que nossa cultura coloca no fato de a criança aprender a usar a colher o mais cedo possível pode ser causadora de estresse. Permitir que as crianças pequenas sejam ativas e se alimentem com seus dedos tem duas vantagens: (1) elas não são obrigadas a depender inteiramente da ajuda e do controle do adulto e (2) a manipulação direta da comida oferece experiências táteis variadas. No momento em que se alimenta a criança com uma colher, pode-se dar a ela sua própria colher, como sugerido no Capítulo 5, para "ajudar" no processo, mesmo que no começo ela consiga colocar apenas uma pequena quantidade de comida na boca.

As cuidadoras devem ter consciência de que, em algumas culturas étnicas minoritárias, é considerado normal que adultos e crianças comam com as mãos. É obviamente importante não considerar isso como "errado" (como em um angustiante incidente, relatado por Iram Siraj-Blatchford [1992]). Nesse caso, ensinar a criança a usar utensílios na creche requer sensibilidade por parte do educador-referência, além da discussão do assunto com os pais. Esse ensino deve acontecer de maneira natural, e não forçada nem apressada.

Uma outra questão importante para esse grupo etário é a necessidade de assegurar que aquelas que ainda não têm domínio da linguagem possam comunicar ao adulto que estão com sede. Deve haver uma jarra com água e canecas em algum lugar da sala que elas possam ver e apontar – pois de outra maneira a criança fica impotente para modificar o desconforto que a sede representa e que ela pode sentir em sua atividade ativa infinita.

COMUNICAÇÃO E LINGUAGEM

A maneira precisa pela qual a linguagem se desenvolve ainda constitui um assunto consideravelmente controverso entre os psicolinguistas, mas parece claro que existe uma predisposição muito forte para o desenvolvimento da fala. A maioria das crianças, com exceção das que são profundamente surdas, inevitavelmente a desenvolve, mesmo em circunstâncias adversas. Em condições normais, as crianças dão o grande salto desenvolvimental durante seu segundo ano de vida, passando do balbucio, que pode conter uma ou duas palavras reconhecíveis, para um vocabulário de até 300 palavras (Bee, 1985). O aumento precoce do vocabulário é bastante lento, mas, uma vez que tenha passado das 10 palavras, mais ou menos, a criança começa a acrescentar uma nova palavra ao seu vocabulário a cada dois ou três dias. Ao final do segundo ano de vida, muitas crianças já montam frases com três ou quatro palavras, e as formas gramaticais começam a aparecer.

O ritmo com que as crianças aprendem a falar, como acontece com as outras diretrizes de desenvolvimento, varia amplamente, embora tenda a seguir uma sequência consistente. Gordon Wells, que realizou um dos mais detalhados estudos longitudinais já feitos sobre a fala de crianças pequenas, concluiu que o fator mais importante era o quanto os adultos próximos se *comunicavam* com ela. As crianças que aprenderam a falar precocemente foram aquelas cujos pais as escutavam, e respondiam ao significado expresso pelos sons que a criança fazia. Os pais que tentavam com demasiada ênfase ensinar à criança novas palavras, ou a pronúncia correta, ou gramática, tinham mais probabilidade de inibir a fala do que estimulá-la (Wells, 1985).

Conversando e escutando as crianças

O desenvolvimento da fala é uma das poucas áreas em que ainda permanece a dúvida a respeito dos efeitos do cuidado em creches nos primeiros anos de vida. Alguns estudos concluíram que as crianças cuidadas em creches em período integral são mais lentas no desenvolvimento da linguagem.

Uma das desvantagens possíveis de uma creche bem-administrada é que uma criança em seu segundo ano de vida, que ainda não adquiriu a habilidade da fala, pode passar o dia inteiro na creche sem que tenha muita necessidade de falar, e assim perder a oportunidade essencial de praticar a língua, o que é necessário para dominá-la. Precisamos vigiar o quanto *escutamos* a criança. Isso é especialmente urgente quando se trabalha com crianças que estão nesse estágio de desenvolvimento. A menos que mantenhamos uma observação constante da necessidade da criança pequena de praticar a fala, há o risco de que sua capacidade de pensar e raciocinar tenha seu progresso impedido.

BARULHOS DE FUNDO

Há algumas crianças que, quando falam, só conseguem fazê-lo gritando, pois não aprenderam ainda a modular sua voz. Isso pode fazer com que os adultos em torno também levantem a voz, aumentando o barulho. Em algumas instituições, as crianças pequenas têm de lutar para que sejam ouvidas e compreendidas, falando mais alto do que a música pop que toca no rádio da creche, justificativa baseada na ideia de que é isso que as crianças ouvem em casa. Achamos que essa é uma boa razão para que não ofereçamos essa música. Ela certamente inibe a conversação, mesmo entre os adultos que têm pleno domínio da linguagem.

Provavelmente, todos nós ainda conseguimos nos lembrar de ocasiões, em um bar ou restaurante, em que balançamos a cabeça em desespero e exclamamos: "Tem tanto barulho que não consigo ouvir uma palavra do que você está dizendo", e desistimos de tentar entabular uma conversa razoável. Para as crianças isso é ainda mais problemático, e aquelas que não são seguras em relação à sua habilidade de falar tenderão a ficar em silêncio, sentindo que não podem competir com o barulho.

Além de ser muito importante para o desenvolvimento da linguagem das crianças, manter o nível de ruídos baixo ajuda a criar uma atmosfera calma e tranquila. Não gritar, chamando as pessoas que estão do outro lado da sala, deve ser uma das regras básicas da vida na creche, sendo aplicada às crianças, às funcionárias e aos pais, da mesma forma.

Assim como conquistar a habilidade de se mover de maneira independente é uma grande liberação pessoal para uma criança pequena, também dispor de palavras para se fazer compreendido é uma parte vital do processo de lidar positivamente com muitas experiências frustrantes que ela terá ao crescer. Muitas vezes dizemos: "Eu fiquei sem fala de tanta raiva", quando nos sentimos incapazes de aglutinar nossos pensamentos em palavras coerentes ao nos sentirmos raivosos com algo. Em tal momento, vivenciamos um estado bastante próximo ao que a criança sente logo que teve seu amado brinquedo tomado de suas mãos. Uma criança em seu segundo ano de vida tem não só a enorme tarefa de compreender tudo o que dizemos, mas também de escolher as palavras apropriadas, dentre o seu limitado vocabulário, que permitam que entendamos o que ela está sentindo.

Palavras e objetos

Um aspecto importante do desenvolvimento da linguagem é o processo de vincular as palavras aos objetos, adquirindo assim um vocabulário. Isso é algo que achamos bastante difícil quando aprendemos uma língua estrangeira, na escola ou em aulas noturnas, mas que se torna muito mais fácil se passamos um tempo morando fora do país e termos, por exemplo, de comprar algo e perguntar o nome do objeto que estamos vendo e segurando. Da mesma forma, o impulso inato da criança de aprender sobre a natureza e o comportamento dos objetos que a cercam é um elemento fundamental para a sua aquisição da linguagem.

Ao ganhar mobilidade, a criança tem a oportunidade de segurar e manipular uma variedade crescente de objetos. A observação de crianças durante sessões de brincar heurístico (ver Capítulo 8) mostra claramente como a experiência sensória direta possibilita que elas adquiram um conhecimento preciso dos objetos. Por exemplo, uma criança pode escolher um pedaço de corrente, colocá-lo em uma lata, retirá-lo dela, e repetir essa ação muitas vezes, sem que seu prazer e sua concentração diminuam. A ação autodirigida, com os sentimentos e as sensações corporais que a acompanham, implica que as palavras "lata" e "corrente" inevitavelmente se tornam imbuídas do significado que essa experiência traz à ação. Primeiro, a criança precisa ter contato direto com os objetos durante o seu brincar, e somente então a palavra vinculada ao objeto se tornará significativa. Esse processo capacita a criança a inserir seu vocabulário, que se expande rapidamente, na ferramenta da linguagem, no contexto do seu aprendizado e das suas relações gerais.

Música e rima

As crianças reagem à música desde muito pequenas, tanto que o famoso professor japonês de violino Shinichi Suzuki defendia que se tocasse Bach e Vivaldi para elas quando ainda estivessem no útero. Os bebês em seu primeiro ano de vida respondem à música por meio de risos e gritos, e balbuciando musicalmente – o que é bastante diferente do balbucio com fala. Moog (1976), ao pesquisar as preferências musicais das crianças, relatou que, quando elas são muito pequenas, gostam mais de músicas instrumentais simples, ao passo que, quando estão em seu segundo ano de vida, a maioria prefere canções com palavras.

Nessa idade, o que as crianças mais gostam é ouvir *nursery rhymes** ou canções familiares várias vezes. Frequentemente, podemos perceber que elas estão tentando acompanhar a rima ou a história, e elas adoram completar uma palavra que está faltando. Embora elas gostem da repetição, é bom apresentá-las a novas rimas e versos de tempos em tempos. Tende-se a ouvir somente uma gama muita restrita de *nursery rhymes* nas creches, em sua maioria aquelas tiradas de livros ilustrados produzidos em massa. Há muitas centenas de outras canções, rimas e brincadeiras com os dedos que são cantadas tradicionalmente para as crianças (veja, por exemplo, o livro *Oxford nursey rhyme book*, de Iona e Peter Opie). As creches podem desempenhar um papel na retomada de algumas dessas rimas e canções, e ensiná-las aos pais.

As cuidadoras não precisam ter "boa" voz para proporcionar prazer às crianças ao cantar para elas. Caso fitas cassetes sejam utilizadas, elas precisam ser selecionadas cuidadosamente, de preferência por orientação do conselheiro musical do bairro ou de um músico local. Muitas gravações comerciais projetadas para as crianças são de baixa qualidade, com acompanha-

---

* N. de T. Pequenos poemas ou histórias rimados, contados às crianças.

mentos inadequados. Elas tendem também a utilizar vozes adultas, que são inapropriadas.

Realmente, é muito melhor mostrar às crianças que a atividade de cantar pode ser espontânea e informal. As crianças adoram canções inventadas na hora sobre elas e as coisas que elas fazem no cotidiano. Isso é algo que o educador-referência pode fazer regularmente em seu grupo pequeno, ou ao dar cuidado corporal a uma criança, utilizando uma fórmula ("David tá com uma camiseta azul"; "Lavamos as mãos – dessa maneira") ou de maneira completamente livre.

No contexto do grupo, ela pode ainda auxiliar as crianças a escutarem diferentes sons baixos e calmos, baseando-se na experiência do som que elas já possuirão por intermédio do brincar heurístico e com alguns itens do Cesto de Tesouros. Se o educador-referência puder tocar violão ou um flautim, as crianças irão divertir-se com pequenas canções e, sob supervisão cuidadosa, puxarão as cordas ou assoprarão o flautim elas mesmas, para ver como o som é produzido.

Algumas crianças que estão em seu segundo ano de vida sentar-se-ão e escutarão atentamente a música por um tempo bem longo, e muitas vezes irão querer ouvi-las repetidas vezes. Outras mantêm sua atenção apenas por alguns segundos, mas podem gostar de se mexer e "dançar" ao som da música, embora geralmente não sigam muito o ritmo. Se houver uma funcionária que tenha um interesse especial por música, ela pode começar uma coleção, gravada em fita cassete, de pequenas canções para o uso na creche. Há uma enorme variedade de músicas gravadas para escolher, incluindo toda a gama de música não ocidental, bem como a música europeia medieval, renascentista, clássica e contemporânea.

Livros e histórias

As crianças adoram ouvir histórias, já desde muito antes que possam entender completamente seus significados. Aos 2 anos, elas olham os livros por períodos bastante longos. Até que tenham entendido a ideia de virar as páginas sem rasgar o papel, elas precisarão de livros indestrutíveis, feitos de papelão e não de pano, ou feitos especialmente para elas.

Durante esse ano, as crianças efetuarão um salto desenvolvimental, passando da identificação de um objeto comum, uma laranja, por exemplo, para apontar para a figura de uma laranja e aprender por meio do adulto como o objeto é chamado. Esse estabelecimento de conexões entre a realidade tangível e a abstração de uma fotografia a cores é processo cognitivo complexo. Para serem úteis, as ilustrações dos livros de figuras devem ser bastante realistas, e não falsificarem a cor ou o tamanho das coisas.

Como fazer livros de figuras indestrutíveis

Pegue um álbum de capa dura e envelopes de plástico (um catálogo de um representante de vendas é o ideal). Corte pedaços de papel duro de cores diferentes, do tamanho do envelope, e monte neles figuras de objetos identificáveis, que sejam parte do cotidiano da criança – frutas, flores, animais domésticos, canecas, pratos. As figuras podem ser recortadas de catálogos ou revistas, combinando adequadamente a cor predominante da figura com o conjunto de figuras. Duas folhas de papel, com as figuras para fora, vão em cada envelope plástico, e as figuras podem ser facilmente trocadas ou agrupadas em categorias para as crianças mais velhas. As crianças continuarão a gostar desses livros até a passagem de seu terceiro ano e, cuidando-se razoavelmente deles, os álbuns durarão por muitos anos.

Harry, de 16 meses, foi observado virando as páginas de um desses livros e olhando atentamente para uma fotografia colorida de um prato com biscoitos com cobertura de chocolate. Depois de olhar por um momento, ele abaixou a cabeça e lambeu a página. Ele disse uma palavra – "bicoto".

Há uma tendência de colocar o assunto do desenvolvimento da linguagem em uma caixa separada, o que parece sugerir que ele continuará, independentemente de todas as outras coisas que acontecem na vida de uma criança. Tal perspectiva deixa de considerar a questão essencial de que a linguagem é uma ferramenta relacional. Quando nos relacionamos bem com uma pessoa, a conversa flui, ao passo que com outras pessoas não conseguimos achar nada para dizer. Nesse aspecto, as crianças pequenas não diferem de nós. Se tentamos falar com uma pessoa que fica continuamente olhando por cima de nossos ombros, obviamente nos escutando apenas em parte, ficamos bastante mal-humorados e frustrados. Dar atenção integral a uma criança que tenta de modo hesitante se expressar pode ser difícil para uma cuidadora, envolvida com as distrações e demandas de um grupo, mas é essencial para o objetivo de ajudar a criança a dominar sua linguagem.

CUIDADO CORPORAL

Para uma criança em seu segundo ano de vida, boas partes de seu dia serão tomadas pelo cuidado com suas necessidades corporais. Infelizmente, isso é considerado uma questão de rotina, a ser compartilhada de forma casual entre as cuidadoras que estiverem disponíveis – o que pode levar ao tipo insensível e despersonalizado de tratamento das crianças descrito por Trudy Marshall (1982) no estudo mencionado no Capítulo 3.

Na verdade, o cuidado físico pode oferecer algumas das melhores oportunidades, durante um dia atarefado, para a intercomunicação e o brincar espontâneo entre a criança e adulto. É sobremaneira importante, em relação ao desenvolvimento da linguagem, e tanto quanto possível, que a pessoa-chave ofereça o cuidado corporal à criança, de maneira que aquela possa aprender a responder aos sinais e preferências da criança da forma que os pais sensíveis o fazem. Todas as funcionárias precisam compreender as razões para a utilização dessa política para que ela funcione.

Controle dos esfíncteres

Houve uma época em que se pensava que a maneira adequada de fazer com que os bebês aprendessem a controlar os esfíncteres era segurá-los sobre um troninho desde suas primeiras semanas de vida. Esse ritual despendia bastante tempo e uma energia de caráter ansioso, e muitas mães sentiam-se orgulhosas e gratificadas pelo fato de o seu bebê já ficar "limpo" aos 6 meses. Com efeito, um sucesso temporário podia ser atingido, mas tendia a romper-se mais tarde, para desânimo de todos. Os sentimentos resultantes de angústia, e mesmo de raiva, por parte dos pais em relação ao fracasso no treinamento precoce do toalete eram vistos claramente nos encaminhamentos para clínicas infantis. Até há pouco tempo, esse tipo de prática era utilizada amplamente nas creches, e as crianças, tão logo conseguiam ficar de pé, eram colocadas sentadas em troninhos no banheiro e ali mantidas, às vezes por períodos bastante longos, até que tivessem "feito algo". Quando deixadas assim, as crianças às vezes aliviavam seu tédio e sua surpresa iniciando um jogo em que empurravam seus troninhos pelo chão, para diversão delas e desespero das cuidadoras.

Nossa opinião atual é baseada em uma melhor compreensão do desenvolvimento do sistema nervoso, do crescimento da habilidade de uma criança controlar e relaxar seus músculos, assim como da maneira com que nossas funções corporais são conectadas com nosso estado emocional. (A mudança de atitudes pode ainda influenciando a invenção e a produção em massa da fralda descartável!)

Ao abordarmos o treinamento do toalete, provavelmente ao fim do segundo ano de vida, o fato significativo é a relação que uma criança tem com a pessoa que pede sua cooperação. De outra forma, por que a criança iria mudar sua experiência satisfatória prévia, de fazer suas necessidades na fralda quando desejasse? Ela responde à confiança, embora possa ficar perplexa quando a adulta, vendo as fezes que a criança produziu para ela em seu troninho, diz "bom menino", mas imediatamente dá a descarga, livrando-se das fezes como se fossem algo a ser eliminado o mais cedo possível.

Quando o treinamento do toalete começa em casa, é muito importante que a prática familiar e a abordagem da creche estejam plenamente harmonizadas. Se isso não for feito, a criança, que já tem a responsabilidade de dominar um processo complexo, será colocada em um estado de confusão. O educador-referência tem a responsabilidade de assegurar, pelo seu contato com os pais, que a criança não seja colocada sob pressão. Isso enfatiza ainda mais a importância desse educador ser o responsável pelo seu grupo quando ele for ao banheiro antes do almoço.

Independência no período de transição

Quando uma criança está aprendendo a pedir e a usar seu troninho, ainda haverá ocasiões em que ela usará uma fralda, por exemplo, quando estiver preparando-se para dormir. Muitas vezes a cuidadora terá de colocá-la na mesa para troca de fraldas, especialmente quando a criança precisar ser lavada e secada antes que uma fralda limpa seja colocada. As crianças, afirmando sua legítima independência, podem testar a paciência dos adultos ao se oporem a isso.

Uma maneira positiva de lidar com esse fato cotidiano, como sugerido anteriormente, é oferecer um par de degraus pequenos e firmes, e estimular a criança, ajudando-a, a subir por si mesma até a altura da mesa de trocar fraldas. Assim, evita-se tanto o conflito quanto o esforço da coluna. Mostramos à criança que respeitamos sua responsabilidade por seu próprio corpo, e que não tencionamos forçá-la a se submeter à nossa força física superior.

Há ocasiões em que a criança se recusa a sentar em seu troninho, e o adulto pode tomar isso como um ato hostil. No entanto, quando está em questão o fato de que a criança tem seu próprio controle corporal, não há forma de o adulto "ganhar" a disputa, e assim é mais sábio aceitar tal conduta gentilmente. Uma criança que se recusa persistentemente a usar o troninho pode estar respondendo ao treinamento do toalete muito severo que recebe em casa e, se o problema persiste, a situação exige que a discutamos com os pais.

Refletindo sobre o assunto, vemos conexões com as atitudes que queremos que as crianças desenvolvam em relação a seus próprios corpos, para que possam, anos mais tarde e caso necessário, defender-se de riscos de abuso sexual por parte de adultos conhecidos.

A hora de se lavar e se arrumar

Lavar o rosto, secar as mãos e as primeiras tentativas de escovar os dentes fazem parte dos cuidados corporais básicos que colaboram para que a pessoa se sinta bem com ela mesma. Como adultos, nem precisamos nos lembrar de quão diferente nos sentimos quando temos a possibilidade de tomar um banho depois de um dia cansativo. O indiscutível prazer que se revela no rosto da criança quando toma um banho sem pressa, e sua cuidadora penteia ou escova delicadamente seu cabelo, ajuda-a a lavar-se, e diz a ela o quanto está bonita, enfatiza o valor desse cuidado minucioso.

Um educador-referência pode oferecer isso ao seu grupo pequeno de uma maneira que seria impossível caso tivesse um número maior de crianças a

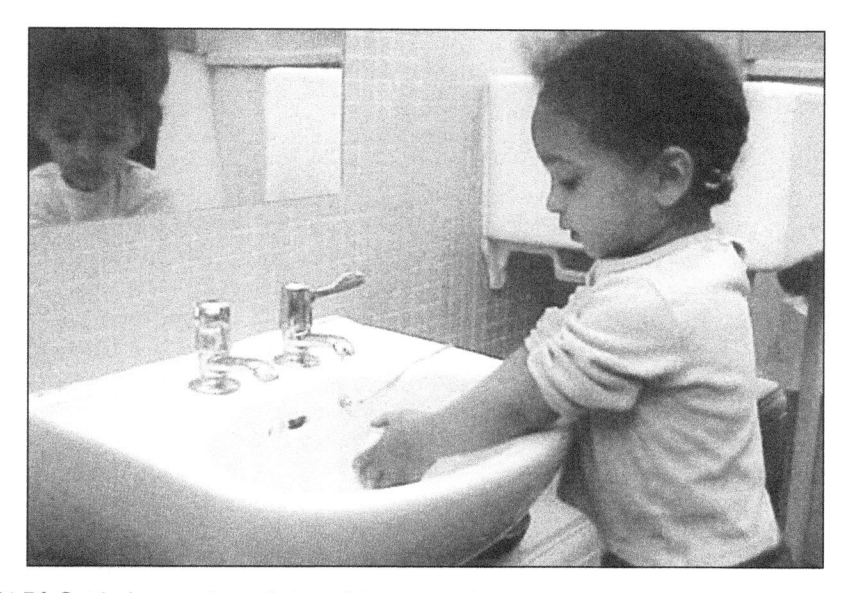

FIGURA 7.2 Cuidado consigo e brincadeiras com água

seus cuidados, em uma atmosfera de "linha de montagem". Sabemos como nos ressentimos e nos sentimos humilhadas pelo grito de "próximo!", quando estamos esperando nossa vez em um ambulatório de hospital. Lembrar nossas próprias experiências de lida despersonalizada em questões relativas ao cuidado corporal pode nos oferecer maior sensibilidade na maneira como conduzimos a hora de lavar-se das crianças pequenas. Nossa imagem corporal é algo precioso e totalmente pessoal para cada um de nós, e nossa atitude em relação a nós mesmas está profundamente ligada às nossas experiências precoces nas mãos dos adultos.

ATITUDES EM RELAÇÃO À LIMPEZA

Assim como a opinião predominante acerca do treinamento do toalete foi mudada, também sofreram transformações as ideias sobre a idade em que é adequado oferecer às crianças materiais que podem causar "bagunça". É importante compreender o pensamento que está por trás dessa mudança de práticas. No processo de treinamento do toalete, pedimos à criança que renuncie ao prazer que tem em manipular seus próprios produtos corporais, mas lhe oferecemos alternativas. A energia canalizada para um interesse imediato e primitivo é transferida para atividades criativas, com materiais como argila, água, farinha, areia e pintura com os dedos.

Uma criança que passou por um treinamento severo do toalete, ou que vem de um lar que enfatizava enormemente a necessidade de manter mãos e roupas limpas o tempo inteiro, pode demonstrar dúvidas ou ansiedade em relação a brincar com materiais que podem ser considerados sujos ou criadores de bagunça. Esse sentimento deve ser integralmente respeitado, mas é responsabilidade da cuidadora da criança discutir o assunto com seus pais, e obter para ela o apoio e a concordância deles em relação à possibilidade de ela brincar com essas coisas (sob supervisão apropriada e com roupas protetoras).

Mais tarde em suas vidas, há pessoas que acham muito desagradável, quando não impossível, levar a cabo tarefas como limpar um peixe, plantar mudas na lama, limpar uma caixa que um coelho usa, ou trabalhar com argila ou papel-machê. Talvez essa aversão tenha raízes em uma negação muito severa, na infância, de que tais coisas possam ser não somente legítimas, mas, à sua própria maneira, prazerosas e criativas.

Limpando o nariz

Um detalhe do cuidado corporal, raramente mencionado, mas que vale a pena fazê-lo, é a maneira com que lidamos com a tarefa infindável de limpar o nariz das crianças em um período em que elas ainda não conseguem por si mesmas. Especialmente em áreas em que as pessoas vivem em casas ou apartamentos úmidos e com calefação inadequada, algumas crianças sofrem no inverno com a coriza quase contínua, o que pode causar um desconforto considerável no ato de respirar, e ainda afetar sua audição. Uma das desvantagens de colocar crianças pequenas em grupos é a alta incidência de infecções cruzadas, provenientes de problemas respiratórios, e devemos nos esforçar ao máximo para reduzi-las.

Provavelmente ainda nos lembramos, na infância, de termos nossos narizes limpados de maneira áspera pelos adultos, que muitas vezes não paravam para perceber que a pele delicada em volta das narinas estava irritada. Na creche, onde o problema é multiplicado por causa do número de crianças, a delicadeza e o respeito exigidos por esse aspecto do cuidado podem ser negligenciados com muita facilidade. De todas as formas de cuidado corporal que oferecemos à criança pequena, essa é provavelmente a mais difícil de fazer com sensibilidade, e que algumas cuidadoras seguramente não apreciam.

Um passo a ser dado na direção do autocuidado consiste na criança aprender a assoar seu próprio nariz. Isso representa uma habilidade bastante complexa para dominar, pois requer que a criança pequena apreenda a ideia de assoprar pelo nariz, que é o oposto de fungar, e então capte a conexão entre o lenço ou papel e o controle dos pequenos músculos de seu nariz, de forma que possa responder ao nosso pedido para que "assoe". Ela precisa observar nós mesmos assoando o nariz para compreender o ato e então colocar em prática o processo envolvido. É o educador-referência da criança que precisa encontrar tempo para ajudá-la a aprender essa habilidade.

Uma segunda medida prática consiste em pensar a respeito da eliminação dos lenços de papel usados. Por exemplo, quando estamos sentados em um canto com um grupo pequeno envolvido em alguma atividade, ou na hora da refeição, sentados à mesa, em geral há uma caixa de lenços de papel disponível em uma prateleira próxima. Mas o que acontece com os lenços sujos? Uma possibilidade é pedir à criança, cujo nariz você assoou, que se levante e coloque o lenço no cesto de lixo, ou você mesma pode levantar-se e fazê-lo, para não perturbar o grupo. Observamos mais vezes a cuidadora colocar o lenço sujo no bolso, ou enfiá-lo no meio do rolo de papel higiênico macio, que é costumeiramente usado por motivo de economia.

Há duas afirmações distintas a ser feitas aqui. Primeiro, devemos notar que há um corpo de opiniões, parcial mas não exclusivamente associadas à teoria psicanalítica, que sustenta que o uso do papel higiênico para assoar o nariz cria confusão na mente da criança pequena, que está em um estágio de desenvolvimento da compreensão dos diferentes processos corporais. O papel higiênico deve ser mantido nos banheiros e utilizado para essa necessidade, e não para limpar o nariz. A outra afirmação tem a ver com a redução dos riscos de infecção cruzada. O princípio de evitar perturbações para o grupo, que seriam causadas pela cuidadora ou pelas crianças ao levantar e sentar novamente para jogar fora os lenços usados, é obviamente bom, mas não quando a pessoa coloca os lenços no bolso, onde o calor corporal favorece a multiplicação de bacilos. Sugerimos uma solução prática para esse problema.

Pegue duas latas razoavelmente grandes (por exemplo, aquelas grandes de extrato de tomate). Assegure-se de que não há extremidades cortantes, lave-as e seque-as completamente. Junte-as com um prendedor de roupa. Em uma, coloque os lenços limpos, e na outra coloque um pequeno saco plástico. Os lenços usados são colocados na segunda lata, cujo saco plástico, quando cheio, pode facilmente ser removido intacto e jogado fora. Essa lata nem precisará ser lavada, pois não há contato com os lenços sujos. Cada sala deve ter um número suficiente – digamos cinco ou seis – desses cestos de lixo portáteis, colocados em peitorais de janelas ou em prateleiras, debaixo da mesa na hora das refeições, ou ao lado da cuidadora, se ela estiver sentada junto com um grupo para contar histórias. O cesto portátil pode ser carregado com facilidade para o jardim durante atividades externas.

O educador-referência, junto com o grupo pequeno, pode iniciar um joguinho de aprender como assoprar pelo nariz, e explicar para as crianças a utilidade dos cestos, de maneira exata. Elas não terão dificuldade alguma em entender o que ela está propondo. Limpar o nariz pode, assim, tornar-se um exercício realmente educacional do autocuidado, em lugar de uma repetição tediosa.

BRINQUEDOS PARA CRIANÇAS QUE ESTÃO NO SEGUNDO ANO DE VIDA

O segundo ano compreende um período de desenvolvimento muito rápido. No começo do ano, a criança que já se movimenta divertir-se-á com a exploração de texturas e formatos, pela boca e pelas mãos, e com os brinquedos simples descritos no Capítulo 5. Ao chegarem aos dois anos, algumas crianças já se concentrarão na maioria dos tipos de brincadeiras descritos no Capítulo 2, e estarão começando a usar materiais mais estruturados. Seguem algumas sugestões de brinquedos para crianças que estão em seu segundo ano de vida, projetados para ajudá-las a praticar as habilidades físicas e de manipulação.

1. *Escorregador*
   Uma estrutura simples, sólida, de madeira, com três pequenos degraus que conduzem a uma pequena plataforma com um escorregador do outro lado. Trilhos baixos apoiam ambos os lados.
2. *Caixa para brincadeiras*
   Uma caixa quadrada sólida de 608mm, com um furo grande e redondo em um dos lados, para que as crianças possam engatinhar para fora e para dentro da caixa. Uma cortina pode ser fixada para cobrir o furo, permitindo que brincadeiras de "esconde-esconde" sejam feitas.
3. *Caixas de empilhar*
   Uma caixa resistente de madeira com duas caixas menores dentro. As medidas da caixa maior devem ser de 280 x 430 x 280 mm – não muito altas, para que a criança possa subir nela sozinha. A caixa menor pode ser cheia com blocos de construção de madeira. Esse é provavelmente o brinquedo mais versátil de todos, e certamente será utilizado até quase o fim do terceiro ano de vida da criança. Vale a pena ter duas ou três dessas caixas, caso possível.
   Os diferentes usos dessas caixas permitem às crianças: entrar nelas, sentar, sair delas, empurrá-las, usar como apoio para os primeiros passos (o que requer que as caixas sejam pesadas o suficiente para não tombarem quando a criança se apoiar nelas). Pode-se fixar uma corda na caixa maior, para que a adulta possa puxá-la e passear com a criança sentada nela.
   Colocadas enfileiradas, as caixas se transformam em um trenzinho, e viradas de lado podem funcionar como "lugares para esconde-esconde". Colocadas de cabeça para baixo, as crianças podem sentar nelas, subir nelas ou (com a ajuda do adulto) pular delas. Colocadas em fila, com espaços entre elas, pode servir como um caminho para praticar o equilíbrio e para pequenos experimentos com a capacidade de correr riscos.

As caixas devem ter pequenos pedaços de feltro em seus cantos, de forma que possam ser puxadas, mas sem rodinhas, pois a criança pode ter dificuldades em controlar seu movimento em um grupo.

4. *Tijolos ocos*
O melhor é construí-los com madeira compensada, de dois tamanhos, 177 x 102 x 76 mm, e 228 x 177 x 76 mm, e podem ser envernizados ou pintados com tinta não tóxica. Como são relativamente leves, a criança pode construir uma torre com eles, que não causará danos caso desabe.

5. *Andador*
Ele deve ser do tipo "carrinho", descrito no Capítulo 5: uma caixa resistente e baixa, de madeira, com um puxador de metal na altura dos ombros para que seja empurrado facilmente. Deve ser resistente o suficiente para que não vire quando a criança se apoiar nele, e as rodas devem ser do tipo que só se move lentamente, para evitar que as crianças colidam. Quando há no grupo muitas crianças que estão apenas começando a dar os primeiros passos, é necessário dispor de mais do que um andador desse tipo.

6. *Caixa de correio grande e simples*
As caixas de correio compradas no comércio, muitas vezes feitas de plástico leve e em cores espalhafatosas, são muito complexas para que as crianças pequenas as usem satisfatoriamente. Vale a pena ter uma bem-projetada, feita de madeira polida. As medidas devem ser de 177 x 177 x 280 mm, com apenas três aberturas na parte de cima: um furo redondo, um quadrado e uma fenda. Pode ainda haver um furo redondo, de 4 mm de diâmetro, na parte mais baixa de um lado da caixa. Para postar, precisamos de cubos, cilindros e retângulos de madeira, que devem ser mantidos em sua própria lata ou cesto, de maneira que as crianças sempre possam encontrar uma quantidade pronta quando quiserem utilizar a caixa de correio. Como observamos na parte sobre a condução de uma sessão de brincar heurístico, mesmo as crianças menores rapidamente aprendem e obtêm prazer com esse tipo de ordem. É claro que elas experimentarão tentar postar outros formatos, e deve-se permitir que descubram por si mesmas o que passa e o que não passa pelas fendas.

RESUMO

Durante o segundo ano de vida da criança, o seu crescimento acontece de acordo com várias diretrizes de desenvolvimento. Ela se move em direção à obtenção de independência na capacidade de se mover, na habilidade de manipular objetos, alimentar-se e cuidar de seu corpo, e adquire a habilidade de se comunicar com palavras. O educador-referência tem um papel fundamental: o de fazer com que esse processo ocorra suavemente, em consultas frequente à família da criança. A administração cuidadosa do ambiente pode reduzir os conflitos e permitir que as crecheiras ofereçam um modelo de compromisso e negociação que demonstra respeito pela individualidade da criança.

Esse período ilustra a transição entre o cuidado corporal efetuado por outras pessoas, que é uma parte muito importante da experiência cotidiana do bebê, para o autocuidado, que começa a se tornar possível no segundo ano. É uma época de crescimento rápido em direção à independência em todos os aspectos da vida; no entanto, a habilidade física da criança de se distanciar de seus cuidadores adultos faz com que ela tenha de enfrentar o sentimento dual de que precisa deles. A criança vivencia uma mudança em suas relações, à medida que mais e mais elementos de sua vida passam a ser controlados por ela. O sentido crescente de *self* (si mesmo) encontra clara expressão quando as palavras "eu" e "minha" emergem no uso diário. Junto com isso ocorre uma necessidade intensa de explorar e experimentar com qualquer objeto que estiver à mão.

c a p í t u l o **8**

O brincar heurístico com objetos

> Não pode haver trabalho eficaz e satisfatório sem o brincar;
> não pode haver som e pensamento integral sem o brincar.
>
> Charles Dickens, 1854

Neste capítulo, descrevemos uma nova abordagem para a aprendizagem de crianças que estão em seu segundo ano de vida, que foi desenvolvida e colocada em prática por Elinor Goldschmied, em colaboração com educadoras, na Inglaterra, na Escócia, na Itália e na Espanha. Essa abordagem não é somente parte de um ambiente de riqueza geral, que gostaríamos de oferecer para as crianças desse grupo etário, mas também um componente especial das atividades diárias que precisa ser organizado de forma específica para que se obtenha máxima eficácia. Por esse motivo ela é aqui chamada por uma expressão incomum, "brincar heurístico com objetos". Para explicar de maneira simples, ela envolve oferecer a um grupo de crianças, por um determinado período e em um ambiente controlado, uma grande quantidade de tipos diferentes de objetos e receptáculos, com os quais elas brincam livremente e sem a intervenção de adultos. Discorremos primeiramente sobre os princípios que norteiam a abordagem, em seguida sobre os arranjos práticos e, no final do capítulo, oferecemos uma lista de sugestões de objetos e materiais.

APRENDENDO POR MEIO DA EXPLORAÇÃO E DA DESCOBERTA

O aprendizado heurístico é definido no *Dicionário Oxford* como "um sistema de educação sob o qual o pupilo é treinado para descobrir as coisas por si mesmo". Essa definição tem sido dominante na educação fundamental na Inglaterra há muitos anos (embora, à época em que escrevemos este livro, estivesse sob ataque político). Até agora, não se discutiu muito de que maneiras esse princípio poderia ser estendido à oferta de educação para as crianças bem pequenas. Ao usarmos a expressão específica "brincar heurístico", queremos chamar atenção para a enorme importância desse tipo de atividade exploratória espontânea, dando a ela o significado e a importância que realmente merece.

Aumentar a mobilidade é o fator principal para as habilidades da criança em desenvolvimento em seu segundo ano de vida. A habilidade recém-adquirida de mover-se é praticada sem parar ao longo do dia, nos períodos em que a criança fica acordada, e é muitas vezes essa paixão em relação a mover-se por aí que cria ansiedades nos adultos responsáveis e os leva a restringir o espaço da criança e limitar suas oportunidades de aprender. No caso da família ter uma residência pobre, a criança que já se movimenta pode passar boa parte do dia presa a um carrinho ou confinada a um cercadinho. Mesmo quando a residência é de boa qualidade, poucas pessoas estão preparadas para reprojetar totalmente o espaço em que vivem para adequá-lo às necessidades de uma criança pequena. Quantas vezes em um dia temos de dizer: "Não, não mexa", quando elas querem agarrar e manipular nossos objetos mais preciosos ou perigosos (para elas). O impulso de utilizar sua coordenação olho-mão-objeto, cada vez mais precisa, combinada com uma curiosidade vívida, torna-se uma fonte de conflitos.

Diz-se muitas vezes que a concentração que observamos nos bebês sentados junto a um Cesto de Tesouros é perdida quando eles aprendem a se deslocar de um lugar para outro. É típico das cuidadoras comentar que as crianças entre 1 e 2 anos "voam de uma coisa para outra", que o material para o brincar disponível não atrai sua atenção por mais do que alguns pucos minutos. Elas não estão interessadas em quebra-cabeças ou em colocar prendedores nos buracos "certos", e geralmente preferem jogá-los ao chão. Na verdade, a criança está nos dizendo: "Há outras coisas que quero fazer primeiro". Seu nível de competência não pode ser satisfeito por um material para o brincar em que há necessariamente uma resposta "correta", determinada pelos adultos.

No segundo ano de vida, as crianças sentem um grande impulso de explorar e descobrir por si mesmas a maneira como os objetos se comportam no espaço quando são manipulados por elas. Elas precisam de uma ampla gama de objetos para fazer esse tipo de experiência, objetos que sejam constantemente novos e interessantes, os quais certamente não podem ser comprados de um catálogo de brinquedos.

A observação de crianças dessa idade lembra a antiga história de Arquimedes no banho. Quando descobriu a lei de deslocamento da água devido ao volume do seu corpo, diz-se que ele saltou de dentro da banheira gritando exultante: "Eureka – encontrei!". A palavra grega *eurisko*, da qual é derivada nossa palavra "heurístico", significa "serve para descobrir ou alcançar a compreensão de algo". Isso é exatamente o que as crianças pequenas fazem espontaneamente, sem qualquer direcionamento dos adultos, desde que tenham os materiais com os quais efetuarão suas explorações. Longe de perder a habilidade de concentrar-se, torna-se claro que, dadas as condições e os materiais corretos, a criança em seu segundo ano de vida pode desenvolver sua concentração de uma nova forma.

O BRINCAR HEURÍSTICO EM AÇÃO

O brincar heurístico é uma abordagem, e não uma prescrição. Não há uma única maneira correta de fazê-lo, e pessoas em centros diferentes terão suas próprias ideias e juntarão seus próprios materiais. Com efeito, um dos grandes méritos dessa abordagem é que ela liberta a criatividade dos adultos e torna a tarefa de cuidar das crianças muito mais estimulante. Entretanto, os conselhos práticos contidos neste capítulo estão baseados em muitos anos de experiência em diferentes países, e em observações detalhadas de um grande número de crianças, muitas das quais foram filmadas em vídeo e submetidas à análise detalhada.

Seguem algumas breves descrições de crianças entretidas com o brincar heurístico, em grupos de mais ou menos oito crianças. As crianças são de quatro nacionalidades diferentes, mas não há diferenças óbvias na maneira como usam os materiais.

Susan (13 meses), sentada junto a uma lata grande. Ela apanhou um pedaço de uma corrente fina, agitou no ar, observando o movimento, segurou-a até que quase parasse de se mover, e colocou-a, com movimentos precisos, dentro da lata. Então ela virou a lata, tirando a corrente de dentro dela. Ela repetiu a sequência de ações três vezes, completamente concentrada.

Antônio (14 meses), agachado entre dois baldes relativamente pequenos, um cheio de rolhas, o outro vazio. Com movimentos das mãos rápidos e ordenados transferiu as rolhas, uma por uma, para o balde vazio. Dentre as rolhas comuns havia duas de champanhe, maiores e com invólucros brilhantes, e outra de uma garrafa de molho, com uma tampa de plástico vermelho. Ao achar a rolha de champanhe, ele a olhou com atenção, jogou-a de lado, e continuou a transferir as rolhas comuns de um balde para o outro. Quando avistou a segunda rolha de champanhe, e mais tarde a que tinha uma tampa vermelha, descartou-as sem hesitar, mostrando sua habilidade de discriminar e categorizar em desenvolvimento. Assim que o segundo balde ficou cheio, ele o virou e esvaziou-o, deixando as rolhas caírem ao chão.

Miguel (15 meses), segurando uma latinha pequena em altura, apanhou uma bola de pingue-pongue, colocou-a na lata e fez com ela um movimento circular que produzia um zunido, observando com atenção a maneira como a bola girava. Aumentou a velocidade do movimento circular e a bola saltou da lata. Ele recuperou a bola e repetiu o processo.

Noel (16 meses), de pé segurando um rolo grande e vermelho para o cabelo, apanhou do chão um menor, amarelo, e inseriu-o no vermelho. Repetiu essa ação com evidente prazer, seus olhos fixos no objeto em suas mãos. Então, olhou para os lados e escolheu outro rolo vermelho do mesmo diâmetro do primeiro, que ele estava segurando. Tentou passar o segundo rolo vermelho pelo meio do primeiro. Esperou e apertou os rolos um contra o outro, tentando colocar um dentro do outro. Incapaz de fazê-lo, deixou cair o segundo rolo vermelho e olhou para os lados, apanhou um rolo amarelo menor, e passou-o através do primeiro rolo vermelho. Repetiu essa ação três vezes, e então, com um ar satisfeito, deixou ambos caírem ao chão e foi para outro lugar.

Jacqueline (17 meses), sentada com as pernas juntas à sua frente, perto de uma coleção de tiras de pano de diferentes cores e texturas (cetim, veludo e renda). Escolheu uma tira vermelha, estendeu-a sobre seus tornozelos e, então, pegou um pedaço de corrente fina e estendeu-a paralelamente à tira, mais ou menos a cinco centímetros acima da tira, em suas pernas. Pegou uma tira amarela e estendeu-a paralelamente à corrente, repetindo o processo até que o arranjo de tiras e corrente alternadas chegou até um pouco acima dos joelhos. Olhou atentamente para o que tinha feito e sorriu para si.

Clemente (17 meses), sentado no chão com as pernas separadas, pegou uma lata de base larga, virou-a de cabeça para baixo, colocando uma lata ligeiramente menor, também de cabeça para baixo, em cima da primeira. Nessa "torre" ele colocou um rolo amarelo para cabelo. Virando-se para olhar uma criança que estava próxima, ele tocou acidentalmente a lata de baixo e o rolo caiu. Clemente apanhou o rolo e recolocou-o na torre. Olhou para ela cuidadosamente e, com a mão esquerda, deu um suave tapa na lata de cima. O rolo oscilou, mas não caiu. Ele deu um tapa ligeiramente mais forte, com o mesmo resultado, e então um tapa um pouco mais forte, fazendo com que o rolo caísse. Recolocou o rolo no lugar e repetiu o processo.

Janet (19 meses), sentou no chão perto de uma cuidadora, segurando uma caixa de pequena altura com uma tampa. Apanhou quatro rolhas, uma após a outra, e colocou-as em fila para preencher uma parte da caixa. Pegou uma outra rolha e tentou fazer uma segunda fileira abaixo da primeira. Não havia espaço para tanto, e então ela colocou duas rolhas de lado, deixando um espaço vazio na caixa. Ela olhou para os lados e apanhou um pedaço pequeno de corrente, segurou-o no ar até que parasse de se mexer, e colocou-o suavemente na caixa para preencher o espaço vazio. Então fechou a tampa da caixa e virou-se sorrindo para a adulta, que lhe respondeu com outro sorriso, mas sem comentar nada.

Algumas questões importantes ilustradas por essas observações:

1. As crianças selecionaram espontaneamente alguns objetos dentre uma vasta gama de materiais (descritos a seguir). Trabalharam com objetivos em mente e de forma concentrada. Sua energia física e sua habilidade em desenvolvimento de manipular coisas foram uma parte essencial da atividade satisfatória e prazerosa. Isso as levou a praticar constantemente e a ganhar competência.
2. No processo de exploração do material, não surge a questão sobre quais maneiras estão corretas ou erradas no uso do mesmo. Segurando o objeto, as crianças observam diretamente o que é possível fazer com ele e o que não é. Tudo que elas tentam fazer é bem-sucedido; a única falha, ao efetuar uma ação intencionalmente, ocorre quando a natureza do próprio material obstrui os esforços da criança – como no exemplo de Noel, que descobriu que dois rolos para cabelo, de mesmo diâmetro, não encaixam um dentro do outro.
3. Esse elemento de sucesso garantido cria para a criança uma experiência muito diferente da que oferecem os materiais "educacionais" para o brincar, muitas vezes dados a crianças dessa idade, pois eles têm um resultado predeterminado por seu projeto, feito por um adulto. Isso não quer dizer que os materiais desse tipo não têm valor, mas eles têm uma função diferente, apropriada a um estágio mais tardio do desenvolvimento em relação ao que estamos aqui discutindo.
4. As crianças absorvidas por suas próprias descobertas não entram em conflito com outras no grupo, em grande parte porque há tantos materiais disponíveis que elas não precisam compartilhar nada, o que seria prematuro exigir delas nessa idade. Isso contrasta fortemente com a experiência normal das cuidadoras, que têm de intervir frequentemente, ao longo do dia, para manter a paz entre as crianças que são muito pequenas para ter domínio da linguagem ou das habilidades de negociação.
Além disso, durante sessões de brincar heurístico foi observado que as crianças, ao se aproximarem dos 2 anos, começam a se empenhar em trocas cooperativas com outras, que surgem a partir da exploração do material, iniciada primeiramente por elas mesmas.

Essas descrições das atividades das crianças ilustram como elas movem itens para dentro e para fora de espaços, e enchem e esvaziam receptáculos. A partir da massa de objetos disponíveis, elas selecionam, discriminam e comparam, arrumam em séries, colocam por meio de fendas e empilham, rolam os objetos e testam seu equilíbrio, com concentração, habilidade de manipulação crescente e evidente satisfação.

É claro que isso também ocorre espontaneamente no processo de brincar com qualquer coisa que esteja disponível, mas geralmente "apesar" dos adultos e não "por causa" deles. Tais padrões emergem da atividade corporal das crianças, que se desenvolve naturalmente, desde que eles sejam facilitados pelo ambiente. O que é diferente aí é o reconhecimento de que devemos criar espaço e tempo para fomentar esse tipo de brincar, reconhecendo que as crianças em seu segundo ano de vida têm necessidades educacionais específicas, da mesma forma que as de 4 anos as têm.

Além do óbvio prazer que as crianças têm com os materiais para o brincar, o brincar heurístico pode ter um papel muito importante no desenvolvimento da habilidade de concentração. Isso é profundamente associado ao desenvolvimento cognitivo e ao progresso educacional, como demonstraram as pesquisas de psicólogos como Jerome Bruner e Kathy Silva (por exemplo, Bruner, 1980). Têm-se observado crianças bem pequenas, entretidas com o brincar heurístico, brincando de maneira intensa com um grupo de objetos por 30 minutos ou mais. Superficialmente, essa atividade pode parecer ser feita ao acaso, de forma repetitiva e sem objetivos, o que é provavelmente a razão pela qual os adultos são tentados a intervir. Na verdade, observações mais detalhadas mostram que o brincar tem sua própria lógica interna. A repetição é bastante semelhante à que ocorre com a atividade de cientistas, que desenvolvem seus conhecimentos através da repetição contínua do mesmo experimento, com pequenas variações. Com efeito, Alison Gopnik e colaboradores sugerem que as crianças criam e revisam teorias exatamente da mesma forma que os cientistas o fazem (Gopnik et al., 1999). Às vezes grandes avanços resultam de observações acidentais, como no caso da descoberta da penicilina por Fleming. Isso se aplica também às crianças. Para elas, uma coisa leva à outra, em um processo prazeroso de descoberta, o que por sua vez leva a praticar mais e a fazer crescer as habilidades (ver Figuras 8.1 e 8.2).

INTRODUZINDO O BRINCAR HEURÍSTICO EM UM CENTRO DE GRUPO

É importante que as educadoras compreendam o objetivo e as razões que embasam esse tipo de brincar, ou seja, que ele propõe enriquecer e não substituir o trabalho que elas já estão fazendo. Para que ele tenha sucesso, é necessário que o grupo de funcionárias esteja comprometido com a ideia. Isso é muito mais fácil quando elas podem vê-la em ação, idealmente ao visitar uma creche em que ela já esteja funcionando ou, caso isso não seja possível, ao assistir ao brincar heurístico gravado em vídeo e encontrar pessoas que o estão utilizando em seu trabalho com crianças pequenas (Goldshmied e Hughes, 1992).

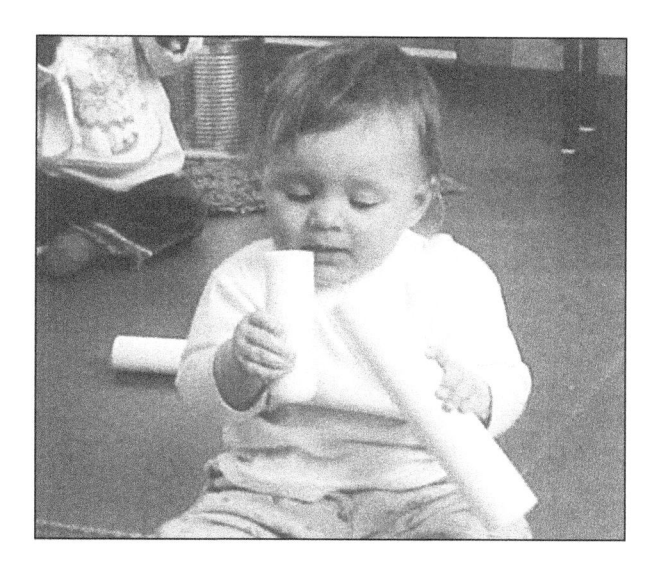

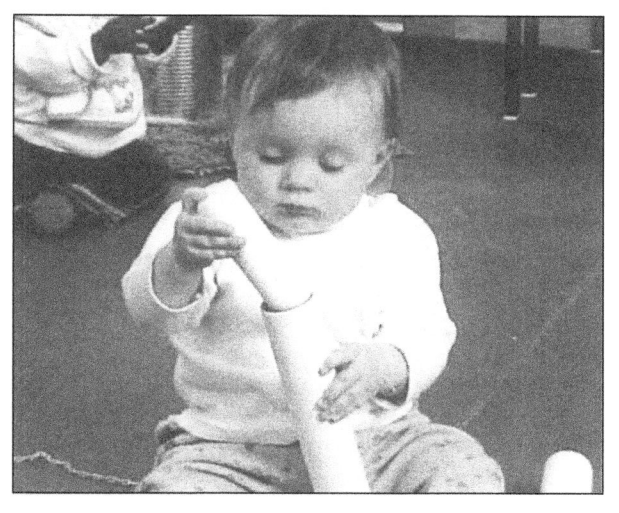

FIGURA 8.1 e 8.2 O que posso fazer com estas coisas?

Mesmo aqueles que não estão envolvidos com o brincar heurístico podem ter de fazer concessões e criar adaptações, pois tempo e espaço precisam ser criados para tornar possível uma sessão de brincar heurístico. Isso torna essencial que qualquer pessoa que pense em introduzi-lo em seu estabelecimento deva levar consigo todo o grupo de funcionárias com ela nesse projeto (Holland, 1997).

Existem algumas questões organizacionais básicas que devem ser observadas para que as crianças obtenham máxima satisfação.

1. Materiais para o brincar: devem ser oferecidas no mínimo 15 variedades, com uma sacola que possa ser fechada com uma corda para cada uma. Isso pode parecer muito, mas há muitas possibilidades: uma creche em Barcelona, em que o brincar heurístico já é realizado há alguns anos, acumulou 36 tipos diferentes de objetos. Uma fileira de ganchos, etiquetados com o tipo de objeto, é necessária para pendurar as sacolas quando os objetos não estiverem sendo utilizados.
   Deve haver mais itens do que o necessário, 50 ou 60 em cada sacola, e pelo menos receptáculos, para um grupo de oito crianças. Sugestões para os materiais a serem oferecidos são dadas na página 159.
2. É necessário um espaço claramente definido para cada sessão, grande o suficiente para que as crianças possam movimentar-se livremente. O carpete ajuda a reduzir o nível de ruídos; o silêncio é uma característica importante da sessão.
3. Todos os outros materiais para o brincar devem ser guardados durante o período escolhido para essa atividade.
4. Um período limitado do dia deve ser selecionado e reservado para o brincar heurístico com objetos. Uma hora é o período ideal, permitindo que os brinquedos sejam disponibilizados e depois retirados. É importante escolher uma hora em que o maior número de educadoras esteja presente, para que uma delas possa devotar sua atenção integral a um grupo pequeno (de no máximo oito crianças). Se alguma criança precisar trocar as fraldas durante esse período, o melhor é que outra cuidadora o faça.
5. Para evitar que as crianças fiquem amontoadas em um mesmo local, deve-se utilizar o espaço disponível em sua totalidade. Para esse fim, o adulto, ao preparar a sessão, distribui latas de tamanhos variados pela sala ou área de brincar. O número de latas necessárias depende do número de crianças no grupo, mas não deve haver jamais menos de três por criança. Achamos que as latas são muito melhores do que cestos ou caixas para esse objetivo. A cuidadora, então, seleciona algumas (cinco, digamos) sacolas de objetos para formar uma boa combinação, por exemplo, correntes, tubos de papelão, pompons, tampas de latas e argolas de cortina. Esses itens são colocados em pilhas mistas ou separadas, a partir das quais as crianças escolherão por si, sem precisar de direcionamento ou estímulo dos adultos.

As crianças precisam de tempo para pensar de que maneira brincarão com o material. Como explicamos, o papel do adulto é oferecer

uma atenção que não interfira com o brincar, e a concentração que a criança mostra torna supérfluo o conversar.
6. À medida que a criança fica absorta pela exploração, os objetos ficarão espalhados pelo chão. Eles precisam ser silenciosamente reorganizados de tempos em tempos, para que o material sempre pareça convidativo.
7. A cuidadora mantém as sacolas vazias ao lado da sua cadeira, até que decida que é hora de os itens serem coletados pelas crianças ao fim da sessão. Sempre se deve dar tempo suficiente (15 minutos, digamos) para a arrumação, para que não haja pressa e essa atividade seja tão prazerosa quanto o brincar em si.

O PAPEL DO ADULTO NO BRINCAR HEURÍSTICO COM OBJETOS

Grande parte do trabalho do adulto é feito fora da sessão de brincar heurístico. Ele coletará objetos, cuidando deles, assegurando-se de que aqueles que estejam porventura danificados sejam consertados e lavados, caso necessário, ou jogados fora, além de pensar em novos tipos de itens interessantes. No começo de cada sessão, ele seleciona e oferece os objetos e os receptáculos. Durante a sessão, ele os reorganizará de uma maneira que seja imperceptível e, finalmente, iniciará o momento de coleta dos objetos pelas crianças, guardando-os em suas sacolas e pendurando cada sacola em seu respectivo gancho.

Além dessas tarefas, a cuidadora tem o papel essencial de ser uma facilitadora. Ela permanece sentada em uma cadeira, em silêncio, atenta e observadora, talvez estudando uma criança específica e anotando o que ela faz com o material. O adulto não estimula ou sugere, elogia ou direciona o que a criança deve fazer. A única exceção para essas regras ocorre quando uma delas começa a atirar as coisas e a perturbar as outras crianças. Nesse caso específico, o melhor plano consiste em oferecer a ela um receptáculo e estimulá-la a colocar as coisas nele.

Envolvendo as crianças na reorganização

Outra tarefa que cabe à cuidadora é cuidar do relógio, para permitir que haja tempo para encerrar sem pressa a sessão. As crianças devem juntar os itens do chão, trazê-los para a cuidadora e colocá-los nas sacolas individuais que ela mantém abertas. Assim que cada item é devolvido para a sacola, ela pode checar para ver se ele está em bom estado, eliminando aqueles que precisam ser substituídos. Dessa maneira, ela mostra seu apreço e seu cuidado pelos materiais para o brincar, mesmo quando eles consistem de objetos comuns de um domicílio ou de sobras de materiais.

Quando a cuidadora decidir que é hora de começar a reorganização, um plano é começar a arrumar os receptáculos. Se uma criança ainda estiver entretida e ocupada, ela não deve ser perturbada, pelo maior período de tempo possível, e as crianças que já acabaram de brincar devem ser envolvidas na reorganização. Idealmente, os receptáculos devem ser postos na prateleira que estiver mais alta, acima dos ganchos para as sacolas, e as crianças podem alcançá-los para a adulta.

É recomendável não fazer um pedido para todas as crianças, do tipo "Quem vai me ajudar?", pois há sempre o risco de que a resposta seja "Eu, não". Uma tática melhor consiste em dar um objeto para uma criança que esteja próxima, um rolo para cabelos, digamos, e indicar por meio de gestos que ela deve colocá-lo na sacola aberta. O adulto pode então utilizar comentários simples ("tem um debaixo daquilo", "atrás da cadeira", "tem um perto do seu pé"), para mostrar que todos os objetos de um mesmo tipo devem ser colocados em sua sacola específica. Cada frase é conectada diretamente a uma ação, de forma que mesmo as crianças mais novas não encontram dificuldades em realizar a tarefa. Caso haja diversos adultos na sessão, cada um segurará uma sacola diferente, de maneira que, caso a criança pegue um objeto que não é do tipo que se pediu, ela pode ser direcionada para a outra pessoa que estiver segurando a sacola específica para aquele objeto.

Dessa maneira, todo o piso fica vazio e aparece um sentimento geral de satisfação pelo trabalho ter sido feito em conjunto. Mesmo as crianças mais novas, de 12 ou 13 meses, compreenderão muito rapidamente que o adulto quer que os itens sejam coletados. Somente mais tarde elas entenderão que a cuidadora está pedindo objetos específicos. Capacitar as crianças a selecionar e perceber diferenças e semelhanças é uma das suas tarefas, ao dirigir a tarefa de coletar os itens.

Há três razões para enfatizar a diretriz de que a cuidadora deve permanecer sentada enquanto as crianças coletam os itens. A primeira, e talvez a mais importante, é que isso protege a coluna do adulto, que seria afetada pelo esforço de juntar do chão um grande número de objetos. A segunda é que isso reforça a política de "reorganizar ao acabar", o que é um hábito muito útil para as crianças, e para qualquer pessoa, aprenderem. A terceira é que isso oferece uma maneira natural de expandir o vocabulário em desenvolvimento das crianças, à medida que elas identificam pelo nome cada item que trazem para ser colocado na sacola. Além disso, as crianças estarão praticando a seleção e a discriminação entre diferentes categorias de objetos, o que é o primeiro estágio da habilidade de classificar, que leva finalmente ao conceito matemático de grupos.

As cuidadoras, que se deparam pela primeira vez com o brincar heurístico, por vezes acham difícil aceitar o papel aparentemente passivo do adulto, em especial o fato de que não há nenhuma conversa desnecessária. Mas o que diria um adulto a uma criança absorta no brincar heurístico? Ela é inevitavelmente tentada a comentar e fazer sugestões, inibindo o processo de descobrimento e interferindo na concentração da criança. Haverá outros momentos no dia em que a adulta poderá sentar-se no chão, próxima às crianças, abraçá--las e conversar com elas.

Obviamente existem momentos em que a conversa é necessária durante as sessões de brincar heurístico, que é mais útil durante o estágio de reorganização dos itens. Enfatizamos ainda que nenhuma dessas diretrizes é absoluta, e elas não devem ser obedecidas a ponto de fazer com que a cuidadora se comporte de uma maneira não natural ou que rejeite a criança. Por exemplo, já observamos uma cuidadora, ansiosa por obedecer às regras, ignorar uma criança aflita, que estava segurando os braços dela e gritando por sua atenção. Evidentemente, uma criança que está aflita, por qualquer motivo, não consegue brincar, e deve ser reconfortada. Se a aflição for temporária, a criança pode voltar a brincar após um ligeiro afago, mas, se uma criança do grupo estiver infeliz, ou não estiver sentindo-se bem, e ficar muito agitada, é melhor que outra pessoa a leve dali, pois de outra maneira o grupo inteiro será perturbado.

As educadoras que já passaram pela experiência de conduzir esse tipo de sessão de brincar notam mais comumente que se desenvolve uma atmosfera de concentração silenciosa. As crianças ficam absortas pela atividade de explorar o material por períodos de meia hora ou mais, sem referência direta aos adultos. Como foi salientado, raramente ocorrem conflitos entre elas, pois há disponível material para o brincar em abundância, mas observam-se muitas trocas amigáveis, tanto verbais como não verbais.

A atividade é muito prazerosa, tanto para as crianças como para os adultos. Para estes, ela pode representar um calmo interlúdio em um dia atarefado, que lhes dá a chance de observar as crianças de uma maneira que não é fácil de conseguir em outros momentos. No entanto, a inatividade da adulta é bastante enganadora, pois é a sua presença silenciosa, porém atenta, que faz com que toda a atividade funcione. Ela precisa estar alerta para garantir que o material para o brincar esteja bem-distribuído, e que as crianças não estejam se amontoando em grupos de uma maneira que possa facilitar o surgimento de conflitos. As crianças terão ainda necessidades físicas que precisam de atenção e cuidados durante a sessão, embora assoar o nariz e trocar as fraldas sejam atividades que podem ser realizadas de forma a causar um mínimo de confusão e interrupções.

O BRINCAR HEURÍSTICO EM DIFERENTES CENTROS

Não sugerimos que uma sessão de brincar heurístico seja oferecida às crianças todos os dias, e as educadoras devem exercer seu direito de escolha a respeito dessa questão. É vantajoso vincular a sessão a um sentimento de que ela é uma ocasião especial, o que lembrará os adultos da necessidade de criar um momento em que não serão interrompidos por telefones que tocam ou outras distrações. De maneira similar, isso enfatiza a necessidade de tratar o material para o brincar com cuidado e respeito, mantê-lo em boas condições e guardá-lo com cuidado ao fim de cada sessão, e não deixá-lo atirado ao chão.

Nas creches, isso pode oferecer a oportunidade de ter uma atividade especial para um grupo etário que, sem isso, é muitas vezes negligenciado. O brincar heurístico é o equivalente da prática comum de retirar as crianças mais velhas da sala para grupos, para que se envolvam em atividades mais estruturadas. Nos grupos "familiares", em que as crianças com menos de 2 anos têm de competir com as mais velhas pela atenção dos adultos, ele pode possibilitar a uma cuidadora dar uma atenção especial a um pequeno número de crianças. Algumas sacolas selecionadas podem ser transportadas com facilidade para qualquer lugar calmo e com espaço.

Para os grupos maiores, é melhor quando há a possibilidade de separar uma sala ou área específica da creche apenas para o brincar heurístico (mesmo que ela seja usada também para outros propósitos), equipada com carpete, ganchos para pendurar as sacolas e cadeiras para os adultos. Em outros centros, isso raramente é possível, mas com criatividade é possível estabelecer condições para que uma sessão de brincar heurístico possa acontecer. Por exemplo, para o caso das creches domiciliares, um quarto (desde que a cama não ocupe muito de seu espaço) é bem adequado, pois ele provavelmente será acarpetado e não será utilizado com regularidade durante o dia.

Os grupos de recreação podem manter sessões de brincar heurístico para crianças de 1 a 2 anos, ocorrendo em conjunto com a sessão regular de recreação em grupo, se houver espaço suficiente, ou em outro horário qualquer. O número crescente de grupos de mãe/pai-e-bebê pode tirar vantagem do fato de que há sempre um bom número de adultos à disposição para oferecer o brincar heurístico com objetos para as crianças de 1 a 2 anos, em algumas sessões. As condições podem não ser as ideais, mas mesmo nos salões de igreja é possível criar um canto silencioso e encontrar alguém que doe um pedaço de carpete adequado.

Nos centros familiares e nas creches que cuidam de crianças que têm poucas condições em casa, e cujos pais possam precisar de ajuda para construir relacionamentos melhores com elas, o brincar heurístico pode oferecer uma inestimável contribuição. Essas crianças têm mais probabilidade de terem sido privadas da liberdade de explorar e fazer experimentos no ambiente de suas casas. Para os pais, uma sessão de brincar heurístico oferece uma ocasião única, em que eles podem sentar em silêncio e observar seu filho, sem sentir qualquer obrigação de controlar o comportamento dele. Durante esse período, eles não precisam sentir que estão sendo avaliados, ou se preocupar se estão fazendo o que se espera deles. A chance de tomar parte regularmente em sessões de brincar heurístico pode ser especialmente importante para pais que foram encaminhados à creche ou ao centro familiar por causa de suspeição ou admissão de abuso infantil. O brincar heurístico também pode ser útil para crianças mais velhas com dificuldades de aprendizagem, que podem brincar com o material de acordo com o nível em que estão, ou ainda para as crianças que têm problemas de mobilidade. As cuidadoras muitas vezes sentem-se derrotadas pelo problema de como oferecer atividades apropriadas e adequadas a crianças portadoras de necessidades especiais que estão sob seus cuidados; o brincar heurístico pode oferecer algumas respostas.

MATERIAIS NECESSÁRIOS

Parte do papel do adulto é obter, comprar ou fazer uma boa quantidade dos itens listados a seguir. Muitos dos objetos podem ser obtidos por intermédio dos pais, das funcionárias e de amigos, como por exemplo latas vazias, tampas de latas de metal e cones de pinho. Outros objetos, como pompons de lã, podem ser manufaturados com facilidade. Os itens comprados em ferragens, lojas que vendem equipamentos para cozinha ou lojas de roupas, podem ser bastante baratos – por exemplo, prendedores de roupa, rolos para cabelo e bolas de pingue-pongue.

Também são necessárias sacolas que possam ser fechadas por meio de cordas, nas quais esses diferentes itens são guardados quando não estão sendo utilizados. As sacolas devem ser grandes o suficiente para acomodar o número de objetos requerido pelo grupo (406 x 508 mm é um bom tamanho) e feitas de algum material que seja resistente o suficiente para agüentar o uso contínuo, mas que não seja duro. As sacolas devem ter uma abertura larga para que as crianças possam jogar nelas os objetos ao final de uma sessão de brincar.

Os adultos devem procurar constantemente, usando sua imaginação, por objetos diferentes e adequados para acrescentar à coleção de sacolas. Essa é uma boa maneira de envolver os pais e os voluntários, e pode tornar-se muito interessante para eles. Muitos dos itens são similares àqueles incluídos em unidades no Cesto de Tesouros, oferecendo a maior variedade possível de tamanhos, pesos, cores e texturas.

Um dos aspectos atraentes e criativos desses materiais variados está na infinidade de combinações possíveis, que vão muito além da imaginação de qualquer pessoa. Foi calculado que quatro sacolas, tendo 60 itens cada, oferecem a possibilidade de 13.871.842 combinações.

ITENS SUGERIDOS PARA O BRINCAR HEURÍSTICO

A ser obtidos ou manufaturados

Castanhas grandes
Chaves velhas, em molhos pequenos
Cilindros de papelão de todo tipo (como os que vêm em rolos de papel-toalha, papel *contact* e para computador)

Conchas de moluscos
Cones de pinho
Latas e recipientes de tamanhos variados
Pompons de lã, não muito grandes, em cores primárias
Restos de madeira de carpintaria
Rolhas
Sacolas e caixas pequenas
Tampas de latas de metal
Tiras de veludo, seda e renda

A ser comprados

Argolas de cortina, de madeira e metal
Bolas de pingue-pongue
Botões grandes de marfim
Pedaços de correntes com diferentes comprimentos e tamanhos de elos
Prendedores de roupa
Rolhas pequenas e grandes
Rolos para cabelo de diâmetros diferentes
Tapetes de borracha

RESUMO

Ao adquirir mobilidade, as crianças sentem uma necessidade crescente de explorar e fazer experimentos que é muitas vezes frustrada, e pode levar a uma visão negativa desse grupo etário. Este capítulo explica a teoria que subjaz ao brincar heurístico com objetos, uma forma peculiar de oferecer uma experiência de aprendizagem planejada para as crianças que estão em seu segundo ano de idade. Oferecer o brincar heurístico em centros de grupo requer a resolução cuidadosa de pequenos detalhes: tempo, espaço, materiais e gerenciamento. O papel do adulto é o de organizador e facilitador, e não o de iniciador. As crianças no segundo ano de vida brincarão com concentração e sem conflitos por longos períodos, desde que lhes sejam oferecidas quantidades generosas de objetos cuidadosamente escolhidos.

Nota: Elinor Goldshmied gostaria de reconhecer o trabalho de Katrine Stroh e Thelma Robinson, que é baseado no trabalho do Dr. Geoffrey Waldon, em relação a este capítulo.

capítulo **9**

Crianças em seu terceiro ano de vida

Todas as mães deveriam manter um livro para anotar as falas de seus filhos – quando uma criança se refere ao mel como geleia da abelha, isso revela a criação da linguagem.

William Barnes, Dorsetshire dialect poet

"Uma explosão da consciência do *self*" é uma das maneiras pelas quais a experiência de uma criança em seu terceiro ano de vida pode ser descrita. Em um grupo na creche, que muitas vezes dispõe de espaço limitado e tem de enfrentar o alvoroço das crianças mais velhas, a cuidadora tem para si a exigente tarefa de se adaptar ao ritmo das crianças, que passam por vários estágios de crescimento. As crianças que têm entre 2 e 3 anos estão recém começando a se tornar conscientes das explicações e negociações que são parte fundamental da convivência em grupo. Elas precisam sentir-se valorizadas e respeitadas, e entender o que os adultos esperam delas. Devemos dar-lhes oportunidades crescentes para fazerem suas próprias escolhas e tomar suas decisões.

Será útil fazer uma avaliação geral das questões que o período situado entre os 2 e 3 anos da criança impõe. Seguindo o tema das diretrizes de desenvolvimento (Freud, 1965), podemos observar as habilidades de manipular e mover-se, a alimentação, o controle dos esfíncteres, a linguagem e a vasta gama de maneiras de brincar e a aprender que está na base de todos os aspectos do sentido de si mesma de uma criança e os integra.

Em seu terceiro ano de vida, a criança dirige-se, com um certo grau de autonomia, a um período de consolidação, ao mesmo tempo em que busca uma enorme quantidade de informações sobre o seu mundo imediato. Ela tenta interpretar de que maneiras isso se relaciona diretamente com ela e luta para responder à complexidade das exigências, muitas vezes inexplicáveis, que seus pais e pares fazem a ela.

Pelo fato de uma criança muitas vezes não ter informações suficientes para construir um significado para o que acontece, ela tem de lidar com ansiedades e frustrações que requerem uma compreensão imaginativa por parte dos seus adultos. Os acontecimentos que não podem ser explicados adquirem uma qualidade misteriosa e mágica. Isso não acontece somente com as crianças, pois nós, como adultos, muitas vezes temos sentimentos similares quando, por exemplo, ouvimos falar da possibilidade de enviar uma fotografia para a América do Norte através de um e-mail, ou dos milagres da engenharia genética. Precisamos sempre respeitar e não rir das tentativas da criança de compreender.

DESENVOLVIMENTO NO TERCEIRO ANO DE VIDA

Controle do corpo a habilidade de manipular

Já aos 2 anos a criança consegue correr com segurança em uma linha reta, e mais tarde fazer curvas. Ao se aproximar dos 3 anos, ela será capaz de negociar obstáculos. Com a prática constante de subir e descer de móveis e outras coisas, sua habilidade e sua capacidade de julgar aumentam rapidamente. Aos 2 anos, ela sobe até o topo de uma escada, colocando os dois pés em cada degrau, mas aos 3 ela consegue fazê-lo alternando os pés, apesar de, ao descer, ela ainda colocar ambos os pés em cada degrau.

Aos 3 anos, ela já tem domínio sobre uma ampla variedade de movimentos, e caminha e corre com prazer e controle. Muitas vezes, grita para o adulto observá-la, com prazer e orgulho da habilidade adquirida. A habilidade de subir em coisas é uma bênção mista, pois implica que a tarefa de colocar coisas longe do alcance dela não é mais uma questão simples. As crianças muitas vezes demonstrarão uma determinação extraordinária em conseguir o que querem, ou simplesmente subirão em uma prateleira alta porque ela está ali, à disposição. Afinal, esse é o impulso que leva as pessoas a escalarem o Ben Nevis[*] ou o Monte Everest, e ele precisa ser deslocado, e não suprimido.

Alimentação

Aos 2 anos, a criança pode alimentar-se, utilizando uma colher, com bastante competência e sem derrubar comida, e pode levantar e beber de uma caneca. Aos 3, ela já consegue servir-se de bebida de uma jarra pequena, e usa

---

[*] N. de T. Monte mais alto da Grã-Bretanha, situado próximo a Glasgow, na Escócia.

garfo e faca. Ela mastiga bem e, se tem a oportunidade, é bastante capaz de servir-se, aproveitando-se desse momento. Seu domínio crescente da linguagem permite que ela peça por comida e bebida e indique suas preferências. Nessa idade, ela tem prazer nos aspectos sociais da hora de comer, e conversa animadamente com suas companhias.

Controle dos esfíncteres

Aos 2 anos, uma criança consegue indicar suas necessidades, e provavelmente permanecerá seca durante o dia. Durante o ano vindouro, ela precisará de ajuda para abaixar suas calças, aprendendo gradualmente a trocá-las, embora aos 3 anos ela ainda possa precisar de alguma ajuda.

Há grande variação na velocidade com que as crianças adquirem o controle da bexiga e, como é bem sabido, essa área do desenvolvimento é extremamente sensível a qualquer tipo de ansiedade ou estresse. Uma preocupação familiar ou uma doença podem facilmente causar uma regressão temporária, e é muito importante que as cuidadoras aceitem isso sem demonstrar reprovação ou impaciência. Para uma criança que já controla sua bexiga há algum tempo, molhar as calças é desconfortável e às vezes embaraçoso. Tratar o incidente de maneira séria, sem a implicação de que a criança foi "mal--criada", tem muito mais probabilidade de evitar que um retrocesso passageiro se transforme em um problema de longo prazo.

Algumas crianças são simplesmente mais lentas que outras, o que pode ser fonte de problemas para os pais, caso a mudança da criança para um grupo de recreação ou escola maternal dependa da capacidade dela de permanecer "seca" durante o dia. As cuidadoras e as mães-crecheiras devem resistir à pressão de dar demasiada importância à questão, por exemplo, interrompendo constantemente o brincar da criança para sugerir uma visita ao banheiro. Vale a pena verificar se as roupas possibilitam que as crianças lidem com facilidade e independência com elas, substituindo botões, cintas, zíperes e cadarços por velcros, tanto quanto for possível. Nesse estágio, não há necessidade de haver a "hora do banheiro" coletiva, e as crianças podem ir quando quiserem, ao longo do dia, embora elas provavelmente ainda precisem ser lembradas de lavar as mãos.

Linguagem

As educadoras de creches de grande movimentação são às vezes criticadas por não conversarem o suficiente com as crianças, o que certamente é importante, mas o outro lado da questão, como foi mencionado no Capítulo 7, reside na qualidade das relações pessoais e nas experiências ativas e interessantes que são oferecidas a cada criança.

Até que ponto os adultos organizam a rotina do dia de forma a possibilitar que escutem atentamente as crianças? Isso deve ser um assunto para constante discussão por parte das educadoras, enfocando sobretudo as necessidades de crianças cujas famílias não têm o inglês como língua materna. Mais uma vez é útil pensar em nós mesmos quando estamos na situação de aprender uma língua estrangeira, digamos, ao nos prepararmos para as férias. Buscamos dominar frases simples, para obter informações sobre como viajar ou comprar comida. Podemos nos sentir bastante confiantes, escutando a nossa fita cassete para aprender essa língua, perguntando e respondendo perguntas conhecidas. As dificuldades surgem quando estamos no exterior e, em resposta à nossa pergunta, recebemos uma avalanche de palavras que está além da nossa compreensão. Podemos compreender as palavras mais importantes, mas ainda corremos o risco de interpretar o sentido erroneamente. Muitas vezes pedimos às pessoas que falem mais devagar, querendo dizer que precisamos de tempo para interpretar o que elas na realidade estão dizendo.

Nessa idade, não se deve esperar que as crianças, mesmo as que têm um amplo vocabulário e um bom domínio da linguagem, percebam os aspectos mais sutis da fala dos adultos. Isso pode levar a compreensões incorretas. Por exemplo, Jan, uma mãe-crecheira, visitara uma amiga na companhia de Sally, uma criança de 2 anos, em geral bem-comportada, de quem estava cuidando há vários meses. Ao saírem da casa da amiga, Jan disse a Sally, "Se tivermos tempo, ao voltarmos para casa, talvez possamos ir no zoo".

Sally, que havia achado muito prazerosa a visita que haviam feito anteriormente ao zoo, apanhou as últimas palavras da frase, não entendendo o significado de "se" e "talvez". Quando aconteceu de não haver tempo para a visita ao zoo, ela ficou desapontada e frustrada, o que é compreensível, e imediatamente teve um acesso de raiva.

FACILITANDO O DESENVOLVIMENTO DA LINGUAGEM

Reconhecendo que a questão do desenvolvimento da linguagem de uma criança pequena é ampla e complexa, tentamos indicar formas pelas quais as crecheiras cuidadoras podem organizar o dia para permitir que esse processo de pensamento e poder criativo aconteça. A ênfase colocada aqui na necessidade de que as atividades sejam efetuadas, sempre que possível, com grupo pequeno de quatro ou cinco crianças, é baseada no conhecimento de que a comunicação acontece em uma atmosfera de confiança e tranquilidade, com as cuidadoras cumprindo seu papel essencial como facilitadoras ou capacitadoras.

Outra questão a ser enfatizada é a necessidade de manter um nível baixo de ruídos em qualquer centro de cuidado em grupo. A música de fundo pode inibir seriamente o desenvolvimento da linguagem, e os toca-fitas e a televisão devem ser usados somente para propósitos específicos, se tanto.

Praticando a fala

Nos capítulos anteriores, mostramos de que maneiras o sentido vincula-se às palavras por meio das experiências sensórias diretas e do brincar da criança. Se o sistema de educador-referência estiver funcionando eficazmente, a "Ilha da Intimidade", antes da hora do jantar, oferece um momento importante em que o pequeno grupo de crianças está seguro de que dispõe da atenção integral da sua cuidadora. Esse é um momento em que o educador-referência pode tomar notas de como a linguagem de cada criança está progredindo, o que será ainda de grande interesse para os pais.

É particularmente importante que ocasiões desse tipo sejam inseridas na estrutura das atividades do dia para crianças que estão em seu terceiro ano de vida. Quando os sentimentos e as ideias surgem com mais rapidez do que as palavras, a criança muitas vezes gaguejará de ansiedade. Para ajudar, a cuidadora pode segurar suavemente a mão da criança e, se as outras crianças estiverem fazendo muito barulho, pedir um pouco de silêncio, mostrando sua genuína consideração pelo que a criança está se esforçando para dizer. Como Barbara Tizard demonstrou, em sua comparação entre a fala da criança na creche e em casa (Tizard e Hughes, 2002), a qualidade da conversação depende de forma intensa de quanto o adulto sabe a respeito do contexto (o qual é obviamente tomado pela criança como algo dado). Isso enfatiza a importância do educador-referência conhecer as outras pessoas que são importantes na vida de uma criança, e visitar a família em seu lar de tempos em tempos. Compreender algo das experiências que as crianças têm em casa é essencial quando elas são criadas no contexto de uma cultura e educadas no contexto de outra, tendo de lidar desde muito pequenas com as tensões e ajustamentos que isso envolve (Siraj-Blatchford e Clarke, 2000).

Aos 2 anos, a criança já saberá em torno de 50 a 300 palavras, e construirá frases com duas ou três palavras. Mais tarde, seu vocabulário aumenta rapidamente; aos 2 anos e 6 meses, a maioria usa bem mais de 100 palavras, incluindo o que, onde, eu, mim e você. Ela pode perguntar seguidamente "O que é isso?", ao perambular mexendo em objetos, testando sua habilidade em explorações sem fim e demandando uma resposta. O adulto por demais sobrecarregado pode por vezes exclamar: "Oh, fique quieta", ou, como todos já fizemos, "Pelo amor de Deus, fique parada por um minuto". Se a criança pudesse explicar o impulso que a leva a mover-se e a falar, ela talvez dissesse: "Você não consegue ver que tenho que praticar essa coisa nova e difícil que consigo fazer, se quiser me tornar melhor nela?".

Nossa frequente incompreensão daquilo que é central para as crianças pode ser tomada por elas como uma mensagem de que se mover e falar são atividades indesejadas em si mesmas. Na verdade, muitas vezes vemos nas creches crianças de famílias muito desfavorecidas, que infelizmente internalizaram essa mensagem. Felizmente as crianças são resilientes, e seu desejo inato de crescer e aprender é algo difícil de reprimir. Porém, para lidar com as demandas aparentemente incansáveis das crianças de 2 anos, precisamos negociar com elas, de maneira que nossos interesses possam ser satisfeitos, tanto quanto possível, em lugar de entrarem em conflito uns com os outros.

Ao praticar a fala, as crianças em seu terceiro ano de vida muitas vezes falam consigo próprias de maneira contínua enquanto brincam, mesmo quando não estão dirigindo-se a ninguém em particular. Se as escutarmos cuidadosamente falando consigo mesmas, notaremos que elas ensaiam ou pronunciam novamente conversações sobre eventos ou situações que são significativas para elas, da mesma forma que nós, adultos, fazemos em momentos de reflexão silenciosa. Isso é parte do processo de compreender e digerir experiências que tocam nossos sentimentos e absorvem nosso interesse.

É notável que o domínio da linguagem por uma criança muitas vezes dá um salto, como reação a um novo estímulo ou a uma experiência nova e prazerosa, tal como um feriado. Visto por esse prisma, o valor dos passeios organizados pelas cuidadoras adquire ainda maior importância (ver Capítulo 11).

Tornando-se bilíngue

Em quase todos os países, com exceção da Grã-Bretanha e dos Estados Unidos, falar mais de uma língua é a norma, mas algumas educadoras talvez ainda precisem de ajuda para reconhecer que vir de uma família cuja primeira língua não é o inglês deve ser algo bem-vindo, e não ser visto como uma responsabilidade. Nossa compreensão das maneiras como as crianças bilíngues desenvolvem a linguagem está tornando-se cada vez maior. Precisamos ajudá-las a se sentirem confiantes em relação ao uso de ambas as línguas no centro da primeira infância. No início, elas podem utilizar palavras da sua língua materna em conversações em inglês, ou mudar de língua no meio de uma conversa (troca de códigos), mas gradualmente começarão a distinguir entre elas (Siraj-Blatchford e Clarke, 2000).

As pessoas que trabalham com a primeira infância precisam compreender o processo de desenvolvimento da segunda língua, seja ele simultâneo (aprender as duas línguas ao mesmo tempo) ou sucessivo (quando a primeira língua já está formada antes que a criança comece a ser cuidada fora de casa), e formular uma política clara para a creche com a qual todas concordem. Esse assunto pode muito bem ser o tópico de uma reunião das funcionárias, ou de uma série de reuniões (Barratt-Pugh, 1997).

Há muitas provas dos benefícios positivos do bilinguismo e do valor de continuar a desenvolver a linguagem utilizada em casa. As fundações firmes da primeira língua oferecem a base para o aprendizado posterior da segunda língua, e é importante para o desenvolvimento social e pessoal e para manter contato e comunicação mais amplos com a família e a comunidade.

As crianças mais velhas, sofrendo a pressão de seus amigos que falam inglês, às vezes se recusam a falar a linguagem utilizada em seus lares, com possibilidade de até mesmo esquecê-la, o que pode implicar em uma redução da intimidade dentro da família e em perda de valores, tradições culturais, crenças e sabedoria familiar. Isso tem muito menos probabilidade de acontecer se os educadores da primeira infância mostram que valorizam e admiram a habilidade das crianças de falar duas línguas. Os pais também podem precisar ser certificados de que falar sua própria língua em casa não irá tornar mais difícil para a criança aprender inglês, ou ter quaisquer consequências educacionais negativas – muito pelo contrário.

Dispor de um programa realmente bilíngue em um centro de cuidado de crianças envolve muito mais do que as mensagens de boas-vindas na área de entrada. Siraj-Blatchford e Clarke (2000) defendem a contratação de funcionárias bilíngues, que usem sua língua materna ao falar com *todas* as crianças e ensinem músicas, palavras e saudações nessa língua. Oferecem uma lista de controle para as funcionárias para verificar se elas estão satisfazendo a necessidade de as crianças tornarem-se bilíngues na creche. Uma medida simples, que é muitas vezes negligenciada, é assegurar que o cantinho dos livros inclua alguns livros escritos nas línguas maternas das crianças.

Compreendendo o modo de pensar das crianças

O cuidado diário de crianças pequenas pertencentes a esse grupo etário, com todos os testes e desafios para os adultos que a consciência crescente de si e dos outros envolve, pode exigir bastante. Uma das compensações é que ele pode ser também absolutamente fascinante. A satisfação com o trabalho pode ser imensamente aumentada para o educador-referência que dá uma atenção próxima à linguagem de seu pequeno grupo de crianças, e o que a linguagem revela acerca do modo de pensar delas (Meadows, 1993).

Marco, visitando uma praia pela primeira vez, olhou para o mar e comentou: "Está muito cheio". Rebecca, que também tinha 25 ou 26 meses de idade, perguntou: "Posso entrar na banheira grande?". Matthew, ao acordar depois de uma noite em que nevou fortemente, exclamou: "Tem um tudo--branco lá fora!".

Emma, com quase 3 anos, estava parada ao lado de sua avó, observando um avião cruzar os céus a grande altura. A avó comentou: "Talvez esse seja o avião que vai me levar para a Itália amanhã". Emma olhou para o avião, minúsculo em meio às nuvens, e disse: "Mas como é que você vai entrar nele?". A explicação simples, mas séria da avó, permitiu que ela começasse a compreender a conexão entre tamanho e distância.

Anna, aos 3 anos, anunciou no banheiro da creche: "Eu vou comer muito, muito, muito, aí vou ficar gorda que nem a mamãe e ter um bebê". Anna estava fazendo uso da informação que tinha a respeito da relação entre comer e o peso, aplicando o que sabia para entender uma situação que desconhecia. Nesse momento, era importante que ninguém risse, o que poderia facilmente ter acontecido. Os adultos muitas vezes respondem com ridicularizações, ou mesmo raiva, aos comentários "difíceis" das crianças sobre sexo e reprodução, para os quais eles não estão preparados. As educadoras precisam discutir esses assuntos em supervisão ou com colegas, de maneira que possam responder sem embaraço às questões das crianças, e reconhecer como legítima sua curiosidade.

Ao utilizar sua linguagem recém-adquirida, as crianças constantemente nos dão pistas vitais sobre o que é importante para elas e o que precisam compreender. É parte das tarefas da educadora ter consciência desses indicadores, e não os deixar de lado.

As crianças são extremamente lógicas, dentro dos limites das informações que possuem, mas, por essas informações serem necessariamente restritas, é possível que elas interpretem de modo incorreto as coisas que ouvem. Por exemplo, perguntaram a Daniel, de apenas 4 anos: "O que você fez na creche hoje?". Ele respondeu: "Ah, a gente ouviu falar sobre Jesus, e ele foi pregado em um cruzamento pelas mãos, mas foi há muito tempo, e como não havia carros ele não se machucou. Aí veio o Moisés, e ele não estava se sentindo bem, então ele subiu uma montanha pra falar com Deus, e Deus deu pra ele umas pílulas* e ele melhorou".

Podemos ver como a criança tentou modificar a visão apavorante da primeira história, e construir um sentido para a segunda relacionando as *tablets* com aquelas pílulas que já tinha visto sua mãe tomar quando ficou doente. Mas esse incidente ilustra algumas das perplexidades que podemos criar na criança por uma má escolha de assuntos e palavras.

Algumas vezes, o hábito das crianças de falarem sozinhas pode fornecer informações muito importantes sobre sua situação. Alessio, de 2 anos e 6 meses, que era agressivo e turbulento em seu lar e repreendido constantemente na creche, ficava sentado sozinho em um pequeno balanço do jardim, murmurando em um ritmo triste: "Alessio é um menino mau, Alessio é um menino mau", internalizando de forma dolorosa a imagem negativa que recebia constantemente do mundo. Se tal grito de socorro não for ouvido, os adultos estão fracassando em sua tarefa.

HISTÓRIA E RIMAS

Ao longo de seu terceiro ano de vida, a criança tem prazer crescente em escutar musiquinhas e *nursery rhymes* repetitivas, assim como em escutar suas

---

* N. de T. Daniel confundiu os dois significados de *tablets*: "tábuas" (dos mandamentos) com "pílulas".

histórias favoritas sendo contadas repetidamente. A leitura de histórias pode fornecer uma contribuição útil para o desenvolvimento da linguagem, mas apenas quando é manejada com cuidado e atenção, considerando a experiência individual de cada criança.

Muitas creches (e grupos de recreação) estabelecem a prática de ler histórias para um grande grupo de diferentes idades, às vezes chegando a ter 15 crianças. Isso é feito geralmente tendo em mente o objetivo de liberar funcionárias para fazer outras coisas, mas é raro funciona assim, pois precisa de adultos extras para manter a ordem, silenciar a criança que quer perguntar coisas ou entabular uma conversa com seu vizinho, ou, ainda, trazer de volta as crianças pequenas que prefeririam perambular pela sala e brincar. Em um grupo grande, algumas crianças inevitavelmente não compreenderão o sentido da atividade, algumas preferirão uma história diferente e outras simplesmente não estarão com vontade de permanecer sentadas naquele momento.

As crianças terão probabilidade de se beneficiar muito mais com a atividade de leitura de histórias (ou com o contar histórias) se o grupo grande for dividido entre as educadoras disponíveis, que usam cada uma um espaço separado e avaliam sua escolha da história pela idade e pelo interesse do seu grupo pequeno. Dessa maneira, em vez de "ficarem quietas e escutarem", as crianças podem ter a chance de expressar seus próprios pensamentos e reações em relação à história. A história torna-se um provocador de conversas interessantes que podem ser relacionadas a outras experiências, e a leitora tem a chance de descobrir o que as crianças entenderam. Isso é muito mais importante do que chegar ao fim da história, quando o tempo é limitado.

As histórias não precisam necessariamente provir de livros; uma educadora que inventa e conta suas próprias histórias pode ter um tipo especial de comunicação direta com seu grupo pequeno.

Os livros de boa qualidade para crianças não são baratos, mas as edições em capa dura, cobertas com películas plásticas, durarão um longo tempo e, em um centro de grupo, as edições em brochura representam, via de regra, uma falsa economia. Um orçamento adequado deve ser alocado para novos títulos e substituições. Os livros precisam ser selecionados com o mesmo cuidado que se utiliza ao selecionar os brinquedos, e presentes indesejados devem ser eliminados da mesma forma. Há uma gama maravilhosa de livros para essa faixa etária, e tolerar as histórias fracas e as ilustrações cruas ou confusas, que vemos muitas vezes, é indesculpável. As educadoras devem tomar nota com cuidado da resposta das crianças a livros específicos: o compartilhamento de informações acerca das preferências das crianças constitui-se em um bom tópico para uma discussão entre as funcionárias.

A bibliotecária local geralmente é muito disposta a aconselhar, e pode ser possível organizar uma coleção de livros, substituídos periodicamente, disponível para empréstimo. No entanto, as creches devem ter seu acervo permanente, pois as crianças gostam sempre de rever seus livros favoritos. Obviamente, além de escutar as leituras, elas precisam ter livre acesso ao cantinho dos livros, de forma que possam olhá-los quando quiserem e no ritmo que desejarem, sendo estimuladas a devolver o livro à estante quando terminarem de manuseá-lo.

Além de escolherem os livros pelas suas qualidades artísticas e literárias, as educadoras devem também ficar alertas para as mensagens que eles passam; falaremos mais a respeito disso ao longo deste capítulo.

MÚSICA

A música é uma área que tende a ser bastante subdesenvolvida nos centros de primeira infância, e a maior parte do que é escrito sobre o assunto tem como foco grupos etários mais velhos. No entanto, a música é um veículo para a expressão e a comunicação, da mesma forma que a linguagem, de modo que nenhuma criança é nova demais para se beneficiar de experiências musicais.

Aos 3 anos, as crianças que já tiveram uma experiência rica de contato com a música, com seus adultos próximos, serão capazes de cantar uma melodia reconhecível, e muitas vezes terão um repertório extenso de *nursery rhymes*. Elas adoram dançar acompanhando a música e são interessadas por fazer música elas mesmas e por observar os adultos tocando instrumentos. Uma funcionária que toca violão representa uma grande vantagem (o piano não é tão bom, porque quem o toca não pode olhar de frente para as crianças). Pode-se talvez convidar um pai, ou uma mãe, que toque violão, para uma visita com o objetivo de tocar pequenas canções, permitindo às crianças que examinem e toquem o instrumento. Os músicos geralmente ficam encantados com o convite para tocar e conversar com as crianças pequenas, mas poucas creches lembram-se de convidá-los, embora essa prática esteja começando a ser vista em Early Excellence Centres (Centros de Excelência para a Infância), que seguem nesse sentido o exemplo de Reggio Emilia. A melhor possibilidade é ter um músico visitante que trabalhe regularmente com as funcionárias e as crianças.

Entretanto, é muito mais importante para as crianças pequenas verem adultos que lhes são familiares criando música, em vez de músicos profissionais, e também terem oportunidades amplas de brincar e explorar individualmente a música, além das atividades dirigidas por adultos (Pound e Harrison, 2003).

A maioria das creches dispõe de instrumentos musicais, porém, a menos que haja uma funcionária com um interesse especial pelo assunto, eles muitas vezes não são bem-escolhidos ou efetivamente utilizados. Qualquer instrumento que não produza um som agradável deve ser descartado – o que significa livrar-se de apitos de plástico baratos e xilofones feitos de latas, que às vezes se acumulam nas creches.

As possibilidades musicais para as crianças pequenas foram ampliadas enormemente pela disponibilidade de instrumentos oriundos de outras culturas. Vale a pena esforçar-se para obtê-los em lojas especializadas, pois muitas vezes eles se adaptam de maneira ideal a esse grupo etário, permitindo que as crianças criem e escutem uma grande variedade de sons diferentes. A única desvantagem que oferecem é que têm de ser selecionados com cuidado, pois alguns tendem a ser muito frágeis.

A maioria dos instrumentos musicais deve ser mantida em um lugar seguro e utilizada de forma planejada, como os objetos para o brincar heurístico, mas deve também haver um "cantinho da música", onde as crianças podem fazer experiências com os sons de maneira independente.

Havendo uma sala que seja razoavelmente fechada acusticamente e um adulto atento e interessado, um pequeno grupo de crianças, com quase 3 anos, pode aprender a tocar ritmos diferentes, escolher os instrumentos, ter cada uma sua vez de tocar e, com a ajuda do adulto, criar um efeito musical satisfatório. Elas podem ainda aprender a escutar umas às outras, e a escutar tipos diferentes de pequenas músicas, além de falar sobre o que ouviram. No entanto, como em todos os outros tipos de brincar, o que importa é a experiência da criança, e não qualquer tipo de produto final ou *performance*. A música, nessa idade, deve ser uma extensão natural do brincar com sons, como descrito nos Capítulos 5 e 7.

Fazer música é uma atividade na qual é fácil e prazeroso incluir os pais, caso deixemos claro que nenhum conhecimento musical prévio é necessário. Fiona Stuart oferece um modelo útil para organizar uma sessão semanal de música, para os pais e as crianças em conjunto (Stuart, 1992). Há ainda muitas sugestões no inestimável livro *Sharing sounds* (Compartilhando sons), de David Evans (Evans, 1978).

O potencial do jardim para a criação de música não deve ser desprezado. Pound e Harrison (2003) indicam que a área externa da creche pode ser usada para explorar e discutir os efeitos sonoros de fenômenos naturais como o vento, a chuva e as árvores, ou para utilizar equipamentos maiores e mais potentes, o que não seria praticável dentro da creche. Esquemas para plantar também podem ser projetados para produzir sons interessantes, conforme descrito no Capítulo 11.

O BRINCAR NO TERCEIRO ANO

O brincar imaginativo e sociável

Uma criança de 2 anos, em casa ou com sua mãe-crecheira, pode aprender muito por meio da observação e da participação no trabalho "real" de cuidar da casa. A criança que passa o dia inteiro na creche pode com facilidade perder a oportunidade de ter essa experiência. Para o adulto, é cansativo tentar envolver constantemente a criança no cuidado e na manutenção da sala para grupos, como sugerimos anteriormente, e é tentador, em um grupo misto, voltar a atenção para as crianças mais velhas ou apressar as coisas realizando-as ela mesma. No entanto, se a cuidadora puder manter seu foco na manutenção de um cantinho caseiro e de um cantinho de roupas para brincar bem abastecidos e atraentes, como características da sala para grupos, uma grande parte do brincar imaginativo e sociável das crianças que têm entre 2 e 3 anos recompensará seu cuidado. As crianças de 2 anos brincarão com panelas, enchendo e esvaziando os recipientes de uma maneira tal que ecoa a sua absorção anterior nas atividades de seu brincar heurístico com objetos, falando e se relacionando de maneira concentrada, enquanto seu brincar imaginativo desenvolve-se rapidamente.

Se uma cuidadora, como foi sugerido no Capítulo 2, toma para si uma responsabilidade especial por esse tipo de atividade, ela não precisa "participar" do "chá das cinco" ou do brincar com as bonecas, mas sim estar presente como um ponto de referência. Nesse papel, ela pode fazer com que a prática de "arrumar ao acabar" seja seguida, utilizando indicadores simples, como "Vamos colocar as roupinhas nessa boneca" ou "Em qual cama você vai colocar esse ursinho?". Com suas intervenções que não importunam e da manutenção consistente de um contato silencioso com essas crianças mais novas, ela permite que o brincar ocorra suavemente. Nos casos em que as crianças no terceiro ano de vida fazem parte de um grupo etário misto, as funcionárias devem dar atenção especial à questão das oportunidades para esse tipo de brincar imaginativo, relacionado tão intimamente com o crescimento da linguagem.

O brincar imaginativo suscita questões nas quais as funcionárias devem pensar, por si e também com os pais. Estando as roupas para brincar e o cantinho caseiro disponíveis para todas as crianças, o que elas e eles pensam a respeito da possibilidade de os meninos vestirem-se com saias e colares, ou brincarem com bonecas, ou de as meninas mostrarem preferência por carrinhos e martelos e pregos? Embora a maioria das creches agora exclua armas e outros brinquedos de caráter evidentemente militar, como reagirá a cuidadora a uma criança que transforme qualquer objeto disponível em uma arma ou em um avião bombardeiro? Será que é suficiente que as cuidadoras aceitem as preferências das crianças, que já são condicionadas por tantas outras influências, ou será que deveriam confrontar diretamente os estereótipos de papéis masculinos e femininos, estimulando os meninos a adentrar o cantinho caseiro e as meninas a brincar com tijolos e trens? Os materiais disponíveis para o brincar imaginativo refletem os diferentes grupos étnicos que constituem nossa sociedade (não importando se as famílias desses grupos utilizem a creche presentemente ou não)?

Se a creche tem a vantagem de contar com funcionárias de origens étnicas diferentes, essa responsabilidade não deve ser deixada para elas, mas deve-se utilizar integralmente tudo com o que elas puderem contribuir para aprofundar a compreensão de suas próprias tradições culturais.

Pintar e desenhar

Ao usar tintas, a criança de 2 anos faz experiências com as cores, passando o pincel de uma mão a outra, esfregando a tinta no papel. Mais tarde, suas pinceladas tornam-se mais variadas. Aos 3 anos, ela já começa a pintar figuras e a combinar as cores primárias, e pode ainda "nomear" aquilo que pinta.

Os pais que nunca tiveram a oportunidade de usar a tinta podem achar difícil apreciar o prazer e o esforço que as crianças vivenciam em suas primeiras tentativas. Uma das experiências mais aflitivas para uma cuidadora é ver que a pintura querida da criança foi enfiada em uma lata de lixo, ao sair da creche. As educadoras devem passar um bom tempo pensando na melhor maneira de ajudar os pais a reconhecer a realização de seus filhos, e não julgar o trabalho de uma criança por meio de padrões inapropriados. As educadoras podem demonstrar seu apreço montando e exibindo trabalhos escolhidos. Às vezes pode ser melhor oferecer aos pais a opção de manter o trabalho da criança em uma pasta na creche, o que oferece mais tarde uma oportunidade para discussão, com o pai ou a mãe e cuidadora observando juntos como as pinturas mudam ao longo do tempo.

Desenhar é uma atividade diferente e requer seu próprio espaço. Utilizando os lápis de cor, a criança começará com rabiscos circulares, passando mais tarde a desenhar uma pessoa provida de cabeça, e adicionando gradualmente outras características físicas.

A progressão nos desenhos das crianças é um assunto fascinante que tem sido muito estudado por psicólogos (Freeman e Cox, 1985). Houve um tempo em que se pensava que era possível mensurar a inteligência das crianças a partir de seus desenhos de homens e mulheres, com os quais se construíam escalas de pontuação padronizadas, baseadas no número de características que elas incluíam nos desenhos – braços, pernas, orelha, etc. Embora esses desenhos realmente deem algumas indicações do estágio desenvolvimental de uma criança, essa abordagem foi muito criticada por causa do seu viés cultural intrínseco, e assim o teste caiu em desuso. No entanto, é muito interessante colecionar amostras das pinturas e desenhos de uma criança, feitas ao longo de um período de seis meses, e observar como elas se transformam; isso também pode servir como um bom tópico de discussão entre o pai ou a mãe e a cuidadora.

Além de desenhar, as crianças desse grupo tornam-se gradativamente mais interessadas por "fazer marcas", que é uma atividade diferente, estimuladas por ver os adultos escrevendo e pelo fato de que, em um centro de creche, elas tendem a ter impressos e avisos de todos os tipos à sua volta. Essa é a idade em que elas escrevem nas paredes, o que causa tanto aborrecimento nos adultos, e deve ser muito difícil para as crianças compreenderem por que suas marcas e desenhos, que são tão elogiados em muitas ocasiões, de repente parecem tão mal-acolhidos por seus pais.

Um cantinho para a escrita pode oferecer diferentes tipos de papel, lápis, canetas e marcadores de texto. Caroline Barratt-Pugh (1997) sugere que se coloquem materiais para a escrita "de verdade" ao redor da mesa, tais como cadernos, papeizinhos adesivos para recados, velhas agendas e cadernetas de endereços, calendários e cartões de saudações.

Quando as crianças produzem marcas na mesa para a escrita, muitas vezes cantam e falam consigo mesmas ao mesmo tempo – de acordo com a teoria de Vygotsky de que o "discurso interior" torna-se diretor da linguagem e da ação. Obviamente isso representa a forma precursora da escrita. Felizmente, hoje nos inclinamos a seguir o direcionamento da criança, em vez de fazê-la se enquadrar a modelos adultos. É interessante notar que as crianças, ao escrever e desenhar, refletem a sociedade, a comunidade ou a cultura de onde provêm. Por exemplo, as crianças oriundas de culturas não ocidentais produzem marcas da direita para a esquerda, ou de cima para baixo.

Às vezes elas percebem que os adultos podem ter dificuldade em decodificar suas marcas e pedem à cuidadoras para traduzir o que escreveram para a escrita adulta, ou explicam elas mesmas o que um desenho ou uma série de marcas representa, mas, em outras ocasiões, seu interesse permanece focado na própria atividade, e elas não devem sentir-se sob pressão para compartilhar suas ideias, a menos que o queiram fazer.

Brincar com areia e água

É uma boa prática ter um membro do corpo de funcionárias da sala para grupos que dedique um cuidado especial aos vários tipos de materiais disponíveis para o brincar. Além de garantir que esse equipamento com materiais maleáveis seja bem cuidado, é também útil a ela efetuar algumas observações cuidadosas sobre o progresso no uso, por parte das crianças, de areia, argila, barro, farinha e água, alpiste e lentilhas. A menos que as cuidadoras façam algum tipo de observação específica desse tipo, boa parte do brincar com esses materiais pode tornar-se inconstante e improdutivo.

A criança de 2 anos se diverte descobrindo o comportamento das várias substâncias ao vertê-las, bater nelas, amassá-las, enfiar os dedos nelas e manipulá-las diretamente com as mãos (muitas vezes tentando comê-las também!). Ela o faz antes de começar a usar as várias ferramentas disponíveis. Ela precisa ter ampla liberdade para fazer essas descobertas, dentro dos limites que o ambiente e o adulto estabelecem para a desordem que isso pode causar. Ela pode passar a fazer castelos ou tortas, misturando os materiais secos com água, dando forma e moldando coisas para as quais ela pode ou não dar um nome.

Em um estágio posterior, podem-se oferecer bancadas, rolos para massa e forminhas de metal, e assim a farinha transforma-se em biscoitos, que podem ser assados e comidos, havendo assim um produto final reconhecível. A

FIGURA 9.1 Explorando as propriedades da farinha.

cuidadora que observa irá notar como é importante permitir que o primeiro brincar exploratório aconteça, não caindo na armadilha de fazer ela mesma os objetos, ou impor percepções adultas à criança, mas, sim, esperando que a criança dê seu próprio salto imaginativo à medida que sua habilidade aumenta.

O brincar com água também progride, e em estágios posteriores pode incluir atividades úteis, tais como lavar materiais para o brincar, como o *Lego*, ou roupas de bonecas e lençóis de berço, limpar mesas, além de lavar e secar as próprias mãos e o rosto.

Ao aproximarem-se do quarto ano de vida, as crianças desenvolvem a habilidade de utilizar ferramentas simples e de aprender técnicas diferentes. Um grupo de três crianças, sob supervisão das educadoras, pode fazer uma salada de frutas, cortando as frutas com facas e espremendo o suco, atividades que envolverão conversas animadas enquanto são feitas. O uso de tesoura, as colagens, a seleção de contas e sua colocação em fios são atividades que aumentam a habilidade manipulativa, ao mesmo tempo em que oferecem um senso de realização pela tarefa efetuada.

Da mesma forma que acontece em uma sessão de brincar heurístico, o princípio de limpar e organizar ao terminar algo dá um senso de prazer na ordem, e ainda alivia o peso da tarefa da cuidadora. Ela oferece o modelo de uma pessoa que cuida dos materiais – quebra-cabeças, blocos e brinquedos de construção – e estimula os outros a fazerem o mesmo.

A ATITUDE DAS CRIANÇAS E O SENTIDO DE IDENTIDADE

Já nos referimos muitas vezes à importância das experiências da primeira infância na formação da visão que as crianças têm de si mesmas e de outras pessoas, assim como na preparação delas mesmas para viver em uma sociedade multicultural. Parece haver evidências de que o terceiro ano de vida é especialmente crucial na formação das identidades de gênero e de raça, e na aceitação da diversidade. Aos 3 anos, percebe-se certamente que as crianças absorveram muitos dos estereótipos de cultura e de gênero que são a elas apresentados pela televisão, pelos anúncios de jornais e revistas e pelos adultos de seu entorno (Jackson, 1980; Milner, 1983; Siraj-Blatchford e Clarke, 2000).

Para que um centro de cuidado de crianças tenha esperança de servir como contraponto a essas influências que muitas vezes são negativas, a organizadora e as funcionárias precisam ter uma ideia clara acerca das razões da importância de tal assunto, além de uma política acerca de como lidar com essa tarefa, com a qual todas concordem. Sempre é possível obter pequenas melhorias, porém há um grande risco de cair em *tokenism** e mudanças meramente cosméticas, a menos que a política seja apoiada por um programa de treinamento de funcionários cuidadosamente planejado e reforçada por discussões em reuniões de funcionárias e supervisões (ver Capítulo 4).

Provavelmente já atingimos um ponto em que a maioria dos profissionais que trabalham com a primeira infância não utiliza termos ou faz comentários abertamente racistas, desestimulando as crianças que os fazem. A dificuldade consiste em ultrapassar esse estágio para reconhecer o quanto a discriminação está enraizada na história e nas instituições britânicas, e se manifesta em todos os aspectos de nossa vida cotidiana.

Quando se levanta essa questão pela primeira vez, as cuidadoras e as professoras alegam tratar da mesma forma todas as crianças, ou oferecer um ambiente neutro. Essa "neutralidade" muitas vezes quer dizer que a diversidade não é reconhecida ou discutida e menos ainda valorizada. Esse ambiente cria uma atmosfera de conformismo na qual os estilos de vida, o modo de se vestir, a comida, as casas, a música, a arte e as religiões da sociedade "branca", e muitas vezes de classe média, são considerados "normais", enquanto todos os outros são desviantes e, portanto, tendem a ser ignorados ou vistos como inferiores.

Adotar uma abordagem passiva em relação à discriminação por cor e raça é tão prejudicial às crianças brancas quanto às afro-caribenhas ou asiáti-

---

* N. de T. Política de fazer esforços superficiais ou gestos meramente simbólicos para atingir um objetivo; prática de empregar um número simbólico de pessoas pertencentes a minorias, com o objetivo de evitar que o empregador seja criticado.

cas. Para as cuidadoras, pode ser difícil reconhecer isso, caso elas não tenham pensado muito sobre essas questões anteriormente. Quando todas as crianças de uma creche são brancas, as educadoras podem sentir que toda essa questão é irrelevante para elas. Porém, caso a discriminação não seja discutida, atitudes racistas absorvidas em casa ou pela mídia permanecerão incontestadas. Vale a pena notar que pessoas jovens, negras e de ascendência mista, que participaram de um estudo recente, contaram aos entrevistadores que, surpreendentemente, suas experiências mais dolorosas de abuso racial aconteceram no ensino fundamental, e não no ensino médio (Tizard e Phoenix, 2002).

É importante distinguir entre a raça, manifesta na cor da pele e nas características faciais, e a cultura. A ênfase na cultura algumas vezes leva ao que foi chamado de "currículo de turista", que envolve figuras nas paredes de pessoas em roupas exóticas, celebração de festivais e refeições especiais que incluem estilos de cozinhar "étnicos" (embora em geral se coma com o estilo ocidental). Esses eventos podem ser ocasiões sociais agradáveis e interessan-

FIGURA 9.2 Arrumando ao fim da brincadeira.

tes, mas realmente tendem a enfatizar o caráter de *estrangeiro* das pessoas que não são brancas, quando a maioria dos pais de crianças negras em creches é, e considera-se, britânica, e tem um estilo de vida que é mais influenciado pela classe social e pela vizinhança em que vivem do que pelo país de origem de seus pais e avós.

As crianças que estão em seu terceiro ano de vida têm muito interesse por sua própria aparência e adoram inspecionar-se com cuidado quando há espelhos disponíveis que vão até o chão. Elas também comparam a cor de sua pele e a textura de seu cabelo com os das outras crianças e perguntam sobre as diferenças. As cuidadoras às vezes respondem a essas questões com embaraço, quase como se a questão da raça tivesse substituído a do sexo como um assunto que não se deve mencionar.

Na verdade, a oportunidade de reforçar a imagem positiva que as crianças têm de si mesmas pode ser utilizada positivamente, afirmando que as pessoas nascem com todos os tipos de cores bonitas. Entretanto, as crianças não acreditarão nisso a menos que vejam tal afirmação refletida nas imagens que as rodeiam, em seus quebra-cabeças, seus livros de figuras, bonecas e bonecos e, o mais importante, nas pessoas que cuidam delas.

Temos agora uma gama deveras maior de coisas para o brincar disponível em fornecedores especializados, porém uma avaliação das lojas de ruas principais, feita por membros do Working Group Against Racism in Children's Resources (Grupo de Trabalho Contra o Racismo nos Recursos para Crianças) no começo da década de 1990, revelou uma imagem desagradável. Eles encontraram muito poucas bonecas negras ou quebra-cabeças com crianças negras, pouquíssimos livros ou cartões representando crianças ou adultos negros, e alguns brinquedos que representavam as pessoas negras de uma forma negativa e estereotipada. O mesmo aconteceu em todas as áreas avaliadas, fossem elas multirraciais ou predominantemente brancas. A avaliação conclui que "há muitos poucas coisas nas lojas de brinquedos de ruas principais que indiquem que as crianças e as comunidades negras são parte desta sociedade". Mais de 10 anos depois, as creches geralmente se esforçam para incluir ao menos uma boneca negra em suas coleções, mas, infelizmente, muitas vezes ela é de má qualidade e tem um rosto negro, mas características europeias.

Para compensarmos essa discriminação, os centros de cuidado de crianças precisam contrabalançar esse predomínio "branco", o que pode suscitar a oposição das educadoras e dos pais, caso eles não entendam completamente as razões para isso. Pode ser especialmente difícil quando uma reação negativa provém de pais negros, mas temos de lembrar que uma estratégia de sobrevivência de pessoas oprimidas consiste em negar a existência da opressão, e acima de tudo não se fazerem notadas. O ato de transformar ou desenvolver as práticas da creche dessa forma tem de acontecer junto com um programa ativo de desenvolvimento das educadoras e de envolvimento dos pais.

Tornando-se bilíngue

Algumas creches têm crianças provenientes de uma ampla gama de nacionalidades, uma vantagem que o Children Act, de 1989, pede que as creches reconheçam e afirmem. Uma questão elementar, mas significativa, é cada adulto em uma creche, incluindo os auxiliares, deveria saber como pronunciar corretamente o nome da criança, e não, como infelizmente ouvimos muitas vezes, inventar algum anglicismo equivalente que soe mais ou menos parecido.

Para algumas educadoras, consistirá em uma boa ideia dar tanto valor ao aprendizado do idioma que as crianças têm em casa quanto ao aprendizado do inglês. Essa é uma reversão fundamental, que coloca o ônus do aprendizado também nas cuidadoras, além de na própria criança. Com um sistema de educador-referência, a cuidadora pode pedir aos pais das crianças de seu pequeno grupo que ensinem a ela algumas palavras e frases da língua deles. Será que ela consegue saudar a criança e se despedir, expressar ternura, oferecer conforto, aprovação e compaixão, compreender algumas das palavras especiais da criança, e talvez cantar uma das canções favoritas dela? Em troca, ela pode assegurar aos pais que a criança aprenderá inglês sem que eles tenham que fazer esforços especiais para falar esse idioma em casa – um segundo idioma é mais bem aprendido quando o primeiro está bem-estabelecido.

É de grande ajuda dispor de funcionárias bilíngues, apesar de nem todas as linguagens das crianças poderem estar representadas, pois pode haver mais de 50 idiomas diferentes em alguns dos maiores centros de cuidado de crianças. Talvez os pais possam preencher algumas lacunas e ainda oferecer uma conexão com famílias novas que falam a mesma língua.

Quando é sabido que uma criança ou crianças surdas frequentarão a creche, pelo menos um membro do corpo de funcionários precisa tornar-se proficiente na British Sign Language (Linguagem Britânica de Sinais) (BSL). Há cursos na maioria das regiões. Essa pessoa e os pais da criança podem ensinar aos demais membros do grupo de funcionários os aspectos básicos dessa linguagem, de forma que não haja apenas uma única crecheira que consegue se comunicar com a criança.

O ambiente da creche pode ser imensamente enriquecido pela absorção ativa de elementos de diferentes culturas. A utilização de redes turcas, islandesas e bangladeshianas para os bebês que dormem, em vez de camas ou colchões, é um exemplo fornecido por Pam Schurch em uma descrição vívida do Lady Gowrie Child Centre em Sidney (em Stonehouse, 1988), que elabora conscientemente suas políticas e práticas a partir da diversidade étnica das famílias que usam esse Centro.

Gênero

Meninos e meninas são tratados de formas diferentes por seus pais já desde o momento do nascimento (Jackson, 1987). Ao chegarem ao terceiro ano de vida, a identidade de gênero em geral já se encontra bem-estabelecida, e suas preferências ao brincar são claramente influenciadas pelas percepções do que é apropriado para meninos ou meninas (Derman-Sparks e o ABC Task Force, 1989; Siraj-Blatchford e Clarke, 2000).

A questão, já levantada no Capítulo 1, é se as creches devem aceitar ou questionar as imagens convencionais de masculinidade e feminilidade. Estabelecemos de maneira clara nossas opiniões, mas, assim como não podemos necessariamente esperar que nossos leitores compartilhem delas, não é razoável tentar impor práticas não sexistas nas creches, a menos que as cuidadoras compreendam e compartilhem os valores que embasam essas práticas e sejam capazes de fazer com que os pais caminhem juntos com elas. Isso pode ser difícil quando elas próprias provêm de famílias em que os papéis tradicionais eram prevalentes e fizeram seu treinamento em uma época em que essa questão raramente era levada em consideração. Fomentar a consciência acerca dessa questão no grupo de educadoras é o primeiro passo essencial. O pacote de treinamento do National Children's Bureau (Agência Nacional para a Infância) (Drummond et al., 1989) oferece algumas maneiras não ameaçadoras para fazer isso, da mesma forma que um artigo de discussão excelente para as cuidadoras que ainda estão estudando (Aspinwall, 1984).

O próximo passo, mais uma vez, consiste em olhar de forma crítica as imagens de meninas e meninos, mulheres e homens, apresentadas às crianças

FIGURA 9.3 Indo às compras com um amigo.

no ambiente da creche. Os editores de livros populares para crianças, tendo sido severamente criticados, agora têm muito mais consciência de que devem apresentar as meninas em papéis ativos e energéticos, e mostrar os meninos, por exemplo, lavando ou cuidando de bebês, porém os livros infantis mais antigos quase sempre representam mulheres e homens em seus papéis convencionais. Os brinquedos encontradiços em lojas de ruas principais são em sua maioria fortemente diferenciados, os projetados para meninas são predominantemente domésticos, e aqueles para meninos, mecânicos ou relacionados à guerra e a lutas. Os cartões vendidos em papelarias ilustram os estereótipos da maneira mais crua.

As cuidadoras, portanto, estão de certa forma remando contra a maré (embora tenham o auxílio do vento da política de oportunidades iguais), e assim, para fazer qualquer progresso, elas têm de procurar, ou fazer, livros e figuras que mostram mulheres e homens dedicados a atividades que não são típicas. Elas precisam conscientizar-se de seus comportamentos automáticos, que ocorrem sem pensar, como dividir as crianças pelo sexo ou fazer comentários sobre o brincar delas relacionado ao gênero, em vez de comentar a atividade. Quantas vezes colocamos como uma questão o fato de estimular as meninas a brincar com brinquedos de construção ou serem fisicamente aventureiras? Será que oferecemos chances iguais aos meninos de banharem as bonecas? Ao conversarmos com as crianças, assumimos que elas são cuidadas sobretudo por suas mães?

A falta de homens em centros de cuidado de crianças é um enorme obstáculo, porque passa a mensagem de que apenas as mulheres sabem cuidar e ensinar crianças pequenas, e que somente elas podem ser suaves e cuidadosas. Pode ser bastante difícil para um homem trabalhar, ou mesmo entrar, na atmosfera dominada por mulheres de uma creche ou centro familiar (Owen, 2003). Quando há homens no grupo de educadores, as chances de envolver os pais aumentam de modo considerável. Phil Lyons, que coordenou um grupo de homens em Wexford, descobriu que os homens eram muito receptivos em relação à chance de falar sobre sentimentos mais íntimos e expressar sua tristeza relacionada ao que haviam vivenciado como uma exclusão deles da vida de seus filhos.

Deficiência

Como se pode capacitar as crianças a compreender e responder positivamente a diferenças no que tange à aparência, comportamento, mobilidade e capacidade sensória e de aprendizagem? Isso tem sido muito menos discutido do que o racismo e o sexismo. A consciência das deficiências tende a aparecer mais tarde do que a consciência do gênero e da raça, mas, ao chegarem à metade de seu terceiro ano de vida, as crianças percebem e fazem perguntas sobre as diferenças físicas e podem mostrar sinais de desconforto que não devem ser ignorados. É muito importante que os adultos respondam às perguntas de maneira clara e breve, respeitando o nível de entendimento da criança, e que não suprimam ou se esquivem dessas questões.

As crianças portadoras de deficiências têm ainda menos probabilidade, em relação às crianças negras, de se verem refletidas no mundo que as cerca, em livros, figuras, brinquedos ou modelos de papéis. As cuidadoras precisarão de um pouco de engenhosidade e criatividade para abordar esse tipo de discriminação. Uma possibilidade consiste em fazer uso, na creche, de brinquedos e equipamentos manufaturados por pessoas portadoras de deficiência, e falar às crianças acerca dessas pessoas (veja a lista de organizações). Outra possibilidade é ter ao menos um quadro pintado por um artista que trabalhe com os pés ou a boca, junto com uma foto do pintor trabalhando.

Algumas creches acolheram a ideia das bonecas *persona*, cada uma com sua história de vida, situação familiar específica e características individuais, incluindo em alguns casos vários tipos de deficiência. Essa abordagem é descrita em um livro que encontramos na área de práticas antidiscriminatórias com crianças pequenas, que é de longe o livro mais prático, *Anti-bias curriculum* (Currículo Antiviés) (Derman Sparks e o ABC Task Force, 1989), em que abundam boas sugestões, e é especialmente consistente na área de deficiências.

É claro que há muitas outras formas de discriminação e estereotipia. Uma forma, à qual certamente deveria ser dada mais atenção pelas educadoras da primeira infância, é o *ageism**. As pessoas também são discriminadas por serem pobres, desempregadas, por escolherem usar penteados de estilos não convencionais, ou por morarem em *trailers* em vez de casas. Nesta breve discussão, pudemos apenas indicar algumas questões para a agenda do grupo de educadores e sugerir fontes para mais conselhos e informações.

RESUMO

Em seu terceiro ano de vida, as crianças lutam constantemente para afirmar sua autonomia crescente e dar sentido ao mundo que as rodeia. A ferramenta para a compreensão é o seu domínio da linguagem em processo de crescimento, para o qual elas precisam de amplas oportunidades para praticar. Assegurar que isso aconteça em um centro de cuidado em grupo requer atenção e planejamento cuidadosos, baseados no sistema de pessoa-chave.

O terceiro ano de vida é uma época em que se desenvolve a consciência da diversidade. As trabalhadoras da primeira infância têm aí uma oportunidade única de confrontar o preconceito e a discriminação, e de ajudar as crianças a se sentirem bem consigo mesmas e a desenvolverem atitudes positivas para com todos os diferentes grupos de pessoas que formam nossa sociedade.

---

* N. de T. Discriminação que utiliza o critério da idade como limitante de acesso a recursos.

capítulo **10**

Hora da refeição

Onde não há prazer e diversão, a comida tem cor bege.

Raymond Blanc, *chef*

Q uando amigos nos contam como foram suas férias, descrevem onde ficaram e o que fizeram, e recomendam irmos para o mesmo lugar, talvez a primeira coisa que perguntamos seja: "Como era a comida?". A comida não tem a ver somente com a sobrevivência, mas também com o prazer e o companheirismo. Precisamos dar atenção especial às horas das refeições, tanto para o bem-estar das crianças quanto para o nosso.

Somente alguém que já tenha conduzido a hora da refeição para um grupo de crianças pequenas compreende totalmente o tipo de estresse que isso pode envolver, e a organização detalhada e complexa que é necessária. Neste capítulo, consideramos em primeiro lugar como as cuidadoras podem avaliar de modo crítico as maneiras como as refeições são feitas, de forma a torná-las mais prazerosas para as crianças e para elas mesmas. Revisamos então questões pertinentes à organização prática, e em especial de que maneiras o uso eficaz do sistema de educador-referência pode tornar o período em torno da refeição principal menos estressante para as crianças e os adultos, e oferecer valiosas oportunidades de aprendizagem. Na última parte, discutimos o papel das creches no estabelecimento das bases para a alimentação saudável e a importância da utilização de uma abordagem multicultural.

Na maioria das famílias, a cozinha, ou a sala ao lado dela, é o centro das atividades da casa. Nas creches, ela em geral é separada dos espaços para ensino e aprendizagem. John Bishop comenta que, embora isso seja feito por motivos de saúde, também reflete a opinião aceita acerca da natureza subserviente dessas partes do prédio e das pessoas que trabalham ali. Isso contrasta com as pré-escolas de Reggio Emilia, nas quais as cozinheiras e os auxiliares de limpeza são vistos como membros integrais do grupo de funcionárias de ensino. Lá, as cozinhas são posicionadas de forma que a preparação da comida possa ser observada pelas crianças, e o cheiro do cozinhar pode permear o prédio. "O papel do cozinhar é visto como algo que traz autenticidade à vida da escola, e a cozinha é vista como um lugar de calor humano e segurança doméstica." (Bishop, 2001, p. 77)

No outro extremo estão algumas creches da prefeitura que não dispõem de cozinhas próprias e, assim, são obrigadas a aceitar refeições distribuídas por centros de distribuição e entregues em recipientes, tendo dessa forma pouco controle direto do conteúdo. O pior de tudo são aquelas creches cujas refeições vêm congeladas em porções individuais, não tendo nenhuma relação com preferências e gostos individuais. Para essas creches, as discussões que seguem podem oferecer pelo menos uma base para negociar arranjos melhores.

CRIANDO CONSCIÊNCIA

Para as práticas mudarem, as pessoas primeiro têm de se conscientizar de qual hábito as levou a tomar a prática como algo dado e não questionado. Como forma de ilustrar as maneiras como isso pode ser feito, aqui está o relato de Elinor de um exercício que ela coordenou como parte de um curso de treinamento para funcionárias mais experientes, encarregadas de creches em um departamento de assistência social. Ela teve a ajuda de duas consultoras que trabalhavam com o cuidado de crianças de menos de 5 anos, que a convidaram a coordenar o curso, bem como a colaboração das funcionárias da cozinha da creche em que o curso estava sendo realizado. Concordou-se que as participantes almoçariam na creche em dois dias, em semanas consecutivas.

> As funcionárias da cozinha ajudaram-me a organizar uma refeição realmente bela. As mesas para quatro pessoas foram arrumadas de maneira a ficarem atraentes, com toalhas, um pequeno vaso de flores, jarras para água e guardanapos de papel colorido. Havia espaço e conforto para todos, sem pressa nem barulhos. A comida estava com uma apresentação boa e uma aparência atraente, já nos esperando quando nos sentamos à mesa, eu e as duas consultoras da creche sentadas em mesas diferentes. Saber que dispúnhamos de uma hora inteira para almoçar engendrou um humor relaxado, e a conversa fluiu. Quase nos esquecemos de que estávamos em um curso de treinamento!
>
> Depois que a refeição terminou, foi pedido às participantes, aos pares, que elaborassem uma lista das características boas e prazerosas da refeição que tinham acabado de fazer. Com base nesses critérios, foi solicitado que avaliassem como as refeições eram organizadas e oferecidas em suas próprias creches, tomando ponto por ponto e decidindo, em uma escala de 0 a 10, como as refeições vivenciadas por suas funcionárias e crianças se comparavam com a que haviam tido. Deixamos claro que essa avaliação devia permanecer um assunto reservado entre elas e suas funcionárias. Não se pediu a ninguém que compartilhasse seus julgamentos com os outros membros do curso.

O grupo então se reuniu e pedi a eles que, durante a semana seguinte, refletissem sobre o estava acontecendo em seu próprio ambiente de trabalho e avaliassem as maneiras pelas quais poderiam utilizar experiência adquirida naquele dia para iniciar mudanças. Revisamos juntos os pontos bons em que houve concordância de todos, e a partir daí tornou-se claro que, em muitos casos, a atenção aos detalhes era a base de um bom resultado.

Na semana seguinte, passamos a manhã trabalhando em outro tema, sem conexão com a hora das refeições. Estávamos todos absortos no trabalho quando, às 11h30min, fomos surpreendidos pela entrada alvoroçada e barulhenta das consultoras (devidamente instruídas a fazerem exatamente isso), que adentraram nosso círculo de discussão dizendo: "Venham conosco agora, deixe essas coisas de lado. Estamos um pouco atrasadas, então não se preocupem em acabar o que estão fazendo". Nosso grupo ficou um pouco irritado, mas foi complacente e obedeceu à instrução das consultoras de ir até o banheiro com o comentário: "Desculpem, mas só há um banheiro disponível, então é melhor que vocês fiquem em fila e não façam bagunça". Prontamente seguimos uns aos outros e nos ajuntamos no banheiro para esperar a vez de cada um, como havia sido ordenado, embora todos (exceto no meu caso, obviamente) se sentissem confusos e um tanto rebeldes.

O que aconteceu depois, e bem espontaneamente, foi que, de maneiras diferentes, alguns mais ativamente que outros, todos começaram a se "comportar mal". Alguém, rindo, começou a desordenar os sapatos das funcionárias, que estavam próximos aos armários, e outra pessoa abriu uma torneira e começou a jogar água por todo lado.

Uma das consultoras nos empurrou para dentro da sala de jantar, insistindo que formássemos um "trenzinho", segurando um na cintura do outro. Nós 12 sentamos a uma mesa comprida sem toalha, com as cadeiras amontoadas uma de frente à outra, algumas altas demais e outras muito baixas para que fossem confortáveis. As consultoras ficaram em torno, mandando que ficássemos quietos e sentados, e tivemos de esperar por 15 minutos até que a comida chegasse.

Todos estavam inquietos, mexendo-se e balançando as cadeiras. As consultoras, trocando olhares exasperados, nos deram livros para que os folheássemos, mas a maioria deles foi jogada ao chão. O nível de ruído aumentou e só diminui após a chegada do carrinho com a comida, que foi saudada com palmas e batidas na mesa. As consultoras, ao lado do carrinho, distribuíam a comida vagarosamente, colocando a mesma quantidade de comida em cada prato. Uma consultora insistiu que cada pessoa dissesse "Obrigada" antes de colocar o prato na mesa para comer. Não se podia escolher ou recusar a comida.

A comida era de boa qualidade, mas bastante monótona na aparência – peixe branco cozido no vapor, purê de batatas e couve-flor. As consultoras sentaram-se nas duas pontas da mesa e conversaram entre si sobre suas férias. Elas não se dirigiram aos participantes a não ser para mandar eles ficarem quietos e sentados e comerem o jantar.

As consultoras tiveram de levantar-se três ou quatro vezes para pegar um garfo que havia caído ao chão e lavá-lo, pois não havia garfos extras no carrinho. Era evidente em seus rostos e movimentos que não estavam apreciando sua refeição.

O segundo prato foi servido somente quando todos já haviam acabado de comer o primeiro, e duas pessoas mais "lentas" deixaram todos irritados. Novamente houve um pouco de atraso, pois estavam faltando dois pratos, e uma das consultoras teve de ir até a cozinha buscar outro. A sobremesa era pudim de arroz com pêras cozidas.

Alguém pediu água, mas disseram que as pessoas só poderiam beber depois que tivessem esvaziado o prato. Havia uma jarra d'água no carrinho, mas os copos haviam sido esquecidos e uma consultora teve de levantar-se novamente para pegá-los na cozinha.

Como se pode imaginar, no decorrer da refeição todos já haviam entendido o objetivo do exercício. Rimos todos e fizemos sugestões sobre como o exercício podia ser tornado ainda pior! A experiência direta enfocou a questão da atenção aos detalhes de uma forma que não poderia ter sido feita conversando. As pessoas notaram, com interesse e um pouco de surpresa, a maneira como reagiram ao serem ordenadas a fazer as coisas, embora tivessem percebido bem cedo que aquilo era um "jogo". Passamos então a discutir alguns dos problemas que as pessoas haviam observado em suas próprias creches na semana anterior, e elas rapidamente começaram a pensar a respeito de práticas que poderiam ser feitas para melhorar as coisas.

ORGANIZAÇÃO PRÁTICA

O período de transição entre o brincar até o uso compartilhado do banheiro e a hora da refeição é difícil, mas pode ser facilitado utilizando-se um planejamento cuidadoso. A descrição do sistema de educador-referência no Capítulo 3 estabelece de que forma cada funcionária pode agir como o foco central para seu pequeno grupo de crianças durante o período que se inicia com o fim das atividades de brincar, passa pela refeição e vai até o momento em que aquelas crianças que estão se preparando para dormir estão deitadas confortavelmente em suas camas e colchões.

Um dos motivos subjacentes que preconizam que se garanta que a atividade de lavar-se e o período antes do jantar sejam passados em um grupo pequeno é acalmar a atmosfera antes da refeição. Isso elimina em grande parte o barulho e a tensão, e torna possível evitar a situação desastrosa de forçar as crianças a sentar e a esperar nas mesas até que o carrinho de comida seja trazido. O exercício de treinamento já descrito ilustra todos os elementos que colaboram para a condução bem-sucedida de uma refeição. Aqui estão alguns pontos a serem considerados para planejar como tornar a hora das refeições prazerosa para as crianças e as funcionárias.

Previsibilidade e boas relações

A incerteza, e a confusão que ela acarreta, pode ser evitada se todas as crianças souberem qual é sua mesa e seu lugar específico nela. Compreensão e colaboração entre a cozinheira, as funcionárias auxiliares e as cuidadoras nas salas para grupos são essenciais. Isso terá mais probabilidade de ocorrer se as funcionárias demonstrarem amabilidade e consideração para com suas colegas, e as considerarem como parte integral da equipe. É importante sempre explicar por inteiro as razões educacionais que subjazem a quaisquer decisões que envolverão maior carga de trabalho para elas. A cozinheira deve compreender o que as cuidadoras estão buscando por meio da organização das refeições. A pessoa que for responsável pela organização dos carrinhos de comida deverá saber exatamente por que é tão importante que a quantidade certa de talheres (com alguns extras, caso haja necessidade), as jarras para água, as canecas e todos os outros itens estejam sempre à mão. Uma funcionária que cuida das lidas diárias da creche deve trazer o carrinho de comida, para que nenhuma cuidadora tenha de se ausentar de seu grupo pequeno.

Mesas

É necessário ter uma mesa em separado para cada pessoa-chave e seu pequeno grupo, com cadeiras de altura adequada que permitam que as crianças fiquem com os pés apoiados no solo e os cotovelos na altura da mesa. Se o rosto de uma criança ficar muito próximo de seu prato, devido à sua cadeira não ter a altura adequada, ela terá maior dificuldade para manejar sua colher. Ela terá de levantar o ombro para levar a colher à boca, pois as crianças pequenas não flexionam os pulsos da forma que fazemos quando utilizamos uma colher ou um garfo.

Ficar parado

Uma vez que a cuidadora esteja sentada com seu pequeno grupo, ela deve poder ficar sentada, com tudo à mão. Cada educador-referência deve ter ao alcance da mão uma mesinha auxiliar, o tampo de um móvel baixo ou uma das prateleiras do carrinho de comida, na qual possa colocar tanto a comida para a sua mesa e todos os equipamentos de que precisará durante toda a refeição.

Deve haver recipientes de comida individuais para cada mesa, para que a cuidadora possa servir seu próprio grupo, cujo apetite e gostos pessoais ela conhece. Pode-se sempre servir uma segunda vez as crianças, caso elas assim o desejem, dessa maneira evitando o desperdício. O uso de recipientes em separado implicará maior quantidade de coisas para lavar, e isso precisa ser negociado com as funcionárias da cozinha, caso não tenha sido essa a prática no passado.

Bebidas

Água potável deve estar sempre à disposição e ser oferecida com agilidade às crianças, em especial àquelas que ainda não possuem o domínio da linguagem. As canecas devem ter uma base larga. Tão logo as crianças consigam servir-se de água, elas devem ser estimuladas a fazê-lo. Quando acaba de beber, muitas vezes a criança coloca a caneca bem próxima à borda da mesa; o adulto pode evitar que a caneca caia movendo-a silenciosamente até um lugar conveniente em frente à criança.

CUIDANDO DAS CRIANÇAS BEM PEQUENAS

Quando a educadora-referência tem um grupo de idades variadas, ela em geral terá perto de si algumas crianças bem pequenas que precisarão de ajuda para comer. Felizmente, hoje compreendemos que os dedos vieram antes dos garfos, e que nos primeiros estágios da aquisição de independência na alimentação a criança deve se sentir livre para comer com seus dedos tudo que puder pegar de maneira conveniente. Quando a criança aceita ajuda no processo de aprender a utilizar uma colher, é importante que o adulto disponha de uma colher extra, de forma que não haja necessidade de pegar a colher da criança da sua mão.

A tentação de colocar uma colher cheia de comida na boca de uma criança que ainda está com a boca cheia consiste em uma verdadeira armadilha para o adulto. Essa pode ser uma prática perniciosa, pois significa que estamos pressionando a criança a engolir rapidamente o que tiver na boca, como resposta à colher que estamos segurando na sua frente. As crianças mais velhas sempre são advertidas por comerem muito rápido e não mastigarem apropriadamente sua comida; talvez as raízes de tal comportamento estejam na anterior impaciência dos adultos com elas.

Algumas crianças, sobretudo as bem pequenas, podem não estar acostumadas a sentar-se à mesa. É especialmente importante para elas que organizemos de forma cuidadosa a refeição para manter uma atmosfera de tranquila eficiência e tornarmos as refeições, que inevitavelmente implicarão uma restrição das atividades das crianças, em um momento prazeroso para elas.

Estar com crianças que comem devagar pode nos impor uma disciplina muito severa para que a "pressa institucional" não tome conta da refeição. Qualquer cantina de empresa pode nos recordar o que esse tipo de pressa e barulho faz à nossa digestão.

Em uma creche havia um senso pernicioso e perturbador de que a refeição devia ser "enfrentada"; localizamos a origem desse senso no fato de que as funcionárias da cozinha, que eram encarregadas de lavar os pratos e os talheres, tinham um contrato que estabelecia que deviam acabar essas tarefas até a uma da tarde. Esse prazo final tinha uma espécie de "efeito ondulatório", que já começava quando as crianças sentavam-se às suas mesas. Não era possível mudar esse arranjo de imediato, mas ao menos havíamos identificado uma fonte do problema da "pressa". Estudamos pequenas maneiras pelas quais as funcionárias na sala para grupos poderiam reduzir a quantidade de trabalho das funcionárias da cozinha depois da refeição, como, por exemplo, assegurando-se de que o carrinho voltasse à cozinha com os pratos já quase limpos e arrumados, e os talheres sujos já colocados em uma jarra de plástico com um pouco de água e detergente para iniciar o processo de limpeza. Vimos que, se houvesse sempre um rolo de papel de cozinha no carrinho, ou uma esponja à mão, a cuidadora poderia limpar bem pequenas quantidades de arroz ou purê que haviam sido derrubadas durante a refeição, de maneira que qualquer substância pegajosa ou aderente não causasse mais trabalho na limpeza subsequente.

Outro detalhe que pode muitas vezes criar estresse para as crianças pequenas, sentadas à mesa em expectativa, é quando um recipiente com algo quente chega à mesa. Muitas vezes uma porção é posta em um prato, mas ainda está muito quente, e a criança faminta, já tendo de lidar com a complexa manobra de manusear sua colher, tem de enfrentar mais um obstáculo para comer. A solução consiste em a cuidadora colocar uma porção bem pequena no prato. A comida irá esfriar imediatamente, pois o prato está frio. Quando a criança acabar de comer, ela pode ser servida pela segunda vez, e então a comida já estará na temperatura certa para ser consumida.

Hoje é reconhecido integralmente que, por mais que o adulto sinta que uma criança deve e precisa comer, não deve haver pressão para isso nunca e em nenhuma circunstância. Os adultos aprenderam a desconsiderar as mensagens que recebem de seus corpos e comem, provavelmente mais do que precisam, quando isso é esperado socialmente, em vez de comer apenas quando sentem fome. As crianças no cuidado em grupos em geral aprendem a se conformar com as expectativas dos adultos, em especial quando veem outras crianças comendo com prazer. Mas às vezes elas podem não estar com vontade de comer no momento em que a comida é oferecida, e isso deve ser respeitado. Algumas vezes, ansiosas por assegurar que as crianças se alimentem bem, as cuidadoras (e os pais) dão-lhes porções demasiado grandes, o que pode ser bastante desconcertante. Vale a pena lembrar que no Reino Unido a obesidade é um problema muito mais sério do que a desnutrição (Hall e Elliman, 2003), e tentar persuadir as crianças a comer é quase sempre contraproducente (Douglas, 2002).

Um exercício útil consiste em arranjar que cada funcionária, em turnos, seja liberada da responsabilidade de cuidar da sua mesa, e possa sentar-se em separado como observadora durante uma refeição, tomando notas detalhadas de tudo que acontece. Comparar essas observações em uma reunião da sala de grupos irá destacar problemas que de outra forma poderiam passar despercebidos. Como resultado de um exercício desses, uma funcionária comentou que quando Peter, uma criança que estava em parte se alimentando com os dedos e em parte sendo alimentada, tinha comida ao redor da boca, o adulto retirava a comida com a colher. Isso foi repetido muitas vezes, e a observadora notou que a cada vez a criança tremia levemente. Na reunião da sala para grupos, as funcionárias tentaram fazer o mesmo entre elas, para ver como se sentiam. Como resultado, elas juraram nunca fazer isso novamente a uma criança.

No caso de as funcionárias em uma sala para grupos terem decidido operar um sistema de pessoa-chave com, digamos, três mesas para cinco ou seis crianças e três funcionárias, pode acontecer que em uma mesa três crianças estejam ausentes. Uma crecheira comentou que, quando isso acontecia, ela se sentia muito culpada por ter apenas duas crianças, enquanto sua colega na mesa ao lado tinha o número normal de cinco ou seis crianças para cuidar. Então há uma tendência de colocar as duas mesas juntas.

A pergunta que devemos fazer é: como se sentem as duas crianças que sobraram, sendo privadas da atenção de sua pessoa-chave? Seria exatamente nessa ocasião que elas poderiam desfrutar momentos mais íntimos juntas, o que não é possível em um grupo maior. Poderíamos dizer que a crecheira que fica com menos crianças aos seus cuidados tem mais razões para se sentir culpada quando ela junta as mesas com sua colega, em um momento em que dispõe da rara oportunidade de dar uma atenção mais próxima a duas crianças pelas quais ela tem uma responsabilidade especial.

Em outras partes do dia em que há comida e bebida – no café da manhã, no meio da manhã, quando se oferece suco ou uma fruta, e na hora do lanche, à tarde – é mais fácil ficar mais relaxada, embora ainda seja essencial planejar todos os detalhes, para que esses momentos sejam pausas prazerosas no longo dia de trabalho. Em uma creche, observamos a prática indesejável de insistir que cada criança esteja sentada quieta e parada antes que seja permitido que beba. As crianças obviamente trataram isso com muita frustração e irritação, e também foi extremamente estressante para as funcionárias. No café da manhã e no lanche, pode haver pais presentes, de forma que se deve dar atenção ao conforto deles, sobretudo ao garantir que haja cadeiras confortáveis para que se sentem. Ser informal não significa ser desorganizado.

ALIMENTAÇÃO SAUDÁVEL

Até agora, não comentamos nada a respeito da comida que é oferecida às crianças e às funcionárias, e, surpreendentemente, muitas vezes parece que pouco se pensa sobre isso, embora ninguém aprecie a refeição, por mais organizada que seja, caso a comida não seja boa.

O tipo de comida oferecido às crianças na creche é importante, não somente por causa de seu impacto imediato em sua saúde e seu desenvolvimento, mas porque estabelece as bases para hábitos alimentares futuros. As ideias a respeito da nutrição têm mudado de forma significativa ao longo dos últimos 20 anos, mas muitas creches ainda oferecem um menu extremamente tradicional, baseado em princípios obsoletos, com açúcar, sal, gordura e proteína em demasia e com poucas fibras ou frutas e vegetais.

A maneira como os gostos das crianças se desenvolvem depende muito do que é a elas oferecido, e isso é especialmente verdadeiro em relação ao açúcar. Os adultos tendem a dar comidas doces às crianças, porque essa é a maneira que eles próprios preferem, mas esse é um gosto aprendido e que pode ser desaprendido, como qualquer pessoa que abandonou o hábito de adoçar com açúcar seu chá ou seu café pode comprovar. Chegará um ponto em que o chá e o café parecerão ter um sabor melhor sem o açúcar. Em geral, a dieta das crianças britânicas contém açúcar demais, causando assim obesidade e cáries. As bebidas adoçadas com açúcar são obviamente prejudiciais aos dentes, mas mesmo os sucos de fruta que não são adoçados podem ser danosos por causa da sua acidez. A água é a melhor bebida e deve estar sempre disponível.

Tem havido muita publicidade sobre os possíveis efeitos perniciosos dos corantes, aromatizantes e conservantes artificiais, porém os "aditivos naturais" como o sal e o açúcar podem causar tantos danos quanto os primeiros, a longo prazo. Uma implicação dessa afirmação, que algumas funcionárias podem achar difícil, é que elas não devem ser vistas pelas crianças colocando sal e açúcar em sua comida – da mesma forma que não devem fumar à mesa, por exemplo.

Não nos faltam conselhos sobre a alimentação saudável. Entretanto, por ser a alimentação uma questão tão fundamental, é essencial não efetuar mudanças drásticas sem que haja uma consulta plena às pessoas envolvidas. Um primeiro passo necessário é criar a motivação para mudar, o que significa assegurar que todas as funcionárias compreendam os princípios envolvidos, e então envolver todos em um exame crítico das práticas correntes. A comida servida na creche ao longo do mês que passou preenche os critérios de uma dieta saudável? Isso pode ser calculado de forma bem precisa pela comparação da quantidade de carboidratos, gordura, proteínas e fibras na comida com as quantidades recomendadas para crianças de diferentes idades: um bom tópico para um dia de treinamento.

Tendo avaliado a qualidade da dieta oferecida, deve ser possível obter concordância, caso mudanças sejam necessárias. O que pode ser feito de maneira imediata, e quão necessário é repensar por inteiro a dieta? Obviamente, não precisaríamos nem mencionar que a cozinheira e as funcionárias da cozinha devem participar integralmente dessa discussão.

Muitas vezes pode-se fazer melhoras substanciais de maneira muito rápida: por exemplo, a substituição do pão branco por integral, das sobremesas doces por frutas, dos biscoitos por cenoura cortada em bastões ou roscas sem açúcar. As mudanças mais fundamentais levarão mais tempo, mas podem ao menos servir de objetivo para o trabalho futuro.

Muitas vezes surge a objeção de que a creche não pode esperar que as crianças comam comidas que são muito diferentes do que as que elas estão acostumadas a consumir em casa. Isso depende de duas suposições: que sabemos o que as crianças comem em casa e que os pais são ignorantes a respeito do que constitui uma dieta saudável. Na verdade, em um estudo acerca do que as mães fazem para manter seus filhos saudáveis, Berry Mayall descobriu que a maioria delas tinha uma ideia clara sobre quais tipos de comida eram bons ou maus para seus filhos, mas muitas vezes não podiam colocar essas ideias em prática devido à renda baixa ou condições deficientes de vida (Mayall, 1986). O que as crianças comem constitui um assunto que muito preocupa as mães, como mostraram também as pesquisas de Hilary Graham (1984). As creches podem colaborar acostumando as crianças a alimentos que são baratos e convenientes, além de saudáveis, e que os pais possam lhes oferecer em casa.

APROVEITANDO A DIVERSIDADE CULTURAL

Todo país possui seu estilo distinto de alimentação, e a comida oferecida nas creches é em geral uma versão, em quantidades menores, da refeição típica dos adultos. Isso se torna imediatamente óbvio quando observamos menus de creches de outro país. Na Itália, em vez de "carne vermelha e dois tipos de vegetais", oferece-se às crianças italianas um primeiro prato (*primo piatto*) de massa e sopa densa de vegetais ou arroz, seguido de um prato principal (*secondo piatto*) de carne ou peixe e saladas ou um vegetal, finalizando via de regra com uma fruta.

Nossos hábitos alimentares são uma expressão bem básica da nossa identidade cultural, portanto as refeições servidas na creche devem refletir as origens culturais das crianças que a frequentam. Todos deveriam passar pela experiência de comer algo que é familiar em suas casas e algo que é novo para elas. Isso precisa ir muito além do evento "multicultural" ocasional, em que uma refeição especial é oferecida, embora esses eventos também tenham sua importância. A comida é um elemento importante em todas as festas e festivais que serão celebrados como parte do compromisso da creche com as práticas antidiscriminatórias.

No entanto, as comidas de muitas culturas e cozinhas nacionais diferentes podem ser introduzidas como uma parte integral das refeições da creche, e aumentarão muito o seu interesse e variedade. *Chapattis* (pães indianos), pão árabe integral, iogurte não adoçado, arroz integral, batata-doce e banana-da-terra podem tornar-se componentes regulares dos menus de creches. As massas são pratos particularmente adequados para as crianças pequenas. Mesmo na Inglaterra, elas podem ser com facilidade obtidas em dúzias de formatos e tamanhos diferentes, alguns dos quais, como borboletas e conchinhas, parecem ter sido criados pensando nas crianças. Embora alguns tipos de comida possam precisar ser adaptados para se adequar aos gostos mais delicados das crianças, o melhor é conseguir o produto original e não uma versão anglicizada.

Em creches em que muitos grupos étnicos estão representados, a melhor fonte para tanto são os pais (geralmente, mas não sempre, as mães). Pode-se pedir a elas que sugiram alguns pratos que servem a suas famílias em casa, que seriam adequados como refeições de creche, e que apareçam na creche para mostrar à cozinheira como prepará-los. Se elas trabalham durante o dia, elas podem ser receptivas à ideia de convidar uma crecheira a visitar a sua casa para esse objetivo.

Algumas vezes os adultos de origens étnicas diferentes continuam a se alimentar da maneira como se acostumaram, mas dão a seus filhos comida "inglesa" porque eles "gostam mais". Isso é inadequado por dois motivos: um, porque é provável que leve as crianças a ter uma dieta menos saudável, mas também porque sugere que a creche falhou em passar respeito e apreciação por estilos de vida diferentes, dos quais a comida é uma parte tão importante, e isso pode por sua vez levar as crianças a desvalorizarem aspectos de sua própria cultura (Siraj-Blatchford e Clarke, 2000).

A aceitação de novas comidas por parte das crianças

Algumas crianças chegam à creche acostumadas a uma dieta bastante leve e restrita. Em um primeiro momento, pode ser difícil persuadi-las a provar novos tipos de comida, mesmo quando a mudança é pequena, como no caso do pão integral. No entanto, elas aceitarão gradualmente novos gostos e texturas se no início eles forem oferecidos em pequenas quantidades, e quando elas virem outras crianças comendo com prazer. É claro que os pais devem estar envolvidos nesse processo – o que a maioria aceita com prazer – e deve-se tomar grande cuidado para que quaisquer restrições na dieta, por motivos religiosos ou de saúde, sejam compreendidas e respeitadas completamente por todas as funcionárias. Em uma creche, vimos um aviso impresso de forma ordenada em cada porta das salas para grupos, lembrando as crecheiras dos requisitos de dieta de cada criança da sala.

INTRODUZINDO UMA NOVA ABORDAGEM

Como acontece com todas as mudanças significativas nas experiências de uma creche, sempre haverá dificuldades práticas associadas com uma nova maneira de pensar a alimentação. Uma abordagem para a alimentação que seja sensível à questão étnica pode criar problemas, em especial se a creche não tem a possibilidade de controlar o orçamento e a compra de comida. O grupo de funcionárias e a organizadora precisam ter opiniões claras acerca das razões da importância de tal questão e pensar em maneiras de contornar obstáculos. Conhecemos um centro familiar em que ervas e temperos, que não estão disponíveis em lojas centrais, mas se encontram com facilidade em lojas locais, são comprados com o dinheiro para pequenas despesas – um pouquinho já é suficiente.

É aconselhável preparar o terreno com cuidado, primeiro assegurando-se de que a mudança tem o total apoio das funcionárias e dos pais e, segundo, procurando aliados de fora da creche, como o funcionário da educação sanitária, o centro para estudos multiculturais e os funcionários da prefeitura responsáveis pelas políticas de oportunidades iguais e de antidiscriminação.

Inevitavelmente, as cozinheiras e as funcionárias que cuidam das lidas "domésticas" na creche variarão em sua receptividade a novas ideias. Caso elas trabalhem nessa função há muitos anos e estejam acostumadas a uma gama específica de alimentos e de estilo de cozinhar, elas não estarão sempre preparadas para aprender novas maneiras. Muito dependerá de seu grau de integração à equipe de funcionárias (ver Capítulo 4). Já passamos por situações em que a resistência da cozinheira bloqueou por completo o progresso em direção a cozinhar de maneira mais saudável e ter mais diversidade cultural. Às vezes a resistência pode advir de ansiedade e falta de confiança, o que pode ser superado por treinamento. Raramente a única solução que passa pela cozinheira é trocar de emprego.

RESUMO

O conteúdo e a condução das refeições têm uma influência muito significativa no bem-estar e na satisfação das funcionárias. É uma área que precisa receber muito mais atenção do que no passado. Dar importância minuciosa aos detalhes é a chave para fazer da hora das refeições uma experiência prazerosa e educativa para as crianças. Ao introduzir comidas mais interessantes e variadas, que refletem a diversidade cultural, é oferecida uma experiência valiosa para que os pais e as funcionárias colaborem em conjunto. Como muitas vezes serão as funcionárias que aprenderão com os pais, isso também pode significar uma contribuição para a criação de uma relação mais equânime.

capítulo **11**

No espaço externo

> Três vezes feliz aquele que, sem errar,
> Leu o livro místico da natureza.
>
> Andrew Marvell

Muitos de nós têm lembranças de nossas infâncias: as flores de dentes-de-leão, a geada branca suspensa em uma teia de aranha, as poças congeladas, a grama úmida do orvalho da manhã. As crianças que vivem em cidades muitas vezes são privadas dessas experiências simples, passando grande parte de sua primeira infância dentro de casa ou em ambientes que não são inspiradores, construídos pelo homem. O espaço externo cuidadosamente planejado pode oferecer inúmeras oportunidades, não só para o brincar e as experiências sociais, mas também para o aprendizado em primeira mão, que nenhum livro pode ensinar, sobre as coisas vivas. Não há nada de novo nisso. Margaret McMillan (1927), em seu clássico livro *The nursery school* (A creche), publicado originalmente em 1919, pensava que o jardim deveria ser "convidativo", com árvores, ervas e flores perfumadas, e também dispor de um aparato emocionante, feito de materiais naturais (em contraste com os equipamentos de *playground* de sua época). Em algum momento do restante do século XX essa visão se perdeu.

Há muito a aprender com as práticas de outros países. Na Austrália, por exemplo, o jardim de uma creche é conhecido como "a área externa de ensino", e cuida-se e pensa-se muito o seu planejamento e organização. Os jardins de creches na Itália são muitas vezes versões em miniatura daqueles que fazem parte das *villas* visitadas pelos turistas, dispondo de decorações com pedras, cascatas e estátuas. Isso não é uma questão de clima, como muitas vezes se sugere, mas de atitude. Na Suécia e na Dinamarca, as crianças também passam muito mais tempo, por vezes até metade do dia, em espaços abertos.

Na Inglaterra, o potencial para o aprendizado e o prazer das crianças oferecido pelo espaço externo tende a ser negligenciado. Infelizmente, muitas creches são cercadas por áreas retangulares e impessoais de grama e asfalto.

Muitas vezes as cuidadoras desejariam que a área externa fosse mais interessante, mas, não tendo uma ideia clara do que realmente querem, sentem-se incapazes de se esforçarem e cobrar assertivamente por melhorias. Para esse aspecto, não há um modelo de práticas boas, como a tradição britânica de creches, que até certo ponto oferece uma base para as atividades dentro delas. Em comparação com a vasta literatura existente sobre o brincar e o aprendizado dentro da creche, há muito pouco material útil sobre o planejamento e o uso do espaço externo. Uma exceção é o excelente livro escrito por uma australiana, Prue Walsh (1988), *Early childhood playgrounds* (*Playgrounds* para a primeira infância). Neste capítulo, aproveitamos algumas de suas sugestões, e baseamo-nos também em ideias criativas que observamos em creches na Itália e aqui na Inglaterra.

Este capítulo divide-se em três partes. Primeiro, consideramos a organização das atividades externas para crianças pequenas e algumas maneiras como a área do jardim pode ser utilizada de forma a propiciar efeitos melhores. A seguir, sugerimos uma estratégia para aproveitar ao máximo o que o bairro tem a oferecer. Isso obviamente será muito importante para as creches comuns e domiciliares que não dispõem de um espaço externo próprio. Para a terceira parte, contamos com a ajuda de um consultor de ambientes, que projetou vários *playgrounds* atraentes e originais para crianças pequenas em Londres.

Tentamos oferecer informações práticas suficientes para capacitar o grupo de educadoras a planejar uma transformação de sua área externa. O dinheiro seguramente será um problema, mas, se as próprias funcionárias estiverem convencidas da necessidade de criar um ambiente de aprendizagem externo genuíno para as crianças das quais cuidam, elas devem ser capazes de persuadir sua organização financiadora a cuidar de ao menos uma parte das despesas. Além disso, o projeto é atraente em termos de captação de fundos, e muito do trabalho físico pode ser realizado por voluntários. Pode-se contatar uma loja de jardinagem local para patrocinar esse projeto, ou pelo menos para fornecer plantas gratuitamente ou a preços especiais.

APROVEITANDO AO MÁXIMO O ESPAÇO EXTERNO

Mudando atitudes

Embora muitas vezes existam obstáculos práticos para o uso flexível do espaço externo – por exemplo, uma sala para grupos no segundo andar, sem acesso ao jardim –, estamos convencidas de que as atitudes, algumas vezes inconscientes, são uma barreira também importante.

Pergunte a qualquer pessoa sobre suas memórias do *playground* da escola de ensino fundamental e sua resposta recairá com certeza em uma de duas categorias. Ou ela se lembrará da abençoada libertação do confinamento na sala de aula, a chance de correr e pular, lutar, gritar e jogar, ou então ela teve a experiência bastante diferente de ser a única a permanecer no espaço externo, vagando perto das grades sem ninguém com quem conversar. No meio de toda atividade estava a professora encarregada, muitas vezes visivelmente entediada e comunicando-se pouco com as crianças. Invariavelmente toda a turma, e muitas vezes a escola inteira, saía e retornava às aulas ao mesmo tempo, de maneira que por boa parte do dia o *playground* permanecia como um espaço não utilizado.

Ecos desse modelo persistem nas práticas das creches, e precisam ser reexaminados. O primeiro passo é afastar-se da ideia de um êxodo em massa para "descarregar as energias". A partir do momento em que as crecheiras entendem a ideia do espaço externo como um local para o aprendizado, elas irão querer sair com seu próprio grupo pequeno, e agir como facilitadoras em vez de supervisoras.

Quando a ideia é sugerida pela primeira vez, entretanto, ela pode não ser acolhida com aprovação universal. As funcionárias podem ter se acostumado com o desejado descanso oferecido quando as crianças saem todas juntas, com apenas uma ou duas colegas cuidando delas, e assim utilizavam esse tempo livre para organizar a creche ou fazer um intervalo. Elas precisam ter algumas experiências positivas de trabalhar ativamente com as crianças na área externa, antes que possam apreciar o valor do novo arranjo.

A própria menção do jardim pode induzir a um humor de pessimismo e desânimo. Em algumas áreas, o vandalismo constitui um problema; papéis e detritos de plástico podem voar com o vento ou ser atirados por cima da cerca, acumulando-se nos cantos. Às vezes isso produz uma aparência desleixada, o que ninguém toleraria que acontecesse ao jardim da frente da sua casa, e que as funcionárias e as crianças acham muito deprimente, embora possam não expressá-lo. As funcionárias podem achar que já têm muito a fazer em suas salas para grupos sem que tenham que se responsabilizar pela área externa também.

Uma forma de criar um clima que convida à mudança é observar em detalhes como o espaço é utilizado no presente, tanto no que tange às maneiras como as cuidadoras conduzem as atividades das crianças na área externa quanto nas formas com que as crianças se comportam nesse contexto mais livre que o jardim oferece. Uma reunião de funcionárias poderia enfocar como todos percebem o valor da área do jardim e seus próprios papéis durante o brincar na área externa. É quase certo que essa discussão fará aflorar várias frustrações e sentimentos negativos, que devem ser percebidos como problemas a ser solucionados, e não desculpas para a inatividade.

A observação próxima de crianças específicas pode ser especialmente reveladora, ao empreendermos uma avaliação do uso do espaço externo. Se o sistema de educador-referência estiver funcionando bem, pode-se pedir a cada educadora que faça uma observação detalhada de uma criança de seu grupo durante a hora do brincar na área externa. Pode-se pedir o mesmo a estudantes e aos pais, caso estejam disponíveis. Avaliar essas observações em conjunto pode oferecer uma boa ideia da qualidade e da variedade das experiências que a área externa já oferece, assim como também dos aspectos que ela deixa a desejar.

Algumas questões que os observadores podem ter em mente são: O que significam as oportunidades iguais para meninos e meninas, crianças mais novas e mais velhas, as extrovertidas e as tímidas? De que maneiras as pressões sociais, inerentes ao fato de estar em um grupo, diferem em relação a esse grupo estar na área interna ou externa da creche? Será que algumas crianças sempre têm domínio dos equipamentos, tais como balanços ou escadinhas para escalar, ao passo que outras parecem incapazes de se afirmar? Como as crianças aprendem a negociar e a se revezar e qual o papel do adulto nisso? Há oportunidades para as crianças experimentarem e assumirem pequenos riscos de forma a testar e aumentar suas habilidades? Quais crianças aproveitam essas oportunidades?

O ESPAÇO EXTERNO COMO ÁREA DE APRENDIZAGEM

Tipos de atividades

As atividades motoras em larga escala – correr, pular, escalar, escorregar e utilizar brinquedos com rodinhas – obviamente têm seu lugar no brincar na área externa. No entanto, muitas vezes esse é o único tipo de atividade observada em um jardim de creche. As classificações do brincar, a respeito de sua contribuição para o desenvolvimento cognitivo, em geral colocam esse tipo de atividade nos lugares mais baixos da escala (Smith e Cowie, 1991; Sylva et al., 1980), e isso precisa ser levado em consideração, sobretudo nas creches para as quais muitas crianças podem ter sido indicadas devido à "falta de estímulos" em seus lares.

Aqui queremos observar mais de perto algumas atividades que podem ser empreendidas por uma cuidadora, com não mais do que três ou quatro crianças, em momentos em que o jardim não estiver sendo utilizado plenamente. Isso oferece mais oportunidades para conversas entre a adulta e as crianças e também reduz a pressão do número de pessoas que existe na sala para grupos.

Equipamentos para o jardim

As ferramentas para o uso no jardim devem ser mantidas em caixas ou cestos adequados, em um espaço definido, de preferência em um depósito, e devem ser de tamanhos apropriados. As ferramentas básicas são um ancinho e uma vassoura de tamanho normal, ancinhos pequenos com cabos curtos, vassouras pequenas (verdadeiras, e não de brinquedo), carrinhos de mão, regadores, espátulas de jardinagem e garfos pequenos. Uma torneira na área externa, além de ser funcional, pode oferecer oportunidades para o brincar com água.

Cuidados e manutenção

Da mesma forma que ocorre na sala para grupos, as crianças podem contribuir realmente para manter o jardim bem cuidado e com uma aparência atraente, ao mesmo tempo em que se divertem. Como já mencionado, o lixo pode constituir um verdadeiro problema para as creches que estão localizadas em áreas urbanas. Mesmo as crianças bem pequenas podem auxiliar, juntando os dejetos de papel com o ancinho e varrendo folhas, empilhando-as em um carrinho de mão com as mãos e as espátulas. As atividades de limpeza podem levar a conversas sobre como manter o ambiente livre de dejetos.

Cultivando e cuidando de plantas

Muitas creches plantam feijões, cenouras ou agrião em vasos que ficam dentro do prédio e utilizam menos a área externa para isso. As crianças podem participar da plantação de bulbos e plantas forrageiras para melhorar a aparência geral do jardim (ver Figura 11.1), mas o mais interessante, se houver espaço e um interesse consistente por parte da educadora, é criar jardins individuais para as crianças.

Uma forma de definir o espaço é utilizar pneus pequenos (facilmente obtidos em oficinas especializadas na troca e na venda de pneus), enterrados até a metade na terra. Esse tipo de canteiro individual é fácil de ser cuidado, tanto pela criança quanto pela educadora – mais ou menos da mesma forma que algumas pessoas ficam felizes em ter vasos suspensos com plantas, mas se sentiriam muito sobrecarregadas se tivessem um jardim inteiro. Pode-se ajudar o grupo de crianças a semear diferentes tipos de flores e vegetais, a regar seus próprios canteirinhos e a observar os resultados. Quando as plantas crescerem, elas podem ser comparadas às imagens que vêm nos envelopes de sementes, ou com livros de flores ou cartões.

Há algumas questões práticas que devemos considerar ao utilizar pneus reciclados para esse propósito, ou para criar estruturas para o brincar. Deve-se evitar o uso de pneus que têm fios de aço em seu interior, pois inevitavelmente eles ficarão gastos e expostos; deve-se checar se não há bordas cortantes nos pneus, antes de utilizá-los; ao enchê-los de terra, deve-se ter o cuidado de preencher por completo o espaço oco dentro do pneu, antes de começar a preencher o espaço vazio no meio dele.

FIGURA 11.1 Atividades no jardim: cultivando as plantas e cuidando delas.

Aprendendo sobre as coisas vivas

Muito antes de chegar aos 3 anos, muitas crianças já terão aprendido a ter medo e a não gostar de insetos voadores e rasteiros. Sua resposta imediata ao ver um inseto no jardim pode ser a de pisar nele. Ao expressarmos nosso próprio interesse e respeito por esses "minianimais", podemos ter um papel significativo na reeducação, e as crianças logo se darão conta da nossa atitude diferente. Abelhas, vespas, formigas, besouros, aranhas, lacrainhas, joaninhas, tatuzinhos-de-jardim, centopeias, caracóis, lagartas, vermes e borboletas oferecem tópicos de conversação, e alguns podem ser examinados de perto (ver Figura 11.2).

Cada criança de um pequeno grupo precisa de lentes de aumento de plástico; as mais velhas apreciarão identificar os insetos que já viram em um livro bem-ilustrado. Obviamente, essa atividade acontece sob supervisão próxima, mas as crianças aprendem rapidamente a distinguir entre os insetos

FIGURA 11.2 Atividades no jardim: aprendendo sobre as coisas vivas.

que não devem ser tocados de forma alguma, como as vespas, e aqueles que se pode pegar (suavemente) com segurança e inspecionar de perto.

As crianças que têm idade suficiente para apreciar a necessidade de tranquilidade e quietude divertir-se-ão observando pássaros, se o jardim dispuser de um alimentador e de um lugar em que os pássaros possam banhar-se, longe do alcance dos gatos da redondeza. As crianças podem ajudar a colocar tipos diferentes de comida, para atrair uma gama de pássaros diferentes. Descrever esses pássaros ajuda a desenvolver o vocabulário – de que cores são suas cabeças, seus bicos, suas asas, se eles correm ou saltitam, que sons eles produzem, qual pássaro no livro se parece mais com aquele do jardim e qual o seu nome?

Outros animais

Bichos de estimação, como coelhos e porquinhos-da-índia, podem ser um elemento vantajoso para uma creche, desde que as crianças se envolvam no seu cuidado e alimentação, e uma ou mais funcionárias estejam preparadas para assumir claramente a responsabilidade por seu bem-estar – em especial no que tange ao cuidado dos animais em fins de semana e feriados. Essa pessoa precisa ser alguém que realmente ame os animais, e assim não precise ser persuadida a fazer essa tarefa como uma obrigação cansativa. Se não houver uma pessoa assim no grupo de funcionárias, o melhor é não ter bichos de estimação na creche. São necessárias ainda gaiolas e locais para manter os animais, de forma que se deve considerar a questão do espaço.

Equipamentos para o brincar

Quando uma creche ou um centro familiar tem a oportunidade de projetar a planta ou remodelar a área externa, os equipamentos para as atividades físicas em larga escala serão um elemento fundamental. Nesta parte, apresentaremos apenas algumas sugestões a respeito de equipamentos que já são encontrados na maioria dos jardins de creches. Materiais naturais com acabamentos naturais – madeira, cascas de árvore, pedras e metal – desgastam-se graciosamente e mantêm uma aparência boa por muito mais tempo do que os equipamentos de plástico, em cores espalhafatosas, que são vistos em alguns *playgrounds,* e logo adquirem uma aparência suja e manchada. Os mosaicos constituem uma maneira melhor de oferecer um ambiente colorido e podem ser usados, criando bons efeitos, para construir formas ou estruturas com formato de animais, nos quais as crianças podem montar ou subir em cima.

Pedaços de toras de árvore são infinitamente versáteis, muitas vezes obtidos dos Departamentos Municipais de Parques, que podem estar dispostos a cortá-los em tamanhos específicos. Essas toras podem então ser colocadas horizontalmente ou uma depois da outra, funcionando como degraus, passíveis de serem usadas para escalar, balançar-se, pular e para o brincar imaginativo. Uma ideia útil é colocar uma velha direção de carro em uma ponta de uma tora. Os galhos podem formar uma passarela em uma área gramada.

Se possível, é melhor ter duas caixas de areia pequenas, em vez de uma grande, de forma a reduzir aglomerações e ocasiões de conflito entre as crianças. As caixas menores também são protegidas mais facilmente de gatos, pois as coberturas são manipuláveis com mais facilidade quando da retirada ou da recolocação. A areia precisa de manutenção, o que constitui uma atividade útil para uma cuidadora com seu pequeno grupo. Trabalhar com ancinhos e peneiras será prazeroso para as crianças, e a areia pode ser desinfetada e mantida úmida com o uso de pequenos regadores – encher esses recipientes e espalhar a água constituem o brincar com água provido de um objetivo. Da mesma forma que ocorre com a caixa de areia da área interna da creche, tem de haver areia o suficiente e não muitos equipamentos, que devem ser checados regularmente e guardados, e não deixados atravancando a caixa, o que pode rapidamente criar um aspecto desleixado e não convidativo.

UTILIZANDO OS RECURSOS DO BAIRRO E DA COMUNIDADE

Nesta parte, preocupamo-nos mais com os passeios pequenos, que em geral ficam restritos a distâncias pequenas da creche, ou no máximo até o centro da cidade – e menos com os passeios a lugares mais distantes. Há fatos positivos e negativos que demandam a inclusão desses passeios na programação da creche. Pelo lado negativo, há o fato de que muitas crianças sob os cuidados de uma creche passam a maior parte do tempo em que estão acordadas em um único aposento. No caso de os pais trabalharem em período integral, eles podem ficar muito ocupados com as tarefas domésticas, nos finais de semana, para levar as crianças em passeios de compras ou caminhadas que respeitem seu ritmo.

Às vezes, os pais de crianças que estão em creches da prefeitura são demasiado pobres, desmoralizados ou sobrecarregados para pensar em levar seus filhos para passear nos períodos em que eles não estão na creche. De qualquer forma, as crianças podem estar perdendo experiências bastante comuns, vivendo em um mundo limitado pelos muros da creche e da sua própria casa.

Há também motivos positivos: primeiro, as oportunidades que mesmo o bairro mais comum pode oferecer em termos de interesse, aprendizagem e conversações e, segundo, as vantagens que representa para a creche conhecer a comunidade local e fazer amizades. Isso é especialmente importante quando, como é muitas vezes o caso, a maior parte das funcionárias não reside no bairro em que a creche está localizada.

Visitas e passeios

O sucesso dos passeios depende da boa organização e preparação, do tamanho do grupo de crianças (pequeno, de preferência) e de adultos em número suficiente para garantir uma supervisão segura – no mínimo um para cada duas crianças, o que provavelmente implicará o envolvimento de pais, voluntários ou estudantes. Cada bairro tem suas próprias características específicas: parques, mercados, corpo de bombeiros, estação de trem ou pontes, museus, bibliotecas, piscinas. O que pode parecer muito comum para um adulto – trabalhadores da construção civil operando um misturador de cimento ou uma escavadeira mecânica, um guindaste, as sinaleiras ou tipos diferentes de frutas e vegetais em exposição na frente de um mercado, pode ser um ponto de interesse.

É importante que todos os adultos envolvidos cheguem a uma concordância clara sobre o propósito do passeio, que é oferecer diversão e oportunidades de aprendizagem para as crianças, e não atingir algum objetivo adulto que tem pouco sentido para a criança. A ida tem tanta importância quanto a chegada (a primeira, se necessário, pode ser adiada para outra ocasião). Assim, a intenção da educadora pode ser visitar um lugar específico, e ela deve organizar bem os horários para que haja bastante tempo para chegar nesse lugar sem apressar as crianças; porém, se no caminho elas ficarem entretidas com outra coisa – uma árvore em que estão surgindo as primeiras castanhas, por exemplo –, ela deve ser flexível o suficiente para negociar uma mudança de planos com suas colegas e as crianças.

Se um dos adultos tiver uma câmera, pode ocasionalmente tirar fotos, que podem ser utilizadas mais tarde pelo educador-referência como uma forma de revisar a experiência com seu pequeno grupo e como um tópico de conversação. Um álbum de fotografias do grupo também é útil para manter os pais informados e compartilhar as experiências da creche com eles, mas também precisamos de fotografias em que cada criança apareça sozinha, para expor na creche ou para ser colocadas em seus álbuns individuais (ver Capítulo 12). Com o auxílio de uma câmera digital, as possibilidades de registrar atividades que são muitas vezes imprevisíveis aumentam muito.

No planejamento de um passeio, é uma boa ideia para a educadora caminhar pelas cercanias e conversar com as pessoas que ela planeja envolver na atividade. Por exemplo, se ela pretende levar as crianças para visitar lojas de diferentes tipos, é provável que elas tenham uma recepção muito diferente se forem em um período do dia em que o comércio não está cheio, em vez de um período de pico, e ela também pode investigar quais atendentes estão preparados para serem amigáveis e solícitos.

Os passeios para crianças até a biblioteca local podem começar bastante cedo em suas vidas, envolvendo um dos pais sempre que possível, reforçando o prazer e o interesse pelos livros que a creche criou na criança. Provavelmente já haverá um bom relacionamento com a bibliotecária da seção infantil, e pode-se estabelecer um arranjo para que uma quantidade de livros esteja disponível e seja periodicamente modificada. Alguns pais talvez precisem ser convencidos de que a criança nunca é nova demais para tomar um livro emprestado em seu nome, livro que pode ser lido ou mostrado a ela em casa.

Raramente se pensa nos museus e nas galerias de arte como lugares onde levar crianças pequenas, mas eles são cheios de objetos e imagens que podem ser de grande interesse para elas. Obviamente, a visita deve ser adequada à capacidade de foco de atenção da criança. A educadora que coordena a visita deve discutir com a pessoa responsável pelo trabalho educacional do museu ou da galeria que obras têm mais probabilidade de atrair as crianças pequenas, e pedir por um *tour* guiado, se possível. Ela pode então fazer sua própria seleção, baseada no conhecimento que têm das crianças, e compilar uma lista de exibições que seja aplicável a várias visitas, levando-as para olhar não mais do que duas ou três coisas diferentes a cada visita. É claro que isso é completamente diverso da experiência passada da maioria das pessoas de visitar museus, de ir a festas escolares ou fazer turismo, ocasiões em que tendemos a apressar o passo para ver todo o lugar, acabando exaustos e sem uma impressão clara a respeito do que vimos.

Natação

Outra possibilidade que vale a pena levar em consideração, embora possa implicar esforços consideráveis para ser organizada, é a natação. As crianças podem aprender a nadar já aos primeiros meses de vida e obter grande prazer com essa atividade (Elias, 1972; March, 1973), que é muito comum na Califórnia, onde a presença das piscinas particulares faz com que seja necessário que as crianças saibam nadar com segurança desde cedo. As aulas de natação para bebês estão tornando-se cada vez mais populares também no Reino Unido.

Uma dificuldade existente para essa atividade é que a água das piscinas é muitas vezes mantida em uma temperatura demasiado baixa para crianças pequenas, porém, nos locais que dispõem de uma piscina para aprendizes, às vezes é possível negociar para que a água seja mantida mais quente em aulas específicas. Outra possibilidade é utilizar uma piscina para hidroterapia, junto a um centro médico, ou para pessoas portadoras de deficiências. A necessidade da presença de um adulto para cada criança pode constituir uma dificuldade se ambos os pais trabalham em período integral, a menos que a creche tenha

FIGURA 11.3 Aprendendo a nadar.

o apoio de um grupo coeso de voluntários e auxiliares ocasionais, dispostos a entrar na água com as crianças.

Como é provável que a natação ocorra no máximo uma vez por semana, não é realista esperar que muitas crianças aprendam a nadar, a menos que sejam levadas à natação regularmente pelos pais nos fins de semana. No entanto, elas podem aprender a se sentirem felizes e confiantes usando suas boias para os braços, a se impulsionarem nadando "cachorrinho", e a se acostumarem a manter o rosto dentro da água, de forma que aprenderão a nadar mais facilmente quando forem mais velhas. Se a piscina local tiver um instrutor com um interesse especial por crianças pequenas, e se uma das cuidadoras for uma adepta da natação, um programa mais ambicioso pode ser possível.

Ocasionalmente, os pais que estariam dispostos a ajudar com as atividades da natação podem parecer relutantes em participar. O educador-referência tem de ser muito diplomático ao tentar encontrar os motivos disso. Pode ser que própria mãe não saiba nadar, não tenha um maiô adequado ou seja insegura a respeito de sua aparência – obstáculos que podem ser superados com paciência e sensibilidade por parte da cuidadora. Pode-se pedir à mãe que acompanhe o grupo até a piscina, primeiro apenas para observar, de forma que ela possa ver que os adultos mantêm os pés firmemente apoiados na base da piscina, e não precisam nadar. A natação é uma atividade que tem um bom potencial para envolver os homens, de maneira que sempre vale a pena perguntar se o pai pode participar, caso a mãe não possa ou não queira.

Transporte

Os passeios têm a útil função de apresentar os pais aos recursos do bairro e a atividades que eles podem empreender com seus filhos, que serão prazerosas para ambos. Entretanto, é provável que a questão do transporte constitua-se em uma dificuldade se eles vivem no interior ou em bairros afastados do centro da cidade. Para a creche, o uso de um micro-ônibus, talvez compartilhado com outra creche, aumenta enormemente a amplitude de passeios possíveis, oferecendo muito prazer e estímulo às crianças. As educadoras que dispõem de carro próprio podem também estar dispostas a utilizá-lo para esse objetivo, desde que as questões referentes a seguro sejam organizadas.

PLANEJANDO OU MELHORANDO UMA ÁREA EXTERNA DE APRENDIZADO

A maioria das sugestões que seguem para projetar ou transformar um jardim de creche são feitas por Judy Hackett, uma consultora profissional de paisagismo (ver Figura 11.4). No entanto, ela enfatiza que, embora seja inteligente buscar o auxílio de *experts*, as ideias devem ser desenvolvidas em cola-

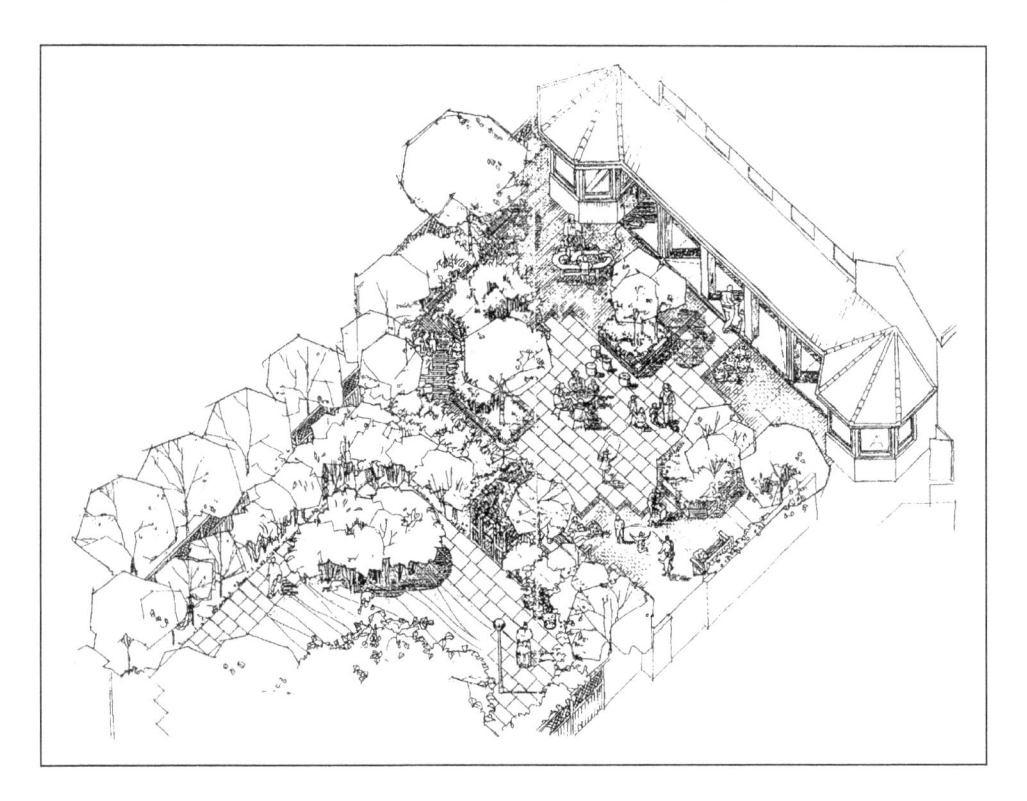

FIGURA 11.4 Jardim da creche do Centro Comunitário Lea View House, projetado por Judy Hackett.

boração direta com as educadoras, a administração e aquelas pessoas que serão responsáveis pela manutenção futura da área externa, a fim de assegurar que o projeto dê conta das necessidades de todos que administrarão e utilizarão a creche.

Objetivos e prioridades

Os objetivos e prioridades serão diferentes, até certo ponto, dependendo da idade das crianças e se, por exemplo, há espaço para uma área separada para aquelas com menos de 2 anos, ou se o jardim tiver de se adequar às necessidades de um grupo etário mais amplo. Outras considerações que devemos considerar são o tamanho da creche, o orçamento e a quantidade de horas de trabalho disponíveis dos voluntários. Idealmente, um jardim deve ser projetado de forma a preencher todos os seguintes requisitos:

- Criar uma gama de oportunidades estimuladoras para o brincar e a aprendizagem, para crianças de idades e capacidades diferentes.
- Oferecer liberdade para as crianças brincarem sem inibições, bem como áreas nas quais elas possam ficar tranquilas e em um ambiente reservado.
- Acomodar o brincar individual e em grupo e eventos maiores ocasionais (por exemplo, um piquenique dos pais).
- Oferecer experiências sensórias, explorando tamanhos, espaço, luz, sombra, cor, som, forma e cheiro.
- Oferecer alguns materiais que podem ser levados para a área interna da creche, tais como flores, folhas, sementes, frutas, "minianimais".

A ilustração mostra como Judy Hackett foi capaz de atingir muitos desses objetivos em seu projeto para um jardim de creche de um centro comunitário.

Investigando o espaço e planejando o esboço

Toda área externa tem suas oportunidades e restrições únicas, e é importante identificá-las já desde o início. Se a área for fria e ventosa, não será um lugar atraente para brincar e aprender. O abrigo e os elementos que limitam a área do jardim devem, portanto, ser as considerações iniciais. Já há árvores e plantas no local, como elas influenciam seu espaço? Há vistas para dentro e para fora do espaço para o brincar que talvez você queria aumentar ou fechar? Existem restrições legais das quais você deve ter conhecimento?

É importante saber o que há por baixo do terreno – canos de água, eletricidade, gás, cabos telefônicos e quaisquer obstruções como esgotos ou fundações antigas. Uma outra questão a ser considerada é como será realizada a manutenção do jardim – se haverá assistência externa ou se será tarefa exclusiva das funcionárias, das crianças e de voluntários.

O tamanho do espaço deve ser avaliado em relação ao número de crianças e à necessidade de assentos próximos para as cuidadoras. O arranjo geral do espaço deve permitir que as crianças fiquem razoavelmente visíveis para as cuidadoras o tempo inteiro, embora isso não exclua os "lugares secretos". Deve haver espaço tanto para o brincar calmo e pensativo quanto para aquele mais barulhento e ativo. Uma área coberta é necessária para os dias chuvosos, e para a sombra nos dias quentes.

Deve-se levar em consideração as necessidades especiais de crianças portadoras de deficiências. As ideias incorporadas no estágio de planejamento que beneficiam as crianças portadoras de deficiências podem ser valiosas também para outras crianças – por exemplo, aumentar o impacto sensório de um ambiente para o brincar. Oferecer caminhos amplos e de superfície lisa, para possibilitar o acesso de cadeiras de roda, e rampas como alternativas a escadas, também facilitarão o brincar com brinquedos providos de rodinhas. Elevar áreas destinadas ao brincar com areia, ou recipientes de água, caminhos ou labirintos com meios-fios e corrimãos como guias, projetados tendo as crianças portadoras de deficiências visuais em mente, também são divertidos para as demais.

Níveis e superfícies com curvas

Um espaço pequeno não precisa ser uma desvantagem. O uso mais moderno de superfícies com curvas e declives aumentarão o valor do brincar e permitirão maior variedade dos padrões de movimento, o que torna ainda mais surpreendente que tantos jardins de creche sejam implacavelmente planos. As crianças adoram entregar-se à força da gravidade, e um declive gramado encorajará muitas atividades motoras como rolar, equilibrar-se, balançar-se e pular. Da mesma forma, as menores saliências e sulcos no terreno tornar-se-ão, para as crianças, morros, vales, montanhas ou cânions de rios. O que pode ser melhor do que um buraco gramado, talvez combinado com arbustos, para servir de um lugar secreto para esconder-se ou uma cabana? Os montes no terreno podem servir como um dispositivo planejado para criar uma área protegida, oferecer abrigo do vento ou separar atividades de brincar diferentes.

Plantas

As plantas são fonte de muitas experiências sensórias – cores, aromas, texturas, sons. Suas folhas, flores, troncos, ramos, caules e frutas podem também ser utilizados como materiais improvisados para o brincar.

Além das muitas aplicações práticas, como servir de "cortina" verde, criar um espaço delimitado e protegido ou oferecer sombra, podem-se utilizar as plantas de muitas maneiras imaginativas para criar espaços em escala infantil para o brincar fantasioso. Os arbustos e as pequenas árvores podem ser plantados para formar minisselvas, para dramatizar caminhos ou clareiras, ou para formar túneis verdes. Um salgueiro-chorão é excelente para servir de casa de brinquedo ou como lugar para se esconder.

Os jardins para crianças devem ser cheios de plantas interessantes e atraentes ao olhar, planejados para estimular a curiosidade sobre as próprias plantas e sobre a vida selvagem que ali está. Nas áreas destinadas a atividades mais energéticas, devem-se plantar arbustos ou árvores robustas, que agüentarão o impacto desse tipo de brincar, ao passo que as outras áreas podem ter como objetivo o interesse visual, a diversão e a estimulação sensorial ao longo de todo o ano. Afora os princípios gerais relacionados aos impactos que o brincar acarreta, algumas possibilidades que se devem ter em mente quando for feito o projeto para as plantas são:

- Folhagens de formato rústico
- Texturas interessantes
- Flores e sementeiras com formatos curiosos
- Nomes evocativos
- Plantas que florescem no inverno
- Plantas para secar ou utilizar na área interna
- Aromas fortes
- Cores brilhantes
- Vegetais ou frutas decorativas (inclusive árvores frutíferas)
- Arcos, pérgulas e túneis verdes
- Plantas que atraem animais
- Arbustos em massa para formar minisselvas

Powell (2001), citado em Pound e Harrison (2003), aponta o potencial das plantas para oferecer uma gama de sons diferentes, por exemplo, plantas com folhas grandes nas quais a chuva toca como se fossem tambores, bambus e gramíneas que ressoam, plantas que têm vagens que explodem ao florescer, arbustos e moitas como griselínias, aveleiras e salgueiros colocados próximos às cercas, de maneira que se agitem e produzam sons quando roçarem contra elas.

Desenvolver um projeto para as plantas é um trabalho para uma pessoa que tenha interesse e vocação para a horticultura, ou interesse em aprender sobre o assunto. Pode haver alguém na creche que seja assim, que pode trabalhar junto com um consultor de paisagismo, apoiado pela administradora da creche. Outra possibilidade é envolver um voluntário, por meio de anúncios ou de um clube de jardinagem. Um jornal local provavelmente se disporá a publicar um artigo sobre o tema, e pode mesmo se dispor a patrocinar o projeto inteiro.

Animais e plantas

A variedade de árvores, arbustos e flores também atrairá muitos pássaros e insetos, e isso pode ajudar as crianças a superar seus preconceitos contra pequenos animais. Se o espaço for limitado, podem-se plantar trepadeiras junto aos muros e às cercas, que substituirão as árvores. Devem-se escolher flores que tenham perfumes fortes e florescência única (e não dupla), para atrair borboletas e abelhas. Se for colocado um tronco ou toco de árvore pequeno e em decomposição em um canto com sombra do jardim, ele logo alojará colônias de "minianimais" como tatuzinhos-de-jardim, besouros e centopeias.

Grama

Nenhum outro material é comparável à grama em relação às suas qualidades tranquilas e visualmente harmônicas. Ela pode ser cortada para se adequar a qualquer projeto ou formato do solo e oferece uma superfície informal na qual as crianças gostam de se sentar, rolar, ficar deitadas e correr. Como a grama tende a se degradar com o uso intenso, ela deve ser utilizada com prudência e em conjunto com outras formas de superfície para durar o ano inteiro. A grama não é uma superfície adequada para absorver impactos, por isso não deve ficar abaixo ou ao redor dos equipamentos para o brincar.

Água

A água é algo muito agradável de brincar para as crianças, mas devemos obviamente considerar com cuidado o aspecto da segurança. Um tanque natural para peixes, sapos, caracóis, besouros aquáticos e plantas pode ser um recurso educacional valioso, que atrairá a imaginação das crianças e promoverá muitas perguntas curiosas e conversas. Para reduzir a probabilidade de uma criança cair ou tropeçar nele, esse tanque deve ser construído de 40 a 50 cm acima do nível do chão, e, como medida de segurança adicional, pode-se fixar uma malha de fios um pouco abaixo da superfície da água. Como princípio, nenhum tanque deve ter mais do que 20,3 cm de profundidade.

Como recurso para qualquer espaço para o brincar, pode-se ter uma torneira externa provida de mangueira e uma coleção de acessórios para borrifar, que podem ser utilizados para eventos especiais divertidos no verão, bem como na manutenção do jardim (ver Figura 11.5). O calçamento da área externa pode incluir canais de drenagem, que a criança pode encher de água para criar uma corrente. Outros usos da água no brincar podem incluir fazer represas, desviar o curso da água, criar cascatas, misturar a água com terra ou areia, e navegar com barcos de brinquedo.

As estações, o clima e o tempo

A neve caindo, os brotos abrindo, as flores, as folhas do outono, as sombras de tamanhos diferentes: um jardim oferece oportunidades sem fim para demonstrar a mudança de estações, o clima e a passagem do tempo, de um modo que as crianças pequenas compreendem e memorizam. Acrescente a

FIGURA 11.5 Água: Jardim Centenário das Primrose Hill Schools, projetado por Judy Hackett. *Fonte:* Conservation Foundation, 1 Kensington Gore, London, SW7

essa cena um relógio de sol, um cata-vento, um moinho de vento ou bandeiras, e as crianças ficarão intrigadas e encantadas. Todos esses elementos criam espaço para conversas e discussões. É importante permitir que as crianças exercitem sua imaginação e criatividade, como elas o fizeram ao construir um "*playgound* para os passarinhos", como descrito no relato feito por Lesley Abbott sobre a Escola Villetta em Reggio Emilia (Abbott, 2001).

Equipamentos para o brincar

Os equipamentos têm a função de formalizar e criar um foco para as atividades. Infelizmente, eles quase sempre são colocados em lugares sem imaginação, isolados das coisas da natureza. Entretanto, muitas estruturas para o brincar comercializadas hoje em dia consistem de um *kit* flexível de partes, permitindo que os equipamentos que são fixos ao solo sejam adequados a necessidades e espaços específicos, de forma que caixas de areia para pular, escadas, degraus e escorregadores podem ser integrados ao terreno que os cerca.

Quando o espaço é limitado, é importante escolher com cuidado os equipamentos fixos, levando em consideração as necessárias zonas de segurança circundantes. Qualquer equipamento existente deve ser avaliado em termos de seu valor educacional e lúdico. Ele é do tamanho e da escala corretos para a idade das crianças? Ajudará as crianças a desenvolver uma melhor coordenação, de forma que elas adquiram as habilidades de escalar, balançar-se, pendurar-se, girar em círculos, pular, equilibrar-se e rastejar? Dará a elas um sentido de movimento real de seus corpos? Aumentará o sentido de orientação espacial das crianças? Será que elas poderão utilizá-lo como um acessório no brincar fantasioso? O equipamento é flexível o suficiente para ser usado de maneiras diferentes? Ele é durável e seguro?

Tais considerações devem ser aplicadas também a quaisquer equipamentos já existentes na creche. A avaliação do equipamento pode levar à conclusão de que ele deveria estar mais bem localizado ou mesmo ser descartado completamente. A utilização de uma variedade de materiais em uma só estrutura para o brincar oferece maior estimulação e interesse. Uma combinação de estruturas fixas bastante simples, que podem ser conectadas e variadas com o acréscimo de cordas, redes, pneus, plataformas e armações intercambiáveis de balanços, oferece muito mais variedade e desafios. As especificações mais detalhadas são dadas no livro a que nos referimos anteriormente (Walsh, 1988). Esse livro mostra como os equipamentos que são mais comumente encontrados em *playgrounds* de aventuras, como a "raposa voadora"* (*flying fox*), podem ser diminuídos em tamanho para se adequar às crianças pequenas.

ALGUNS PROBLEMAS E RESTRIÇÕES

Afora as óbvias limitações representadas pelo dinheiro e pelo espaço, alguns outros aspectos que devem ser pensados muito cuidadosamente ao planejar uma área de aprendizagem externa são: a segurança, o impacto do brincar nas plantas, o acesso e a manutenção.

Segurança

Existem padrões britânicos e europeus nos equipamentos infantis para o brincar, mas eles são destinados a *playgrounds* sem supervisão e não têm como preocupação principal o valor do brincar, de forma que devem ser considerados como diretrizes, e não como regras absolutas. As crianças precisam de desafios, e os equipamentos demasiado seguros podem não ser emocionantes ou interessantes o suficiente – por outro lado, é claro que é importante minimizar quaisquer riscos de contusão. A lista a seguir resume os pontos principais a ser considerados:

- Equipamentos bem-projetados – construção, conexões e acabamento, altura em relação ao solo, trilhos de segurança no padrão recomendado, tipos de balanços relacionados à idade.

---

* N. de T. Avião de brinquedo que as crianças podem controlar por meio do *manche* e das rodas.

- Organização do espaço e circulação planejados – lugar em que os equipamentos ficam, zonas de segurança ao redor do equipamento, separação do brincar ativo da área tranquila, ângulo das rampas e degraus adaptados à idade.
- Superfícies de acabamentos do piso – materiais que absorvem impacto colocados sob os equipamentos para o brincar, superfícies duráveis e não escorregadias em caminhos e áreas pavimentadas.
- Uso controlado da água – supervisão próxima, caso os tanques tenham profundidade maior do que 20,3 cm, tanques acima do nível do solo e em escala pequena.
- Plantas de baixo risco – evitar espécies que causam alergias e plantas com raízes, folhas, flores ou frutos venenosos (material de referência sobre este assunto deve ser mantido na creche).
- Manutenção regular – reparos e substituições imediatos, cuidado de toda a área, limpeza diária de folhas, frutos, frutos amassados das áreas pavimentadas, reparos cirúrgicos de árvores e substituições de plantas.

IMPACTO DO BRINCAR NA PAISAGEM

Os recursos de origem natural são mais ou menos frágeis e podem degradar-se com o brincar das crianças. As plantas, mais especificamente, têm de resistir a abusos consideráveis, e deve-se pensar bem o projeto de plantio e o período mais vulnerável de maturação.

- Nos lugares destinados ao brincar ativo, devem-se utilizar plantas robustas – árvores grandes, resistentes e de crescimento rápido.
- As plantas devem formar um conjunto denso e volumoso.
- Os caminhos e degraus devem ser incorporados a declives gramados ou cultivados com plantas, cujo uso contínuo é previsto (por exemplo, no acesso a um escorregador imóvel inserido no ambiente).
- Espécies espinhosas devem ser incorporadas nos limites do ambiente, para impedir o acesso e reforçar a segurança.
- Devem-se cercar as áreas recém-gramadas ou plantadas até que essas plantas estejam crescidas, e oferecer um foco alternativo para o brincar.
- As plantas pequenas, ou as espécies herbáceas frágeis, devem ser colocadas em canteiros mais altos que o solo; alternativamente devem-se definir, por meio de cerquinhas, de forma clara as áreas em que estão plantadas como impróprias para o brincar.

Acesso

Os caminhos e as áreas pavimentadas devem ser espaçados totalmente, de maneira a permitir o acesso a eles em qualquer época do ano; precisam ser duráveis, não escorregadias e largas o suficiente para manobrar carrinhos de bebê, carrinhos com pedais, triciclos e cadeiras de roda. As crianças adoram seguir por trilhas e caminhos, especialmente quando eles são interessantes. Pode haver um caminho que termina em uma área plantada ou segue o gradiente de um declive. Caminhos formados por pedras podem levar a um cantinho secreto, ou ser feitos na grama entre as árvores. As superfícies recomendáveis são lajes de pavimentação, tijolos (não escorregadios), *Tarmac*, asfalto e concreto polido, porém não cascalho solto ou *grasscrete* reforçado.

Deve haver, debaixo e ao redor dos equipamentos para o brincar, superfícies que sirvam a qualquer propósito e sejam adequadas a todos os tipos de clima. As principais superfícies de segurança mais adequadas são feitas de materiais "soltos" (casca de árvore, areia ou pedrinhas), de borracha reciclada ou na forma de placas ou ladrilhos. Todos esses materiais têm suas vantagens e desvantagens, que devem ser avaliadas em relação à situação e ao uso que se espera que elas terão. Por exemplo, as superfícies feitas com a utilização de materiais "soltos" têm manutenção muito mais difícil e não são adequadas para áreas que desgastam muito com o uso, como debaixo de balanços ou no final de um escorregador. As superfícies emborrachadas perdem sua capacidade de absorver o impacto à medida que são comprimidas e se desgastam. A borracha moldada não é porosa, e poças podem formar-se a não ser que o terreno seja plano e bem-drenado. Será necessária ajuda profissional para decidir qual a melhor combinação de superfícies para o uso que se pretende dar ao espaço.

ÁREA EXTERNA PARA CRIANÇAS COM MENOS DE 2 ANOS

Idealmente, as crianças bem pequenas devem ter sua própria área externa, localizada junto à sua sala para grupos e com um terraço coberto. A melhor localização seria ao lado do jardim para as crianças mais velhas, dotada de uma cerca baixa ou uma cerca viva e um portão, de forma que as crianças possam ver umas às outras e às vezes brincar juntas. Ao contrário das crianças mais velhas, as pequenas não precisam de uma área grande para o brincar ativo, e nem de equipamentos fixos para o brincar, mas realmente necessitam dispor de espaço porque estão sempre se movendo, caminhando de maneira inconstante e errática, tropeçando e batendo nas coisas. Isso significa eliminar perigos desnecessários, superfícies afiadas e saliências, oferecendo extensões macias e conexões planas entre elas.

As crianças no segundo ano de vida adoram pular de baixas alturas, subir e descer de pneus e caixas, esvaziar e encher receptáculos, engatinhar por baixo e por meio de coisas. Todas essas atividades podem ser feitas com uma gama de equipamentos leves e móveis, tais como caixas de papelão, bolas, sacos de feijão e cubos para se esconder. Os requisitos básicos são um espaço plano para empurrar os brinquedos, uma área com montes de terra ou aclives com uma inclinação de três por um, uma caixa de areia na sombra, não muito grande, com uma borda larga para evitar o risco de tropeços, e uma plataforma para escalar, com uma rampa para subir ou dois degraus, que podem também ser utilizados como uma área para montar equipamentos móveis para o brincar.

As crianças pequenas, da mesma forma que as mais velhas, precisam de uma área tranquila em que elas possam dar uma pausa em suas atividades e somente observar o que acontece ao redor. Elas necessitam ainda da afirmação da presença próxima de um adulto, de forma que é essencial haver locais para as cuidadoras se sentarem. Caso seja possível, o cantinho tranquilo deve estar localizado em uma área ligeiramente elevada, de maneira a propiciar ao adulto uma visão de toda a área destinada ao brincar; mas também ter um sentido de limites e aconchego, através de um muro ou uma cerca baixa e em curva, ou, se isso não for possível, através de um arranjo feito com tapetes e almofadas.

A área verde deve ser projetada para criar formas interessantes, alguns espaços fechados pequenos e com sombra, mas também se deve levar especialmente em consideração a tendência das crianças com menos de 2 anos de colocarem coisas pequenas na boca.

VENDO ATRAVÉS DOS OLHOS DA CRIANÇA

O valor educacional e lúdico de um jardim de creche, por mais bem projetado que este seja, dependerá sempre do uso que os adultos fizerem dele. Um impedimento sério no Reino Unido é a ausência de períodos em que sabemos que irá fazer tempo bom, e os longos meses de inverno, nos quais parece que nunca vai parar de chover. Esse é o momento em que as cuidadoras devem tentar se colocar no lugar da criança que, não somente é indiferente à chuva, mas muitas vezes decididamente a aprecia, até que absorva a atitude negativa dos adultos para com a chuva. A rara ocasião em que cai neve, que ocorre talvez só uma vez a cada dois ou três anos, é um bônus maravilhoso, que oferece imenso divertimento e deveria ser explorada ao máximo. Saídas curtas ao jardim, com um pequeno grupo de crianças, durante ou logo após a chuva, podem ser imensamente prazerosas, e oferecer muitas oportunidades para observação e conversação. O mais importante, no entanto, é que o grupo deve ser *pequeno*. Secar quatro pares de botas e jaquetas é muito diferente de ter que lidar com 20.

Algumas vezes as funcionárias podem sentir-se relutantes em levar as crianças para fora no inverno porque acham que elas próprias sentirão frio, desconforto e tédio. Isso remete a atitudes discutidas no início do capítulo, com o adulto no *playground* em um papel passivo e de supervisão, em vez de facilitar ativamente o brincar e o aprendizado junto com seu grupo pequeno.

FIGURA 11.6 Neve no jardim: uma rara regalia.

A atividade precisa ser planejada cuidadosamente para se adequar ao clima, talvez correr em grupo por cinco minutos aproveitando o vento forte e divertido, utilizar a chuva para brincadeiras ou experimentar com materiais diferentes ao sol para ver qual fica quente mais rápido. Em todas essas atividades, o adulto deve levar em consideração tanto o seu conforto e interesse quanto o das crianças. Somente quando as cuidadoras realmente apreciam trabalhar na área externa de aprendizagem ela será efetivamente utilizada.

RESUMO

Muitas vezes o espaço externo é uma vantagem pouco utilizada. Este capítulo mostra como ela pode se tornar um recurso para a educação e o prazer das crianças, e ser de grande interesse para os adultos também.

A primeira parte sugere maneiras pelas quais, desde que as funcionárias adotem atitudes positivas, o jardim pode se tornar uma genuína "área de aprendizado externa". A segunda parte explora as possibilidades oferecidas pelo bairro para visitas e pequenos passeios. Na terceira parte, a consultora em paisagismo Judy Jackett mostra como mesmo uma área externa pequena pode ser transformada, por meio de um planejamento bem feito dos relevos e da área verde, em um lugar com infinitas possibilidades para o aprendizado e a diversão das crianças.

capítulo **12**

Conectando os dois mundos da criança

As alegrias dos pais são secretas, assim como suas dores e medos.

Francis Bacon

A maneira como as educadoras e os pais conversam, comportam-se e se sentem um em relação ao outro é inevitavelmente influenciada pelo fato da criança estar na creche e esta ter uma função importante para os pais. Porém, qualquer que seja o centro, as administradoras da creche e as educadoras têm de fazer um esforço consciente para criar uma ponte que conecte a creche, o lar e a família de cada criança, por meio da qual as informações e também as pessoas possam passar livremente de um lado a outro, de forma que haja o máximo de congruência e continuidade possível para a criança.

O educador-referência tem a tarefa essencial de organizar um canal de comunicação eficaz entre o lar da criança e o centro da creche. Seu relacionamento com os pais contribuirá muito para determinar a qualidade das experiências da criança; no entanto, ele contém tensões inerentes, que devem ser reconhecidas e administradas. Devido ao fato de o cuidado em creches ser há tanto tempo visto como um serviço compensatório ou correcional, talvez requeira algum esforço mudar essa atitude e deixar bem claro que a utilização do cuidado em creches não implica qualquer tipo de inadequação por parte dos pais, e sim que esse é um serviço projetado para dar conta das necessidades deles e de seus filhos.

A creche tem de deixar bem claro o que oferece à criança, e desentendimentos a respeito disso têm menos probabilidade de acontecer quando há um acordo escrito. Há muitas maneiras diferentes de as creches e os centros familiares poderem apoiar os pais e, em algumas circunstâncias, enriquecer suas vidas. Descrevemos, neste capítulo e no seguinte, as maneiras pelas quais algumas creches são capazes de ajudar os pais a tomar conta de seus filhos com menos estresse e a tornar esse convívio mais prazeroso. No entanto, esse relacionamento não vai unicamente nessa direção. Encontrar formas que façam com que os pais se tornem mais efetivamente envolvidos na vida da creche pode aumentar enormemente os recursos das funcionárias, revelar habilidades e talentos inesperados, além de gerar energia para novos desenvolvimentos.

O PAPEL DO EDUCADOR-REFERÊNCIA

O sistema do educador-referência tem um papel crucial na criação e manutenção de boas relações de trabalho com os pais. Essa relação pode ser estabelecida na primeira oportunidade, de preferência em uma visita feita pelo educador-referência à casa da criança, antes que ela comece a frequentar a creche, como descrito no Capítulo 3.

Embora o propósito principal dessa primeira visita não seja obter ou oferecer mais do que informações básicas, é certo que o educador sairá da casa sabendo bastante acerca desse lar e da família, e é sensato tomar notas desse conhecimento imediatamente após a visita. Ele precisará de uma oportunidade, logo nesse início, de compartilhar as impressões que teve com uma colega ou funcionária mais velha, assim como discutir como a creche pode oferecer o melhor serviço possível à criança e a seus pais, dentro dos limites impostos pelos recursos disponíveis.

O educador-referência e os pais na creche

Durante a visita ao lar da criança, será organizada a visita da mãe e/ou do pai à creche. As primeiras impressões são muito importantes. O educador-referência precisa conferir, por exemplo, se as mensagens de boas-vindas no quadro da entrada da creche incluem a língua da família que vai visitá-la.

É claramente essencial que eles sejam acolhidos quando com efetividade chegarem, e que o educador-referência consiga ficar livre para lhes dar sua total atenção. Depois de mostrar as instalações da creche e apresentá-los a algumas funcionárias (apresentar muitas pessoas de uma só vez pode ser extenuante), deve-se encontrar tempo para uma discussão completa sobre as maneiras como os pais e a creche podem trabalhar em conjunto para oferecer à criança as melhores experiências possíveis. Se realmente há uma dúvida acerca da capacidade dos pais de cuidar adequadamente da criança, é recomendável que a assistente social, ou uma funcionária mais experiente, esteja presente nessa entrevista, mas o educador-referência deve ter o lugar central, com as outras pessoas observando e apoiando.

Grande parte dessa discussão será inevitavelmente tomada por assuntos de cunho prático: em que horários e dias a criança frequentará a creche, quem irá trazê-la e buscá-la, o que acontecerá caso ela fique doente, quanto (se for o caso) se pedirá aos pais para contribuir em relação a mensalidades e/ou refeições e em que mais se espera que eles contribuam. Por exemplo, algumas creches pedem aos pais que tragam frutas a cada semana para serem compartilhadas entre as crianças do grupo. As expectativas e obrigações de cada parte devem ser claras e realistas. Enquanto pode ser fácil para pais que dispõem de um telefone próprio avisar a creche, às nove da manhã, que seu filho está doente e não poderá ir, para uma mãe solteira pode ser impossível deixar seu filho doente em casa para sair e encontrar um telefone público.

É importante não prometer mais do que pode ser realmente oferecido. Por exemplo, as cuidadores, ansiosas por se mostrarem abertas e disponíveis às mães e aos pais, muitas vezes dizem: "Sintam-se à vontade para aparecer e conversar a qualquer hora". Isso cria uma situação em que a cuidadora sente-se obrigada a largar o que quer que esteja fazendo (ela pode, por exemplo, estar envolvida em uma atividade com um grupo de crianças) e dar prioridade a uma mãe ou um pai que quer falar com ela. Não somente essa atitude passa uma mensagem infeliz, de que as crianças têm menos importância que os adultos, mas também perturba o trabalho e provavelmente implica a cuidadora dedicar metade de sua atenção ao que a mãe ou o pai está dizendo e metade a tentar manter a ordem junto ao grupo de crianças. Caso o assunto seja importante, o melhor é pedir à mãe ou ao pai para sentar-se (em uma cadeira confortável e de tamanho adulto de que a sala dispõe) e esperar até que a crecheira possa liberar-se de seus afazeres, ou então marcar um encontro para outra hora. Obviamente, isso não se aplica a uma situação em que a mãe, ou o pai, estão muito aflitos, ou quando houver uma verdadeira emergência, situações em que o educador-referência terá de pedir a uma colega que assuma seus afazeres.

Outra questão essencial refere-se a impor regras e limites firmemente, e aplicá-los de acordo com circunstâncias específicas, em vez de deixar os pais em dificuldades, tentando adivinhar o que se espera deles e o que realmente importa ou não. Por exemplo, caso a creche tenha uma regra proibindo fumar em suas dependências (como, esperamos, seja o caso), isso precisa ficar bem claro, definitivamente não permitindo que os pais fumem durante a primeira entrevista com a intenção errônea de deixá-los à vontade.

Uma regra que deve ser seguida ao pé da letra, desde o início, é a hora de buscar as crianças. Quando uma mãe, ou um pai, chegam persistentemente atrasados ao fim do dia para buscar seu filho, isso pode ser bastante aflitivo para as crianças, porém de causar grandes problemas e irritação nas funcionárias. Na situação em que os pais já se acostumaram gradualmente com o hábito de buscar seus filhos depois do horário oficial de fechamento da creche, é muito mais difícil reafirmar a regra, e as cuidadoras podem tornar-se raivosas e hostis em consequência disso, como o grupo de funcionárias mencionado no Capítulo 4, que queria punir os pais retirando as vagas de seus respectivos filhos na creche.

No número crescente de creches que operam com um esquema de oferecer horário normal para a maioria das crianças e um horário ampliado para aquelas cujas mães trabalham até mais tarde, a questão do horário de buscar as crianças pode se tornar um problema, pois os pais observam que há funcionárias disponíveis trabalhando depois do horário em que eles devem apanhar as crianças, e não veem importância no fato de deixarem as crianças na creche por mais meia hora. É claro que isso sempre pode ser negociado em circunstâncias especiais, como a necessidade de levar o outro filho para uma consulta em um hospital.

Comunicação entre o lar e a creche

O educador-referência precisa planejar como irá conhecer o que acontece na vida da criança, manter os pais informados sobre o progresso de seu filho e resolver dificuldades. Dependendo do sistema de turnos utilizado pela creche, ela deve sempre estar disponível para conversar um pouco com eles quando chegam, ou com a pessoa que vier apanhar a criança. A pessoa que entrega a criança e a quem vem buscá-la na hora de ir para casa devem saber, diretamente ou por meio da educadora-referência, o que a criança fez naquele dia e assim relatar ao pai ou à mãe; isso deve ser um procedimento-padrão. No entanto, sabemos por pesquisas e segundo nossa própria experiência que essas conversas podem ser muito convencionais e passar poucas informações. "Ela se comportou muito bem e comeu toda a janta" pode ser tranquilizador, mas não muito além disso.

Um centro familiar oferece a cada família um caderno de "conexão", que vai e volta da creche à casa da criança. A educadora-referência toma notas breves a cada dia, sobre como a criança passou o dia, descrevendo os incidentes e realizações ocasionais em maior detalhe. A família (que pode incluir irmãos e irmãs ou avós) geralmente escreve sobre o que a criança fez no fim de semana, anota falas divertidas ou descreve aspectos do seu comportamento. Quaisquer eventos familiares significativos também podem ser anotados. Isso é diferente do caderno pessoal ou pasta da própria criança, que é mantido na creche (ver Capítulo 2).

Um período específico deve ser agendado para uma discussão mais reflexiva sobre os progressos da criança, para a qual os pais fazem uma contribuição integral. Essa discussão será mais útil se for baseada em observações sistemáticas tanto em casa como na creche. O caderno de "conexão" oferece um instrumento para estimular isso. As fotografias e os desenhos e pinturas da própria criança também podem estimular a conversação.

Deve haver tempo para ao menos meia hora de discussão ininterrupta, momento que o educador-referência deve organizar previamente para que uma colega tome conta de seus afazeres e atenda ao telefone. Às vezes pode ser necessário que a cuidadora aponte tópicos para a discussão, mas ela precisa ter cuidado para não cair na armadilha de monopolizar a conversa. Esse tipo de desvalorização implícita do conhecimento que os pais têm sobre seu próprio filho é uma experiência bastante familiar a qualquer pessoa que tenha participado de uma reunião escolar. Entretanto, muitas vezes pode ser de grande ajuda ter uma estrutura em torno da qual trabalhar, por exemplo, pedir aos pais que completem um esquema de avaliação do desenvolvimento. Reuniões desse tipo oferecem uma chance de discutir assuntos cotidianos que necessitam de uma abordagem coordenada. O treinamento da higiene é um exemplo. Outro assunto, que muitas vezes causa desconforto entre os pais e as cuidadoras, é o sono. A maioria das creches espera que as crianças durmam, ou ao menos descansem, depois do almoço, mas algumas crianças, quando dormem um pouco à tarde, recusam-se a dormir de novo até tarde da noite, o que é muito inconveniente para os pais. É claro que é impossível manter uma criança acordada quando ela precisa dormir, mas pode haver espaço para negociações a respeito do horário e da duração do descanso.

Às vezes ocorre de os pais terem problemas em suas vidas particulares, como, por exemplo, com seus relacionamentos, débitos, direitos de guarda ou saúde, e assim ficam mais interessados em falar sobre esses problemas do que em conversar sobre a criança. Esses problemas não podem ser colocados de lado, mas a educadora-referência deve deixar claro que ela não é uma assistente social ou advogada. Por mais compassiva que seja, deve estabelecer limites para o tempo que pode oferecer. Precisa saber ou descobrir onde os pais podem procurar auxílio, e evitar oferecer conselhos mal-informados.

Pode-se às vezes fazer o foco de atenção voltar à criança ajudando os pais a pensar o que eles podem fazer para diminuir os efeitos perniciosos que suas dificuldades, especialmente problemas em seu relacionamento, podem ter na criança (Douglas, 2002).

O educador-referência e a mãe ou o pai

Os pais geralmente posicionam-se a favor do sistema de educador-referência porque gostam de pensar que seu filho ou filha tem uma importância especial para uma pessoa da creche, e também porque acham mais fácil relacionar-se mais intimamente com uma funcionária do que com 10, mas esse sentimento às vezes contém elementos ambivalentes. A mãe (e com menos frequência o pai) pode se preocupar que a criança possa vir a preferir a educadora-referência. Um estudo sobre mães que retornam ao trabalho depois de uma licença-maternidade de quatro ou cinco meses descobriu que esse tipo de ansiedade não é incomum: "Eu fico com ciúme – eu quero que meu filho sinta falta de mim.", disse uma mãe, e um motivo parecido é muitas vezes dado para a preferência pelo cuidado em grupo, em lugar daquele oferecido pelas mães-crecheiras: "Sinto que iria me incomodar se o bebê tivesse um relacionamento somente com uma outra mulher – na creche ele tem preferência por algumas mulheres, mas isso não me incomoda porque elas são muitas" (Brannen e Moss, 1988). Fiona Foggerty expressa esse sentimento muito honestamente no seu capítulo do livro *Working with under threes* (Trabalhando com crianças menores de 3 anos) (Abbott e Moylett, 1997).

Todas as cuidadoras precisam ser bastante sensíveis em relação a essa questão. Por exemplo, se as circunstâncias vividas pelos pais tornam por vezes inevitável uma separação dolorosa (ver Capítulo 3), não ajuda em nada a educadora-referência dizer à mãe, quando esta retornar: "Ah, ela nem sentiu sua falta depois de alguns minutos", quando o que a mãe quer ouvir é: "Ela sentiu muito a sua falta, mas pude reconfortá-la depois de um tempo". Um detalhe que ajuda a mãe a não sentir que a educadora-referência está tomando seu lugar: a cuidadora, ao segurar a criança em seus braços na presença da mãe, como deve acontecer ocasionalmente, deve cuidar para que o rosto da criança fique voltado *para fora*, olhando para a mãe. Também é melhor que a cuidadora não alimente ou troque a criança na presença da mãe, a não ser que seja pedido especificamente que o faça.

ACORDOS COM OS PAIS

Há, às vezes, uma distinção na creche entre as vagas oferecidas em bases contrárias e aquelas em que não há condições prévias estipuladas. Na prática, há sempre um acordo implícito, e a diferença consiste no quão explicitamente esse acordo é feito, nas condições precisas e as sanções aplicáveis ao descumprimento delas.

Há muitas coisas a serem discutidas para que se deixe claro o que é esperado de ambos os lados e deve-se colocar tudo por escrito. Isso se aplica tanto às creches particulares, para as quais os pais pagam mensalidades altas, e para as creches domiciliares quanto para as creches da prefeitura ou de bairro, cujas famílias utilizadoras desses serviços sobrevivem com o auxílio do Estado. O acordo tem de ser negociado e, se necessário, renegociado mais tarde, em um entendimento claro de que o seu objetivo primário é promover o bem-estar da criança.

O conteúdo dos acordos

O que deve incluir tal acordo? Já mencionamos os horários de deixar e buscar as crianças e as reuniões com o educador-referência. Outras questões importantes são limitações especiais na dieta, por motivos religiosos ou de saúde, organização prática para o pagamento de mensalidades, rotinas diárias e cuidado corporal, além de métodos de controle e administração. Caso a criança tenha sido encaminhada pelo serviço social com um pedido de que a mãe e/ou o pai passe algum tempo com ela na creche, deve estar claramente declarado quando isso acontecerá e como quaisquer mudanças podem ser negociadas. Também deve estar exposto como os pais podem fazer sugestões e reclamações, inicialmente ao educador-referência e, se eles não ficarem satisfeitos após a discussão desses pontos, à diretora da creche.

É importante que as funcionárias não vejam as condições propostas pelas assistentes sociais como ordens. Por exemplo, caso as primeiras julguem que o que uma mãe sobrecarregada mais precisa é de alívio da tarefa de cuidar de seu filho para permitir que tenha energia para lidar com seus problemas, é inútil pressioná-la a visitar a creche com a criança, ao menos até que ela consiga estar em uma situação em que possa beneficiar-se disso. Se ela puder encontrar um emprego, seu senso renovado de competência e autoestima, para não mencionar o dinheiro, pode significar mais em termos de melhoria do seu cuidado da criança do que conversar sobre as habilidades maternais. Caso as cuidadoras, baseadas na sua observação diária da criança e da mãe e/ou do pai, discordem da avaliação feita pela assistente social, elas devem afirmar essa discordância e negociar uma mudança.

CONSULTANDO OS PAIS

Como apontamos no Capítulo 1, apesar da retórica da parceria, poucas creches dão aos pais a oportunidade de participarem de sua administração. Todas as questões importantes tendem a ser decididas de cima, e a maioria das creches administradas pelo serviço social nem mesmo tem um comitê administrativo. Por diferentes razões, as creches particulares também não têm probabilidade de permitir que os pais influenciem realmente na administração. No entanto, as organizações voluntárias e as creches comunitárias via de regra dispõem de comitês compostos por funcionários ou fiduciários da organização financiadora, pessoas representantes de interesses locais, a organizadora da creche e representantes dos pais. Espera-se que as creches construídas com financiamento do Programa *Sure Start* ofereçam oportunidades aos pais de participarem do comitê administrativo e de contribuir nas reuniões de planejamento. Às vezes há um comitê separado para os pais, mas infelizmente suas funções muitas vezes são restritas à discussão de atividades de coleta de fundos. É claro que isso pode ser útil, mas falha em oferecer aos usuários do serviço qualquer maneira de expressar suas ideias a respeito das políticas e do funcionamento da creche.

Em geral, só uma minoria dentre os pais quer envolver-se nessas tarefas a esse nível. Para eles, muitas vezes isso representa uma experiência valiosa, permitindo, especialmente às mulheres, reconhecer habilidades inesperadas, aprender habilidades importantes e ter um novo senso de sua própria competência. Há o risco, contudo, de que esse grupo de pais seja visto como uma elite, da qual a maioria sente-se excluída (Daines et al., 1990). Outras maneiras de consultar os pais ainda precisam ser encontradas, tais como reuniões da sala para grupos, caixas para sugestões, quadros para "ideias" e minirreferendos, oferecendo espaço para escolhas dentre essas alternativas.

Uma dificuldade a ser considerada é que as funcionárias da creche podem ter limites muito estreitos para operar, sendo restringidas pelas políticas e pelos recursos financeiros da agência administradora, o que, para os pais, pode ser difícil de compreender. Os pais muitas vezes têm prioridades diferentes daquelas das funcionárias. Eles nem sempre aceitam a opinião dos outros ou são tolerantes, e podem querer ser mais duros com as pessoas que quebram as regras do que as crecheiras estão preparadas para ser.

Não há dúvidas de que envolver os pais dessa forma pode implicar mais trabalho para as funcionárias, embora possa também ser uma fonte de novas ideias valiosas e produzir novos recursos para a creche. No entanto, isso precisa ser muito pensado: criar oportunidades para que os pais expressem suas opiniões, para depois ignorá-las, certamente trará problemas.

Mantendo os pais informados

A participação direta na administração da creche geralmente é limitada pelo tempo e pela energia necessária para criar uma criança pequena em nossa sociedade. Os pais que trabalham provavelmente dispõem de muito pouco tempo para passar na creche, uma vez que a criança esteja acostumada a ela. As cuidadoras devem reconhecer que o fato de os pais não terem a tendência de se demorar na creche reflete a realidade de que eles estão com pressa para não chegar atrasados no trabalho, ou tentando encaixar um tempo em sua agenda para ir às compras ou ao correio antes de correr até em casa para preparar o jantar. Isso não significa que eles não estão interessados em conversar sobre seu filho. Na Suécia, os pais têm o direito de ter um período pago, em que não trabalham, para visitar e observar a escola ou a creche de seus filhos (Melhuish e Moss, 1991). Até que tenhamos esse tipo de legislação iluminada no Reino Unido, a maioria dos pais não conseguirá se organizar de forma a poder fazer isso, a menos que tirem um dia de folga, o que pode ser impossível devido aos custos. O *Employment Act* (Lei de Empregos) de 2002, que passou a vigorar em abril de 2003, ao menos dá às mães e aos pais que têm filhos de menos de 6 anos o direito de pedir horários de trabalho flexíveis, mas há dúvidas em relação a eles realmente fazerem uso desse direito, especialmente os pais (Fletcher, 2003).

As funcionárias da creche podem mostrar que entendem essa situação e encontrar formas de manter os pais informados. Por exemplo, uma simples circular mensal é uma boa maneira de fazer todos saberem o que se passa na creche e sobre planos para atividades futuras. (Isso também pode representar um ótimo projeto de colaboração para aqueles pais que não estão trabalhando). Os pais que nunca têm uma chance de ver o que seus filhos fazem na creche, muitas vezes gostam de assistir a *videoclips* que mostram as crianças brincando. Se a creche dispuser de uma câmera de vídeo, ou puder conseguir uma emprestada, essa será uma tarefa útil para o educador-referência realizar. A câmera digital, já mencionada várias vezes, é um recurso maravilhoso e pode ser utilizada para gravar sequências do brincar e também momentos específicos.

A sala dos pais

Em algumas creches, a maioria dos pais recebeu uma vaga para seu filho ou filha por causa de suas condições de vida e problemas sociais ou pessoais, e isso representa um grande desafio para as funcionárias, que podem não ter vivenciado pessoalmente, digamos, o desemprego ou a sobrevivência com um salário inadequado, e cujo treinamento básico geralmente lhes proporcionou pouca preparação para lidar com tais problemas. Não obstante, a creche pode ter um papel importante ao ajudar e apoiar as famílias no que pode ser um período especialmente difícil de suas vidas. Em algumas áreas, a creche ou centro familiar representa aquilo que uma funcionária descreveu como "o único oásis em um deserto cultural".

Cada vez mais as creches estão sendo projetadas ou reorganizadas para incorporar uma sala para os pais em sua estrutura. Embora algumas creches necessitem desesperadamente de espaço e só encontrem lugar para os pais reunirem-se ocasionalmente, em função de propósitos específicos, reconhece-se que é essencial ter uma área separada para isso, sobretudo em creches onde uma alta proporção das famílias usuárias é desfavorecida.

Muitas vezes, quando esse espaço existe, ele não é bem utilizado. É desencorajador encontrar uma "sala para os pais" escura e sombria, com paredes vazias, e que se tornou um depósito para brinquedos não mais utilizados e itens para o próximo bazar da creche. Dificilmente surpreende quando nos falam que "os pais não a usam muito". Obviamente não há razão para dispor de tal sala se ela não for aquecida, decorada com bom gosto, mobiliada confortavelmente e equipada com utensílios que permitam fazer café ou chá, e de preferência com uma pia para lavar talheres e xícaras.Ela também pode oferecer facilidades que podem ser úteis para pais que têm renda baixa, como uma máquina de costura e uma tábua de passar.

A sala deve dispor de um quadro grande de avisos, no qual podem ser afixadas informações sobre eventos locais que são de interesse para as famílias que têm crianças pequenas, sobre itens à venda ou procurados e sobre troca de serviços. Mesmo que os recursos da creche não permitam que atividades organizadas possam ocorrer na sala, ela pode ter uma função útil como um local para reuniões sociais, e reduzir o isolamento sofrido por tantas mães de crianças pequenas.

É essencial que uma cuidadora tome para si a responsabilidade de garantir que a sala dos pais seja mantida em ordem e, por motivos de saúde e também de manutenção, que a regra de não fumar seja afirmada de modo categórico, pois de outra maneira o ambiente pode deteriorar-se rapidamente. Se a sala tiver de ser utilizada para outros propósitos, tais como sessões de grupo, aulas de culinária, trabalhos com pequenos grupos de crianças ou reuniões individuais com os pais, isso deve ficar claramente especificado na porta, de forma que os pais possam ver quando ela está disponível para o uso social e não se sentirem como intrusos.

MUDANDO O COMPORTAMENTO DOS PAIS

Seria um aspecto legítimo das tarefas da creche ou centro familiar modificar a maneira como os pais lidam com seus filhos? Essa é uma questão que suscita opiniões apaixonadas. Não nos referimos aqui à situação relativamente não ambígua em que tanto os pais quanto a criança têm de frequentar a creche como condição para que seja permitido a ela permanecer em casa (ver Capítulo 14). Se a creche tem como preocupação primária oferecer o serviço de cuidados a pais que trabalham, ou um ambiente melhor para o brincar e a aprendizagem para crianças que vivem em condições difíceis, será que as educadoras têm qualquer direito de impor suas próprias ideias sobre como criar as crianças a famílias que possivelmente provêm de uma classe diferente ou têm uma cultura diferente da delas? Até certo ponto, essa questão é irreal, pois a maioria das pesquisas mostra que é muito difícil persuadir as pessoas a modificarem as maneiras como criam seus filhos (Pugh et al., 1994). No entanto, existe um aspecto do cuidado de crianças para o qual os profissionais da primeira infância podem oferecer uma direção clara: em relação aos castigos físicos.

Em cinco países europeus tais castigos são proibidos por lei (Suécia, Finlândia, Dinamarca, Noruega e Áustria), mas no Reino Unido bater nas crianças é uma prática aceita, tanto social quanto legalmente. Uma pesquisa descobriu que quase 60% das mães pesquisadas admitiram bater em bebês de menos de 1 ano, e quase todas as crianças de 4 anos eram castigadas fisicamente, várias vezes por dia (Newson e Newson, 1989). Peter Newell indicou que isso representa uma brutal invasão da integridade física da criança (Newell, 1991), mas os sucessivos governos no Reino Unido recusam-se a considerar uma mudança na lei, mesmo para remover dela a defesa legal do "castigo razoável". Nossa tolerância em relação às agressões contra as crianças é mais um indicador de como a sociedade em que vivemos as valoriza pouco (Leach, 1999; Willow e Hyder, 1998).

Alguns progressos estão sendo feitos, e a campanha para acabar com os castigos físicos das crianças, chamada de Children are Unbeatable*, defendida por mais de 350 organizações, está sendo cada vez mais apoiada (Lansdown e Lancaster, 2001). Obviamente, deve-se deixar claro que bater nas crianças é uma atitude inaceitável na creche, mas as cuidadoras têm um importante papel educacional: ajudar os pais a compreender o motivo disso e encontrar formas mais eficazes de controlar e guiar o comportamento de seus filhos. Esse tópico sempre provoca discussões acaloradas nas reuniões em grupo com os pais, e pode ser muito satisfatório ver que as atitudes mudam à medida que as pessoas passam a ver sob outro prisma comportamentos que elas tomavam como corretos.

No Capítulo 1, posicionamo-nos contra categorizar os pais como "pais competentes" e "pais que precisam de ajuda". Quase todos os pais sentem a necessidade de conselhos e apoio em algum momento, em especial nos estágios iniciais. Eles procuram aconselhamentos com parentes mais velhos, amigos mais experientes, livros e revistas. Há muitas maneiras de as cuidadoras serem úteis nesse sentido. Mais especificamente, elas devem assegurar aos pais que o comportamento da criança é normal para o seu estágio de desenvolvimento (se realmente o for). Quando há motivos reais para preocupação, elas podem discutir com os pais que ação tomar. Algumas maneiras como as creches e os centros familiares podem auxiliar crianças e famílias com dificuldades são descritas nos próximos dois capítulos. Além disso, elas podem ajudar os pais a ter momentos prazerosos com seus filhos dentro da creche, quaisquer que sejam as experiências estressantes pelas quais passam em suas vidas fora dali.

O BRINCAR RELACIONAL COM CRIANÇAS E PAIS

As crianças pequenas precisam ter bastante contato físico próximo com os adultos que cuidam delas, para que desenvolvam a confiança e uma sensação de segurança. Com um sistema de educador-referência poderoso, é provável que a cuidadora sinta intimidade com seu pequeno grupo de crianças, que parece legitimar a adoção do tipo de brincar físico que é geralmente uma parte natural da vida familiar. Entretanto, às vezes as cuidadoras pensam que qualquer coisa mais íntima do que um abraço ocasional seria inapropriado com crianças que não são seus filhos.

Para a maioria das crianças, quaisquer deficiências que o centro da creche possa apresentar são compensadas em seus lares, mas, se a mãe e/ou o

---

*N. de T.: Literalmente, "as crianças são *imbatíveis*" – provavelmente o jogo de significados é intencional.

pai também são inibidos em relação a relaxar fisicamente com seus filhos, as implicações são mais sérias. Seria uma pena se a nossa maior consciência atual sobre os perigos do abuso sexual, sofrido mesmo por crianças bem pequenas, impedisse o contato corporal próximo entre crianças e adultos, que pode ser prazeroso para ambos.

Alguns pais, embora digam que amam seus filhos, acham difícil expressar esse amor fisicamente. Eles podem racionalizar sua relutância, dizendo que a criança não é "receptiva" ou que resiste ao contato físico. O brincar relacional é sobremaneira valioso para os pais que não se sentem confortáveis com o carinho físico com seus filhos, em especial se as coisas deram errado e a família foi encaminhada à creche por causa de abuso ou negligência parental, mas ele também tem seu valor em si, tanto para a criança que tem como parceira uma crecheira ou sua própria mãe ou pai.

O que é o brincar relacional? É um sistema de interação física entre duas pessoas no qual o poder, o tamanho, a força e a habilidade tornam-se irrelevantes. Produz um senso de confiança, intimidade e prazer mútuo entre as pessoas envolvidas, que pode ser temporário ou fazer parte do processo de construção de uma relação de longo prazo. Também ajuda a criança a desenvolver um senso de seu próprio corpo, agilidade física e confiança. Oferece um meio não verbal de comunicação com as crianças, mas é ainda uma forma eficaz de aumentar seus vocabulários, pois as palavras associadas à experiência física têm mais probabilidade de serem absorvidas e lembradas.

Esse método, baseado nas teorias de Rudolf Laban, foi desenvolvido por Veronica Sherborne, que trabalhou com um espectro completo de crianças, desde bebês até adolescentes, incluindo aqueles portadores de necessidades especiais. Por meio da docência de Veronica no curso de pós-graduação para administradores de creches em Bristol, ele veio a ser utilizado em uma ampla variedade de creches e centros familiares. Ele não se parece com nada daquilo que fazemos junto aos pais, e tem potencial para, no mínimo durante um período curto, libertar mesmo aqueles mais tensos e sobrecarregados para que relaxem e sejam afetuosos com seus filhos.

Muitos estudos mostram que os pais têm muito mais probabilidade do que as mães de se engajarem no brincar físico com seus filhos ou filhas. As mulheres não somente têm a tendência de abandonar a maioria das formas de esporte e recreação física na adolescência, mas, uma vez que se tornam mães, elas podem ficar tão preocupadas com a realização de suas tarefas cotidianas que chegam a pensar que o brincar, por si só, não é uma forma legítima de passar o tempo. Quando "têm a permissão", seu prazer com o brincar é surpreendente (Abrams, 1997).

O brincar relacional é ainda uma boa forma de envolver as mães que podem ter uma certa falta de confiança para participar em outras atividades, e em creches em que a maioria das mães trabalha ele pode ser uma sessão única relaxante e realizadora, talvez ao fim do dia. Quando ele acontece com crianças bem pequenas, é essencial que cada criança tenha uma adulta como par. Se alguns pais não puderem comparecer, isso pode fazer com que a criança forme uma dupla com uma educadora, de preferência seu educador-referência.

Uma grande vantagem do brincar relacional é que não são necessários equipamentos. A própria Veronica Sherborne preferia trabalhar em uma sala aberta e ampla, dotada de um assoalho macio e sem carpete, tal como o ginásio de uma escola ou a sala de conferências de um colégio, mas já vimos sessões de brincadeira bastante prazerosas acontecerem em salas acarpetadas e apertadas de creches. Claro que é importante adequar a atividade ao espaço disponível, pois, se confinarmos um número muito grande de adultos e crianças em uma área fechada, isso pode levar a acidentes.

O líder da sessão de brincar relacional deve ter um plano claro das atividades a serem incluídas em um período de, digamos, 40 minutos, e quando diversas pessoas participam pela primeira vez, pode ser necessário que ele ou ela demonstre a atividade primeiro, para mostrar que não se pedirá a ninguém que faça qualquer coisa difícil ou alarmante.

O brincar relacional pode ser enquadrado em três categorias: o de cuidado, o compartilhado e o "contra", sendo que este último só deve ser introduzido quando os parceiros de brincadeira tiverem desenvolvido um forte senso de confiança mútua, talvez depois de experimentar tomar parte em diversas sessões de brincar. Descrevemos aqui algumas atividades mais simples de cada categoria. Porém, para obter uma descrição e uma explicação mais completas da teoria desenvolvimental que subjaz a esse tipo de brincar, será necessário consultar o livro *Developmental movement for children* (Movimentos desenvolvimentais para crianças), de Veronica Sherborne (Sherborne, 1990).

Aninhar a criança no colo

Essa é sempre uma boa maneira de começar e terminar uma sessão de brincar, com o parceiro mais velho oferecendo um senso de segurança para o mais novo e desenvolvendo uma sensação de conforto com a criança por meio do contato corporal próximo. Às vezes chamamos essa atividade de "fazer uma casa" (ver Figura 12.1).

A criança senta-se entre as pernas estendidas do adulto, e é balançada suavemente de um lado a outro, apoiada pelos joelhos, coxas e braços da parceiro mais velho. Quando os parceiros acham um ritmo que é satisfatório para ambos, o movimento para os lados torna-se harmonioso e calmante. A habilidade de conter a criança de uma forma segura, mas não restritiva, de maneira que a experiência dela seja de conforto e segurança, é algo que tem de ser aprendido e requer considerável sensibilidade em relação às reações e aos sinais físicos quase imperceptíveis da criança. Muitas vezes nota-se que os parceiros parecem muito mais confortáveis e relaxados quando essa atividade de aninhar ocorre ao fim de uma sessão de brincar, e que se tornaram muito mais familiares com seus próprios corpos e com o do outro.

FIGURA 12.1 O brincar relacional: aninhar.
Foto: Clive Landen.

Balançar

O adulto senta-se com a criança entre as suas pernas, ambos olhando para frente, e segura a criança debaixo dos joelhos (bebês e crianças pequenas podem sentar-se nas coxas do adulto). A cuidadora então se inclina para frente e para trás, até onde a criança quiser ir. Finalmente, a criança pode ficar de ponta-cabeça, com os pés para cima, e as mais velhas, quando são suficientemente confiantes, gostarão de virar uma cambalhota completa, aterrissando em seus pés ou joelhos atrás da cabeça do adulto. As crianças que não são tão confiantes podem preferir uma variação do aninhar, aumentando o balanço até que adulto e criança caiam juntos. Essas atividades geralmente provocam muitas risadas e diversão, tanto para os adultos como para as crianças.

Apoiar e rolar

O adulto deita-se de costas, com os joelhos dobrados, e a criança senta-se montada nela, apoiando as costas em suas coxas. O adulto balança suavemente a criança pra cima e para baixo. Como alternativa, a adulta pode deitar-se de bruços, com a criança montada em suas costas, e corcovear, dessa maneira fazendo a criança subir e descer no ar. Nessa posição, a criança tem o papel de parceiro de brincar que domina, e não é obrigada a estabelecer contato visual, o que às vezes pode ser útil, nos estágios iniciais, com crianças inseguras ou tímidas.

Rolar é uma atividade que a maioria das crianças pequenas faz espontaneamente. Para começar, o adulto pode sentar-se com a criança deitada em suas pernas, e então fazer com que a criança deslize até seus calcanhares e depois volte. Então ela pode deitar-se de costas e fazer com que a criança deslize até ficar próxima do seu queixo e, levantando-se até ficar de pé, role até os seus pés. A maneira com que a criança e o pai ou a mãe se relacionam neste exercício pode ser muito reveladora, denotando uma grande diferença entre a maneira com que uma criança confiante e amada rola ou desliza livremente, adaptando-se ao corpo de seu pai ou sua mãe, e os movimentos mais rígidos e desajeitados de uma criança que é menos segura de si.

Uma maneira de dar a uma criança, mesmo quando ela é bem pequena, um senso de poder e controle, é estimulá-la a fazer o adulto rolar e deslizar. Obviamente isso requer bastante cooperação do parceiro mais velho, mas a criança não precisa perceber isso.

Túneis

Esta é uma atividade muito popular que pode ser realizada em pares ou em grupos. O adulto faz um "cavalinho". Com o adulto posicionado de quatro no chão, com os joelhos bem separados, a criança (ou crianças) passa pelos espaços disponíveis, debaixo dos braços, entre as pernas e por baixo do tronco. Um grupo de adultos pode formar um túnel comprido, ou um com curvas, e assim a criança tem a oportunidade de exercitar sua escolha e iniciativa.

As crianças gostam de se balançar no corpo da adulta de várias maneiras diferentes: sentada nas pernas de sua parceira, que lhe segura as mãos; sentada nas costas da adulta enquanto ela faz um "cavalinho" e então volta ao chão (ver Figura 12.2); ou a melhor de todas, "voar", na qual a adulta, deitada de costas, apoia a criança em suas canelas, segurando seus ombros (ver Figura 12.3).

FIGURA 12.2 O brincar relacional: atividade compartilhada.
Foto: Clive Landen.

Remando o bote

Uma atividade que estimula o contato visual pertence à categoria das relações compartilhadas. Os parceiros de brincar sentam-se no chão, com as pernas estendidas e de frente uns aos outros – uma criança bem pequena pode sentar-se nas pernas de sua mãe ou de sua cuidadora. A criança segura os pulsos do adulto, enquanto a adulta segura os cotovelos da criança. Cada uma tem a sua vez de deitar-se de costas e depois se levantar e se inclinar para frente, enquanto a parceira permanece deitada de costas no chão. A criança e o adulto apoiam e puxam uma à outra alternadamente, com a criança dando sua contribuição para a atividade compartilhada. O adulto obviamente ajuda quando for sua vez de levantar-se, mas permite que a criança sinta que está exercendo toda sua força. Este é outro exercício igualador, com a criança e o adulto ficando, de forma alternada, em uma posição mais alta do que o outro está. Há muitas outras atividades de equilíbrio e balanço, que podem ser introduzidas à medida que as crianças e suas cuidadoras ganham experiência e agilidade.

Focando a energia

O terceiro tipo de atividade envolve a criança na testagem de sua força contra uma parceira mais velha. A tarefa do adulto consiste em oferecer expe-

FIGURA 12.3 O brincar relacional: voar.
Foto: Clive Landen.

riências de força à sua parceira mais nova, estimulando o esforço e a determinação, e em criar uma situação na qual a criança só obtém sucesso como resultado da utilização de toda a energia que ela é capaz de usar. Para a maioria dos pais e mães isso acontece muito naturalmente, mas os pais e mães, cujas relações com seus filhos são potencialmente abusivas, muitas vezes acham difícil permitir que crianças, em especial seus filhos, as vençam em competições de força. Eles perdem rapidamente sua percepção de si mesmos como adultos, e de sua própria força em comparação com a da criança. Esquecem-se de que a atividade deve ser despreocupada e prazerosa e, em seu desejo de "vencer", podem mesmo causar dor às crianças. Os jogos "competitivos" claramente envolvem um elemento de risco, mas podem também oferecer uma oportunidade valiosa para o pai ou a mãe aprenderem que permitir que a criança, parceira nessa brincadeira, possa testar sua força contra uma resistência controlada representa um sinal de força do adulto, e não de fraqueza.

As brincadeiras de "rochas" e "prisões" são exemplos de atividades "competitivas". A "rocha" assume várias formas, dependendo se a pessoa ou se senta com os joelhos dobrados e os pés separados ou se deita de bruços e com os braços estendidos no chão, ou fica de joelhos. Mas a tarefa do outro parceiro de brincadeira é forçá-la a se mover. O adulto empurra-a com força suficiente para que a criança tenha que usar toda sua força para resistir, mas não tão forte que faça com que ela se desequilibre. Quando os papéis se invertem, o adulto tem de escolher um momento em que vai se mover ou cair, para grande prazer da criança.

Na brincadeira das "prisões", os parceiros de brincadeira adotam a mesma posição do aninhar, porém, neste caso, os braços e as pernas da parceira mais velha agarram a criança, que é estimulada a lutar para escapar. A brincadeira não é satisfatória quando é muito fácil escapar, e a adulta tem de ter sensibilidade para avaliar a força e a habilidade de tolerar frustrações da criança.

Já observamos o brincar relacional ser utilizado com sucesso com mães deprimidas, pais e mães que haviam abusado de seus filhos, crecheiras sem experiência e assistentes sociais que têm dificuldades de comunicação com crianças pequenas. Esse tipo de brincar é uma das formas mais eficazes de trabalhar diretamente com pais e mães que são dificilmente influenciáveis por métodos baseados em conversa e discussão, e, por não envolver um modo certo ou errado, ou ganhadores e perdedores, ele oferece uma oportunidade para modelar, sem minar a confiança dos pais.

RESUMO

Neste capítulo, discutimos algumas questões práticas que surgem quando o cuidado diário de uma criança pequena é dividido entre os pais e um centro de cuidado fora de casa. Quaisquer que sejam as razões da ida da criança à creche, precisa-se trabalhar os canais de comunicação e deixar claras as expectativas de ambos os lados. A pessoa-chave tem um papel muito importante nisso.

Em algumas creches, as relações com os pais não irão muito além disso. Outras creches ampliaram suas funções para envolver as mães, e ocasionalmente os pais, em uma gama completa de atividades, dentre as quais o brincar relacional. Tocamos em alguns problemas que podem surgir mesmo em relações comuns com os pais e as mães, mas que em geral podem ser sobrepujados com boa vontade e um pouco de habilidade para negociar. Nos próximos dois capítulos falaremos sobre crianças e famílias com dificuldades mais sérias.

capítulo **13**

Crianças em dificuldades

Os corações das crianças pequenas são órgãos delicados.
Um começo cruel ao adentrar o mundo pode moldá-los de maneiras estranhas.

Carson McCullers

O cuidado de crianças pequenas com dificuldades é tema de inúmeros livros e artigos, geralmente relacionados a problemas que ocorrem dentro do círculo familiar. Muito pouco foi escrito que pudesse ajudar as cuidadoras ou as mães-crecheiras que cuidam de crianças fora de suas casas. Sabemos que uma grande parcela das crianças que frequentam creches da prefeitura têm probabilidade de apresentar problemas comportamentais ou de desenvolvimento (Bain e Barnett, 1980; as McGuire e Richman, 1986). Isso pode refletir não apenas na maneira como as prioridades são aplicadas na oferta de vagas, mas também na aprendizagem por intermédio dos pares, de forma que o agrupamento de crianças severamente desfavorecidas em alguns centros específicos pode, como Moss e Melhuish (1991) sugerem, transformar tais lugares em "escolas de treinamento de comportamentos problemáticos".

A mudança, de creches vinculadas aos serviços para creches de bairros, pode reduzir o problema, porém concentrar os recursos em áreas desfavorecidas indica que é improvável que ele desapareça. As pesquisas sobre vínculo parental indicam que mais de um terço das crianças que vivem nas áreas mais pobres pode ser classificado como "difícil" em testes padronizados. Ghate e Hazel (2002) mostram como estresses múltiplos no ambiente físico e social contribuem para essa situação.

No entanto, qualquer criança pode ter dificuldades, mesmo que temporariamente, e não apenas aquela que têm problemas óbvios em suas famílias. Não devemos nos esquecer de que a maneira como o centro de cuidado é organizado tem um efeito poderoso no comportamento da criança, como Richman e McGuire (1988) relataram em um estudo de seis creches em Londres. Os problemas que a criança já tem podem ser acentuados por ela estar em um grupo, e em alguns casos esses problemas podem mesmo ser criados pela maneira como o grupo é conduzido. Iniciamos discutindo princípios gerais sobre o manejamento de comportamentos em um centro de cuidado em grupo e, a seguir, analisamos algumas variedades de comportamento difícil que podem causar problemas para as cuidadoras.

DIFICULDADES GERADAS PELO CENTRO

Como adultos, podemos nos lembrar de algumas situações, como ficar apertado no meio de um ônibus apinhado de gente ou esperar por horas em um corredor de hospital, em que nos sentimos oprimidos e frustrados, e temos de exercer grande controle sobre nós mesmos para não expressar nossa raiva muito abertamente. Para a criança que está em uma creche, algumas situações são equivalentes: ter de sentar-se para ouvir uma história em um grupo demasiado grande, sem ter espaço para suas pernas, receber um quebra-cabeça em que duas peças estão faltando ou uma boneca sem roupas e sem um dos braços, sentar-se à mesa em uma cadeira que é muito baixa, e assim ficar com o queixo em cima do prato. Quando as cuidadoras acham que o comportamento da criança é difícil, é essencial questionar se o ambiente que oferecemos não está tornando as coisas ainda piores, em especial quando a criança já tem muitos problemas com que lidar. Assim, muitas vezes podemos evitar conflitos, que de outra forma produziriam choro e gritaria. É sempre melhor antecipar e prevenir o confronto com as crianças, em vez de reagir de forma negativa assim que o problema surgir.

É claro que estabelecer limites é parte do processo de socialização que ocorre à medida que o bebê, completamente dominado por suas necessidades físicas, se desenvolve e amadurece. Para suas cuidadoras, isso significa encontrar um equilíbrio entre dois tipos de interação com a criança: por um lado a afeição, a tolerância, a empatia, a proteção, a compreensão, produção de confiança e estímulo; por outro, fazer pedidos, proibir certos comportamentos, expressar desconforto, dar responsabilidades.

Quando as cuidadoras são muito pressionadas e apressadas, elas podem ver-se em uma situação em que agem demasiadamente pelo lado do controle, dando uma série de ordens, ou repreendendo constantemente a criança, o que pode produzir uma rebelião ou um distanciamento. Há o perigo de que uma criança em dificuldades possa receber pouca comunicação do tipo positivo, em casa ou na creche, e isso terá um efeito bastante prejudicial para o seu autoconceito e assim no seu comportamento e desenvolvimento.

Às vezes dizemos "não" de uma forma descuidada, quando estamos sob pressão, percebendo somente mais tarde que nossa proibição não era realmente necessária. Se não estamos preocupados em "ganhar a discussão" e sabemos que cometemos um erro, podemos dizê-lo honestamente, mostrando à criança uma pessoa genuína que não tem medo de corrigir uma decisão errônea.

REAÇÕES A EVENTOS ESTRESSANTES

Quando uma criança que normalmente é bem adaptada e cooperativa começa de repente a se comportar de uma maneira não característica, é bastante provável que ela esteja reagindo a algum evento importante que ocorre com sua família. Nas creches em que o sistema de educador-referência estiver em funcionamento, o adulto especial da criança poderá dar a ela uma atenção afetuosa extra nesse período. Um exemplo típico ocorre quando uma criança em seu terceiro ano de vida vivencia o nascimento de um irmão ou uma irmã. Uma pesquisa relatou que 93% dos primogênitos mostram um aumento na ocorrência de comportamento não cooperativo e exigente depois da chegada de um segundo filho ou filha (Dunn, 1984), de forma que uma mudança temporária de comportamento pode ser vista como totalmente normal. O importante é que os adultos evitem reagir de uma forma punitiva.

Mesmo que a criança tenha sido bem-preparada e uma expectativa favorável tenha sido criada, a realidade de ver um bebê que tira seu lugar e recebe a atenção de todos pode ser muito difícil de suportar. A criança pode expressar seu ressentimento sendo completamente desagradável e gritando, aparentemente sem motivo algum. Ela pode clamar por uma mamadeira novamente, quando, na verdade, já a havia abandonado. Ela tem de lidar com sentimentos poderosos, dispondo, até então, de meios muito limitados de expressão. A menos que os adultos próximos possam ajudá-la a passar por essa verdadeira crise, a exasperação dos primeiros com seu comportamento dará à criança a ideia de que ela é má.

Os adultos às vezes ficam muito ansiosos com a possibilidade de admitir que o ciúme existe, e assim a criança ouve seguidamente como será maravilhoso ter um irmão ou irmã com quem brincar. Quando o bebê nasce, na verdade isso não é nada maravilhoso para a criança, e ela pode sentir-se isolada e com raiva (compreensivelmente, do seu ponto de vista) com a negação de parte da realidade que vive nesse período. Seria extraordinário se a criança não *sentisse* ciúmes; podemos apenas ajudá-la a lidar com esse sentimento.

Outras circunstâncias também podem produzir um desvio da atenção que se dá à criança, com efeitos similares, como, por exemplo, a morte de um avô ou avó, uma crise financeira repentina ou uma decisão dos pais de se separarem. Quando o sistema de educador-referência funciona bem, essa situação no lar será conhecida, e a criança ganhará confiança ao saber que há uma pessoa (cuidadora) que tem uma preocupação especial com ela e que irá apoiá-la quando estiver com algum problema. Quando uma criança pequena passa por um período que ela vivencia como uma violenta mudança em seu ambiente, uma rotina familiar e o contato com uma pessoa substituta com quem ela tem vínculo são as formas mais eficazes de reduzir a angústia (Arnold, 1990).

LIDANDO COM COMPORTAMENTOS DIFÍCEIS

Acessos de raiva

Os acessos de raiva são extremamente comuns em crianças muito pequenas, e provavelmente estão relacionados à incapacidade de reconhecer suas próprias necessidades, às frequentes frustrações que vivenciam e ao seu limitado domínio da linguagem. Estima-se que quase 20% das crianças de 2 e 3 anos têm um acesso de raiva no mínimo uma vez por dia, e uma parcela muito maior de crianças demonstra acessos ocasionais de raiva, que muitas vezes são imprevisíveis (Jenkins et al., 1980). Embora o acesso de raiva não afete diretamente as outras crianças, ele perturba o grupo devido ao barulho e à confusão que pode causar.

Às vezes, esse acesso de raiva pode ocorrer muito repentinamente, com a criança jogando-se ao chão, gritando e esperneando. Em momentos como esse, é óbvio que palavras são inúteis; na verdade, qualquer tentativa de "frear" essa raiva geralmente piora as coisas. O adulto pode ser mais útil ficando perto da criança, talvez sentado, dedicando sua atenção e ficando disponível, mas sem intervir, até que a criança torne a se acalmar. Muitas vezes é fácil notar que as outras crianças ficam observando cuidadosamente a cuidadora, tranquilizando-se ao ver que ela permanece calma e, assim que o acesso de raiva passa, ajuda a criança, com um copo d'água e algumas palavras tranquilas, a sentir-se bem.

Algumas crianças que têm acessos de raiva frequentemente podem ter aprendido que essa é a melhor (ou única) forma de obter o que desejam. É obviamente muito importante não reforçar esse tipo de comportamento e, para o educador-referência, discutir com os pais formas de desencorajá-lo em casa.

Agressões contra outras crianças

Ações agressivas que causam aflição, perturbam e, por vezes, machucam outras crianças, como arrebatar coisas, empurrar e puxar, chutar e bater, puxar os cabelos ou atirar brinquedos, são especialmente desafiadoras para as cuidadoras em centros de grupo. Embora demos atenção imediata à criança que foi machucada, ao intervirmos para parar o conflito e confortar a vítima, é importante perceber como se sente a criança que agrediu, pois muitas vezes ela está bem infeliz. Também precisamos de compreensão em relação a como nos relacionamos então com esta última criança; não há muita razão em perguntar "Por que você bateu nela?", pois é pouco provável que a criança dê uma resposta que tenha sentido a essa pergunta. Utilizar alguma forma de afirmação tem mais probabilidade de ajudar a criança, tal como: "Sei que você está com raiva, mas não pode conseguir o que quer batendo nela – vamos ver qual é o problema". Dessa forma, o sentimento da criança é aceito, mas se deixa claro que a ação é inaceitável.

A imitação parece ser um fator de muita influência para o comportamento agressivo, de maneira que as crianças que habitualmente atacam outras provavelmente estão refletindo a discórdia e a desarmonia existentes em suas casas. Relata-se que os meninos em particular mostram um aumento na agressividade quando testemunham violência doméstica do pai contra a mãe (ou vice-versa) (Arnold, 1990), o que torna ainda mais importante para a creche oferecer um modelo alternativo.

A maioria das crianças, ao ver que outra se machucou, procura oferecer conforto e continuará a tentar consolá-la até que veja que ela se recuperou. Em alguns casos observa-se uma resposta diferente. A tentativa de consolar é apressada e superficial e, se a criança que se machucou continua a chorar, isso pode provocar na outra criança uma resposta agressiva em vez de consoladora. Goleman (1996) sugere que isso indica uma falha no desenvolvimento da capacidade de empatia e deve ser considerado um assunto muito preocupante, refletindo abuso emocional (quando não físico) no ambiente da casa da criança (ver Capítulo 14).

Um dos problemas ao lidar com os comportamentos agressivos em grupos é dar ao agressor ou agressora a atenção de que ele ou ela precisa, sem reforçar esse comportamento. A educadora-referência, após consultar as outras funcionárias, pode elaborar um plano de cuidado para assegurar que tais crianças recebam atenção positiva regular quando estiverem brincando de maneira cooperativa com as outras, e que os comportamentos desejáveis sejam recompensados com a aprovação afetuosa.

Conflitos entre as crianças

Podemos nos lembrar, em nossa própria infância, a maneira com que o adulto aparecia e nos repreendia severamente por algum comportamento irritado, quando na verdade ele nem havia visto como a briga havia começado. Muitas vezes a outra criança é que havia provocado, e sentimos a injustiça de ser o único culpado por um conflito pelo qual éramos apenas parcialmente responsáveis.

Quando duas crianças agarram o mesmo brinquedo e ficam gritando, "Meu! Meu", muitas vezes elas olham furiosamente para a cuidadora, de quem esperam algum tipo de ação. A tentação é suprimir o barulho por uma intervenção imediata, insistindo que uma das crianças largue o brinquedo. No entanto, se o adulto puder ficar silenciosamente ao lado da dupla e só esperar, as crianças podem achar sua própria solução para o problema quando acabarem suas energias, com a presença atenta da cuidadora evitando que machuquem uma à outra.

Por vezes, uma criança pequena aceitará um outro brinquedo em vez daquele que está sendo disputado. Caso ela não o aceite, a cuidadora, agindo no papel de negociadora/mediadora, pode oferecer sua ajuda dizendo: "Nós vamos fazer alguma coisa juntas enquanto esperamos a nossa vez". Tal oferta deve obviamente ser honrada de forma fiel. Quando uma criança abdica de um brinquedo para que outra brinque, devemos fazer questão de agradecer à primeira, o que mostra a ela que o esforço que fez foi apreciado. Se claramente acontecer de haver uma criança que agride, e a cuidadora tiver certeza de que viu a criança agarrar a boneca que estava no carrinho que uma outra criança estava empurrando, então se deve efetuar uma intervenção silenciosa para devolver a boneca.

O conflito a respeito de brinquedos é um bom exemplo do tipo de comportamento que pode tornar-se mais ou menos agressivo por meio de medidas práticas. Em uma sessão de brincar heurístico, como descrito no Capítulo 8, em que há uma atmosfera calma e abundância de materiais, esse tipo de disputa raramente ocorre.

Morder

A ação de morder, por parte da criança, provavelmente causa mais ansiedade do que qualquer outra forma de agressão. Ser mordido é muito doloroso e elicita sentimentos hostis intensos, não somente nas crianças, mas também nos adultos. Ocasionalmente ouvimos a sugestão de que o adulto deveria "morder a criança também, para mostrar a ela como a pessoa mordida se sente". Um pai-crecheiro contou a Sonia que ele havia comparecido a uma reunião da Pre-school Playgroups Association (Associação de Grupos de Recreação de Pré-escolas), que discutiu o problema das mordidas, e disse lá que ele acreditava nesse método. "Uma das senhoras olhou-me muito surpresa e disse, 'os cachorros mordem, as pessoas não'". Outra abordagem comum, porém indesejável, estabelece que a criança que mordeu seja pressionada imediatamente a "compensar" o seu ato beijando a criança que ela havia mordido. Essa abordagem mistura gestos agressivos e carinhosos e simplesmente deixa as crianças confusas.

O morder tende a acontecer em ondas, quando as crianças pequenas estão em grupo, e as funcionárias devem decidir entre elas como podem tentar evitar esse problema e como irão reagir quando ele acontecer. O educador-referência tem um papel central aqui, pois ele precisa ajudar a criança a controlar seu impulso de morder e, ao mesmo tempo, e impedir que ela se identifique como uma pessoa má que é temida pelas outras. O educador-referência deve tentar demonstrar sua afeição e preocupação ao mesmo tempo que estabelece limites. A cuidadora pode ressaltar o uso correto dos dentes: "Vamos olhar esses seus dentes fortes e bonitos no espelho, vamos ver como eles são afiados – eles servem para morder os alimentos, e *não* as pessoas". Compartilhando uma maçã ou uma cenoura com a criança, ela pode falar sobre o prazer de morder algo sólido e crocante, distinguindo claramente entre as coisas que se deve morder e as que não se deve. Todas as pessoas que lidam com a criança precisam compreender que o isolamento e a punição não serão eficazes para criar o tipo necessário de autocontrole.

As mordidas muitas vezes ocorrem em momentos de elevação da tensão e quando, por algum motivo, as crianças ficam amontoadas e se acotovelando em um grupo. Permanecendo observadoras e sensíveis aos momentos de risco, as cuidadoras podem, muitas vezes, evitar que uma criança morda outra se estiverem alertas em relação à situação.

Vale a pena pensar com cuidado sobre a ajuda que o educador-referência pode oferecer aos pais da criança que mordeu e da que foi mordida. Ele pode muito bem se sentir embaraçado, e talvez defensivo, quando tiver de encarar a mãe da vítima ao fim do dia. A mãe pode estar brava, e certamente estará aflita com o vergão na bochecha ou no braço de seu filho; pode estar se sentindo culpada por tê-lo deixado na creche, visto que uma coisa dessas poderia ocorrer. É provável que ela sinta raiva da criança que mordeu, que ela, não sem uma certa razão, gostaria de saber quem é, e também dos pais dessa criança, apesar de eles provavelmente não estarem presentes ao incidente. Palavras iradas e olhares acusadores podem ser trocados, enquanto a criança que mordeu observa em silêncio, sentindo-se culpada. Os educadores-referência de ambas as crianças precisam explicar harmonicamente o que aconteceu, e que abordagens utilizam para lidar com tais incidentes.

Talvez seja útil nos lembrarmos de que, mesmo que nós, adultos, tenhamos aprendido a inibir o impulso para morder, ainda podemos infligir feridas dolorosas com nossas línguas. Um comentário "mordaz" que atinge seu alvo pode ser lembrado por muitos anos, ao passo que as marcas dos dentes produzidas por uma mordida já teriam desaparecido há muito.

Vítimas

Precisamos refletir sobre as crianças que parecem sempre ser vítimas de atos agressivos. Elas também estão em dificuldades e precisam de compreensão e apoio especiais. Provavelmente nos lembramos de pessoas, em nossas vidas adultas, a quem decepções e desastres sempre parecem acontecer. Quando ouvimos algo do tipo, muitas vezes dizemos: "Ah meu Deus, isso só podia acontecer com ele!". Tais pessoas são facilmente exploradas por seus pares e às vezes se tornam bodes expiatórios em um grupo.

Há crianças em uma creche que, por causa de suas experiências em casa ou porque não estão bem de saúde a maior parte do tempo, recolhem-se para dentro de si mesmas e não têm vontade de participar das atividades, ou então choram com muita facilidade e parecem deprimidas. As crianças mais fortes e agressivas podem tirar vantagem delas – empurrando-as do escorregador ou roubando o seu brinquedo. Uma criança triste e inquieta pode testar fortemente a paciência e a compreensão de seu educador-referência quando não reage às tentativas deste de estimulá-la e envolvê-la nas atividades. No entanto, a atenção afetuosa e contínua do educador-referência é o que capacitará essa criança a tomar coragem e a perceber que alguém em quem ela pode confiar ouvirá o que ela tem a dizer. Além disso, o bom relacionamento do educador-referência com os pais da criança pode criar uma ponte confiável entre a creche e a sua casa, dando a ela esperança e confiança para enfrentar o mundo.

Hiperatividade e inquietude

As crianças, muitas vezes, chegam à creche rotuladas como "hiperativas" ou diagnosticadas como portadoras de transtorno de déficit de atenção. Em nossa opinião, esses termos não colaboram em nada para aumentar nossa compreensão que temos de uma criança ou ajudar a melhorar o que podemos oferecer a ela durante o período em que fica na creche. É importante que as cuidadoras saibam que toda a questão em torno da hiperatividade é extremamente controversa. Nos Estados Unidos, esse fenômeno tem sido majoritariamente considerado como um problema médico, sendo tratado com drogas poderosas. Só recentemente foi proposta uma visão alternativa, de que esse é um comportamento aprendido, causado por fatores sociais e ambientais (Hall e Elliman, 2003; Tyson, 1991).

Mesmo no Reino Unido, a tendência é focalizar o comportamento da criança, em vez de levar em consideração suas experiências diárias a partir de seu próprio ponto de vista. As crianças diferem, por características de temperamento, nos seus níveis de atividade, e os pais diferem em relação ao que conseguem tolerar. O que um pai ou uma mãe podem definir como curiosidade normal e um sinal de inteligência, outros irão considerar um "aborrecimento". Algumas crianças chamadas de hiperativas podem ser vítimas de expectativas inapropriadas, ter de se sentarem quietas por longos períodos, ou simplesmente dispor de muito poucas coisas que as interessem em seu ambiente. Somente em uma minoria bastante pequena de casos o comportamento hiperativo deve-se a dano neurológico.

Assim que as crianças recebem atenção e atividades adequadas, esse comportamento pode desaparecer; por outro lado, tal comportamento pode ter tornado-se muito fortificado como a única maneira que a criança achou de atrair a atenção dos adultos. Também pode ser que o programa da creche não ofereça o suficiente para atrair e manter o interesse da criança. O educador-referência precisa fazer uma avaliação do nível de habilidade da criança de controlar seu próprio corpo, sua habilidade manipulativa, seu domínio da linguagem, sua utilização dos materiais disponíveis no brincar construtivo e imaginativo, bem como da qualidade dos relacionamentos com as outras crianças e com as cuidadoras.

Dessa avaliação pode emergir o fato de que a criança é capaz e energética, mas também frustrada e entediada porque esgotou as possibilidades que a creche pode lhe oferecer. As limitações da creche podem ser bem reais, mas pode-se melhorar as coisas assegurando que os interesses e as habilidades da criança sejam compreendidos e ampliados. Isso pode implicar a introdução pelas cuidadoras de atividades mais avançadas, como carpintaria simples, uso de argila para que a criança possa fazer objetos reais que possam ser queimados em forno, pintados e utilizados no brincar, construção de casas de tamanho real com papelão e cola ou confecção de bonecos com papel *machê* e de um teatro para brincar com eles. O interesse da criança por livros, que lhe dará independência, pode ser fortemente estimulado, além de sua exploração das possibilidades dadas pelos instrumentos musicais. Essas crianças muitas vezes são capazes de auxiliar no cuidado e limpeza da sala e da área externa ou do jardim, e esse tipo de responsabilidade pode ser de grande ajuda para elas.

Um tipo mais difícil de criança é aquela que não consegue concentrar-se em nenhuma atividade, destrói os materiais para o brincar e corre de um lado para o outro fazendo barulho, perturbando e irritando todos. Às vezes, em concordância com os outros funcionários, a forma mais eficaz de ajudar uma criança assim é dar-lhe atenção concentrada por um certo período, levando-a sozinha ao jardim, se parecer que ela precisa "descarregar energia", ou sentar ao seu lado enquanto brinca, tentando de maneira gradual aumentar o tempo em que ela consegue dedicar-se a uma atividade específica. A atenção do educador-referência dar-lhe-á ancoragem emocional e o controle de que precisa para se juntar às demais crianças nas atividades da creche.

Às vezes as crianças são encaminhadas para admissão urgente na creche sem que muitas informações sejam dadas, a não ser por uma afirmação vaga de que ela deve consultar um pediatra, mais tarde, para uma avaliação. A tendência, a partir disso, é livrar-se de pensar mais profundamente sobre o que fazer com a criança enquanto se espera por um diagnóstico.

Foi pedido a Elinor que ajudasse Janet, de 22 meses, que, a partir do momento em que sua exausta mãe saiu da creche, começou a correr freneticamente pelos corredores e salas, gerando perturbação e ansiedade em todos. Conversando com as funcionárias, concordou-se em pôr em prática um plano de ação imediata, que permitiu que elas se sentissem mais confiantes e menos frustradas. Foi decidido que Helen, a educadora-referência de Janet, deveria fazer uma lista de todas as coisas que a menina poderia fazer, a começar pelo correr. Essa lista acabou ficando surpreendentemente grande e, discutindo o assunto, as cuidadoras foram capazes de passar de um foco exclusivo na perturbação que Janet causava ao grupo para a consideração de algumas de suas capacidades.

Começando pelo seu correr infatigável, foi sugerido que Helen poderia usar o jardim para correr em torno de obstáculos com Janet, segurando sua mão. O objetivo disso era fazer com que a criança diminuísse seu ritmo, e capacitá-la a adquirir maior habilidade e controle de seus movimentos, em uma relação mais próxima com sua cuidadora. Outra abordagem consistia em Helen segurar Janet em seus braços até que ela relaxasse, e então estimulá-la a explorar o Cesto de Tesouros, apanhando objetos, colocando-os na boca e depois no chão, como se ela fosse muito mais nova. Mais tarde, ela ofereceria receptáculos para que Janet colocasse e retirasse objetos de dentro deles. Ao mesmo tempo, a organizadora passava um tempo com a mãe de Janet, ajudando-a a compreender o que Helen estava tentado fazer.

Depois de alguns dias com essa atenção intensiva, o nível de atividade de Janet começou a baixar para um nível mais próximo ao de uma criança de 2 anos normal e energética. As funcionárias perceberam que havia muitos expedientes práticos de que poderiam lançar mão para fazer com que Janet se acalmasse e participasse de atividades, baseadas no seu próprio conhecimento acerca do desenvolvimento infantil. Elas não precisaram esperar por um diagnóstico, o qual ainda as deixaria com a tarefa de encontrar formas de aplicar essa informação em práticas cotidianas.

Desobediência

As crianças, em seus segundo e terceiro anos de vida, muitas vezes passam por fases em que se recusam a fazer o que os adultos pedem, como forma de afirmar sua independência. Esse comportamento é diferente daquele da criança que ignora habitualmente os pedidos de adultos e passa a fazer coisas que foram especificamente proibidas. Uma possibilidade que deve ser excluída é a criança estar sofrendo de perda auditiva intermitente, o que é extremamente comum, sobretudo entre crianças que provêm de lares desfavorecidos. Não há garantias de que os testes audiométricos-padrão sempre detectem isso (Bamford e Sauders, 1985).

Se a audição da criança for normal, o problema provavelmente está na forma como os pais lidam com ela. Por exemplo, alguns pais dão instruções aos seus filhos sem verificar se eles realmente entenderam o que é desejado, ou sem se assegurar de que o comportamento desejado realmente aconteça. A criança aprende rapidamente a ignorar tais comunicações. Outra situação comum ocorre quando a criança só consegue chamar a atenção tornando-se um aborrecimento.

Os pais precisam de auxílio para compreender que a atenção, por mais negativa que seja, é recompensadora para uma criança, e portanto fará com que o comportamento indesejado tenha mais probabilidade de persistir. Junto com os pais, as educadoras podem analisar em detalhes o comportamento da criança e identificar um problema específico a ser trabalhado. Algumas vezes, a dificuldade pode ser eliminada alternando as condições, como sugerido anteriormente, ou avaliando se o que é demandado da criança é necessário ou razoável, dado seu estágio de desenvolvimento.

Quando há uma concordância em relação à existência de um problema, a educadora-referência pode ajudar a mãe a identificar, de forma precisa, em que ela gostaria que o comportamento da criança mudasse, assim como a lidar com um passo por vez. Pequenos sucessos podem capacitar a mãe a desenvolver uma estratégia para lidar com seu filho de maneira mais eficaz e com menos estresse. Charles Gibb e Peter Randall (1989), em seu livro *Professionals and parents* (Profissionais e pais), explicam com muita clareza a teoria por trás da abordagem comportamental e sugerem muitas técnicas úteis a ser utilizadas com os pais e com as crianças pequenas.

Dificuldades na alimentação

Este tipo de dificuldades pode provocar bastante ansiedade nas funcionárias. Elas podem ter originado-se de relações bem precoces ou estar conectadas com a maneira como a criança se sente a respeito de suas experiências na creche. Caso a primeira hipótese seja verdadeira, então a cuidadora que faz a visita ao lar antes da admissão da criança já terá ouvido algo sobre o assunto de um dos pais, ou a mãe já terá comentado a respeito enquanto estava com seu filho durante o período de adaptação.

Às vezes a criança alimenta-se bem em casa, mas tem dificuldades na creche, e vice-versa. Uma das primeiras coisas a ser averiguada é se a criança na verdade ganha peso de maneira razoável e é saudável de uma forma geral, apesar de aparentemente comer pouco. Utilizando-se um gráfico de crescimento ou de desenvolvimento, isso pode ser facilmente conferido. Uma criança cujo peso encontra-se abaixo do terceiro nível de desenvolvimento seria diagnosticada como sofrendo de "insuficiência não orgânica de crescimento" (tendo sido excluídas causas orgânicas para as dificuldades na alimentação), um transtorno muito sério que certamente requer auxílio de especialistas (Jenkins e Milla, 1998). Entretanto, a maioria das crianças portadoras de dificuldades de alimentação não tem peso corporal demasiado baixo e continuam a crescer normalmente; essas crianças, em geral, são classificadas como portadoras de "problemas de alimentação comportamentais", que muitas vezes é o motivo do encaminhamento para a creche.

Como com todos os comportamentos rotulados de "difíceis", é importante considerar o comportamento de dificuldade na alimentação, tendo em vista as experiências da criança em casa e na creche. A primeira questão a ser considerada é que as crianças provêm de uma variedade de circunstâncias familiares. A criança pode não estar acostumada a sentar-se à mesa para comer, mas sim a ser alimentada sentada no joelho de alguém ou movendo-se. A alimentação na creche inevitavelmente significará uma grande mudança para qualquer criança, à qual ela terá de acostumar-se, adaptando-se não somente ao gosto e à aparência diferentes da comida, mas também à organização que a creche tem para a hora da alimentação.

Nós, adultos, muitas vezes somos cautelosos e reservados em relação a comidas que não conhecemos (pense na forma como reagimos quando estamos em férias e nos oferecem lula, patê de melro ou pernas de sapo), de maneira que não surpreende que algumas crianças se comportem da mesma forma. Permite-se que os adultos digam que não estão com vontade de comer e isso é compreendido e aceito. Se não se permite às crianças ter a mesma liberdade, a hora das refeições pode transformar-se em uma batalha, o que é invariavelmente contraproducente.

Outra possibilidade é que a criança possa estar reagindo a várias experiências insatisfatórias que teve na hora das refeições, como passar um período barulhento e caótico nesse momento, haver confusão e atraso ao servirem a comida, os assentos serem desconfortáveis e muito próximos, e assim por diante (ver Capítulo 10).

Quando uma criança mostra-se relutante em comer, podemos oferecer gentilmente uma porção bem pequena de comida no seu prato e, caso ela não coma, devemos retirar o prato, ainda gentilmente; essa é uma mensagem de cuidado e preocupação que se transmite sem palavras. Retirar um prato de comida que não foi consumida pode ser feito de uma maneira calma e compreensiva, ou de forma punitiva ou exasperadora, e o rosto da criança nos dirá exatamente como ela se sente a respeito desse ato.

Quando há um sistema de educador-referência que funciona adequadamente, uma criança que tem dificuldades alimentares não passará despercebida. Se a criança comeu muito pouco ou não comeu, precisamos ser capazes de fazer na creche o que faríamos em casa: dispor de frutas ou passas ou cenoura crua (por exemplo) para que, caso ela sinta fome mais tarde, possamos oferecer-lhe algo, de forma não intrusiva. Isso não significa que devamos oferecer alternativas durante a refeição, que é uma armadilha na qual os pais muitas vezes caem em casa, e que muito provavelmente leva a caprichos e manias (Douglas, 1989). Essa sugestão pode causar indignação em uma creche, pois a organização requer que as crianças alimentem-se em horários determinados. Em geral, as crianças se conformam com isso; no entanto, estamos lidando com pessoas, e não com robôs, e assim precisamos ter coragem para sermos flexíveis quando necessário. No que tange a outras dificuldades comportamentais, todas as funcionárias que lidam com a criança portadora de problemas com a alimentação devem obter uma concordância quanto a suas abordagens.

Conforto e comportamentos que aliviam a tensão

Chupar o polegar, bater com a cabeça e masturbar-se são tipos de comportamento que criam dificuldades em primeiro lugar para os adultos, e não para as próprias crianças, mas podem tornar-se um problema entre eles caso não se lide sabiamente com esses comportamentos.

Chupar o polegar e os dedos

Além da ação de sugar envolvida na alimentação, parece que os bebês precisam bastante de uma espécie de sugar "não nutritivo" como parte de seu desenvolvimento (Douglas, 1988). O ato de sugar os dedos ou objetos, de bebês e de crianças bem pequenas, é um assunto carregado emocionalmente, que, às vezes, suscita todo tipo de sentimentos ansiosos e agressivos nos adultos. Entretanto, essa é uma atividade que é buscada energética e prazerosamente em cada geração de bebês. Podemos ver Jesus quando bebê com dois dedos em sua boca em pinturas renascentistas, e alguns bebês nascem com uma marquinha vermelha em um de seus polegares, o que indica que eles o vinham sugando confortavelmente mesmo antes de nascer.

Ao longo dos anos a discussão em torno do tema "polegar ou chupeta" tem declinado e ressurgido. Há ocasiões em que a chupeta é útil, mas infelizmente ela se presta a um uso errôneo por parte dos adultos, que a utilizam como um "corta-papo", cortando a comunicação que a criança está tentando efetuar, inibindo a vocalização e o desenvolvimento precoce da fala. A vantagem do polegar é que ele está sempre ali; ele não cai no chão, não precisa então ser apanhado e "desinfetado" na saia da mãe ou reinfectado antes de ser devolvido à boca do bebê, tampouco se perde nas dobras de um cobertor, causando frustração e indignação.

Outra vantagem do polegar tem a ver com a capacidade crescente do bebê de fazer escolhas. Aprender a escolher começa muito cedo. Quando um bebê que já consegue sentar-se em posição ereta suga seu polegar, isso significa que em algum momento ele terá de escolher entre usar sua mão (e polegar) para o sugar continuado ou para manipular algum brinquedo que o atraia. Isso pode significar um verdadeiro dilema para ele: "Devo aproveitar o prazer imediato que o sugar me proporciona, ou será que devo deixar minha mão livre para a satisfação mais avançada de brincar com um brinquedo?".

Masturbação e brincar sexual

Uma criança pequena tem muita curiosidade a respeito de seu próprio corpo, e descobre muito cedo que, ao explorá-lo, pode ganhar conforto e prazer, e ainda alívio da tensão. Esse assunto era acompanhado de uma enorme carga de concepções errôneas e desaprovação no passado, e provavelmente nas experiências infantis de muitos adultos. Isso significa que devemos ter informações acuradas e confiança em nossas próprias atitudes (e naquelas das outras funcionárias) ao decidir como reagir a esse assunto.

As crianças na creche advêm de vários contextos culturais e sociais, nos quais as atitudes familiares variam amplamente. Elas têm níveis diversos de liberdade em suas famílias para explorar seus corpos, perceber as diferenças entre homens e mulheres e meninos e meninas, além de saber como chamar sua barriguinha, seu peito e seu umbigo, seu pênis e sua vagina. Ao crescer, elas absorvem os tabus que pertencem à sua cultura e às suas relações familiares. A cuidadora precisa descobrir informações, tanto quanto for possível, acerca das atitudes dos pais, e pensar em como reagir a elas caso difiram das suas próprias.

Há não muito tempo, a masturbação era vista como causa das mais horrendas consequências físicas, como, por exemplo, a cegueira. As crianças tinham de encarar punições e ameaças violentas, aumentando a ansiedade que tentavam aliviar à sua própria maneira. Agora que as atitudes no Reino Unido mudaram de maneira geral, a preocupação com esse assunto, como ocorre, por exemplo, no famoso livro de A. S. Neill, *Summerhill* (1960), parece muito estranha. No entanto, temos de lembrar que é necessário mais do que uma geração para que ideias prévias desapareçam, de forma que não somente os pais, mas também as cuidadoras podem ainda ter concepções incorretas remanescentes de suas infâncias. As cuidadoras devem ser claras na afirmação de que a masturbação na infância (e depois dela) é uma prática universal que não acarreta efeitos físicos adversos. Os motivos que levam a desencorajá-la são sociais, e desestimular essa prática nunca deve ser feito de uma maneira que leve a criança a pensar que ela é má. Algumas vezes há inibições a respeito da discussão desses temas no grupo de funcionárias, porém é importante ter uma opinião coletiva.

A masturbação, assim como sugar o polegar em excesso, é uma forma de buscar conforto que pode indicar que a criança está vivenciando tensão ou tédio. Se a sua educadora-referência der-se conta disso, ela pode oferecer companhia e uma atividade alternativa à criança. A masturbação persistente associada ao afastamento do contato social por longos períodos requer uma investigação mais detalhada, bem como discussão do assunto com os pais e, provavelmente, com especialistas de fora da creche. Como sempre, deve-se descartar as causas físicas, como coceira causada por infecção ou inflamação, se necessário por meio do exame da criança por um médico.

O brincar de conotações sexuais pode, de forma similar, ser fonte de ansiedade para as cuidadoras, em parte porque elas podem suspeitar que ele está associado ao abuso sexual (discutido no próximo capítulo). Isso não é necessariamente verdadeiro, mas, quando brincam de médico e hospital ou pai e mãe, as crianças podem ficar bastante agitadas e animadas, e a cuidadora, ao falar com sensibilidade e participar da conversa das crianças, pode achar um meio de acalmar a atmosfera. As crianças rapidamente reagirão ao humor que ela tenta criar.

Às vezes, as crianças ficam muito confusas a respeito de assuntos sexuais. Elas ficam perplexas com incidentes que presenciam em casa, que não compreendem muito bem e assim lhes causam estresse e ansiedade. As crianças certamente já terão visto mulheres grávidas, quando não sua própria mãe, e de forma indireta tentam descobrir como o bebê entra na barriga e como sai. Ainda bem que a história da cegonha e da maleta preta do médico são menos utilizadas hoje em dia para acobertar o embaraço dos pais, embora ainda vejamos em livrarias cartões anunciando nascimentos com a figura de uma cegonha voando, carregando um bebê com um pano seguro pelo seu bico. As crianças levam muito a sério o que os adultos dizem, e o fenômeno do nascimento é impressionante demais para que seja acobertado trivialmente por tais histórias.

Pelo fato de as crianças serem tão sintonizadas na percepção dos sentimentos dos adultos, elas rapidamente percebem quando eles ficam embaraçados ou tentam evitar algum assunto, e tenderão a não insistir em seus questionamentos quando sentem uma recusa. Uma resposta direta, que dê nem mais nem menos informações do que a criança requer naquele momento, precisa estar acompanhada de sensibilidade ao fato de que sentimentos profundos podem estar envolvidos nessa questão.

Balançar e sacudir a cabeça

Essas formas de comportamento não são incomuns, enquanto busca de autoconforto associada com a ida para a cama, mas na creche isso muitas vezes indica que a criança foi severamente privada de estímulo e atenção em casa. Era bastante característico que as creches residenciais oferecessem cuidado físico e não muito além disso, e infelizmente isso ainda pode ser visto em creches de países pobres. Da mesma forma que com qualquer outro comportamento indesejado, é importante não reforçá-lo por meio da atenção; ele tende a desaparecer bem rapidamente quando são oferecidos bastante cuidado amoroso e brincar ativo à criança, junto com sua cuidadora. Ao mesmo tempo, obviamente, é importante proteger a criança, tanto quanto possível, de se machucar.

Treinamento do toalete

Isso raramente representa um problema na creche, desde que seja reconhecido o fato de que as crianças diferem amplamente em relação à idade em que adquirem o controle dos esfíncteres, e que as regressões temporárias (muitas vezes associadas com eventos estressantes que ocorrem em casa) sejam tratadas de uma forma séria e criteriosa. Um quarto das crianças com 3 anos ainda tem micção involuntária durante o dia (Richman et al.,1982), de forma que, no grupo etário de que estamos falando, não podemos ter certeza que muitas crianças ficarão "secas".

Duas dificuldades específicas que as cuidadoras podem encontrar são a fobia ao troninho e a encoprese, que podem estar associadas a um treinamento para o toalete duro e punitivo, ou à criança ter sido forçada a ficar sentada no troninho por longos períodos (Douglas, 1988). Deve-se lidar com esses problemas em colaboração com os pais.

A criança que desenvolveu um medo agudo do troninho pode começar a gritar assim que se tenta persuadi-la a sentar-se nele. A única solução é abandonar qualquer tentativa de estabelecer o treinamento do toalete por enquanto; a cuidadora da criança deve, de forma muito suave e gradual, tentar reapresentar a ideia de uma maneira que a criança possa tolerá-la; por exemplo, levando-a ao banheiro junto com outras crianças, mas sem sugerir, em um primeiro momento, que ela utilize o vaso sanitário.

A falha em atingir controle dos intestinos nas crianças que chegam à creche no seu terceiro ano de idade pode ser devida ao fato de que ninguém se preocupou em treiná-las, e isso normalmente é de fácil superação. Mais preocupante é a ocorrência de encoprese secundária em uma criança que antes tinha controle, o que pode provocar raiva e reações de rejeição por parte dos adultos. Esse problema é bem discutido por Douglas (1989). Muitas vezes pensa-se que a criança evacuou deliberadamente, quando na verdade é mais provável que a causa seja uma combinação de constipação severa e vazamento devido à impactação fecal. Estabelece-se assim um círculo vicioso, no qual a criança tem medo de evacuar porque sabe que será doloroso e assim fica ainda mais constipada.

O aconselhamento médico é essencial, e os pais podem precisar de apoio ao pedir encaminhamento a um pediatra, pois a prescrição de laxantes por um clínico geral pode simplesmente tornar as coisas ainda piores. Embora fatores psicológicos e emocionais possam ter primeiramente contribuído para o estabelecimento do problema, agora há uma questão física. A criança torna-se letárgica e irritável, não tem apetite e não pode brincar por causa de sua dor e desconforto. Ela pode gritar constantemente que quer ir ao banheiro, mas uma vez lá não consegue fazer nada.

Para sua cuidadora, tudo isso é cansativo e estressante, e ela precisa de apoio para que possa permanecer calma e solidária, ao mesmo tempo em que se sente impotente nesse momento para oferecer qualquer ajuda. Antes que se possa alcançar um padrão normal de evacuação, a criança pode necessitar de tratamento hospitalar para limpar os intestinos bloqueados, e talvez sejam necessários muitos meses de paciência e compreensão antes que o problema seja finalmente superado.

QUANDO OS PAIS ESTÃO PRESENTES

O comportamento das crianças muitas vezes é específico em relação a situações determinadas, de forma que uma criança pode não apresentar nenhum problema para as cuidadoras ou para sua mãe-crecheira, e, no entanto, ser muito difícil para um pai ou mãe lidar com ela. As dificuldades de alimentação, por exemplo, têm muito mais probabilidade de aparecer em casa.

Uma criança que está perfeitamente disposta a obedecer a um pedido de uma cuidadora pode ficar irritável e resistente quando sua mãe o faz. Isso coloca a educadora em uma situação difícil quando a mãe está na creche e a criança fica birrenta. Em geral, é melhor que ela se retire, com tato, por alguns momentos. Se ela intervier, isso fará com que a mãe se sinta incompetente; por outro lado, a mãe pode ficar embaraçada com o comportamento da criança e reagir com uma severidade desproporcional. A cuidadora deve mostrar que compreende que as crianças se comportam de maneiras muito diferentes com seus pais, e manter uma atitude acrítica. Por outro lado, deve-se deixar claro que certas formas de controle, como bater na criança ou gritar com ela, não são aceitáveis em uma creche. Se a situação parecer que vai ficar fora de controle, provavelmente o melhor que a cuidadora pode fazer é levar a criança para outro canto, permitindo à mãe que se recomponha, e então sugerir alguma forma de resolver o problema. Se o incidente for sintomático de problemas gerais no cuidado da criança, essa questão deve ser resolvida separadamente.

TRABALHANDO JUNTOS COMO UMA EQUIPE

Um dos problemas de ser um membro de uma equipe de crecheiras que lidam com as mesmas crianças uma parte do dia é que, a menos que todos os adultos na realidade compreendam o pensamento que subjaz ao tratamento que qualquer pessoa dá a uma determinada criança, pode haver críticas faladas – ou, o que é pior, veladas – por parte de uma colega que diz que a cuidadora está sendo "muito branda" ou que está "estragando a criança favorita" dela.

Isso pode ser muito destrutivo e criar mais problemas para a criança, que pode sentir-se mais insegura e, sem saber, jogar uma funcionária contra a outra, assim como fazem às vezes com os seus pais. Aqui outra vez um sistema de educador-referência que funcione de modo adequado deve evitar esse tipo de complicação, pois então há uma funcionária que tem a responsabilidade de explicar sua abordagem e ganhar a compreensão e a cooperação de suas colegas. Dessa forma, as funcionárias podem amadurecer profissionalmente, e o seu trabalho torna-se mais interessante e eficaz.

BUSCANDO AJUDA FORA DA CRECHE

Algumas crianças podem não ser percebidas pelo sistema de serviço social até que já tenham passado por experiências danosas por meses ou anos. As assistentes sociais, às vezes, têm expectativas não realistas a respeito da capacidade de o cuidado em creches – mesmo o de alta qualidade e sensibilidade – ajudar tais crianças a se recuperarem e a se desenvolverem normalmente. O seu comportamento pode ser desencorajador e desanimador para as crecheiras. As creches de prefeituras muitas vezes dispõem de fonoaudiólogos, psicólogos, ludoterapeutas e outros profissionais visitantes, que trabalham diretamente com as crianças e às vezes com os pais delas. Suas visitas profissionais, em geral infrequentes, têm utilidade limitada, a menos que a educadora-referência da criança esteja envolvida intimamente no trabalho, e é essencial que a organização da creche permita que isso aconteça.

Quando a creche tem muitas crianças com graves dificuldades, a forma mais eficaz de utilizar a ajuda de profissionais externos é negociar uma visita regular de um psicólogo ou psicóloga, que não trabalhará com crianças específicas, mas sim como um consultor para as cuidadoras. Uma educadora-referência que estiver particularmente preocupada com uma criança específica pode pedir ao psicólogo para observar esta última por um tempo, ou, alternativamente, as funcionárias podem apresentar para discussão, uma por vez, o caso de uma criança cujo desenvolvimento ou comportamento esteja causando preocupação. Obviamente, muitos desses casos serão também discutidos nas supervisões regulares das funcionárias e, como enfatizamos no Capítulo 4, é importante que a diretora da creche, que muitas vezes oferece apoio às cuidadores em situações muito estressantes, também organize formas de obter o apoio adequado para ela própria.

RESUMO

Ao considerarmos as dificuldades que as crianças apresentam na creche, o mais significativo é ver cada forma específica de comportamento como parte da criança, não isolando o sintoma do seu problema, mas, sim, tentando compreender o que ela está tentando nos dizer. Pode ser que a causa do problema esteja no ambiente, e não na criança.

Muitas dificuldades comportamentais e emocionais em crianças dessa idade podem ser superadas, de maneira relativamente fácil, se lidarmos com elas com sensibilidade, enquanto outras podem diminuir ou desaparecer com o tempo, à medida que a criança adquire maior controle a respeito da sua situação. Entretanto, há sempre um risco de que os problemas que são ignorados nesse estágio possam levar a dificuldades cada vez mais severas ao longo da infância, e às vezes até a adultez. Uma creche pode ter um papel importante em evitar que tal aconteça, oferecendo cuidado consistente e afetivo e experiências estimuladoras para as crianças, assim como também auxiliando os pais a compreendê-las e a cuidar delas de maneira mais eficaz.

O que a cuidadora poderá oferecer inevitavelmente terá limites, e haverá aspectos das circunstâncias familiares da criança para cuja transformação pouco poderemos contribuir. No entanto, é fácil subestimar o valor do fato de a criança passar ao menos algumas horas do dia em um ambiente calmo e bem-ordenado, sendo cuidada por adultos sensíveis e responsivos. Por meio do exame cuidadoso de nossas práticas, e chegando a um plano geral para a criança que tem a concordância de colegas e consultores externos, pode ser possível ajudá-la a superar pelo menos algumas de suas dificuldades, além de estabelecer uma base melhor para seu desenvolvimento futuro.

capítulo **14**

Protegendo as crianças

> A pobreza é a grande inimiga da felicidade humana; ela certamente destrói a liberdade e torna algumas virtudes impraticáveis, e outras extremamente difíceis.
>
> *Life of Johnson*, de Boswell, 1782

Ao longo das décadas de 1980 e 1990, a severa escassez de creches no Reino Unido levou a uma situação em que as vagas mantidas pelo governo ali existentes eram reservadas quase que exclusivamente a famílias com sérias dificuldades. Essas famílias foram em primeiro lugar identificadas como "casos prioritários", e mais tarde como "com necessidades", no Children Act (Estatuto para a Infância) de 1989, o que significava dizer que seus filhos necessitavam de serviços do governo "para alcançar ou manter um padrão razoável de saúde ou de desenvolvimento" (ou então que essas crianças eram portadoras de deficiências). O Children Act reconheceu pela primeira vez o cuidado em creches como um desses serviços, porém as pesquisas conduzidas por Dillon e Statham descobriram que, longe de aumentar o acesso das crianças a esse serviço, os critérios para a oferta de cuidado em creches financiada pelo governo estavam tornando-se cada vez mais severos, e que havia muito poucas vagas disponíveis – alcançando menos de 2% das crianças menores de 5 anos. Com a diminuição no número de creches da prefeitura, as vagas subsidiadas estão cada vez mais limitadas à ocupação por meio período e por um tempo relativamente curto em creches particulares ou domiciliares (Statham, 2003).

O problema nas creches é que, quando se forma um grupo apenas de crianças extremamente desfavorecidas, tanto elas quanto as pessoas que cuidam delas sofrem. As cuidadoras perdem seu senso de normas do desenvolvimento e aceitam um nível baixo de progresso e realizações. Elas podem também ficar desestimuladas e subjugadas pelo peso dos problemas que essas crianças têm de enfrentar em seu cotidiano.

A iniciativa do programa Sure Start reconhece esse perigo, adotando uma abordagem baseada na comunidade, em lugar de uma dirigida a indivíduos, para oferecer esse serviço. O programa funciona em distritos com mais ou menos 800 famílias, sendo as vagas nas creches locais alocadas tendo por base o endereço de residência, como acontece nas *Nursery schools*. Até certo ponto, esse é um movimento em direção a um serviço universal e não estigmatizante, desconectando-se da ênfase colocada pelo Children Act de 1989 na função compensatória do cuidado em creches, particularmente em relação à proteção das crianças de abuso ou negligência. No entanto, devido aos projetos Sure Start estarem concentrados em áreas de população desfavorecida, ainda há probabilidade de que haja um número desproporcional de famílias em situação de pobreza, algumas com problemas severos.

O CUIDADO EM CRECHES E A PROTEÇÃO DA CRIANÇA

Dentre as famílias em dificuldades que utilizam creches e centros familiares ou dispõem de vagas subsidiadas em creches domiciliares, uma pequena proporção admite ser ou foi julgada culpada por maltratar seus filhos, e um número ainda maior foi encaminhado por visitadoras de saúde ou assistentes sociais que acreditam haver risco de que as crianças sejam maltratadas. Também é importante que as cuidadoras recordem que, embora os maus-tratos de crianças estejam fortemente conectados à pobreza e à privação, eles não ocorrem somente em um segmento da sociedade. As famílias que têm excelentes condições em termos materiais também podem vivenciar dificuldades de relacionamento, abuso por parte de um dos parceiros e problemas de adicção, ou ter ideias errôneas sobre a disciplina. As crianças que pertencem a famílias de classe média não são imunes a abusos físicos, sexuais e emocionais – e muitas questões discutidas neste capítulo são relevantes tanto para as creches particulares quanto para aquelas comunitárias ou da prefeitura. As pessoas que escrevem sobre a proteção infantil às vezes mencionam o cuidado em creches como um recurso importante, porém é óbvio que poucas delas têm mais do que um conhecimento tênue acerca das creches (veja, por exemplo, Beckett, 2003). Ann Buchanan (1996, p. 172) constitui-se em notável exceção ao descrever o cuidado em creches como "central para as estratégias que buscam quebrar ciclos de maus-tratos sociopolíticos das crianças". O cuidado em creches não é mencionado no Chief Inspectors' Report (Relatório dos Inspetores Gerais) (2002) sobre as medidas para a proteção infantil, e recebe somente uma referência passageira no guia oficial para o trabalho interagências (DoH et al., 1999). Isso se torna ainda mais surpreendente se considerarmos o fato de que as crianças bem pequenas são as que têm mais probabilidade de morrer ou sofrer danos físicos sérios em decorrência de abuso ou de negligência (Hall e Elliman, 2003).

Para as cuidadoras, o impacto desse aspecto de seu trabalho pode ser devastador. Julia Gilkes (1988) escreveu sobre o choque e a descrença que as cuidadoras vivenciam quando encontram evidências de que crianças com 2 ou 3 anos foram abusadas sexualmente, e o estresse emocional que isso causa. O treinamento e o apoio são essenciais. Todas as educadoras, e não somente a diretora da creche, devem conhecer as diretrizes e os procedimentos em relação à proteção infantil. A maioria das prefeituras oferece treinamento multiprofissional, mas isso em geral não se estende às cuidadoras. Os administradores de creches devem insistir que todas as funcionárias tenham acesso ao treinamento, não apenas a respeito de procedimentos ou reconhecimento, mas para capacitá-las a se familiarizarem com o pensamento moderno sobre a natureza do abuso infantil e as abordagens para o tratamento.

Por exemplo, devido ao abuso infantil ter sido identificado e descrito primeiramente em um centro médico, enfatizava-se o diagnóstico – o ferimento foi acidental ou não? – e as características dos pais, que eram vistos como perturbados e anormais. Agora existe uma melhor compreensão de que o abuso infantil é definido sob os pontos de vista social e cultural. Ocorreu uma mudança teórica que permite que o abuso infantil seja cada vez mais entendido no contexto mais amplo da comunidade e da sociedade. A pobreza e a impotência são determinantes mais importantes da maneira como as pessoas tratam seus filhos do que as características pessoais ou a história familiar dessas pessoas, embora todos esses fatores interajam para produzir o fenômeno que chamamos de abuso. Beckett (2003) utiliza uma série de vinhetas para ilustrar como o estresse cumulativo de viver na pobreza coloca os pais sob maior risco de maltratarem seus filhos.

Owen Gill (1992) escreveu um relato vívido da vida familiar em um condomínio em uma rua de Bristol, que mostra o quão difícil é ser um pai, ou uma mãe, "bons" nas circunstâncias que essas famílias têm de enfrentar. Quase todos estavam desempregados (e, sem emprego, não há creche), tinham renda muito baixa provinda de benefícios governamentais (tornada ainda menor devido a descontos na fonte) e moravam em apartamentos que não haviam sido projetados para famílias com filhos. Seu ambiente imediato era cheio de lixo e perigo, e eles não tinham recursos para aliviar sua situação por meio da creche ou de recreação para eles mesmos. Da mesma forma que Gil (1973) e Parton (1985), Owen Gill argumenta que a sociedade como um todo é culpada do abuso, por falhar em prover os pais com uma renda adequada às demandas que criar uma criança traz, ou por não propiciar um ambiente que conduza ao desenvolvimento emocional, físico e intelectual.

As cuidadoras devem ter em mente essas perspectivas mais amplas para manter uma atitude não julgadora e não cair na armadilha de culpar as vítimas – que são tanto os pais quanto as crianças (Andrews e Jacobs, 1990). Isso não altera sua responsabilidade básica de proteger a criança, mas salienta a importância de considerar a situação de vida da família como um todo, em vez de focar exclusivamente a relação pais-crianças.

AS FUNÇÕES DO CUIDADO EM CRECHES PARA FAMÍLIAS SOB ESTRESSE

Um fator que complica as tarefas das funcionárias em uma creche com uma alta proporção de crianças cujas famílias enfrentam problemas graves é que a creche serve a funções diferentes para a criança, os pais e a instituição encaminhadora. Alguns dos dilemas que surgem para as cuidadoras originam-se das tentativas de negociar as necessidades e demandas conflitantes desses três grupos.

Considerando em primeiro lugar os encaminhadores – médicos, visitadoras de saúde, assistentes sociais e outros profissionais –, o cuidado em creches representa o recurso mais eficaz que eles têm a oferecer, e uma primeira forma de defesa contra o pior desastre: a morte de uma criança, pela qual eles podem ser responsabilizados. Para os assistentes sociais, uma creche, ou uma vaga subsidiada pelo governo na instituição, ocupa uma posição intermediária entre deixar a criança com uma família, que pode ser potencialmente perigosa, e encaminhá-la a um abrigo do Estado ou buscar uma ordem judicial de guarda. As funções da creche que são mais importantes para esses profissionais consistem em oferecer um pouco de alívio para os pais, o que pode capacitá-los a cuidar melhor da(s) criança(s), e monitorar a criança visando a identificar sinais de abuso ou negligência.

Para os pais – em sua maioria as mães – a creche pode cumprir muitos propósitos diferentes. Predominantemente, o mais importante é oferecer alívio da responsabilidade de cuidar da criança 24 horas por dia. Isso é verdadeiro, mesmo no caso das creches que insistem que os pais ou mães fiquem com seus filhos. Na creche, ao menos eles não são os *únicos* responsáveis pela criança. A creche é importante também como um centro social, um local para encontrar pessoas que estão na mesma situação ou similar e trocar problemas e ideias. A creche pode ainda ser muito útil como o local mais acessível para contatar um profissional instruído, que está preparado para escutar e dar conselhos.

Se houver empregos disponíveis no bairro, a creche pode transformar a vida de uma mãe solteira (geralmente a mãe, e não o pai) ao tornar possível que ela trabalhe em vez de depender do benefício do seguro social (Land, 2002).

Embora os pais via de regra acolham a oportunidade que a creche oferece ao seu filho de brincar mais livremente do que o faria em uma casa com condições restritas, de correr por aí e gritar no jardim sem perturbar os vizinhos, as experiências da criança, desde que ela não fique obviamente infeliz, são secundárias para eles. É provável que a ideia de adquirir habilidades parentais esteja entre seus últimos objetivos – ao passo que essa ideia é muito valorizada por assistentes sociais e visitadoras de saúde. Geralmente os pais pobres são bem claros ao afirmar que eles poderiam cuidar de seus filhos muito bem, se suas condições de vida não fossem tão difíceis. Assim, um problema que surge para as cuidadoras é que os pais e as assistentes sociais podem ter ideias muito diferentes acerca dos motivos pelos quais uma vaga na creche foi oferecida à criança, e o que a criança deve alcançar frequentando a creche.

Quando o foco é o trabalho com os adultos, há algum risco de que as necessidades da criança sejam negligenciadas. Isso claramente aconteceu em algumas creches e centros familiares que observamos, nos quais se exigiu demasiado das funcionárias e, como resultado, a qualidade do cuidado e da educação oferecida às crianças decaiu. É crucial que as educadoras lembrem que sua tarefa principal é a mesma, seja em relação a uma criança proveniente de uma família em dificuldades, seja em relação a qualquer outra criança: oferecer um cuidado afetivo, individualizado e responsivo.

A função educacional do cuidado de crianças é ainda mais importante para aquela que teve um início pobre, e isso se aplica tanto aos bebês quanto às crianças de 4 anos. O cuidado pode requerer, então, esforços planejados e, sobretudo, paciência. Por exemplo, a maioria dos bebês de 9 ou 10 meses, mesmo aqueles que têm uma índole cautelosa, começará a explorar o Cesto de Tesouros poucos minutos após ter sentado-se ao lado dele. Uma criança cujo instinto de explorar o ambiente tenha sido suprimido rudemente pode necessitar muito de encorajamento e confirmação de suas capacidades, feitos de maneira suave, antes que se sinta confiante o bastante para estender as mãos para pegar um objeto.

Dividindo as responsabilidades com os pais

A maioria das cuidadoras conhece muito bem o perigo de "abraçar as responsabilidades" que seriam dos pais, deixando-os com a sensação de que são ainda menos competentes e que têm menos controle de suas vidas do que antes. A dificuldade reside no fato de que as famílias que passam por estresse severo muitas vezes estão preocupadas demais com seus problemas para manter uma visão global do desenvolvimento de seus filhos e realizar tarefas que são essenciais para o bem-estar destes.

A maioria das mães, por exemplo, dá alta prioridade a "manter as crianças saudáveis" (Mayall, 1986), e em geral conseguem fazê-lo, muitas vezes apesar de dificuldades consideráveis, porém algumas não percebem que uma criança precisa de cuidados médicos, ou não têm energia suficiente para fazer algo a respeito. Há muitas razões pelas quais os pais podem mostrar-se relutantes em levar uma criança ao médico, que vão desde uma desconfiança geral em relação a esses profissionais até um medo específico de serem criticados. A mãe ou o pai podem saber que o problema existe já há algum tempo, mas têm medo de ser culpabilizados por não terem levado a criança ao médico antes. Uma razão mais assustadora pode ser o medo de que um exame médico possa revelar marcas e cicatrizes causadas por machucados causados pelos próprios pais ou por outros adultos.

Sonia visitou um centro familiar administrado por uma organização voluntária e dirigido por uma assistente social que tinha um compromisso resoluto com a política de "delegar poderes" (*empowering*) aos pais. A organizadora assumiu a visão de que levar a criança ao médico era uma tarefa da mãe, e de que qualquer iniciativa nesse sentido por parte das cuidadoras iria minar a autoestima dos pais. Havia crianças nesse centro que estavam cobertas de feridas, uma criança com uma hérnia não tratada, outra sofrendo obviamente com dores advindas de uma infecção no ouvido (o que ocorria com frequência, de acordo com uma das cuidadoras). Não foi surpreendente saber que nesse centro havia ocorrido há pouco tempo uma epidemia de disenteria.

Embora esse seja um caso extremo, ele ilustra o perigo de aderir a uma posição teórica que vai obviamente contra o senso comum. Se uma mãe ou um pai é incapaz ou não quer proteger a saúde do filho, claramente a creche tem a responsabilidade de agir. É claro que esse era o propósito inicial das creches quando foram criadas, mas, às vezes, esse propósito se perdia quando da transferência de gerenciamento das mãos do Ministério da Saúde (Health Services) para o Seguro Social (Social Services) na década de 1970.

TRABALHO ATIVO COM OS PAIS

As crianças que estão no Child Protection Register (Serviço de Proteção à Infância), ou sob risco de serem afastadas de suas famílias, muitas vezes são encaminhadas a creches ou centros familiares por assistentes sociais, com a declarada expectativa de que a creche "trabalhará" com os pais, mas muitas vezes deixa-se muito vago em que realmente consistirá esse trabalho. Há também uma forte tendência, por parte dos assistentes sociais, de reduzir o seu contato com a família assim que uma vaga na creche tiver sido alocada, deixando a creche sozinha para cuidar do problema. Isso é compreensível, porém, a menos que a creche disponha de seu próprio assistente social, um acordo para que a creche e os assistentes sociais externos continuem a trabalhar em conjunto tem mais probabilidade de levar a resultados melhores para a criança e sua família.

Quem são os pais?

Uma questão importante a ser estabelecida é: quem são os adultos cujo relacionamento ou comportamento em relação à criança a creche pode tentar modificar ou mudar? No passado, simplesmente se assumia que o "pai" (*parent*) ou genitor em questão era a mãe, e só recentemente isso começou a ser questionado. Analisada do ponto de vista do risco para a criança, uma abordagem que enfoca com exclusividade a mãe é claramente inadequada. Embora haja mais mulheres do que homens envolvidos em casos de abuso infantis, isso acontece principalmente porque elas passam muito mais tempo com seus filhos e têm muito mais probabilidade de criá-los sozinhas. Casos de maus-tratos físicos sérios, ou morte, quase sempre envolvem um homem, e é claro que a preponderância de homens como abusadores sexuais é dominante. Apesar disso, pesquisas sobre trabalho contínuo feito em seguida a conferências sobre casos de abuso infantil mostram que homens adultos raramente estão envolvidos (Corby, 1987).

O Children Act de 1989 aumenta enormemente as categorias de adultos reconhecidos por terem um interesse legítimo na criança: avós, tios e tias, amigos da família e irmãos e irmãs mais velhos. As creches, às vezes, adotam uma postura crítica em relação às famílias, quando acontece de pessoas diferentes aparecerem para buscar a criança. Algumas chegam mesmo a insistir que apenas a mãe ou o pai, ou apenas um adulto, pode buscar a criança. Isso implica ignorar os variados padrões de cuidado e criação das crianças, que prevalecem em culturas diferentes, mas também deixa de aproveitar a oportunidade de encontrar e estabelecer vínculos com membros da rede de apoio natural da criança. O trabalho ativo com as famílias implica identificar os adultos que são significativos na vida da criança, e pode, às vezes, requerer, em colaboração com uma assistente social, que os vínculos que são potencialmente úteis e que se enfraqueceram por falta de estímulo e contato sejam revividos.

Para a maioria das crianças, "pais" serão quaisquer pessoas responsáveis pelo seu cuidado cotidiano, em geral a mãe e qualquer outro adulto que more com eles. É claro que é mais provável que esse "outro adulto" seja o companheiro da mãe, seja ou não o pai da criança. Como indicamos no Capítulo 12, a organizadora e a educadora-referência têm um papel crucial: determinar as atitudes do homem em relação à creche. É inevitável que ocorram situações ambíguas, por exemplo, quando o relacionamento é relativamente recente ou frágil, mas é virtualmente impossível para um homem permanecer desvinculado do filho pequeno de sua companheira. A necessidade constante de cuidado físico e proteção que as crianças pequenas têm, e sua capacidade de incomodar e perturbar os adultos, pelo choro ou pela exploração inocente, mas destrutiva, assegura que qualquer adulto que more com a criança e a mãe terá de compartilhar da tarefa de cuidar dela, seja positiva ou negativamente.

Portanto, é essencial que, quando a frequência da criança à creche é baseada em um acordo ou contrato, o que é especialmente desejável em situações de risco presumido ou quando a criança está no Child Protection Register, ele inclua explicitamente o pai (ou o pai substituto). Qualquer abordagem nova em relação ao cuidado da criança deve ser consistente, e não alcançará sucesso, a menos que todos os adultos envolvidos estejam de acordo.

As cuidadoars também devem ser claras a respeito de sua posição quando os pais são separados ou divorciados. Às vezes pode haver uma ordem judicial de restrição das visitas, mas caso não haja, o pai natural (assumindo que a mãe faz uso do cuidado em creche) também tem o direito de ter informações sobre as experiências de seu filho na creche, e isso precisa ser organizado consultando-se a mãe e a assistente social (se houver uma). Muitas vezes, os centros familiares oferecem aposentos para as visitas do pai, o que permite que as funcionárias fiquem conhecendo-o, porém, se a criança passa somente os fins de semana ou feriados com o pai (e, às vezes, com sua nova companheira), as cuidadoras podem não ter contato com essas pessoas significativas na vida da criança, a menos que sejam feitos esforços especiais.

Mudando o comportamento

As educadoras têm de reconhecer que possuem possibilidades limitadas de alcançar mudanças fundamentais na maneira como as pessoas tratam seus filhos. É claro que isso não significa que elas não devam fazer esforços para melhorar relacionamentos ou modificar comportamentos na relação pais-filhos. Há várias abordagens diferentes direcionadas a alcançar o mesmo objetivo amplo: primeiro, ajudar os pais a se divertir com seus filhos, em vez de percebê-los como uma carga irritante que têm de carregar; segundo, capacitá-los a aprender mais acerca do desenvolvimento infantil, e assim achar seus próprios filhos mais interessantes e ter expectativas mais realistas em relação a eles e, terceiro, aumentar sua autoestima e consciência do seu papel primário no desenvolvimento da criança.

Na prática, tais objetivos aparecem interligados. Por exemplo, a transmissão do modelo consiste em uma das formas mais eficazes de expor os pais a maneiras diferentes de se comportar. Se as cuidadoras sempre falam com as crianças com uma voz calma e afetuosa, os pais que passam algum tempo na creche gradualmente ajustarão seu próprio estilo de comunicação. Eles perceberão que outras formas de controle são muito mais eficazes do que gritar ou bater, o que, de qualquer maneira, não é permitido na creche – o que já terá ficado claro para eles. As abordagens para lidar com as crianças discutidas nos últimos dois capítulos talvez precisem ser mais explanadas e demonstradas, quando forem muito diferentes da maneira como os pais se acostumaram a se relacionar com a criança.

Alguns pais acham difícil demonstrar afeto físico aos seus filhos e filhas, chegando mesmo a não gostar de tocá-los, a não ser para prestar o cuidado físico mínimo. Uma técnica útil para superar sentimentos desse tipo é o brincar relacional, descrito no Capítulo 12 (Sherborne, 1990). Outra técnica consiste em adotar uma abordagem comportamental.

Darren, de 2 anos, chegou à creche sofrendo de negligência física e privação emocional graves. A assistente social da família pensou em encaminhá-lo para adoção temporária, e não era muito otimista com relação à habilidade da mãe solteira de cuidar dele. A mãe, Susan, insistiu que ela desejava ficar com a criança, porém a educadora-referência de Darren notou que ela parecia evitar qualquer tipo de contato físico com ele. Mais tarde, Susan confidenciou que ela sempre quis um bebê que ela pudesse botar no colo e acariciar, mas Darren sempre havia sido "desamoroso". Ela percebeu que sua relutância em tocar Darren havia contribuído para a negligência e queria mudar, mas não sabia como.

A cuidadora tomou para si a tarefa de lidar com esse problema junto com Susan, ao mesmo tempo em que a assistente social tomou medidas práticas para melhorar as condições da casa de Susan e garantir que ela recebesse os benefícios sociais a que tinha direito. Juntas, a educadora-referência e Susan fizeram uma lista de todas as formas de contato físico e proximidade que podem ocorrer entre uma mãe e seu filho, e Susan ordenou então essas formas de acordo com a dificuldade que tinha de realizá-las. A cada semana, elas formulavam um plano para Susan conseguir realizar a próxima forma na lista de dificuldades. Se Darren resistisse, como, por exemplo, quando Susan pegou sua mão quando caminhavam, ela deveria resignar-se e tentar novamente mais tarde. Para começar, o progresso foi lento, e a educadora teve de encorajar muito e pensar em maneiras como o contato físico pudesse acontecer casualmente. Mas de forma gradual Darren começou a reagir à mudança de comportamento de sua mãe e, inesperadamente, Susan achou isso tão gratificante que passou aceleradamente pelos últimos estágios do programa, conseguindo reagir logo com um beijo e um abraço, quando Darren sentava-se espontaneamente no seu colo. Ela começou a se sentir mais interessada por sua própria aparência e a de seu filho. Foi mais fácil para ela fazer isso, uma vez que sua assistente social conseguiu que a eletricidade de sua casa fosse reconectada, ao menos durante parte do dia, de forma que ela pudesse dispor de água quente.

Mudando percepções

Alguns pais, em especial aqueles que são muito imaturos e sofreram um tratamento rude e inconsistente em sua própria infância, têm uma visão negativa de seus filhos, percebendo o comportamento normal infantil como deliberadamente hostil e destinado a irritá-los. Eles evitam a interação com os filhos sempre que possível, assim provocando comportamentos de busca de atenção que acham irritantes e aos quais reagem de forma abusiva.

Uma técnica que pode ajudar a quebrar esse círculo vicioso é o uso de vídeos. Através de uma câmera de vídeo, parece que os pais veem a criança com outros olhos, como alguém com uma identidade separada deles, como uma pessoa independente. Pela primeira vez desde que a criança era um bebê, eles podem vê-la como um ser passível de ser amado. Em geral, eles têm grande prazer durante a filmagem e ao assistir o vídeo com a educadora. Se a sessão de vídeo é repetida muitas vezes ao longo de dois ou três meses, eles têm a chance de observar e se orgulhar do desenvolvimento das habilidades de seu filho. Essa técnica também permite que eles percebam que a criança pode brincar de forma ativa, sem perturbar ou destruir.

A educadora-referência pode gravar em vídeo a mãe e o pai brincando com a criança, alimentando-a, dando banho ou trocando suas roupas. Ao assistir à fita, os pais têm pouca dificuldade em perceber as fraquezas na maneira com que interagem com a criança, a severidade com que a controlam ou passam por cima das tentativas dela de afirmar seus desejos. Entretanto, a cuidadora apenas comenta os aspectos positivos de seu comportamento – um dos pais estabelecendo contato visual com a criança, reagindo a sinais não verbais, falando com a criança com um tom de voz afetuoso. Para os pais que acham difícil ter uma relação pacífica com a criança, talvez seja necessário primeiro pedir-lhes que fiquem gravando com a câmera enquanto a educadora brinca com a criança, falando sobre o que ela está fazendo e modelando uma responsividade atenta.

Alguns pais sentem-se tão desconfortáveis ao brincar com seus filhos que só conseguem manter a atividade por alguns minutos de cada vez, de maneira que as primeiras sessões devem ser bastante curtas e pouco a pouco se transformando em atividades mais complexas e desafiadoras. O princípio mais importante é evitar qualquer crítica implícita, o que provavelmente evocaria uma posição defensiva agressiva ou apatia e distanciamento. As autocríticas podem ser aceitas objetivamente, mas relacionadas a uma crítica positiva. Por exemplo, ao rever o vídeo, Sally pôde ver que ela constantemente interferia no brincar de seu filho pequeno, e impunha suas ideias a ele:

> – Ah, agora entendo que não devia ter tirado o tijolo amarelo daquele jeito – porque isso fez ele chorar. Eu só não queria que ele estragasse o padrão.
> – Sim, talvez ele tivesse um outro padrão em mente. Ele parecia satisfeito quando indicou com a mão o tijolo verde e você o deu a ele, né? Você ter entendido o que ele estava dizendo foi muito bom.

Há muitas coisas contidas nessa breve troca comunicativa. A educadora-referência confirma a percepção de Sally de seu filho como um indivíduo com suas próprias ideias, mesmo que ele não consiga expressá-las em palavras. Sally é elogiada por atender e responder ao seu bebê, e, assim, é mais provável que ela aja do mesmo jeito no futuro. A mensagem subjacente é que as comunicações das crianças são importantes, e que se os adultos se esforçarem para compreendê-las, eles serão recompensados com sorrisos, em vez de choro.

O vídeo está provando ser uma ferramenta eficaz para ajudar os pais a ser sensíveis ao desenvolvimento de seus filhos, sem ter de fazer uso de métodos coercivos. Devido ao seu efeito distanciador, ele parece ser menos ameaçador do que os métodos mais diretos, para os pais que já se sentem pressionados. No Canadá, ele já é amplamente utilizado em creches e em projetos de prevenção ao abuso infantil (Wolfe, 1991). Na Holanda há um programa de treinamento doméstico bem-estabelecido a respeito do uso de vídeo, no qual profissionais especialmente treinados levam essa ferramenta até os lares das famílias que têm crianças com problemas de audição (Colton et al., 2001; Janssens e Kemper, 1996).

Trabalho em grupo com os pais

Muitas creches e centros familiares constroem seu programa de envolvimento parental em torno dos grupos, mas muito pouco tem sido escrito sobre a utilização de trabalho em grupo com famílias em dificuldades. Os grupos de discussão sobre abordagens alternativas para criar as crianças e maneiras de lidar com os problemas de comportamento são bastante comuns, porém aqui gostaríamos de nos concentrar em tipos de grupos mais raros, que unem filhos e pais. Dois tipos bastante diferentes, embora com características em comum, são os *grupos de crescimento* (*nurture groups*) e os *grupos de comunicação*.

Os grupos de crescimento advêm da teoria de que algumas mães são incapazes de reconhecer ou satisfazer as necessidades de seus filhos, porque vivenciaram muito pouco amor e cuidado em suas próprias vidas. O grupo é organizado de forma a oferecer, à mãe e ao seu filho ou à sua filha, a possibilidade de ter essas vivências.

Uma creche oferece um grupo de crescimento semanal, em 10 encontros de duas horas, em uma sala separada da área principal de atividades. Participam três ou quatro pares, formados pela mãe e seu filho, junto com a cuidadora. A sala, aquecida, convidativa, acarpetada e mobiliada de forma a propiciar conforto, é preparada antecipadamente, oferecendo atividades diferentes adequadas às idades das crianças. Cada encontro começa com o brincar relacional, como descrito no Capítulo 12, e termina com uma sessão de relaxamento com música. Entre essas atividades, a mãe e a criança brincam juntas em uma atividade por vez (embora possam fazer pausas para ler uma história ou trocar abraços) A mãe é estimulada a seguir os passos da criança e a responder aos seus sinais. O encontro é sempre seguido de uma refeição coletiva, na qual a atmosfera calma e acolhedora é mantida por um planejamento prévio cuidadoso (ver Capítulo 10).

As mães que participam desse grupo em geral apreciam muito. Algumas sentem que realmente gostaram muito de brincar com seus filhos pela primeira vez. Elas ficam surpresas com o longo tempo no qual as crianças podem permanecer concentradas em algo tendo ao seu lado a presença atenta, porém não intrusiva, de um adulto, e também com a amplitude de assuntos que elas acham para servir de tópico de conversação, mesmo quando a criança ainda está no estágio pré-verbal. Elas vêm a confiar na líder do grupo e são mais receptivas às sugestões desta, assim como também se conhecem melhor e fazem amizades, que em alguns casos continuam fora da creche e constituem o início da rede social de que tanto precisam.

O estilo da líder nesse grupo provavelmente seria descrito como sentencioso, pois, embora suas maneiras sejam bastante gentis, ela determina a forma e o conteúdo dos encontros, argumentando que parte da criação das crianças consiste em estabelecer limites claros, e aliviando as mães temporariamente da necessidade de tomar decisões.

Um tipo diferente de grupo, formado em uma creche de Londres que tem uma alta porcentagem de crianças das quais se sabe que sofreram algum tipo de abuso, enfocou a comunicação e utilizou um estilo de liderança mais democrático. Nesse caso, a creche estava comprometida com um trabalho interprofissional, e os encontros eram colideridos por uma cuidadora e uma assistente social.

O valor dos grupos no auxílio à comunicação é bem documentado (Brown, 1992; Heap, 1985), e a inibição da comunicação é uma característica típica de famílias que abusam de suas crianças (Dale et al., 1986). Os pais muitas vezes encontram dificuldades em expressar seus sentimentos e ideias, interpretam erroneamente os sinais e os comportamentos de seus filhos, e passam a eles mensagens confusas. Dale sugere que, nessas famílias frustradas e desarticuladas, a violência física e o abuso sexual às vezes representam tentativas desesperadas e distorcidas de se comunicar com as crianças.

Todas as cinco famílias que participaram do grupo reconheceram que tinham problemas de comunicação com seus filhos e que desejavam trabalhá-los. Junto com a cuidadora, cada família identificou metas pessoais que esperava alcançar participando do grupo. No primeiro encontro, elas concordaram quanto às metas do grupo e a como ele deveria ser coordenado (uma das questões difíceis que surgiram foram os limites do sigilo, pois todas as famílias estavam no Child Protection Register). Os encontros incluíram jogos em grupo envolvendo a colaboração entre os pais e a criança e também entre as diferentes famílias, tarefas dentro da família relacionadas a metas individuais, observações de crianças entretidas com atividades selecionadas e organizadas pelos pais, além de relaxamento, utilizando técnicas e tipos de música variados.

A música também foi utilizada como uma forma de comunicação não verbal, e os pais, em especial os homens, que estavam relutantes em participar de jogos em grupo, que viam como infantis, combinaram-se alegremente para produzir um espetáculo musical.

As mães e os pais que participaram desse grupo fizeram algum progresso em relação a alcançar suas metas pessoais. Ficaram surpresos com a participação das crianças nos exercícios de relaxamento e pelo fato de elas terem ficado tão quietas quanto os adultos, pois antes as viam sempre como barulhentas e perturbadoras. A maioria dos pais e das mães entendeu a ideia de escutar ativamente seus filhos, e sentiu-se apoiada ao ver outros pais e mães fazendo a mesma coisa. Paradoxalmente, por meio dos exercícios em grupo, eles perceberam sua dificuldade em se comunicar de forma construtiva com outros adultos, algo que a maioria não havia reconhecido antes como um problema.

As cuidadoras sentiram que coordenar o grupo era uma forma eficaz de intervenção e um uso econômico de seu tempo. O grupo propiciou às famílias a oportunidade de aprender umas com as outras e de utilizar os pontos fortes umas das outras; elas sentiram-se menos pressionadas e isoladas e mais esperançosas de serem capazes de mudar. Os elementos principais para esse sucesso foram o pré-planejamento bem cuidadoso realizado pelas duas funcionárias e a líder do projeto e um esforço determinado para incluir as famílias em todos os momentos do projeto – estabelecer a agenda, discutir os objetivos, decidir os conteúdos, avaliar os resultados. Esse tipo de trabalho não pode ser feito sem o apoio total da administração, que permite que as cuidadoras tenham tempo para o planejamento e a avaliação, e assim como oferece espaço e equipamentos adequados para as atividades.

TRABALHANDO COM OUTROS PROFISSIONAIS

Coordenar grupos como os que foram descritos aqui requer habilidade e experiência que podem não estar disponíveis na equipe da creche ou do centro familiar. O treinamento com esses grupos no local de trabalho deve ser inserido no plano de desenvolvimento das funcionárias. Outra forma que as cuidadores têm de adquirir habilidades relativas ao trabalho com grupos é trabalhar com outros profissionais. Além disso, todas as investigações sobre abuso infantil realizadas depois de Maria Colwell (DHSS, 1974) enfatizaram a necessidade de colaboração interprofissional para que as crianças sejam protegidas de forma adequada. Para as crianças bem pequenas, a creche tem um papel fundamental, pois é a instituição que tem um contato mais frequente e regular com a criança e seus pais, e está em uma posição melhor para coordenar os serviços de acordo com os interesses deles. Não frequentar a creche é muitas vezes o primeiro sinal de que algo vai muito mal.

Quando uma criança é devolvida ao seu lar, depois de um "período probatório" após um incidente de abuso ou um período passado em alguma instituição infantil governamental, e é oferecida uma vaga em uma creche ou em um centro familiar, como forma de apoio, a educadora-referência da criança deve trabalhar em colaboração estreita com o assistente social, e ter bem claras as condições em que a criança foi devolvida à família, e ainda qual o plano de contingência a ser posto em prática, caso a família não se mostre capaz de cuidar da criança de forma aceitável.

Esse grupo de crianças é altamente vulnerável, como Farmer e Parker (1991) demonstraram em seu estudo *Trials and tribulations* (Períodos probatórios e atribulações). Uma vez que se tenha decidido que a criança será devolvida à sua família, reluta-se em retirá-la novamente da casa familiar, mesmo quando existem razões óbvias para causar preocupação. A visão profissional da cuidadora pode ser uma fonte vital de apoio para o assistente social, nessa situação.

A organizadora deve estabelecer uma expectativa de que as assistentes sociais não encaminhem simplesmente as famílias para a creche e depois se retirem do trabalho. Tanto em nível individual quanto no grupal, o trabalho pode ser muito mais eficaz quando as tarefas são compartilhadas, como aconteceu no caso de Susan e Darren, descrito anteriormente. A coliderança de grupos também é altamente recomendável (Colton et al., 2001), tendo muitas vantagens práticas – menos demandas para as cuidadoras, uma gama mais ampla de conhecimentos e uma chance de a cuidadora aumentar sua familiaridade com o centro da creche.

Algumas crianças, por terem sofrido abusos no passado, chegam à creche profundamente perturbadas e apresentam muitas dificuldades para os pais, as pessoas que fazem adoção temporária ou as crecheiras que lidam com elas. Pode-se pedir a uma psicóloga para ir à creche e observar a criança, ajudando as funcionárias e as cuidadoras a formular um plano de tratamento. A ludoterapia pode ajudar as crianças mais velhas, embora a maioria das terapeutas prefira trabalhar com crianças com mais de 4 anos. Um número crescente de ludoterapeutas vem desenvolvendo uma perícia especial no trabalho com crianças que sofreram abusos graves (Cattanach, 1992; West, 1992), mas há problemas, pois a terapia costuma ser de longa duração e o comportamento pode se tornar pior nos estágios iniciais, o passível de ser muito difícil em um *setting* de grupo.

QUANDO O CUIDADO NA CRECHE NÃO É SUFICIENTE

Muitas investigações sobre casos de abuso infantil resultantes em morte salientaram o risco de conluio entre os assistentes sociais e os pais. Um exemplo notório foi o caso de Jasmine Beckford (London Borough of Brent, 1985), em que o relatório comentava que a interpretação mais favorável era sempre relacionada ao comportamento dos pais, mesmo quando as crianças estavam sofrendo crueldades horríveis. O mesmo risco ocorre no contato diário na creche entre a educadora-referência e o pai ou a mãe. É provável que ambos vejam a educadora-referência como uma amiga e, embora esta de início tenha consciência de que seu papel também consiste parcialmente em vigiar, isso pode ser esquecido rapidamente.

Por seu lado, a cuidadora pode ficar dividida entre a compaixão que sente em relação aos pais, suas dívidas, seus problemas de relacionamento e suas condições de vida miseráveis, e a sua consciência quanto à vulnerabilidade da criança. Ela se encontra em uma posição melhor do que a da assistente social para perceber sinais de abuso físico no processo normal de cuidado corporal da criança, e o abuso sexual muitas vezes é revelado por meio do seu brincar e desenhar (Briggs e Lehmann, 1989). Entretanto, as indicações muitas vezes são ambíguas, e há uma grande tentação de ignorá-las ou esperar que apareçam mais provas, de forma a procrastinar a necessidade de agir. Especialmente nos casos em que a família já frequenta a creche há vários meses, foram construídos bons relacionamentos e há um senso de realização, pode parecer uma derrota iniciar um processo que pode muito bem resultar na retirada da criança da família e provavelmente também da creche.

Nessa situação, é essencial que a educadora-referência compartilhe suas ansiedades imediatamente com uma funcionária mais antiga. Ela deverá escrever uma descrição cuidadosa do que observou – machucados, queimaduras, brincadeiras sexualizadas, revelações verbais, construindo um registro preciso das datas, épocas e nomes. Pode-se então decidir qual a ação mais apropriada a ser efetivada, consultando o assistente social da criança e agindo de acordo com os procedimentos estabelecidos pelo Departamento de Serviços Sociais (DoH, 1999).

A educadora-referência talvez tenha trabalhado duro, quando do encaminhamento, para superar seus sentimentos iniciais de raiva e nojo em relação aos pais da criança abusada. Conhecendo-os como indivíduos, e talvez chegando mesmo a gostar deles, pode ser muito doloroso ter de depor contra eles em uma conferência sobre casos, ou no tribunal, e ter de enfrentar a raiva deles em relação ao que provavelmente verão como uma traição.

Em uma situação assim, a cuidadora precisa de vários tipos de apoio. A oportunidade de discutir sentimentos de decepção, inadequação e tristeza na supervisão e junto ao grupo de colegas é importante tanto para ela quanto para as outras cuidadoras. A organizadora também precisa lembrar que qualquer grupo de funcionárias pode ter uma ou mais pessoas que sofreram abusos elas próprias. Dependendo de como se lida com a discussão, uma revelação dessas pode ser libertadora ou traumática. Pode-se ter de lidar com questões pessoais não resolvidas fora da creche, estimulando a cuidadora a procurar aconselhamento ou a participar de um grupo anônimo de sobreviventes de incesto.

Quando há somente um homem no grupo de funcionários, o que não é incomum, ele pode se sentir especialmente pressionado durante as discussões sobre o abuso sexual. Alguns departamentos de serviço social reconheceram essa questão e criaram grupos de apoio para homens que trabalham em *settings* da primeira infância.

Além do estresse emocional, surgem também problemas para as crecheiras, devido ao seu baixo *status*. De todas as pessoas envolvidas com a família, é provável que elas sejam as que possuem o conhecimento mais detalhado sobre a criança, e um melhor entendimento a respeito de suas necessidades. Elas certamente são as pessoas que têm mais habilidade em se comunicar com crianças bem pequenas. No entanto, sua perícia no assunto é muitas vezes menosprezada por outros profissionais, ou dá-se menos valor às suas opiniões, em comparação com as opiniões de assistentes sociais e psicólogas, que podem ter visto a criança e sua família apenas uma ou duas vezes.

As cuidadoras precisam de treinamento para participar de maneira eficaz de conferências sobre casos e expressar seu ponto de vista de forma clara e enérgica. Testemunhar em um tribunal requer uma preparação específica e ensaio do caso em questão, bem como familiaridade com o centro e com as leis relevantes.

O PAPEL DO CUIDADO EM CRECHES NA PROTEÇÃO INFANTIL

Neste capítulo, refletimos sobre o papel vital das creches e dos centros familiares no apoio às famílias sob estresse, oferecendo uma alternativa à separação quando ocorreu abuso ou considera-se que a criança está em risco, e ajudando no processo de reabilitação quando as crianças são devolvidas a suas famílias. Sem dúvida, o cuidado em creches constitui-se na alternativa de tratamento mais eficaz quando o plano a longo prazo é fazer com que a criança permaneça junto à sua família. No entanto, precisa-se pensar e pesquisar melhor o que realmente acontece depois de ter sido oferecida uma vaga para a criança. Enquanto algumas creches oferecem programas bem planejados para aumentar a autoestima e a competência parental e ajudar os responsáveis a construir relacionamentos melhores com seus filhos, outras têm dificuldades por falta de orientação e apoio, sem falar nas proporções funcionárias-crianças que não levam em consideração esse aspecto do seu trabalho que exige bastante e demanda tempo.

É essencial reconhecer que o cuidado em creches tem seus limites. As cuidadoras não podem apagar os efeitos de uma infância violenta ou fazer com que os pais parem de fazer uso abusivo de álcool ou drogas, ou propiciar a eles uma renda ou lar adequados. A creche não consegue tornar segura uma família perigosa – mesmo quando dispõe de uma vaga de tempo integral, a criança vai passar muito mais tempo com a família do que na creche, e a maioria dos episódios de abuso ocorre nos fins de semana ou à noite.

Não obstante, é importante que as cuidadoras percebam que elas têm algo de valioso para oferecer à criança, independentemente de ter sucesso ou não ao ajudar os pais. Há muitas razões pelas quais é difícil para as pessoas modificarem padrões de comportamento estabelecidos, e mesmo as cuidadoras e os psiquiatras, que têm muita experiência no trabalho com pais abusadores, muitas vezes têm de admitir que fracassaram. Para a criança, no entanto, uma boa experiência não será em vão, e pode oferecer a base para uma colocação futura bem-sucedida.

Existe o risco de que a bem-vinda ênfase dada pelo Children Act ao apoio para as crianças junto a suas famílias possa levar a expectativas não realistas em relação ao cuidado em creches. As crecheiras experientes estão em uma posição privilegiada em relação à avaliação da qualidade do relacionamento entre a criança e seus adultos próximos. Para algumas dessas crianças, a contribuição das cuidadoras talvez seja aconselhar que a melhor opção para a criança seja uma família adotiva. Às vezes a questão crítica é saber quando se deve deixá-la ir.

RESUMO

Muitas dificuldades familiares provêm de fatores estruturais, como renda baixa, casas pobres, desemprego e desfavorecimento educacional, que limitam as habilidades dos pais de oferecer uma criação adequada aos seus filhos. As cuidadoras têm de enfrentar problemas quando uma alta porcentagem das crianças na creche vem de tais famílias.

O cuidado em creches é potencialmente o recurso mais importante para os assistentes sociais que tentam ajudar as famílias a permanecerem coesas. As creches e os centros familiares oferecem alívio, contato social, aconselhamento e ajuda para a transformação de percepções e relacionamentos. Elas precisam de um reconhecimento muito maior em relação a esse trabalho, assim como de treinamento e apoio melhores para enfrentar o estresse que ele envolve. As boas experiências que ela oferece à criança nunca serão em vão, mas é importante ser realista e reconhecer que as tentativas de apoiar os pais e ajudá-los a mudar seus comportamentos podem não ser suficientes para obter uma proteção adequada. Em tais casos, é essencial estabelecer uma compreensão mútua e clara com assistentes sociais e outros profissionais envolvidos.

capítulo **15**

Olhando para o futuro

> É necessário não somente reescrever a lei, mas também adotar uma visão social, expressa em políticas e na comunidade, que reconheça a condição da infância e busque planos para atingir a melhor situação possível no presente e um futuro melhor.
>
> Brian Jackson, 1979

Podemos finalizar este livro com um tom mais esperançoso do que aquele da primeira edição. Embora estejamos ainda começando a repensar o cuidado de crianças e haja um longo caminho até que cheguemos próximo à amplitude e à qualidade de educação infantil que vemos em outros países da Europa. O governo claramente faz esforços nesse sentido e merece crédito por isso.

Os elementos principais do programa introduzido em 1998 são:

- Transferir do Ministério da Saúde (Department of Health) para o Ministério da Educação (Department for Education and Skills) a responsabilidade pelas crianças com menos de 8 anos, criando no mínimo uma base para um serviço integrado.
- Estabelecer parcerias para o desenvolvimento da primeira infância e o cuidado em creches (Early Years Development and Childcare Partnerships) em cada prefeitura, aproximando e juntando todas as diferentes instituições, legais, voluntárias e privadas, que oferecem serviços às crianças pequenas e às suas famílias.
- A Estratégia Nacional para o Cuidado Infantil (National Childcare Strategy), que oferece financiamentos substanciais tanto para o cuidado de crianças com menos de 3 anos como para treinamento fora da escola. O objetivo a longo prazo é assegurar que o cuidado em creches de qualidade, acessível e com custo razoável, esteja disponível em todos os bairros.

- Uma garantia de que haverá vagas gratuitas para todas as crianças de 3 e 4 anos, cujas famílias queiram esses lugares (embora elas possam estar enquadradas em qualquer tipo de provisão).
- Abatimento de impostos em relação ao custo do cuidado em creches para famíias trabalhadoras.
- Financiamento de Centros de Excelência para a Infância (Early Excellence Centres), os quais esperava-se que fossem em número de 100 até 2004.
- O programa Sure Start, direcionado a crianças de até 4 anos em áreas desfavorecidas.
- O estabelecimento de uma Organização Nacional para o Treinamento para a Primeira Infância (Early Years National Training Organization) e a criação de um estatuto nacional de qualificações e treinamento para a primeira infância.

Todas essas iniciativas necessitam de grandes quantidades de dinheiro. O problema é que elas estavam sendo iniciadas a partir de uma base muito insuficiente e, como Moss (1999) observa, adotaram uma abordagem *bolt-on**, em vez de aproveitar a oportunidade para transformar a confusão de serviços existentes. Portanto, tais iniciativas padecem dos defeitos de suas origens históricas. Os maiores desafios para essa estratégia foram identificados pelo Daycare Trust (Truste para o Cuidado em Creches) (2002) como fragmentação, capacidade, oportunidades iguais e sustentabilidade.

Uma herança óbvia do passado é o fato de a educação em creches para crianças de 3 e 4 anos ocorrer somente por duas horas e meia por dia. Isso fica muito aquém da educação para a primeira infância em tempo integral, que é oferecida na maioria dos outros países da Europa, e vem desde o Relatório Plowden (Central Advisory Council, 1967). Ocorre o mesmo com a ideia dos serviços da pré-escola como compensatórios, dirigidos a crianças que moram em áreas desfavorecidas. É difícil argumentar contra a política de concentrar os recursos para as crianças que mais precisam deles, porém, qualquer que seja a forma como isso é feito, deixará inevitavelmente muitas famílias com necessidades semelhantes sem ter acesso a qualquer tipo de serviço. A maioria das crianças pobres não vive em áreas categorizadas como "desfavorecidas", o que era exatamente o ponto fraco das áreas prioritárias da educação na década de 1960.

O Programa Sure Start, que oferece uma ampla gama de serviços de apoio às famílias adaptados às necessidades locais, tem sido um grande suces-

---

*N. de T. A abordagem *bolt-on*, no caso, consiste em preservar a multiplicidade de serviços que lidam com o cuidado de crianças, sem integrá-los; lida-se em separado com cada aspecto particular que não seja contemplado por essa base.

so dentro das áreas que pediram programas e foram atendidas. Porém, até 2004 esse programa somente terá alcançado um terço das crianças que vivem na pobreza. Além disso, ele consiste de uma abordagem baseada em um projeto, não conectado aos serviços principais, e o nível atual de financiamento é garantido somente por cinco anos. Será que as prefeituras assumirão a responsabilidade por ele quando o financiamento central terminar, ou ele será o primeiro a ser cortado, como aconteceu muitas vezes com os serviços para crianças pequenas no passado?

A vasta maioria das famílias ainda não tem acesso a qualquer tipo de cuidado em creches que não seja aquele dado por creches particulares. O número de vagas em creches domiciliares caiu quase 25%, e ainda diminui continuamente à medida que as mulheres encontram empregos mais rentáveis e com menos exigências. As taxas cobradas nas creches privadas, por outro lado, aumentaram três vezes mais do que a inflação. Uma vaga de tempo integral para uma criança com menos de 2 anos custa em média mais de 6 mil libras por ano, ou mais ainda em Londres. Para duas crianças, o custo torna-se proibitivo, e isso faz com que muitas mulheres, que gostariam de trabalhar, ou trabalhar mais horas (o que as faria escapar da pobreza), fiquem fora do mercado de trabalho. Os abatimentos nos impostos para famílias trabalhadoras que têm filhos fazem com que os pais tenham de pagar quase dois terços do custo de uma vaga na creche, mesmo que ela esteja disponível.

As pessoas que sofrem mais são os pais que têm baixa renda e que não vivem em áreas classificadas como desfavorecidas, ou as crianças cujos pais têm rendas um pouco mais altas e são obrigados a escolher o cuidado em creches, se tiverem chance, pelo critério do custo em vez da qualidade. O outro resultado do sistema fragmentado atual é que os pais continuam a remendar pacotes de serviços de cuidado insatisfatórios, que não oferecem estabilidade ou continuidade para as crianças. O DfES (Department for Education and Skills – Departamento de Educação e Treinamento) parece não saber que há algo de indesejável nessa organização. A informação no seu *site* ChildcareLink sobre o cuidado do tipo *wraparound** diz alegremente: "Muitas famílias precisam de mais horas de cuidado em creches para complementar o meio período oferecido por ela. Você pode utilizar os serviços de uma creche domiciliar ou uma babá para isso".

Apesar do passo corajoso e, no fim das contas, positivo que representou colocar todos os serviços para a primeira infância sob a tutela do sistema educacional, parece que é muito difícil para as prefeituras e o DfES afastarem-se de maneiras já estabelecidas de pensar. Um dos principais pontos fracos é a falha em estabelecer uma estrutura de treinamento unificada para o

---

* N. de T. Em tradução livre, "agasalhador". Define o cuidado que é recebido pela criança antes ou depois da sessão de educação para a primeira infância que dura 2h30min.

trabalho com a primeira infância, de forma que a maioria das cuidadoras tem baixas qualificações ou nenhuma, enquanto que os professores dispõem de diplomas universitários.

O nível de qualificação considerado apropriado para as cuidadoras no Reino Unido é, no melhor dos casos, um Nível 3 no NVQ (National Vocational Qualification – Qualificação Vocacional Nacional), o que somente foi alcançado por metade da força de trabalho. O caminho baseado no trabalho para obter essa qualificação consiste em receber a visita de um assessor e executar tarefas burocráticas. Não inclui visitas a outras creches, de forma que se corre o risco de simplesmente reciclar práticas pobres. Em outros países é normal as cuidadoras terem diplomas de magistério.

Mesmo em creches supostamente integradas, as professoras e outras trabalhadoras da primeira infância podem ter faixas salariais e condições de trabalho completamente diferentes. Por que, por exemplo, as educadoras da primeira infância, chamadas de "professoras", têm férias de inverno de uma semana, ao passo que as crecheiras, que fazem um trabalho idêntico, não as têm? Esta é uma questão que o governo até agora não tentou resolver.

Os cursos universitários sobre a primeira infância têm se mostrado imensamente populares, tendo sido estabelecidos mais de 40 nos últimos 10 anos. As pessoas diplomadas por esses cursos poderiam oferecer a base para um serviço realmente integrado, no qual as trabalhadoras poderiam mover-se entre as áreas da saúde, da assistência social e da educação, mas é pouco provável que elas sejam atraídas pelo trabalho com o cuidado de crianças devido ao seu baixo *status* e poucas possibilidades de avanço na carreira. Já há sérios problemas com a seleção e a manutenção no emprego dos funcionários de creches, em parte porque não conseguimos desenvolver planos de carreira para as cuidadoras como os que existem em outros países da comunidade europeia.

Seria errado apresentar uma imagem negativa do futuro dos serviços para a primeira infância, pois há muitos sinais encorajadores. O governo parece genuinamente comprometido com seu objetivo de acabar com a pobreza infantil nos próximos 20 anos, e a maioria dos especialistas no assunto concorda que a chave para isso é a integração do cuidado e da educação da primeira infância em uma base universal. O sucesso dos EECs (Centros de Excelência para a Infância) (Bertram e Pascal, 2001) oferece um modelo para uma expansão em nível nacional.

A longo prazo, talvez comecemos a valorizar mais as nossas crianças e a aceitar que o seu cuidado e educação desde o nascimento realmente é uma responsabilidade tanto pública quanto familiar. Isso pertence ao amanhã, e pode ainda estar muito longe. O que tentamos mostrar neste livro é que não há necessidade de esperar: há milhares de ações que podemos fazer para dar aos nossos cidadãos menos considerados, as crianças com menos de 3 anos, experiências melhores *hoje*.

Sugestões de leitura

Lesley Abbott and Cathy Nutbrown (eds) (2001) *Experiencing Reggio Emilia: Implications for preschool provision,* Buckingham: Open University Press.

    A cidade de Reggio Emilia, no norte da Itália, tornou-se internacionalmente conhecida pelos serviços que oferece às crianças pequenas. As pessoas que contribuíram com este livro forneceram relatos vívidos acerca de suas creches e pré-escolas e da impressão que estas causam nos visitantes. Algumas de suas características mais específicas foram adotadas pelos Centros de Excelência para a Infância (Early Excellence Centres) no Reino Unido.

Margaret Boushel, Mary Fawcett e Julie Selwyn (eds) (2000) *Focus on Early Childhood: Principles and realities,* Oxford: Blackwell Science.

    Este livro exemplifica o *ethos* interdisciplinar do primeiro curso de graduação em Estudos sobre a Primeira Infância na Universidade de Bristol. A abordagem ecológica de Bronfenbrenner é utilizada para examinar e avaliar o cuidado oferecido à primeira infância e os serviços de educação no Reino Unido. Os outros capítulos discutem os avanços na psicologia e na sociologia em relação à nossa compreensão das necessidades e do potencial das crianças.

Julia Brannen, Peter Moss e Ann Mooney (eds) (2003) *Rethinking Children's Care,* Buckingham: Open University Press.

    Os colaboradores pertencem a áreas que abrangem todo o campo do cuidado infantil, combinando perspectivas históricas e teóricas com relatos acessíveis de pesquisas empíricas e uma visão crítica das políticas para a primeira infância. O livro inclui capítulos sobre creches domiciliares, o cuidado dentro da família e os problemas que os homens encontram ao trabalhar em creches.

Louise Derman-Sparkes and the ABC Task Force (1989) *Anti-bias Curriculum, Tools for Empowering Young Children,* Washington, DC: National Association for the Education of Young Children.

    Um dos poucos livros sobre práticas antidiscriminatórias que combina uma explicação da teoria feita de forma clara e sem o uso de jargões, com diretrizes e sugestões de atividades e materiais. O livro dá tanta atenção às crianças portadoras de dificuldades quanto às questões de raça, cor e gênero, o que é incomum. Ele oferece algumas boas sugestões a respeito de como dar informações aos pais e envolvê-los no trabalho. As ilustrações e exemplos são americanos, mas facilmente adaptáveis a um centro de cuidado da primeira infância no Reino Unido.

Jo Douglas (2002) *Toddler Troubles: Coping with your under-5s,* Chichester: Wiley.

    Este é um bom livro para recomendar a pais que têm dificuldades em administrar algum aspecto do comportamento de seus filhos, mas que também é útil para cuidadoras que cuidam de crianças em *settings* de cuidado da primeira infância.

Bernadette Duffy (1998) *Supporting Creativity and Imagination in the Early Years,* Buckingham: Open University Press.

    Um guia admirável para prover um ambiente educacional rico para crianças pequenas, com numerosas ilustrações e histórias originadas da experiência do autor como diretor do Thomas Coram Early Childhood Centre.

Trisha Maynard and Nigel Thomas (eds) (no prelo) *An Introduction to Early Childhood Studies*, London: Sage.

Este livro é direcionado a estudantes em cursos de graduação sobre a Primeira Infância, e também é indicado para atualizar as cuidadoras que trabalham com a primeira infância no que tange às pesquisas e à compreensão mais modernas em relação às políticas e aos serviços da pré-escola.

Lynne Murray and Liz Andrews (2000) *The Social Baby: Understanding babies' communications from birth*, Richmond, Surrey: CP Publishing.

Este livro adorável ilustra com sequências de fotografias e comentários as maneiras como até mesmo os bebês mais novos interagem com seus adultos próximos e conseguem comunicar seus sentimentos a pessoas que são responsivas a seus movimentos e expressões faciais

Linda Pound and Chris Harrison (2003) *Supporting Musical Development in the Early Years*, Buckingham: Open University Press.

Os autores afirmam que todas as crianças têm habilidades e senso musicais e que a música é parte integral do desenvolvimento social dos bebês e das crianças pequenas. Eles dão muitas sugestões para atividades relacionadas à música para crianças que pertencem ao grupo etário de 0 a 3 anos.

Peter Moss and Helen Penn (1996) *Transforming Nursery Education*, London: Paul Chapman Publishing.

Publicado antes da transição de 1997, este livro oferece um relato útil acerca da gama de serviços para a primeira infância existente à época, e por que havia uma necessidade tão urgente de reformar esses serviços. Sua crítica do modelo-padrão de educação na creche é provavelmente válida hoje e é contrabalançada por exemplos de práticas inovadoras e imaginativas. A discussão das políticas para a primeira infância parte de um contexto social e político mais amplo e também se utiliza da experiência de outros países europeus.

Gillian Pugh (ed.) (2001) *Contemporary Issues in the Early Years: Working collaboratively for children*, London: Paul Chapman Publishing.

Gillian Pugh é diretora executiva da creche de caridade mais antiga da Inglaterra, agora chamada *Coram Family*. Antes disso dirigiu a Unidade para a Primeira Infância do National Children's Bureau. Seu livro, em sua terceira edição, tornou-se um clássico da literatura sobre a primeira infância. O capítulo introdutório nos oferece uma avaliação excelente das políticas atuais e serviços no Reino Unido.

Veronica Sherbome (1990) *Developmental Movement for Children: Mainstream, special needs and pre-school*, Cambridge: Cambridge University Press.

Indispensável para qualquer pessoa que queira compreender a teoria do brincar relacional. O livro oferece instruções detalhadas para um programa planejado de atividades, ilustradas com muitas fotografias expressivas.

Anne Stonehouse (ed.) (1988) *Trusting Toddlers: Programming for one to three-year-olds in child care centres*, Melbourne: Australian Early Childhood Association.

Um tesouro constituído de sugestões imaginativas para planejar e programar, particularmente bom em relação a perspectivas multiculturais, sendo ainda um dos melhores livros sobre cuidado em grupo de crianças com menos de 3 anos. Com uma base de pesquisa bem documentada, utilizando principalmente fontes americanas, o livro reflete também a força do trabalho com a primeira infância na Austrália.

Prue Walsh (1988) *Early Childhood Playgrounds: Planning an outside learning environment*, Melbourne: Robert Andersen/Australian Early Childhood Association.

Um guia minucioso para avaliação de locais, planejamento, construção e compra de equipamentos para uma área de aprendizagem externa. Muitas ideias imaginativas igualmente aplicáveis às condições presentes no Reino Unido.

Vídeos

INFANTS AT WORK (Crianças trabalhando) 1987
    Mostra um grupo de bebês brincando e interagindo em torno do Cesto de Tesouros. O comentário feito por Elinor Goldschmied sugere e demonstra itens para o Cesto e discute perguntas feitas por estudantes, pais e crecheiras.

HEURISTIC PLAY WITH OBJECTS (*O brincar heurístico com objetos*) 1992
    Dirigido por Elinor Goldschmied e Anita Hughes. Os princípios e a organização prática do brincar heurístico são demonstrados por crianças, provenientes de quatro creches de Londres, em seu segundo ano de vida.

COMMUNICATION BETWEEN BABIES (A comunicação entre bebês) 1996
    Produzido por Dorothy Selleck e Elinor Goldschmied, mostra o desenvolvimento das relações sociais entre crianças bem pequenas.
    Três vídeos disponíveis no National Children's Bureau: 8 Wakely Street, London EC1V 7QE.

BABY IT'S YOU: Inside the baby's world (Bebê, é você: Adentrando o mundo do bebê) 1994
    Produzido pelo Channel 4 TV. Consultor da série: Dr A. Karmiloff-Smith. Dois vídeos, com duração total de 150 minutos. Distribuído por Beckmann Communications (01624-816-585; www.beckmanndirect.com).
    A série completa do Channel 4, mostrando o mundo do ponto de vista de bebês e crianças com menos de 3 anos. Seções: No princípio; Primeiro passos; Segurando; Oralmente; O pensador; Você e eu. Um livro da série foi publicado em 1994 pela Ebury Press.

BEGINNING WITH PEEP: Children's learning from birth to school (Começando por espiar: O aprendizado de crianças do nascimento até a escola) 1998
    Produzido pela Peers Early Education Partnership (PEEP). Peers School, Littlemore, Oxford OX4 5JZ. (01865-395-145; www.peep.org.uk) 20 minutos.
    Este projeto de letramento na pré-escola, baseado em propriedades em Oxford, apoia os pais no papel de primeiros pedagogos de seus filhos pequenos. O vídeo mostra pais e crianças em sessões de grupo semanais e em casa. Uma série da PEEP chamada *Learning Together* (Aprendendo junto) inclui vídeos sobre bebês e crianças de 1 a 3 anos.

TUNING IN TO CHILDREN (Sintonizando-se com as crianças) 1997
    Produzido por BBC Education, White City, 201 Wood Lane, London W12 7TS. 104 minutos, com folheto por Tina Bruce.
    Unidade 1: Crianças desenvolvendo um senso de *self*; Unidade 2: Crianças sentindo e comunicando; Unidade 3: Crianças pensando e compreendendo. Disponível no National Children's Bureau, endereço citado.

BIRTH TO THREE MATTERS: A framework for supporting children in their earliest years (A importância do período entre o nascimento e os 3 anos: Uma abordagem para apoiar as crianças em seus primeiros anos) 2002
   Distribuído gratuitamente por DfES (número para pedidos: 0845-602-2260, referência: "birth").
   Um guia para crecheiras e outros profissionais envolvidos na oferta e planejamento de serviços para as crianças, desde o nascimento até os 3 anos. O pacote inclui um folheto introdutório, cartaz, 16 cartões que lidam com quatro aspectos do desenvolvimento de crianças, um CD-ROM e um vídeo. Os quatro aspectos são: uma criança forte; um comunicador hábil; um estudante competente; e uma criança saudável. O diretor do projeto foi o professor Lesley Abbot.

CLIMBING FRAMES: A framework for learning from birth to five. (Estruturas ascendentes: uma abordagem para o aprendizado desde o nascimento até os cinco anos) 1997
   Produzido por NFER/Nelson e Birmingham City Council. O pacote contém dois vídeos (para pais e para crecheiras) e um livro. NFER: 08456-021-937.
   Demonstra a educação e o cuidado de pré-escola de qualidade em uma variedade de centro de primeira infância em Birmingham, e mostra o papel de todos os educadores-referência no desenvolvimento de parcerias que asseguram que todas as crianças sejam apoiadas do modo melhor e mais apropriado.

ENGAGING WITH CHILDREN: A training resource for early childhood practitioners and parents (Engajando-se com as crianças: um guia para o treinamento de pais e cuidadoras para a primeira infância) 1999
   Produzido por S. Jerrard e Peter Williams TV International. Disponível no Kent County Supplies (01622-605-351).
   O vídeo mostra funcionárias em uma gama de *settings* de primeira infância, interagindo com crianças desde o nascimento até a idade de entrar na escola. Para profissionais crecheiras, estagiárias e pais.

GROWING TOGETHER at the Pen Green Centre (Crescendo junto na Creche Pen Green) 2001
   Produzido pela Pen Green Research Development and Training Base (01536-443-435). 35 minutos.
   Os grupos *Growing Together* acontecem na creche Pen Green (Corby, Northants), para os pais e seus filhos com menos de 3 anos. Foram feitos vídeos de várias sessões, e incluem 10 grupos de pais e crianças pequenas que contam suas histórias. Os grupos dão apoio aos pais em áreas como desenvolvimento infantil, relações de vínculo e trato com emoções.

Referências

Abbott, L. (2001) 'Perceptions of play – a question of priorities?', in Abbott, L. and Nutbrown, C. *Experiencing Reggio Emilia,* Buckingham: Open University Press.

Abbott, L. and Moylett, H. (eds) (1997) *Working with the Under-3s: Responding to children's needs,* Buckingham: Open University Press.

Abbott, L. and Nutbrown, C. (eds) (2001) *Experiencing Reggio Emilia: Implications for pre-school provision,* Buckingham: Open University Press.

Abrams, R. (1997) *The Playful Self: Why women need play in their lives,* London: Fourth Estate.

Ainsworth, M., Bell, S.M. and Stayton, D.J. (1974) 'Infant-mother attachment and social development', in *The Integration of a Child into a Social World,* Cambridge: Cambridge University Press.

Andrews, K. and Jacobs, J. (1990) *Punishing the Poor: Poverty under Thatcher,* London: Macmillan.

Angelsen, N.K., Vik, T., Jacobsen, G. and Bakketeig, L.S. (2001) 'Breastfeeding and cognitive development at age one and five years', *Archives of Disease in Childhood* 85, 183-8.

Arnold, L.E. (1990) *Childhood Stress,* New York: Wiley.

Aspinwall, K. (1984) *What are Little Boys Made of? What are Little Girls Made of? A Discussion Paper for student nursery nurses,* London: National Nursery Examination Board.

Bain, A. and Barnett, L. (1980) *The Design of a Day Care System in a Nursery Setting for Children under Five,* Occasional Paper No.8, London: Tavistock Institute of Human Relations.

Bamford, J.M. and Saunders, E. (1985) *Hearing Impairment, Auditory Perception and Language Disabilities,* London: Edward Arnold.

Barratt-Pugh, C. (1997) 'Learning to talk and talking to learn', in Abbott, L. and Moylett, H. (eds) *Working with the Under-3s: Responding to children's needs,* Buckingham: Open University Press.

Beckett, C. (2003) *Child Protection: An introduction,* London: Sage.

Bee, H. (1985) *The Developing Child* (4th edn), New York: Harper & Row.

Belsky, J. (2001) 'Developmental risks (still) associated with early child care' (Emanuel Miller Lecture), *Journal of Child Psychology and Psychiatry* 42(7), 845-59.

Bertram, T. and Pascal, C. (2001) *Early Excellence Centre Pilot Programme. Annual Evaluation Report,* London: DfEE.

Bishop, J. (2001) 'Creating places for living and learning', in Abbott, L. and Nutbrown, C. (eds) *Experiencing Reggio Emilia: Implications for pre-school provision,* Buckingham: Open University Press.

Boushel, M., Fawcett, M. and Selwyn, J. (eds) (2000) *Focus on Early Childhood: Principles and realities,* Oxford: Blackwell Science.

Bowlby, J. (1953) *Child Care and the Growth of Love,* London: Penguin. Bowlby, J. (1969/82) *Attachment and Loss,* vol. 1 (2nd edn), London: Hogarth Press.

Bradshaw (2000) 'Child poverty in a comparative perspective', in Gordon, D. and Townsend, P. (eds) *Breadline Europe,* Bristol: Policy Press.

Brannen, J. and Moss, P. (1988) *New Mothers at Work: Employment and child care,* London: Unwin Paperbacks.

Lrannen, J., Moss, P. and Mooney, A. (2003) 'Care-giving and independence in four-generation families', in Brannen, J. and Moss, P. (eds) *Rethinking Children's Care,* Buckingham: Open University Press.

Brent, London Borough of (1985) *A Child in Trust: Report of the Panel of Inquiry Investigating the Circumstances Surrounding the Death of Jasmine Beckford* [The Blom-Cooper Report].

Briggs, F. and Lehmann, K. (1989) 'Significance of children's drawings in cases of sexual abuse', *Early Child Development and Care* 47,131-47.

Brown, A. (1992) *Groupwork* (3rd edn), Aldershot: Ash gate.

Bryant, B., Harris, M. and Newton, D. (1980) *Children and Minders,* London: Grant McIntyre.

Buchanan, A. (1996) *Cycles of Child Maltreatment: Facts, fallacies and interventions,* Chichester: Wiley.

Burgard, R. (2000) 'The Frankfurt kindergartens', in Penn, H. (ed.) *Early Childhood Services: Theory, policy and practice,* Buckingham: Open University Press.

Cattanach, A. (1992) *Play Therapy with Abused Children,* London and Philadelphia: Jessica Kingsley.

Central Advisory Council for Education (1967) *Children and their Primary Schools* (the Plowden Report), London: HMSO.

Clyde, M. (1988) 'Staff burnout – the ultimate reward', in Stonehouse, A. (ed.) *Trusting Toddlers: Programming for one to three-year-olds in child care centres,* Melbourne: Australian Early Childhood Association.

Colton, M., Sanders, R. and Williams, M. (2001) *An Introduction to Working with Children: A guide for social workers.* Basingstoke: Palgrave.

Corby, B. (1987) *Working with Child Abuse: Social work practice and the child abuse system,* Milton Keynes: Open University Press.

Daines, R., Lyon, K. and Parsloe, P. (1990) *Aiming for Partnership,* Ilford: Barnardo's.

Dale, P., Davis, M., Morrison, T. and Waters, S. (1986) *Dangerous Families: Assessment and treatment of child abuse,* London: Tavistock.

Daycare Trust (2002) *Raising Expectations: Delivering childcare for all,* London: Daycare Trust.

Department of Health, Home Office, Department for Education and Employment (1999) *Working Together to Safeguard Children: A guide to interagency working to safeguard and promote the welfare of children,* London: HMSO.

Derman-Sparks, L. and the ABC Task Force (1989) *Anti-bias Curriculum, Tools for Empowering Young Children,* Washington, DC: National Association for the Education of Young Children.

Deven, F. and Moss, P. (2002) 'Leave arrangements for parents: overviewand future outlook', *Community, Work and Family* 5,237-55.

DfES (2000) *Curriculum Guidance for the Foundation Stage (3-6 years),* London: HMSO.

DHSS (1974) *Report of the Committee of Inquiry into the Care and Supervision Provided in Relation to Maria Colwell,* London: HMSO.

Dickens, C. (1854) *Hard Times,* Harmondsworth: Penguin.

Douglas, J. (1988) 'Behaviour disorders: principles of management', in Richman, N. and Lansdown, R. (eds) *Problems of Preschool Children,* Chichester: Wiley.

Douglas, J. (1989) *Behaviour Problems in Young Children: Assessment and management,* London: Tavistock/Routledge.

Douglas, J. (2002) *Toddler Troubles: Coping with your under-5s,* Chichester: Wiley.

Draper, L. and Duffy, B. (2001) 'Working with parents', in Pugh, G. (ed.) *Contemporary Issues in the Early Years: Working collaboratively for children* (3rd edn), London: Paul Chapman.

Drummond, M.J., Lally, M. and Pugh, G. (eds) (1989) *Working with Children: Developing a curriculum for the early years,* London: National Children's Bureau Under Fives Unit.

Duffy, B. (1998) *Supporting Creativity and Imagination in the Early Years,* Buckingham: Open University Press.

Dunn, J. (1984) *Sisters and Brothers,* London: Fontana.

Durkin, K. (1995) *Developmental Social Psychology: From infancy to old age,* Oxford: Blackwell.

Elias, E. (1972) 'The nursery swim school', *Where* 68, April 1972.

Erikson, E. (1955) *Childhood and Society,* Harmondsworth: Penguin.

Evans, D. (1978) *Sharing Sounds: Musical experiences with young children,* London: Longman.

Farmer, E. and Parker, R. (1991) *Trials and Tribulations: Returning children from local authority care to their families,* London: HMSO.

Ferri, E. (1992) *What Makes Childminding Work? A study of training for childminders,* London: National Children's Bureau.

Ferri, E., Birchall, D., Gingell, v. and Gipps, C. (1981) *Combined Nursery Centres: A new approach to education and day care,* London: Macmillan.

Fletcher, v. (2003) 'Parents with children under six can ask for a day off work every week', *Evening Standard,* 18 March 2003.

Freeman, N. and Cox, M. (eds) (1985) *Visual Order: The nature and development of pictorial representation,* Cambridge: Cambridge University Press.

Freud, A. (1965) *Normality and Psychopathology in Childhood,* New York: University Press.

8rosh, A., Phoenix, A. and Pattman, R. (2001) *Young Masculinities,* Basing-stoke: Palgrave.

ate, D. and Hazel, N. (2002) *Parenting in Poor Environments: Stress, support and coping,* London and Philadelphia: Jessica Kingsley.

Gibb, C. and Randall, P. (1989) *Professionals and Parents: Managing children's behaviour,* London: Macmillan.

Gil, D.G. (1973) *Violence Against Children: Physical child abuse in the United States,* Cambridge, MA: Harvard University Press.

Gilkes, J. (1988) 'Coming to terms with sexual abuse: a day care perspective', *Children and Society* 3, 261-9.

Gill, O. (1992) *Parenting Under Pressure,* Cardiff: Barnardo's South Wales and South-West.

Goldschmied, E. (1974) 'Creative play with babies', in Jennings, S. (ed.) *Creative Therapy,* London: Benbow Press.

Goldschmied, E. (1987) *Babies at Work* (video), London: National Children's Bureau.

Goldschmied, E. and Hughes, A. (1992) *Heuristic Play with Objects* (video), London: National Children's Bureau.

Goleman, D. (1996) *Emotional Intelligence,* London: Bloomsbury.

Gopnik, A., Meltzoff, A. and Kuhl, P. (1999) *How Babies Think,* London: Phoenix.

Graham, H. (1984) *Women, Health and the Family,* London: Harvester Press.

Hall, D. and Elliman, D. (2003) *Health for All Children* (4th edn), Oxford: Oxford University Press.

Hallden, G. (1991) 'The child as project and the child as being: parents' ideas as frames of reference', *Children and Society* 5(4), 334-46.

Heap, K. (1985) *The Practice of Social Work with Groups,* London: Allen & Unwin.

Holland, R. (1997) '"What's it all about?" – how introducing heuristic play has affected provision for the under-threes in one day nursery', in Abbott, L. and Moylett, H. (eds) *Working with the Under-3s: Responding to children's needs,* Buckingham: Open University Press.

Holmes, E. (1977) 'The education needs of the children in care', *Concern* 26, 255.

Hopkins, J. (1988) 'Facilitating the development of intimacy between nurses and infants in day nurseries', *Early Child Development and Care* 33, 99-111.

Hutt, C. (1979) *Play in the Under Fives: Form, development and function,* New York: Brunner/Mazel.

Independent Inquiry into Inequalities in Health (1998) Chair: Sir Donald Acheson, London: The Stationery Office.

Jackson, B. (1980) *Starting School,* London: Croom Helm.

Jackson, B. (1984) *Fatherhood,* London: Allen & Unwin.

Jackson, B. and Jackson, S. (1979) *Childminder: A study in action research,* London: Routledge & Kegan Paul.

Jackson, S. (2004) 'Early childhood policy and services in Britain', in Maynard, T. and Thomas, N. (eds) *An Introduction to Early Childhood Services,* London: Sage.

Jackson, S. and Kilroe, S. (1996) *Looking After Children Reader,* London: HMSO.

Jannsens, J. and Kemper, A. (1996) 'Effects of video home training on parental communication and a child's behavioural problems', *International Journal of Child and Family Welfare* 96(2), 137-48.

Jenkins, J. and Milla, P. (1988) 'Feeding problems and failure to thrive', in Richman, N. and Lansdown, R. (eds) *Problems of Preschool Children,* Chichester: Wiley.

Jenkins, S., Bax, M. and Hart, H. (1980) 'Behaviour problems in pre-school children', *Journal of Child Psychology and Psychiatry* 21, 5-19.

Joint Chief Inspectors (2002) *Safeguarding Children,* London: Department of Health.

Joshi, H. (1987) 'The cost of caring', in Glendinning, C. and Millai, J. (eds) *Women and Poverty in Britain,* Brighton: Wheatsheaf.

Joshi, H. and Verropoulou, G. (2000) *Maternal Employment and Child Outcomes: Analysis of two birth cohort studies,* London: The Smith Institute.

Labour Market Trends (2002) *Labour Market and Family Status of Women,* United Kingdom, Autumn 2001.

Land, H. (2002) *Meeting the Child Poverty Challenge: Why universal childcare is key to ending child poverty,* London: Daycare Trust.

Lane, J. (1990) 'Sticks and carrots-using the Race Relations Act to remove bad practice and the Children's Act to promote good practice', in Bennington, J. and Riley, K.A. (eds) *Local Government Policy Making,* vol. 17, no.3, London: Longman.

Lansdown, G. and Lancaster, Y.P. (2001) 'Promoting children's welfare by respecting their rights', in Pugh, G. (ed.) *Contemporary Issues in the Early Years: Working collaboratively for children* (3rd edn), London: Paul Chapman.

Leach, P. (1999) *The Physical Punishment of Children.* London: NSPCC.

Leaves, C. (1985) 'Volunteers in a family centre', Unpublished Development Project Report for University of Bristol Postqualifying Diploma in Work with Young Children and Families.

Levi, P. (1985) 'To my friends', from *Collected Poems,* translated by R. Feldman and B. Swann, London: Faber & Faber.

McCrae, S. (1986) *Cross-class Families: A study of wives' occupational superiority,* Oxford: Clarendon Press.

McGuire, J. and Richman, N. (1986) 'The prevalence of behavioural problems in three types of preschool group', *Journal of Child Psychology and Psychiatry* 27, 455-72.

McMillan, M. (1927) *The Nursery School,* London: Dent.

March, L. (1973) *Swimming Under Five,* Cambridge: Advisory Centre for Education.

Marshall, J. (1994) 'Re-visioning organizations by developing female values', in Boot, J., Lawrence, J. and Morris, J. (eds) *Managing the Unknown by Creating New Futures,* London: McGraw-Hill.

Marshall, T. (1982) 'Infant care: a day nursery under the microscope', *Social Work Service* 32, 15-32.

Mayall, B. (1986) *Keeping Children Healthy: The role of mothers and professionals,* London: Allen & Unwin.

Mayall, B. and Petrie, P. (1983) *Childminding and Day Nurseries: What kind of care?,* London: Heinemann Education for the Institute of Education, University of London.

Maynard, T. and Thomas, N. (eds) (2004) *An Introduction to Early Childhood Studies,* London: Sage.

Meadows, S. (1986) *Understanding Children's Development,* London: Unwin Hyman.

Meadows, S. (1993) *The Child as Thinker,* London: Routledge.

Melhuish, E. and Moss, P. (eds) (1991) *Day Care for Young Children: International perspectives,* London: Routledge.

Menzies, I. (1960) 'A case-study in the functioning of social systems as a defence against anxiety', *Human Relations* 13, 95-121.

Milner, D. (1983) *Children and Race: Ten years on,* London: Ward Lock Educational.

Moog, H. (1976) *The Musical Experience of the Pre-school Child* (trans. from German by C. Clarke), London: Schott Music.

Mooney, A. and Statham, J. (eds) (2003) *Family Day Care: International perspectives on policy, practice and quality,* London and Philadelphia: Jessica Kingsley.

Moss, P. (1986) *Child Care in the Early Months: How child care arrangements are made for babies,* London: Thomas Coram Research Unit.

Moss, P. (1999) 'Renewed hopes and lost opportunities: early childhood in the early years of the Labour government', *Cambridge Journal of Education* 29, 229-38.

Moss, P. (2001) 'Britain in Europe: fringe or heart?', in Pugh, G. (ed.) *Contemporary Issues in the Early Years: Working collaboratively for children* (3rd edn), London: Paul Chapman.

Moss, P. and Melhuish, E. (eds) (1991) *Current Issues in Day Care for Young Children: Research and policy implications,* London: HMSO.

Moss, P. and Penn, H. (1996) *Transforming Nursery Education,* London: Paul Chapman.

Moylett, H. (1997) '"It's not nursery but it's not just being at home" – a parent and childrninder working together', in Abbott, L. and Moylett, H. (eds) *Working with the Under-3s: Responding to children's needs,* Buckingham: Open University Press.

Murray, L. and Andrews, L. (2000) *The Social Baby,* Richmond, Surrey: CP Publishing.

Neill, A.S. (1960) *Summerhill,* London: Gollancz.

New, C. and David, M. (1986) *For the Children's Sake,* Harmondsworth: Penguin.

Newell, P. (1991) *The UN Convention and Children's Rights in the UK,* National Children's Bureau in collaboration with the Calouste Gulbenkian Foundation.

Newson, J. and Newson, E. (1989) *The Extent of Parental Physical Punishment in the UK,* APPROACH.

Nutbrown, C. and Abbott, L. (2001) 'Experiencing Reggio Emilia', in Abbott, L. and Nutbrown, C. (eds) *Experiencing Reggio Emilia: Implications for pre-school provision,* Buckingham: Open University Press.

Opie, I. and Opie, P. (1955) *The Oxford Nursery Rhyme Book,* Oxford: Oxford University Press.

Osborn, A. and Milbank, J. (1987) *The Effects of Early Education,* Oxford: Clarendon Press.

Owen, C. (2003) 'Men in the nursery', in Brannen, J. and Moss, P. (eds) *Rethinking Children's Care,* Buckingham: Open University Press.

Owen, S. (2003) 'The development of childminding networks in Britain: sharing the caring', in Mooney, A. and Statham, J. (eds) *Family Day Care: International perspectives on policy, practice and quality,* London: Jessica Kingsley, pp. 77-92.

Parker, R., Ward, H., Jackson, S., Aldgate, J. and Wedge, P. (eds) (1991) *Looking After Children: Assessing outcomes in child care,* London: HMSO.

Parsloe, P. (1981) *Social Services Teams,* London: Allen & Unwin.

Parsloe, P. and Williams, R. (1993) *Volunteering Through a Bureau,* Bristol: University of Bristol, School of Applied Social Studies.

Parton, N. (1985) *The Politics of Child Abuse,* London: Macmillan.

Phillips, D., Howes, C. and Whitebrook, M. (1991) 'Child care as an adult work environment', *Journal of Social Issues* 47(2), 49-70.

Pound, L. and Harrison, C. (2003) *Supporting Musical Development in the Early Years.* Buckingham: Open University Press.

Powell, A. (2001) 'Orchestral manoeuvres in the park', *Guardian Weekend,* 3 March 2001.

Pugh, G. (ed.) (1992) *Contemporary Issues in the Early Years: Working collaboratively for children* (lst edn), London: Paul Chapman Publishing in association with the National Children's Bureau.

Pugh, G. (2001) 'A policy for early childhood services', in Pugh, G. (ed.) *Contemporary Issues in the Early Years: Working collaboratively for children* (3rd edn), London: Paul Chapman Publishing in association with the National Children's Bureau.

Pugh, G. and De'Ath, E. (1989) *Working Towards Partnership in the Early Years,* London: National Children's Bureau.

Pugh, G., De'Ath, E. and Smith, C. (1994) *Confident Parents, Confident Children: Policy and practice in parent education and support,* London: National Children's Bureau.

Richman, N. and McGuire, J. (1988) 'Institutional characteristics and staff behaviour in day nurseries', *Children and Society* 2, 138-51.

Richman, N., Stevenson, J. and Graham, P. (1982) *Preschool to School: A behavioural study,* London: Academic Press.

Rutter, M. (1972) *Maternal Deprivation Reassessed,* Harmondsworth: Penguin.

Ryan, P. (1988) 'The context of care: staff', in Stonehouse, A. (ed.) *Trusting Toddlers,* Melbourne: Australian Early Childhood Association.

Schaffer, R. (1977) *Mothering,* London: Fontana.

Selwyn, J. (2000) 'Fetal development', in Boushel, M., Fawcett, M. and Selwyn, J., *Focus on Early Childhood: Principles and realities,* Oxford: Blackwell Science.

Sherborne, v. (1990) *Developmental Movement for Children: Mainstream, special needs and pre-school,* Cambridge: Cambridge University Press.

Siraj-Blatchford, I. (1992) 'Why understanding cultural differences is not enough', in Pugh, G. (ed.) *Contemporary Issues in the Early Years: working collaboratively for children,* London: Paul Chapman Publishing in association with National Children's Bureau.

Siraj-Blatchford, I. and Clarke, P. (2000) *Supporting Identity, Diversity and L Language in the Early Years,* Buckingham: Open University Press.

Smith, P.K. and Cowie, H. (1991) *Understanding Children's Development* (2nd edn), Oxford: Blackwell.

Statham, J. (2003) 'Provider and parent perspectives on family day care for "children in need": a third party in-between', in Mooney, A. and Stratham, J. (eds) *Family Day Care: International perspectives on policy, practice and quality:* London and Philadelphia: Jessica Kingsley.

Stein, M. (1992) *Leaving Care,* Ilford: Barnardo's.

Stonehouse, A. (1988) *Trusting Toddlers: Programming for one to three- year-olds in child care centres,* Melbourne: Australian Early Childhood Association.

Stuart, F. (1992) *Early Child Development Through Music,* Gloucester: Gloucestershire County Council Professional Development Consultancy.

Sylva, K., Roy, C. and Painter, M. (1980) *Childwatching in Playgroup and Nursery School,* London: Grant McIntyre.

Tizard, B. (1991) 'Introduction', in Moss, P. and Melhuish, E. (eds) *Current Issues in Day Care for Young Children,* London: Thomas Coram Research Unit/HMSO.

Tizard, B. and Hughes, M. (2002) *Young Children Learning* (2nd edn), London: Fontana.

Tizard, B. and Phoenix, A. (2002) *Black, White or Mixed Race: Race and racism in the lives of young people of mixed parentage* (2nd edn), London: Routledge.

Tyson, K. (1991) 'The understanding and treatment of childhood hyperactivity: old problems and new approaches', *Smith College Studies in Social Work* 61, March 1991, 1.

Van der Eyken (1982) *Home Start: A four year evaluation,* Leicester: Home Start Consultancy.

Van der Eyken (1984) *Day Nurseries in Action: A national study of local authority day nurseries in England* 1975-1983, Bristol: Department of Child Hea.lth, University of Bristol.

Walsh, P. (1988) *Early Childhood Playgrounds: Planning an outside learning environment,* Melbourne: Martin Educational in association with Robert Andersen Associates, Australian Early Childhood Association/Child Accident Prevention Foundation of Australia.

Wells, C.G. (1985) *Language Development in the Pre-school Years,* Cambridge: Cambridge University Press.

West, J. (1992) *Child-centred Play Therapy,* London: Edward Arnold.

Whalley, M. (2001) 'Working as a team', in Pugh G. (ed.) *Contemporary Issues in the Early Years* (3rd edn), London: Paul Chapman Publishing.

Willow, C. and Hyder, T. (1998) *It Hurts You Inside,* London: National Children's Bureau/Save the Children.

Wolfe, D. (1991) *Preventing Physical and Emotional Abuse of Children,* New York and London: The Guilford Press.

Worden, J. [1983] (1991) *Grief Counselling and Grief Therapy: A handbook for the mental health practitioner* (2nd edn), London: Routledge.

Organizações relacionadas a crianças pequenas e suas famílias

Association of Advisers for the Under 8s and their families (AAUEF)
Highclear, Cot Lane, Chidham, Chichester, West Sussex PO18 SSP.
Tel: 01243 573507
Organiza conferências e oferece um serviço de ajuda por telefone (helpline), além de prover informação, treinamento e consultoria. O título de membro da associação é conferido a qualquer pessoa designada para consultoria em cuidado e educação de crianças com menos de 8 anos e suas famílias.

Association for Improvement of Maternity Services (AIMS)
21 Iver Lane, Iver, Bucks SLO 9LH. Tel: 01753 652781
Publica folhetos de informações e provê apoio e consultoria em relação a todos os aspectos de cuidado na maternidade, incluindo os direitos dos pais, escolhas disponíveis, intervenções tecnológicas, parto natural e procedimentos para reclamações.

Association of Nursery Training Colleges
The Chilterns Nursery Training College, 16 Peppard Road, Caversham, Reading RG4 8LA. Tel: 01189471847
Desenvolve e apoia a educação e o cuidado de alta qualidade para crianças com menos de 8 anos e representa instituições independentes de treinamento nos serviços relativos à primeira infância em instituições oficiais de âmbito nacional.

Black Childcare Network
17 Brownhill Road, Catford, Lewisham, London SE6. Tel: 02086489129
Conduz pesquisas, oferece workshops de treinamento e provê consultoria.

British Association for Early Childhood Education (Early Education)
136 Cavell Street, London El 2JA. Tel: 0207539 5400
Luta e organiza campanhas em favor da oferta de creches e cuidado infantil, bem como oferece uma rede multidisciplinar de apoio e consultoria para todas as pessoas que lidam com o cuidado e a educação de crianças pequenas. Organiza conferências e publica informações. Muitas filiais locais.

Centre for International Studies in Early Childhood
Canterbury Christ Church University College, North Holmes Road, Canterbury, Kent CT1 1QU. Tel: 01227767700
Pesquisas, treinamento, desenvolvimento de práticas e publicações relativas a crianças na pré-escola.

Child Accident Prevention Trust
Clerks Court, 18-20 Farringdon Lane, London EC1R 3HA. Tel: 02076083828
Faz campanhas e organiza pesquisas buscando aumentar o conhecimento e a compreensão das causas de acidentes com crianças e encontrar formas de prevenção.

Organizações relacionadas a crianças pequenas e suas famílias 291

Childcare Solutions
50 Vauxhall Bridge Road, London SWlV 2RS. Tel: 02078346666
Serviço gratuito de ajuda por telefone (helpline) sobre questões relativas ao cuidado e à criação de crianças, disponível para empregados de companhias assinantes. Consultoria e publicações.

Childcare Umbrella
c/o National Childminding Association, 8 Mason's Hill, Bromley, Kent BR2 9EY.
Tel: 02084646164
Coalizão de organizações de cuidado infantil que faz campanhas defendendo a oferta de cuidado infantil de alta qualidade e com preços acessíveis em todas as comunidades.

Children in Scotland/Clann an Alba
Princes House, 5 Shandwick Place, Edinburgh EH2 4RG.
Tel: 0131228 8484
Promove e possibilita a troca de informações a respeito de assuntos relativos às crianças escocesas e suas famílias, entre médicos, policymakers, políticos e a mídia. Provê consultoria em relação a políticas para o poder executivo escocês, organiza conferências e eventos de treinamento, assim como distribui uma gama de publicações nas áreas de saúde, educação e serviços para crianças.

Children in Wales/Plant yng Nghymru
25 Windsor Place, Cardiff CFl 3BZ. Tel: 029 2034 2434
Umbrella body – organização que abriga e atua em nome de instituições ou organizações menores para todas as organizações relacionadas com as crianças que vivem no País de Gales e suas famílias. Promove os interesses de crianças, pessoas jovens e suas famílias por meio do compartilhamento de informações e ideias, identificando questões e fazendo campanhas pela melhoria dos serviços. Oferece consultoria sobre políticas para a Assembleia Nacional e representa o País de Gales em organizações internacionais.

Children's Play Council
8 Wakely Street, London EC1V 7QE. Tel: 02078436016
Fórum para organizações voluntárias preocupadas em promover e aumentar o número de instalações para o brincar infantil.

Comhairle Nan Sgoiltean Araich/Scottish Association of Gaelic Nursery Schools and Playgroups/CNSA
53 Church Street, Inverness IV1 1DR. Tel: 01463225469

Council for Awards in Children's Care and Education (CACHE)
8 Chequer Street, St Albans, Herts ALl 3XZ. Tel: 01727 847636
Instituição oficial para treinamento e avaliação em cuidado infantil, educação e trabalhos sobre o brincar. Vários prêmios incluem o Diploma CACHE em Cuidado em Creches (sucessor do NNEB).

Daycare Trust/National Childcare Campaign
Shoreditch Town Hall Annexe, 380 Old Street, London EClV 9LT.
Tel: 0207 739 2866
Faz campanhas pelo aumento na provisão de cuidado em creches e promoção de oportunidades iguais. Oferece apoio a pais, cuidadoras e profissionais por meio conselhos, consultoria e publicações.

Early Childhood Centre for Educational Development and Research
Froebel Institute College, Roehampton Institute, Roehampton Lane, London SW15 5PJ. Tel: 02083923325
Pesquisa, cursos de treinamento e publicações.

Early Childhood Development Centre
82a Gloucester Road, Bishopston, Bristol BS7 8BN. Tel: 01179147720
Pesquisas em apoio baseado na comunidade para famílias desfavorecidas e treinamento para visitadoras de saúde.

Early Years National Training Organization/EYNTO
Pilgrim's Lodge, Holywell Hill, St Albans, Herts AL1 1ER
Tel: 01727738300

292 Organizações relacionadas a crianças pequenas e suas famílias

Busca elevar os padrões de cuidado e educação de crianças pequenas pela identificação de necessidades de treinamento e oferecimento de consultoria.

Early Years Trainers Anti-racist Network (EYTARN)
77 Baker Street, Reading, Berks RG1 7XY. Tel: 01189394922
Organiza conferências e eventos de treinamento e distribui material para promover o trabalho antirracismo e combater o racismo entre funcionárias, estudantes e crianças em settings *de primeira infância.*

Fair Play for Children
35 Lyon Street, Bognor Regis, West Sussex PO21 1BW.
Tel: 01243 869922
Faz campanhas por orçamentos maiores, aumento de status *e apoio para o brincar e ainda para uma estrutura legislativa mais poderosa.*

High Scope Institute UK
Copperfield House, 190-192 Maple Road, Penge, London SE20 8HT.
Tel: 02086760220
Informações, publicações e treinamento baseados em princípios desenvolvidos por meio de um bem-sucedido projeto norte-americano de aprendizagem na pré-escola/intervenção precoce.

Home Start UK
2 Salisbury Road, Leicester LE1 7QR. Tel: 0116 233 9955
Oferece consultoria e apoio a pessoas que implementam esquemas Home Start (voluntárias que fazem visitas ao lar de famílias com filhos com menos de 5 anos que vivenciam estresse).

IPPA, the Early Childhood Association
SPADE Centre, North King Street, Dublin 7. Tel: 0035 316719245
Umbrella body para creches para a primeira infância na Irlanda. Promove o cuidado e a educação de primeira infância com qualidade, baseados no brincar, e oferece informações, recursos e cobertura por seguro.

Letterbox Library/Children's Book Cooperative
Unit 20, Leroy House, 436 Essex Road, London N1 3QP.
Tel: 0207226 1633
Livros multiculturais e anti-sexistas para crianças por pedido postal. Também oferece workshops *e publicações.*

Meet a Mum Association (MAMA)
26 Avenue Road, South Norwood, London SE25 4DX. Tel: 0208 771 5595
Oferece apoio a mulheres grávidas e mães, especialmente aquelas que se sentem solitárias ou isoladas depois do nascimento de um bebê ou que estão se mudando para outra área. Helpline, grupos locais, publicações.

National Association for Maternal and Child Welfare
40/42 Osnaburgh Street, London NW1 3ND. Tel: 02073834117
Organiza cursos sobre cuidado e desenvolvimento infantil e publica folhetos ilustrados com conselhos para pais, profissionais e professoras.

National Association of Nursery Nurses (NANN)
Secretaria: 15 Todmore, Greatham, Hants GU33 6AR.
Tel: 01420538702
Trabalha para melhorar o status de todas as crecheiras, encorajando um bom padrão de treinamento, consultando e efetuando parcerias com as prefeituras em todos os aspectos do cuidado de crianças e seu desenvolvimento, trabalhando junto com os sindicatos em todos os níveis.

National Association of Toy and Leisure Libraries/Play Matters
68 Churchway, London NW1 lLT. Tel: 02073879592
Possui mais de mil brinquedotecas associadas que oferecem brinquedos de boa qualidade e cuidadosamente escolhidos, além de sessões de brincar. Provê informações, aconselhamento e treinamento.

National Childbirth Trust
Alexandra House, Oldham Terrace, Acton, London W3 6WH. Tel: 02089928637
Oferece informações e apoio na gravidez, no parto e para a maternidade/paternidade precoce; organiza aulas de pré-natal e oferece informações sobre a amamentação e grupos de apoio locais por meio de filiais por todo o país.

National Children's Centre
Brian Jackson House, New North Parade, Huddersfield HD1 5JP.
Tel: 01484519988
Pesquisas e projetos de ação interdisciplinares e colaborativos, desenvolvimento de práticas e treinamento. Oferece apoio e instalações para grupos e pais e mães da comunidade, inclusive um projeto para pais muito jovens.

National Childminding Association
8 Masons Hill, Bromley, Kent BR2 9EY. Tel: 02084646164
Promove os interesses de mães-crecheiras e trabalha para melhorar a qualidade do cuidado de crianças no lar. Também oferece aconselhamento para mães-crecheiras por telefone: 0208 466 0200.

National Children's Bureau
8 Wakely Street, London EClV 7QE. Tel: 02078436000/
Early Childhood Unit. Tel: 0207 843 6307
Organização multidisciplinar que promove os interesses e o bem-estar de crianças e jovens em todos os aspectos de suas vidas, enfatizando a importância da participação das crianças. Pesquisa, desenvolvimento de políticas e consultoria, treinamento, disseminação de informações para profissionais e cuidadoras por meio de conferências, seminários e publicações. A Early Childhood Unit oferece uma gama semelhante de serviços que enfocam as crianças pequenas.

National Council for One-parent Families
255 Kentish Town Road, London NW5 2LX. Tel: 0207428 5400
Informações e serviço de encaminhamento. Telefone para aconselhamento sobre pagamentos de manutenção e finanças: 08000185026.

National Early Years Network
77 Holloway Road, London N7 8SZ. Tel: 0207 607 9573
Busca melhorar a qualidade de vida de todas as crianças pequenas. Oferece apoio e informações práticas para pessoas que provêm serviços para crianças pequenas e suas famílias.

National Federation of City Farms and Community Gardens
The Green House, Hereford Street, Bedminster, Bristol BS3 4NA. Tel: 01179231800
Organização de conexão que oferece informações, ajuda e aconselhamento.

National Men in Childcare Support Network
Sheffield Children's Centre, Shoreham Street, Sheffield. Tel: 01142798236
Informações, aconselhamento, treinamento e consultoria.

National Portage Association/NPA
127 Monks Dale, Yeovil, Somerset BA21 3JE. Tel: 01935716415
Serviço de visitas ao lar para crianças de pré-escola com necessidades especiais que oferece atividades educacionais para ajudar os pais a melhorar o desenvolvimento de seus filhos. Oferece treinamento e aconselhamento e faz campanhas por instalações melhores.

National Playbus Association
93 Whitby Road, Brislington, Bristol BS4 3QF. Tel: 01179775375
Oferece apoio prático e aconselhamento com especialistas para mais de 250 projetos de comunidades móveis.

National Play Information Centre/NPIC
4th Floor, Dudley House, 36-38 Southampton Street, London WC2E 7HE.
Tel: 0207240 9590
Faz campanhas para melhorar as instalações destinadas ao brincar para as crianças e oferece informações e treinamento.

Newpin (New Parent Infant Network)
Sutherland House, 35 Sutherland Square, Walworth, London SE17 3EE.
Tel: 0207703 5271
Agência de apoio familiar para cuidadoras primárias de crianças com menos de 5 anos; serviço 24 horas de ajuda por telefone, disponível para sócios.

Northern Ireland Pre-school Playgroups Association/Early Years Organisation
60 Wildflower Way, Apollo Road, Belfast BT12 6PA.

Parentline Plus
Unit 520, High gate Studios, 53-79 Highgate Road, London NW5 lTL.
Tel: 02072092460
Serviço de ajuda por telefone confidencial e gratuito (0808 800 2222) que presta informações e apoio emocional para qualquer pessoa que crie crianças. Também organiza cursos e produz folhetos e publicações especialmente para pais e mães adotivos.

Pre-school Learning Alliance (antiga Pre-school Playgroups Association)
61-63 King Cross Road, London WC1X 9LL. Tel: 02078330991
Apoia suas pré-escolas e grupos recreativos associados por meio da promoção de educação e cuidado de alta qualidade, envolvendo os pais de crianças geralmente com menos de 5 anos.

Priority Area Playgroups and Day Care Centres
117 Pershore Road, Birmingham B5 7NX. Tel: 01214401320
Oferece grupos recreativos, grupos de crianças pequenas, uma creche e ainda um serviço de visita domiciliar na área de Birmingham.

Professional Association of Nursery Nurses (PANN)
2 St James' Court, Friar Gate, Derby DEl 1BT. Tel: 01332 343029

Scottish Pre-school Play Association
14 Elliott Place, Glasgow G3 8EP. Tel: 01412214148
Instituição de coordenação para grupos de recreação, de crianças pequenas e outras facilidades para crianças com menos de 5 anos na Escócia, provendo treinamento e aconselhamento.

Sure Start Unit
Leve12, Caxton House, Tothill Street, London SW1H 9NA.
Tel: 0207273 5739
Supervisiona a iniciativa governamental de criar programas para as comunidades a fim de promover o desenvolvimento físico, intelectual e social de crianças desde o seu nascimento até os 3 anos.

Thomas Coram Research Unit
27-28 Woburn Square, London WC1. Tel: 0207612 6957
Conduz pesquisas sobre a educação e o cuidado de crianças, enfatizando especialmente aquelas com menos de 5 anos e o cuidado em creches.

Twins and Multiple Births Association (TAMBA)
Harnott House, 309 Chester Road, Little Sutton, Ellesmere Port CH66 1 QQ.
Apoia famílias que têm gêmeos, trigêmeos ou mais, e oferece aconselhamento e informações para profissionais envolvidos no cuidado dessas crianças.

Working Group Against Racism in Children's Resources
460 Wandsworth Road, London SW8 3LX. Tel: 02076274594
Publica um boletim de informações e diretrizes para a avaliação das instalações de instituições para a primeira infância. Oferece seminários e cursos de treinamento com duração de um dia e presta informações sobre recursos e fornecedores.

Índice onomástico

Abrams, Dominic x, 131-132
Abrams, Rebecca x, 230-231
Abbott, Lesley 21-22, 76-77, 98-99, 212-213, 223-224, 279, 281-283, 287-288
Acheson, Sir Donald 286
Ainsworth, Mary 63-64, 283
Aldgate, J. 287-288
Andrews, Liz 99-102, 279-280, 287-288
Andrews, K. 259-260, 283
Angelsen, N.K. 98-99, 283
Archimedes 148-149
Arnold, L.E. 239-242, 283
Aspinwall, K. 42-43, 180-181, 283

Bach, J.S. 135-136
Bacon, Francis 136-137
Bain, A. 27-28, 53-54, 86-87, 238-239, 283
Bakketeig, L.S. 283
Bamford, J.M. 246-247, 283
Barker, Walter x
Barnes, William 161
Barnett, L. 27-28, 53-54, 86-87, 238-239, 283
Barratt-Pugh, C. 166-167, 173-174, 283
Bax, M. 286
Bean, V. ix
Beckett, C. 258-260, 283
Beckford, Jasmine 270-271
Bee, H. 134-135, 283
Beedell, Christopher x
Bell, S.M. 283
Belsky, Jay 98-99, 283
Bertram, T. 278, 283-284
Birchall, D. 284-285
Bishop, John 36-37, 183, 184, 283-284
Blanc, Raymond 183
Boswell, James 257-258, 283-284
Boushel, Margaret viii, 279, 283-284
Bowlby, John 27-28, 63-64, 283-284
Bradshaw, J. 97-98, 283-284
Brannen, 13-14, 97-100, 223-224, 279, 283-284
Briggs, F. 270-271, 283-284

Brown, A. ix, 268-269, 283-284
Bruce, Tina 281-282
Bruner, Jerome 152-154, 283-284
Bryant, B. 39-40, 283-284
Buchanan, Ann 258-259, 283-284
Burchardt, Natasha x
Burgard, R. 33-34, 283-284

Carmichael, Kay ix
Cattanach, A. 270-271, 283-284
Central Advisory Council for Education (Plowden Committee) 276-277, 283-284
Chagall, Marc 34-35
Chatwin, Bruce 113
Chinnery, Judith ix
Clark, Wendy viii, 117-119
Clarke, P. 165-168, 175-180, 192-193, 288-289
Clough, R 24-25
Clyde, M. 27-28, 86-87, 283-284
Coe, Pat ix, x
Colemann, D. 241-242, 285-286
Colton, M. 267-271, 283-284
Corby, B. 263-264, 283-284
Cowie, 198-199, 288-289
Cox, M. 173-174, 285-286

Daines, R. x, 28-29, 225-226, 283-284
Dale, P. 268-269, 283-284
David, Miriam ix, 29-30, 63-64
Davis, Leonard ix
Davis, M. 283-284
Daycare Trust 276-277, 284-285
De' Ath, Erica 28-29, 288-289
Department for Education and Skills (DfES) 23-24, 284-285
Department of Health (DoH) 271-272, 284-285
Department of Health and Social Security (DHSS) 284-285
Derman-Sparks, L. 30-31, 179-182, 279, 284-285
Deven, F. 97-98, 284-285
Dillon, J. 257-258
Dickens, Charles 22-25, 147-148, 284-285

Disney, Walt 34-35
Douglas, Jo 189-190, 223-224, 248-253, 279-280, 284-285
Dowling, Sue ix
Draper, L. 29-30, 284-285
Drummond, M.J. 179-180, 284-285
Duane, Michael ix
Duffy, Bernadette viii, 29-30, 279-280, 284-285
Dunn, J. 239-240, 284-285
Durkin, K. 42-43, 284-285

Eisenstadt, Naomi viii
Elfer, Peter viii
Elias, E. 204-205
Elliman, D. 189-190, 244-245, 258-259, 285-286
Erikson, Erik 130-131
Evans, David 171-172, 284-285

Fanshawe, Peter ix
Farmer, E. viii, 269-270, 284-285
Fawcett, M. x, 279, 283-284, 288-289
Ferri, E. 37-38, 98-99, 284-285
Finch, Sue x
Fleming, Alexander 152-154
Fletcher, V. 226-227, 285-286
Fogarty, Fiona 223-224
Freeman, N. 173-174, 285-286
Freud, Anna ix, 130-131, 161, 285-286
Frosh, A. 73-74, 285-286

Ghate, D. 238-239, 285-286
Gibb, C. 247-248, 285-286
Gil, D. 259-260, 285-286
Gilkes, Julia 258-259, 285-286
Gill, Owen 259-260, 285-286
Gingell, V. 284-285
Gipps. C. 284-285
Goldschmied, Elinor vii, 69, 103-104, 119-121, 147-148, 152-154, 184, 281, 285-286
Gopnik, A. 152-154, 285-286
Graham, Hilary 191-192, 285-286
Graham, P. 288-289
Greenwood, D. 21-25

Hackett, Judy x, 207-208, 208-209, 211-212, 217
Hall, D. 189-190, 243-244, 258-259, 285-286
Hallden, Gunilla 22-23, 285-286
Harris, M. 283-284
Harrison, Chris 170-172, 279-280, 287-288
Hart, H. 286
Hazel, N. 238-239, 285-286
Heap, K. 268-269, 285-286
Hevey, Denise ix
Holman, Annette ix
Holland, R. 152-154, 285-286
Holmes, Eva 57-58, 285-286
Hopkins, Juliet viii, 56-57, 61-62, 285-286

Houston, Diane x
Howes, C. 287-288
Hughes, Anita ix, 152-154, 281, 285-286
Hughes, Hayley viii
Hughes, M. 165-166, 289
Hutt, Corinne 115-116, 120-121, 285-286
Hyder, T. 228-229, 289

Isaacs, Susan ix,

Jackson, Brian ix, 26-27, 30-31, 63-64, 175-176, 275-276, 286
Jackson, Ellen x
Jackson, Seth, 24-25
Jackson, Sonia 26-27, 99-100, 179-180, 286-288
Jacobs, J. 259-260, 283
Jacobsen, G. 283
Janssens, J. 267-268, 286
Jenkins, J. 240-241, 286
Jenkins, J. 247-248
Jenkins, S. 240-241
Jenkins, S. 240-241, 247-248, 286
Joshi, H. 97-99 286
Karmiloff-Smith, A. 281
Kemper, A. 267-268, 286
Kilroe, S. 37-38, 286

Laban, Rudolf 230-231
Landen, Clive 232-236
Lane, J. 30-31
Leaves, Christine ix, x, 92-93
Lehmann, K. 270-271, 283-284
Levi, Primo 53-54
Levitt, Sophie x
Locke, John 21-22
Long, Sarah viii
Lyons, Phil ix

McCollin, Sylvia ix
McCrae, S. 42-43, 286
McCullers, Carson 237
McGuire, J. 237, 287, 288-289
McIntyre, Irene ix
Macmillan, Margaret 195-196, 287
Mallardi, Anna ix
Mandelstam, O. 129
March, L. 204-205, 287
Marshall, J. 74-75, 287
Marshall, Trudy 53-59, 137-138, 287
Marvell, Andrew 195-196
Mattesini, Mara ix
Mayall, B. 27-28, 191-192, 261-262, 287
Maynard, Tricia viii, 279-280, 286, 287
Meadows, S. 24-25, 167-168, 287
Melhuish, E. 27-28, 226-227, 287
Meltzoff, A. 285-286
Menzies, I. 86-87, 287
Milbank, J. 26-27, 287-288

Índice onomástico   **297**

Milla, P. 247-248, 286
Milner, D. 175-176, 287
Miro, I. 34-35
Mistral, Gabriela v
Moog, H. 135-136, 287
Mooney, A. 99-100, 279, 287
Morrison, T. 283-284
Moss, Peter viii, 20-23, 27-28, 97-100, 226-227, 276-280, 284-287
Moylett, H. 97-99, 223-224, 283, 287-288
Murray, Lynne 99-102, 279-280, 287-288
Neill, A.S. 250-251
New, C. 29-30
Newell, P. 228-229, 287-288
Newson, J. and E. 228-229, 287-288
Newton, D. 283-284
Nissim, Luciana ix
Noziglia, Mima ix
Nutbrown, Cathy 21-22, 76-77, 279, 287-288
Nutbrown, Cathy, 37-38

Opie, Iona and Peter 135-136, 287-288
Osborn, A. 26-27, 287-288
Osborn, Linda ix, x
Owen, Charlie 73-74, 181-182, 287-288
Owen, Sue viii 99-100, 287-288

Painter, M. 288-289
Parker, R. 130-131, 269-270, 284-288
Parsloe, Phyllida 79-80, 85-86, 93-94, 283-284, 287-288
Parton, N. 259-260, 287-288
Pascal, C. 278, 283-284
Pattman, R. 285-286
Penn, Helen, 20-23, 280, 287
Petrie, P. 27-28, 287
Phillips, D. 93-94, 287-288
Phoenix, A. 176-177, 285-286, 289
Picasso, P. 34-35
Pound, Linda 35-36, 170-172, 279-280, 287-288
Pugh, Gillian viii, 28-29, 228-229, 280, 284-289
Painter, M. 288-289

Randall, P. 247-248, 285-286
Richman, N. 238-239, 251-252, 286, 287-289
Roberts, Ethel ix
Robertson, James 63-64
Robinson, Ann viii
Robinson, John x
Robinson, Thelma ix, 160
Rouse, Doroti, 24-25
Rousseau, J.J. 21-22
Rowlings, Cherry x
Roy, C. 288-289
Rutter, M. 27-28, 288-289
Ryan, P. 86-87, 288-289
Ryken, Diane x

Saint Jerome 33-34

Sanders, R. 283-284
Sargent, Kay viii
Saunders, E. 246-247, 283
Schaffer, R. 27-28, 57-58, 288-289
Schurch, Pam 179-180
Scrazella, Elda ix

Selleck, Dorothy viii, 68-69, 281
Selwyn, Julie viii, 21-22, 279, 283-284, 288-289
Sherborne, Veronica x, 230-232, 264-265, 280, 288-289
Siraj-Blatchford, I. 30-31, 132-133, 165-168, 175-180, 192-193, 288-289
Smith, C. 288-289
Smith, P. 198-199, 288-289
Statham, J. 99-100, 257-258, 287, 288-289
Stayton, D.J. 283
Stein, M. 130-131, 288-289
Stevenson, J. 288-289
Stonehouse, A. 280, 288-289
Stroh, Katrine ix, 160
Stuart, Fiona ix, 171-172, 288-289
Suzuki, Shinichi 135-136
Sylva, K. 39-40, 152-154, 198-199, 288-289

Taylor, Marion ix
Tennyson, Alfred 98-99
Thomas, Nigel viii, 279-280, 286, 287
Tizard, Barbara 27-28, 165-166, 176-177, 288-289
Tizard, Jack ix
Tyson, K. 244-245, 289

Utting, Bill. 24-25

Van der Eyken, W. 27-28, 92-93, 289
Verropoulou, G. 98-99, 286
Vivaldi, Antonio 135-136
Vix, T. 283
Vygotsky, L. 173-174
Waldon, Geoffrey 160
Walsh, Prue 196-197, 212-213, 280, 289
Ward, H. 287-288
Waters, S. 283-284
Wedge, P. 287-288
Welham, Edwina viii
Wells, C. Gordon 26-27, 133-134, 289
West, J. 270-271
Whalley, M. 29-30, 289
Whitebrook, M. 287-288
Williams, M. 283-284
Williams, R. 93-94, 287-288
Willow, C. 228-229
Winnicott, Donald ix
Wolfe, D. 267-268, 289
Worden, J. 64-65, 289
Working Group Against Racism in Children's Resources 178-179
Wright, Brenda x

Índice analítico

abatimento de impostos para quem tem filhos 275-277
abordagem comportamental 264-266
abuso infantil 229-230, 234-235
   conluio com pais 270-271
   em famílias de classe média 258-259
   inibição da comunicação 268-269
   investigações 269-270
   prevenção do 264-267
   teorias sobre o 259-260
   vigilância 270-272
abuso sexual 140-141, 270-272
acessos de raiva 240-241
acordos com os pais 219-220, 263-264, 270-271
administração do tempo 38-39
"agarrar-se" à pessoa 143-144
ageism 182
agilidade física 162-163
aglomerações 243-244
agressão 241-242
agressão parental 90-91
agrupamento por idade 37-39
   veja também grupos de idades variadas
ajustando-se 63-64, 247-248
alimentação 101-105
   dificuldades na 247-248, 293-294
   no segundo ano 131-133
   no terceiro ano de vida 162-163
alimentação com a colher 103-105, 132-133, 187-188
alimentação saudável 190-192
   veja também dieta
amamentação 98-99
ambiente físico 33-37
ambiente: auditivo e olfatório 36-37
   das famílias 272-273
   físico 33-36, 40-42
ampliando a gama de atividades 245-246
analogias com a experiência dos adultos 17-18, 44-45, 162-163
   ambientes lotados 238-239
   angústia e conforto 101-102
   ao ar livre 91-93

aprendendo a linguagem 134-135, 163-164
atitudes em relação à comida 184, 248-249
companhia 118-119
descoberta científica 152-154
em cadeira de rodas 140-141
funcionárias auxiliares *veja* pessoal de apoio
hora das refeições 60-61
infecção (suscetibilidade a) 122-123
lavar 140-141
morder 243-244
perda 65-66
práticas antidiscriminatórias 30-31, 279-280
quadros de avisos 117-118
relacionamentos 50-51
respondendo às perguntas das crianças 251-252
separação 64-65
tomada de decisões 116-117
visitas a museus 204-205
andadores 107-108
animais de estimação 201-203
aprendizado por meio de descobertas 147-150
aprendizagem através dos pares (negativa) 237
aprendizagem heurística *veja* aprendizagem por meio de descobertas
área de aprendizagem ao ar livre 195-197, 206-207, 214-215, 280
   atitudes das funcionárias para com a 216-217, 199-200
   avaliação do uso 197-199
   cuidado e manutenção 199-200
   impacto do brincar 214-215
   para crianças com menos de 2 anos 43-44, 196-198, 214-216
   planejando a 206-210
   plano 208-209
   prioridades no design 206-209
   problemas 213-215
   seres vivos 199-200
   sons 210-211
   valor educacional 215-217
área de entrada 35-36
armazenamento 43-44

Índice analítico **299**

Arquimedes e o aprendizado heurístico 148-149
  busca por atenção: e abuso infantil 244-245
  no lar da criança 54-55
  teoria do vínculo 27-29
  vínculo 27-28, 57-58, 86-87
assistentes sociais 254-255, trabalhando em conjunto com 258-259, 262-266, 269-272
assoalho 40-44
atenção dos adultos 53-54, 59-60, 98-100, 137-138, 142-143
atividade com grupos grandes 39-40
atividade motora em larga escala 162-163, 198-199
atividades com grupo pequeno 45-47, 59-61, 89-90
audição 142-143, 246-247
Austrália 179-180, 195-196
Áustria 228-229
autoconceito 238-239
autoconsciência 161
autoestima 225-226
avós 99-100

Barcelona 142-143
barulho 35-37, 133-135, 164-165
barulho de fundo 133-134
bater com a cabeça 248-249, 251-252
beber 132-133, 187-188
bebês: e bichos de pelúcia 43-44, 109-110
  em instituições 54-55, 120-121
  equipamentos para 105-110
  interações entre 119-121
  qualidade do cuidado para 98-99
  ritmos diários 98-100
  sala para grupos para 42-45
  transportando 106-108
Beckford, Jasmine *veja* abuso infantil
berços 42-43
biblioteca das funcionárias 83-84
biblioteca: visitas à 45-46, 186-187
  bibliotecária para as crianças 169-170
bilinguismo 79-80, 165-168, 178-180
  veja também linguagem da família
boca, colocar na 115-116
boletim de informações (para pais) 226-227
bonecas "persona" 181-182
bonecas 51-52
brincar bagunçado 141-143
brincar heurístico com objetos 134-135, 147-160, 281
  arrumação 155-157
  descrições do 149-152
  em centros diferentes 157-159
  introdução ao 141-142
  materiais para o 158-160, 148-150
  objeções ao 156-158
  organização do 154-156
  papel do adulto 155-156
  princípios do 151-152
brincar imaginativo e de "faz-de-conta" 46-48
brincar relacional 229-230, 236, 280

"contra" 234-236
compartilhado 233-235
cuidar 231-234
brincar: como o trabalho das crianças 24-26
  água 175-176, 211-212
  ao ar livre 198-203, 215-217
  areia e água 174-176
  bagunçado 171-173
  com som 170-172
  imaginativo 46-48, 209-210
  mesa 47-49
  no livro *Hard Times* de Dickens 24-25
  piso 48-50
  qualidade do 25-26
brinquedos: para bebês 109-112
  multiculturais 178-179
  no segundo ano de vida 143-146
brinquedos: para bebês 109-112
  militares 172-173
  pesquisa sobre 178-179
British Sign Language (linguagem britânica de sinais) 179-180

caderno de conexão 222-223
câmera digital 204-205, 226-228
caminhar 105-108
canções e cantar 135-136
"cantinho caseiro" 46-48, 171-172
cantinhos de atividades 43-45
canto tranquilo 44-47
carrinhos de bebê 116-117
carrinhos de passeio *veja* carrinhos de bebê
cartões postais 45-46
caso judicial (discussão) 67-68, 271-272
castigos físicos 228-230 *veja também* CAU
Central Advisory Council (Comitê Plowden) 276-277
centro do jardim 210-211
centros familiares 28-29, 158-159
  visitas dos pais em 264-265
centros familiares de Barnardo 28-29
cercadinhos 105-107
Cesto de Tesouros 113-128, 261-262
  diretrizes para uso 124-125
  itens para 125-128
  manutenção 117-122
  papel do adulto 118-120
  perguntas e respostas 120-124
  perigos potenciais 119-123
Child Protection Register 263-264, 268-269
Children Act (1989), 30-31, 257-258, 263-264
Children are Unbeatable (campanha contra castigos físicos) 228-229
choro 65-66, 100-102
chupar o polegar 249-250
chupetas 249-250
cisão cuidado/educação 14-15
ciúme 239-240
clube da saúde 87-88

colchões: para as salas para bebês 43-44
Comer com os dedos 132-133, 187-188
comida: novidades 248-249
    aditivos 190-191
    em creches 190-194
Commission for Racial Equality (CRE) 15-16
comportamento problemático *veja* comportamento
comportamento: controle do 228-230, 237-239
    aliviador da tensão 248-252
    e ambiente 238-239
    efeitos de eventos estressantes no 239-240
    problemas de em creches 237-239
compreensão (entre crianças e adultos) 18
comunicação: com bebês 100-101, 279-280
    com crianças 238-239, 245-246
    com os pais 202-203-203-204, 219-224
    dentro da creche 75-78
    e abuso infantil 268-269
    efeito das chupetas na 249-250
    entre bebês 119-121, 281-282
    por meio do toque 58-59
comunidade: utilizando os recursos da 202-207
concentração 115-117, 148-155
    dificuldade na 245-247
"confiança básica" (Erikson) 130-131
conflito: entre crianças 241-243
    com os pais 90-91
    entre as funcionárias 90-91
    evitação de 151-152
consciência corporal (em bebês) 113-115
constipação 251-253
construindo contornos (no jardim) 209-210
contar histórias 89-90, 168-170
contato físico 229-230, 264-266
controle dos esfíncteres 137-139, 163-164, 251-253
conversação: materiais para estimular a 59-60
    gatilhos para a 164-165
cor da pele 177-178
correr riscos 130-131, 198-199
corte, dar testemunho na 271-273
cozinheira: delegação para a 75-76
    resistência a mudanças 193-194
creches (da prefeitura): 13-14 balanço de entradas 15-16, 257-259
    comportamentos problemáticos nas 237-239
    cuidado impessoal nas 53-55
    e crianças com menos de 2 anos 130
    e retardo na aprendizagem da linguagem 163-165
    e saúde 261-263
    função educacional das 261-262
    imagem estigmatizada das 13-14
creches 280
creches combinadas 13-14
    e agrupamento por família 26-27
creches comunitárias 14-15, 225-226
creches no local de trabalho 99-100

creches particulares 16-17
    acordos com pais 224-225
    gerentes de 72-73
    para bebês 15-16, 99-100
    taxas 276-277
    treinamento de pessoal 84-85
    veja também creches
creches *veja* creches
creches, edifícios 33-35
creches: *design* de 33-34
    administração da 17-18, 71-87
    ambiente 34-37
    área de entrada 35-37
    como centros sociais 260-261
    e homens 30-31, 178-182, 271-272
    mobília da 40-42
    privadas 41-42, 72-73, 99-100, 224-225, 276-277
creches: residenciais 54-55
criação de crianças: pelo parceiro 263-265
    apoio para 28-30
    estresse da 15-16, 90-91
    habilidades 29-30, 260-261
    satisfação na 264-265
criança "como projeto" e "como ser" 22-23
crianças pequenas 129-134
crianças: atitudes em relação à diferença 175-179
    atitudes sociais para com 13-14
    autoimagem 177-178
    conflito entre 241-243
    desfavorecidas 15-16, 20-21, 237, 258-259
    necessidades emocionais 53-56
    observação de 197-198
    sentimentos das 17-18
cuidado corporal 137-141
    despersonalizado 53-57, 137-138
    durante o brincar heurístico 154-158
    e proteção da criança 270-271
cuidado de crianças na Europa 14-15, 20-21
cuidado e manutenção: envolvendo as crianças 41-43, 171-172, 245-246
cuidado em creches: para bebês 98-101
    e problemas comportamentais 237-239
    e proteção da criança 258-261, 272-273
    efeitos do 27-28, 98-99, 133-134
    envolvimento dos homens no 30-31
    expectativas irreais para com o 272-273
    importância educacional do 261-262
cuidado residencial 37-38, 54-55, 120-121
cuidado: impessoal 53-56
    individualizado 98-101
    qualidade do 98-99
cuidadoras: e problemas nas costas 40-41
    apoio para 58-59
    baixo *status* das 271-272
    brincar ao ar livre, atitudes para com 196-199, 216-217

Índice analítico

cantando 135-136
como ponto de referência 39-40
e abuso sexual 258-260
e o sistema de educador-referência 15-16
e pais 97-98, 219-227
masturbação, atitudes para com a 249-250
papéis das 38-40, 261-263
vivência de abuso 271-272
cultivando e cuidando de plantas 199-200
curiosidade 115-117, 148-149
"currículo de turista" 176-177
Currículo para a primeira infância 22-24
curso de pós-graduação em cuidado de crianças em creches da Bristol University 230-231

dança 170-171
dar poderes: às crianças 233-236
aos pais 225-228
Daycare Trust 276-277
debate *nature-nurture* 21-23
deficiência 181-182, 199-200
delegação 74-76
Department for Education and Skills (DfES) 275-276
desemprego 227-228
desenhar 173-174
e abuso sexual 270-272
desenvolvimento cognitivo 27-28
e concentração 115-117, 152-154
desenvolvimento da linguagem 27-28, 132-136
de crianças bilíngues 166-167
e Cesto de Tesouros 121-122
e nível de barulho 36-37, 133-135
e relacionamentos 137-138
e responsividade da cuidadora 59-60
efeito da chupeta no 249-250
efeitos do cuidado em creche no 132-134
estudo longitudinal sobre o 133-134
retardo no 59-60, 166-167
sequência do 133-134
desenvolvimento de pessoal 76-77, 83-87, 176-177
cursos e conferências 84-85
desenvolvimento do cérebro 114-115
desenvolvimento infantil 13-14
desenvolvimento social 120-121
desmamando 101-105
desobediência 246-248
dieta 190-193
diferenças culturais 21-22, 179-180, 280
estereótipos 175-176
na alimentação 132-133, 191-194
no cantinho caseiro 172-173
padrões de cuidado 263-264
papéis de gênero 179-182
tradições 172-173
Dinamarca 18, 208-209
direito a benefícios sociais 265-266
direitos das crianças 23-25, 228-229

diretrizes de desenvolvimento (Anna Freud) 130-131, 161
discriminação 17-18, 30-31, 175-179

Early Excellence Centres 14-15, 170-171, 275-279
Early Years Development and Childcare Partnerships 14-17, 73-74, 275-276
Early Years National Training Organization 275-276
educação 14-15, 261-262
educação de adultos 29-30
educação de funcionárias (pessoal) 84-85
Educador-referência: cuidado corporal 132-133
alimentando bebês 101-104
atitude das mães em relação à 223-225
e assistente social 270-271
e brincar relacional 230-231
e comportamentos problemáticos 243-245
e desenvolvimento da linguagem 178-179
e família 270-271
e treinamento do toalete 138-139
fotografada com as crianças 61-62
mudança de 66-68
na hora das refeições 189-190
papel de vigiar 67-68, 271-272
relacionamento com a criança 55-56, 66-67, 244-245
relacionamento com os pais 57-58, 66-67, 270-271
sentimentos em relação aos pais 57-58
visitas domiciliares 270-271
Employment Act (2002), 226-227
encoprese 252-253
entrevistas 61-64
envolvimento do pai/mãe *veja* pais
equipamento para o brincar: para bebês 109-113
ao ar livre 212-214
brincar com água 45-47
brincar com areia 49-50, 161, 185-187
brincar na mesa 43-44
brincar no chão 43-45
itens para 51-52, 161, 193-196
livros 43-45
na área externa 202-203, 195-196
equipamentos para o jardim 198-201
equipe de funcionárias 78-83
Escócia 147-148
espaço: uso do 40-41
para o brincar relacional 230-231
Espanha 147-148
Estados Unidos 20-21, 79-80,
estereótipos 30-31, 175-182
veja também discriminação
estresse 88-92
comportamento da criança 238-239
na vida pessoal 85-86
Estudos sobre a Primeira Infância: cursos interdisciplinares de graduação 17-18, 277-280
excursões 203-205
exercícios de relaxamento 267-268
exercícios de treinamento: qualidade dos brinquedos 123-124

hora das refeições 184-186
experiência sensória 114-115
experiência tátil 132-133
exposições na parede 34-35

falar sozinha 165-167
    discurso interior (Vygotsky) 173-174
falha no desenvolvimento (não orgânica) 247-248
famílias: desfavorecidas 15-16, 165-166
    ampliadas 222-223, 263-264
    hábitos alimentares 247-248
    remoção da 236, 269-273
    trabalho em grupo com as 267-270
    violência na 241-242
family language 35-36, 166-168, 178-179
"faz-de-conta" *veja* brincar, imaginativo
fazer marcas 173-175
festas e festivais 191-193

Finlândia 208-209
fisioterapia 91-92
fobia ao troninho *veja* treinamento da toalete
fonoaudiólogos 91-92
fotografias: com o educador-referência 61-62
    de excursões 203-205
    para álbuns de fotos 136-138
fraldas 108-109
França 18
fumar 221-222, 227-228
funcionárias domésticas *veja* funcionárias de apoio
funcionárias: faltas ao trabalho 60-62, 77-78
    atitudes para com atividades ao ar livre 196-198
    atitudes para com papéis de gênero 180-182
    baixo *status* das 13-14, 271-272
    conflito 90-91
    doença 77-78, 86-89
    estresse 85-87
    etnia das 78-79
    momento para planejamento e discussão 76-77
    oportunidades de carreira 277-278
    qualificações 78-79
    vivência de perda 88-89
gerenciamento 71-72, 86-87
    apoio pra trabalho em grupo 269-270
    do brincar heurístico 152-156
    do comportamento infantil 238-239, 253-254, 264-265
    envolvimento do pai ou da mãe no 225-227
    estilo de 73-75
    mulheres no 74-75
gráficos de crescimento 247-248
grupos de comunicação 268-270
grupos de crescimento 267-269
grupos de idades mistas 118-119, 159-160
grupos de mãe/pai-e-criança 158-159
grupos recreativos 157-159, 168-169

    habilidade de manipular 130-132, 138-139, 152-154, 162-163

Head Start 20-21
High Scope 20-21
hiperatividade
hiperatividade 244-245
Home Start 92-93
homens: e abuso infantil 262-264
    em creches 30-31, 73-74, 181-182, 271-272
    parceiros 263-264
    trabalho em grupo com 268-269
hora das refeições 60-61, 184-194
    dificuldades na alimentação 247-249
    estresse relacionado à 183
    organização da 60-61, 185-190
    para crianças bem pequenas 187-189
hora de recolher brinquedos 82-83, 221-222
hora do toalete 59-60, 140-142

"ilha da intimidade" 59-60, 89-90
    e desenvolvimento da linguagem 164-166
    itens para a 59-61
identidade racial 175-179
independência 129-131
    na alimentação 56-57
infecção 88-89, 121-123, 142-143
infecção por HIV 88-89
insetos 210-211
    atitude das crianças em relação a 199-201
instalações para o cuidado de crianças 14-15, 276-278
    administração de 71-72, 82-83, 93-95
irmãos e irmãs: e agrupamento por idade 37-38
    nascimento de 239-240
Itália 33-34
    comida 67-68, 191-192
    educação visual na 34-35

janelas 41-42
jardins: individuais 199-200

lavando 140-141
leitura 26-27, 136-137, 168-170
lente de aumento (no jardim) 200-201
licença maternidade/paternidade 226-227
licença-maternidade 97-98
liderança: qualidade da 71-72
    estilo 72-73 dificuldades de aprendizagem 158-159
livros 26-27, 44-45
    para crianças bem pequenas 136-138
    seleção de 169-170
lixo 197-198
ludoterapia 270-271

mães-crecheiras/creches domiciliares 13-14, 26-27, 72-74, 99-100
    redes 99-100
    vagas subsidiadas em 257-258
mães e pais solteiros 97-98, 260-261
mães trabalhadoras 15-16, 97-98, 276-278

Índice analítico

mães: deprimidas 236
   como cuidadoras primárias 26-27, 87-89
   e a dieta das crianças 191-192
   e brincar físico 230-231
   emprego 15-16, 97-98, 276-278
   isolamento das 227-228, 259-260
manutenção *veja* cuidado e manutenção
masturbação 248-252
materiais naturais (para equipamentos para o brincar) 202-203
materiais para o brincar heurístico 158-160
mesa para troca de fraldas 87-88, 140-141
"minianimais" *veja* insetos
mobília 40-41
   cadeiras de tamanho adequado a adultos 88-89, 221-222
   cadeiras para aleitamento 103-104
   nas salas para grupos 40-41
   no cantinho caseiro 46-47
mobilidade 104-106, 130-132
modelar: no brincar relacional 236
   no desenvolvimento de pessoal 79-80, 83-84
   utilizando vídeo 265-267
morder 242-244
museus e galerias de arte 204-205
música 135-137, 169-172
   com os pais 171-172, 268-269
   gravações 136-137
   instrumentos 170-172
   não ocidental 170-171
   no jardim 171-172

nariz, limpar o 142-144
natação 204-207
National Childcare Strategy 14-15, 20-21, 73-74, 275-276
National Childminding Association (NCMA) 73-74
National Curriculum 25-27
National Day Nursery Association
National Nursery Examination Board (NNEB) 71-72
National Vocational Qualifications 84-85
(NDNA) 16-17, 84-85
necessidades emocionais 27-28, 53-55
necessidades especiais 230-231
negociação 24-25, 161
   com crianças pequenas 129-131
nomes 178-179
nursery rhymes 135-136, 168-170

obesidade 188-191,
objetos especiais 109-110
ordens judiciais 263-265
organização: da sala para grupos 40-41
   de excursões 203-205
   do sistema de pessoa-chave 58-61
organizadora: apoio para a 74-75, 86-87
   como gerenciadora 72-76
   treinamento 93-94
ouvir 133-134, 246-247

música 158-160 letramento 26-27
veja também leitura

pais 262-265
   atitudes profissionais pra com os 30-31, 57-58
   e o brincar físico 230-231
pais separados 263-264
pais/mães: acordos com 224-226
   acompanhando excursões 203-207
   apoio para 282
   conflito com 89-91
   definição de 262-265
   desfavorecidos 24-25
   e desenvolvimento da fala 133-134
   e leitura 26-27
   e o brincar heurístico 158-159
   e o educador-referência 223-225
   envolvimento na administração 225-226
   importância dos 28-30
   impotência dos 28-30, 259-260
   masturbação, atitudes para com a 250-251
   mudando a percepção dos 265-268
   mudando o comportamento dos 228-229
   nadando 205-206
   parceria com 15-16, 28-29
   problemas dos 89-91, 223-224
   qualidade de vida 28-29, 259-260
   recreação 238-239
   refeições na creche 191-193
   separação dos 239-240
   sob estresse 13-14
   trabalho em grupo com 267-270
papéis de gênero 42-43, 73-75, 172-173, 179-182, 198-199, 230-231
   veja também discriminação, estereótipos
papéis do adulto na sala para grupos 38-40
pediatra 245-246
Pen Green Family Centre 29-30, 282
pensamento das crianças 167-169
perda 64-65, 239-240
perigo: o senso da criança do 130-132
   com o Cesto de Tesouros 119-123
"período probatório no lar" 269-270
personagens da Disney 34-35
perspectivas internacionais 15-16, 20-21, 26-27, 147-148, 228-229
   veja também países específicos
pessoal de apoio: consulta ao 186-187
   delegação de responsabilidade para 75-76
   e a hora das refeições 171-173
   inclusão em reuniões 80-81, 186-187
   supervisão 85-86
pinturas: feitas por crianças 40-41, 49-50, 172-174
   preferências das crianças 34-35
   reproduções de 34-35
plantas 199-200, 209-211
pobreza 227-228, 257-260
   mães solteiras 97-98, 259-260, 276-277

pobreza infantil 277-278
política da família 14-16
políticas governamentais 13-16, 19-20, 71-72, 279-294
práticas de criação de crianças 19-20, 228-229, 263-264
  problemas nas 264-268
presença do adulto: no brincar heurístico 155-156
  com o Cesto de Tesouros 106-107
primeira infância: políticas governamentais para a 13-14, 279-280
  treinamento 275-278
prioridades dos encaminhadores 260-261
problemas nas costas 41-42, 87-89, 156-157
profissionais (e pais) 28-29, 61-64
Programa Sure Start 14-15, 257-259, 275-277
proporção adultos-crianças 27-79
proporção entre funcionárias/crianças 27-28, 78-79
proteção da criança 18, 236, 237-245
  papel do cuidado em creches na 258-268
  papel do educador-referência na 67-68
  treinamento 259-260
"pseudo-autoconfiança" 57-58
psicólogos 254-255, 270-271

quadros de avisos 117-118, 227-228
quadros *veja* pinturas
qualidade do cuidado (para bebês) 98-99

Race Relations Act de 1976 30-31
racismo 26-27, 176-177
recrutamento (de pessoal) 277-278
referencial curricular 23-24
Reggio Emilia 76-77, 170-171, 212-213, 279
  design de creches 183-184
  visita de educadores do Reino Unido 20-22
registros, manutenção de 67-68
regras e limites 221-223
regressão 163-164, 251-252
relacionamentos 27-30, 54-57, 66-68, 270-222
relações pessoais: privação das 53-56 e linguagem 163-164
retardo no desenvolvimento 20-21
reuniões de pessoal 79-84, 197-198,
reuniões: dificuldades 81-83
  com pais 66-67
  funcionárias 79-85, 197-198
  organização 80-83
  sala para grupos 40-41, 82-84, 89-90
  tomar notas 81-82
revisões (semestrais) 85-86
roupas para brincar 171-173

saídas 203-205
sala para os pais 227-228
salas para grupos: aparência 40-41
  encontros 82-84, 89-90
  plano 42-52
satisfação com o trabalho 68-69
saúde: das crianças 262-263

das funcionárias 77-78, 86-89
sede 132-133, 187-188
segurança: com o Cesto de Tesouros 122-123
  na área externa 213-214
separação 63-67, 97-99
serviço social 224-225, 253-254
  procedimentos para proteção da criança 271-272
serviços de pré-escola 275-280
sexismo 62-63, 179-182
  na linguagem viii
  veja também papéis de gênero
sigilo 81-82, 271-272
sistema de educador-referência 27-28, 54-55, 68-69, 85-89, 178-179, 189-190, 223-225, 239-240
  críticas ao 56-57
  introdução ao 68-69
  organização do 58-62
  valor do 55-57, 68-69
socialização 238-239
sono 42-43
sucesso educacional: fatores que contribuem para o 24-26, 152-154
Suécia 20-21
supervisão de pessoal 85-87, 271-272
  inclusão de pessoal de apoio 85-86

tanques 211-214
tapeçarias para paredes 40-41
tédio: em bebês 114-115
  e hiperatividade 244-246
  e masturbação 249-252
telefone 59-60, 76-77, 79-80
tomada de decisões (por bebês) 116-118
trabalho em equipe 253-254
trabalho em grupo com os pais 267-270
  coliderança no 270-271
trabalho interprofissional 269-271
treinamento 277-278, 281-282
  em relação à proteção da criança 259-260
treinamento da toalete: 137-141, 251-253, *veja também* controle dos esfíncteres

vandalismo 197-198
vestimentas 108-109
vídeo, treinamento em casa com 267-268
vídeo, uso de 226-227, 265-266
visitadoras de saúde 260-261
visitantes 75-76, 90-92, 254-255
visitas do pai 264-265
visitas domiciliares pela pessoa-chave 61-64, 270-271
visões da infância 21-24
vítimas 243-244
vizinhança (como recurso para a aprendizagem) 202-205
vocabulário 134-136, 156-157, 165-166, 230-231
voluntários 58-59, 91-94

Working Group Against Racism in Children's Resources 164-165